Veröffentlichungen
der Europäischen Märchengesellschaft
Band 23

Im Auftrag der Europäischen Märchengesellschaft
herausgegeben von
Ursula Heindrichs und Heinz-Albert Heindrichs

Zauber Märchen

Forschungsberichte aus der Welt der Märchen

Eugen Diederichs Verlag

Die Deutsche Bibliothek – CIP-Einheitsaufnahme
Zauber-Märchen : Forschungsberichte aus der Welt der Märchen / im Auftr. der Europäischen Märchengesellschaft hrsg. von Ursula Heindrichs und Heinz-Albert Heindrichs. – München : Diederichs, 1998
(Veröffentlichungen der Europäischen Märchengesellschaft ; Bd. 23)
ISBN 3-424-01413-3

Umschlaggestaltung: Ute Dissmann, München
Produktion: Tillmann Roeder, München
Satz und Repro: SatzTeam Berger, Ellenberg
Druck und Bindung: Huber, Dießen
Printed in Germany

ISBN 3-424-01413-3

Inhalt

Ursula Heindrichs

Vorwort

Unser Wortschatz birgt viele Kostbarkeiten; eine davon ist das Wort »einst«. Es hat einen doppelten Sinn: es spricht Vergangenes und Künftiges gleichermaßen an, und es hebt in seiner Ambivalenz die Zeit nahezu auf. »Einst war es«, sagen wir, aber wenn wir ausdrücken wollen, daß ein Ereignis vor uns liegt, dann formulieren wir, »es wird einst so oder so sein«.

Die Märchen aller Menschen erzählen vom Gewesenen, aber sie sprechen ebenso von der Zukunft: »Es war einmal, es wird eines Tages sein, das ist aller Märchen Anfang.« Dieser erste Satz eines bretonischen Zaubermärchens drückt es treffend aus. – Nach Max Lüthi sind die Märchen das »Geschenk seherischer Dichter« an die Menschen, also prophetische Texte ebenso wie Texte der Tiefenschau, der Sicht hinter die Erscheinungen. Wenn wir weltweit beobachten, daß die Künste, die immer seherisch und seismographisch künftige Entwicklungen vorausschauen, heute archaische, mythische Vorstellungen erinnern und neu entdecken, dann zeigt sich darin ganz offensichtlich das tiefe Bedürfnis, Vergangenes für die Gegenwart zu aktivieren, um Zukunft, menschliche Zukunft zu ermöglichen. Das ist der Ort des Märchens im Heute, der Ort des Zaubermärchens. Die immer zunächst mündlich überlieferten Märchen sind angewiesen auf Gedächtnis, auf die Er-Innerung an Gehörtes. Oft sprechen wir heute von der Erinnerungs-Kultur, die an Altes gemahnt, um Künftiges besser gestalten und erleben zu können. Die Zaubermärchen, denen es um den Weg des Menschen aus Unglück und Krisen geht, sind stets Erlösungsgeschichten, sie erlösen, sie lösen den Konflikt, der jeweils am Anfang der Erzählung steht, das Geschehen in Gang bringt und den Märchenmenschen auf seinen Weg schickt. Wie gut gesellt sich dazu das berühmt gewordene Wort Martin Bubers: »Das Geheimnis der Erlösung liegt in der Erinnerung.«

Die optimistische Weltsicht der Zaubermärchen ist den Skeptikern suspekt: »Erzähl mir keine Märchen«, sagen sie, aber der Märchen-Optimismus entspricht der menschlichen Sehnsucht nach einer Welt, wie sie sein sollte, ja, wie sie nach einem Wort von Robert Petsch »im tiefsten Grunde wirklich ist«. Der alte Philosoph Hans-Georg Gadamer (Jahrgang 1900) sagt 1993 in einem Interview sogar: »Ich halte jeden Pessimismus für unaufrichtig, das Leben lebt von der Hoffnung!«

Zauber Märchen – gestern, heute, morgen!
Die Aufsätze, die im vorliegenden Buch versammelt sind, wollen unter vielen Aspekten den Zauber der Märchen bewußt machen, das, was uns an den überkommenen, alten Texten zu bezaubern vermag, ebenso wie den Zauber, die Wunder und Verwandlungen, von denen darin erzählt wird. Das Zaubermärchen gilt in allen Kulturen als eigentlicher Kern der Gattung Märchen, und das Themenspektrum, das hier ausgebreitet wird, ist groß. Europäische wie außereuropäische Zaubermärchen sind Grundlage für die wissenschaftlichen Untersuchungen über Zaubergaben und Zaubergegenstände, Zaubermotive, Zauberrätsel, Zauberwesen, Zaubergärten, Zauberlandschaften, über Liebeszauber, Schadenszauber, Teufelszauber, Aber- und Wunderglauben in den Märchen. – Damit wird im Eugen Diederichs Verlag seit langem wieder ein Buch *über* die Märchen vorgelegt, das also der Sekundärliteratur zuzurechnen ist, während sich das Verlagsprogramm bislang mit der berühmten Reihe »Märchen der Weltliteratur« der Primärliteratur gewidmet hat.

Dieser Start möge in gute Zukunft weisen!

Heinz Rölleke

Zauber-Märchen – Märchen-Zauber

Vom Zauber im Volks- und Kunstmärchen

Die semantische Bandbreite, die der uns allen so liebenswerte und vertraute Begriff »Märchen« in der Gegenwartssprache besetzt, ist allgemein bekannt: Die Pole reichen von »märchenhaft schön« bis zu »Erzähl' mir keine Märchen«. Dem Begriff »Zauber« ergeht es vergleichbar: »Märchenhaft schön« kann auch ohne weiteres »zauberhaft schön« sein; und lügend »Märchen erzählen«, das ist so etwas wie »fauler Zauber«.

Da zeigt sich Verwandtschaft der Begriffe. Und sie ist ja auch bei seriöser Betrachtung der Gattung Märchen wirklich gegeben, so daß schon Ludwig Bechstein definiert hat: »Das eigenste Wesen des Märchens ist das Wunder und der das Wunder bewirkende Zauber«, und noch Max Lüthi stellt mit Recht fest: »Zauber, Wunder, Übernatürliches sind für das allgemeine Gefühl mit dem Begriff ›Märchen‹ verbunden.« Märchen sind u.a. dadurch definiert, daß sie von einem Wunder erzählen; man kann dieses Wunder in bestimmter Hinsicht häufig genug auch ziemlich genau mit »Zauber« oder »Zauberei« identifizieren, so daß Literaturwissenschaft und Volkskunde schon seit etwa siebzig Jahren vom »Zaubermärchen« (*tales of magic*; *contes merveilleux*) sprechen, wenn sie das ›eigentliche‹ Märchen von verwandten Textsorten unterscheiden wollen. Also: Von den 211 Grimmschen »Kinder- und Hausmärchen« der Ausgabe letzter Hand von 1857 sind nur etwa 60 dergestalt genuine Zaubermärchen, weil nur in ihnen typische und gattungskonstituierende Wunder vorkommen. Um das deutlicher zu machen: »Hans im Glück« ist in diesem Sinn zwar ein zauberhafter Text, aber kein Zaubermärchen; denn hier geht alles höchst real und natürlich zu. In der definitorischen Grauzone liegt hingegen eine Geschichte wie die vom »Tapferen Schneiderlein« – Unwahrscheinliches und Zufälliges geschieht in dieser schwankhaften Erzählung zuhauf, aber ein eigentliches Wunder passiert nicht (es sei denn, man werte das Auftreten von Einhörnern und Riesen als Wunder – doch hier muß man das Wirklichkeitsverständnis früherer Epochen in Rechnung stellen, die z.B. von der Existenz solcher Wesen genau so überzeugt waren wie von der ihrer Haustiere).

Wir haben es also – fast klingt es ein wenig tautologisch – bei unserer Beschäftigung mit dem oder bei unserer Erinnerung an das Märchen in der Regel mit den ›Zaubermärchen‹ zu tun.

Damit aber auch schon genug des allgemeinen. Es sei gestattet, medias in res zu gehen, um dem Phänomen des Zaubers im wörtlichen Sinn zunächst in Grimms Märchen etwas näher zu kommen. Zum Zauber gehört jemand, der zaubert, also nach antikem oder mittelalterlichem Verständnis ein Zauberer oder eine Zauberin. An diese möchte ich mich zunächst ganz direkt und unspekulativ halten; denn bei der Vorstellung sämtlicher Märchenwunder – sprich: Zaubereien – in Grimms Märchen käme man ins Uferlose.

Gibt es Zauberer in Grimms Märchen? Ich denke, es fallen einem auf Anhieb keine oder nur wenige ein, denn sie treiben meist in weniger populären Grimm-Texten ihr Wesen – oder besser: ihr Unwesen. Indes ist »Der gestiefelte Kater« eine denkwürdige Ausnahme; doch dieser Text findet sich nur in der ersten Auflage der Grimmschen »Kinder- und Hausmärchen« von 1812; er wurde dann – zu Recht – direkter französischer Abkunft bezichtigt und entsprechend eliminiert (immerhin hatte Wilhelm Grimm noch in seinem Handexemplar eine handschriftliche Überarbeitung festgehalten, die kürzlich in der Sammlung »Die wahren Märchen der Brüder Grimm« erstmals veröffentlicht wurde; es gibt also tatsächlich immerhin zwei Grimmsche Textfassungen des berühmten Märchens von Charles Perrault). Dem im zweiten Teil dieses Märchens sehr plötzlich und unvermittelt erwähnten »großen Zauberer« gehört fast das ganze Land – wie er es sich zusammengezaubert hat, das wird so wenig klar wie manche Immobilienanhäufung in jüngster Zeit in deutschen Landen. Dem Kater genügt indes diese Information, sich veranlaßt zu sehen, solch einen Immobilienzauberer persönlich aufzusuchen: Er kitzelt dessen Eitelkeit so lange, bis er ihn dazu bringt, sich in eine Maus zu verwandeln (während es im Druck heißt, der Zauberer sei »verwandelt worden«, stellte Wilhelm Grimm handschriftlich richtig »und in dem Augenblick verwandelte er sich« – also zaubermächtig, aktiv, wenn auch dumm): »Der Kater aber war hinter ihm her, fing die Maus mit einem Sprung und fraß sie auf.« Aus ist's für immer mit dem Zauberer und der Zauberei, und sieghaft übrig bleiben nur die Märchenwunder, die der Kater tat und tut – schließlich wird er »erster Minister« des neuen Königs; ob er in diesem Amt auch die dabei oft so dringend erwünschten Wunder gewirkt hat, steht nicht mehr im Buch.

Dieses und ähnliche Märchen erzählen von der Überwindung einer zaubermächtigen Persönlichkeit, die selbst nie Hauptfigur, Held eines Märchens ist, sondern oft gefährlicher, weil übermenschlich begabter Gegenspieler.

So gesehen stellen die Zauberer dem Märchenhelden eigentlich nur eine ins Äußerste gesteigerte Aufgabe unter anderen, und so werden sie denn von ihm durch List oder Tapferkeit oder auch mit Hilfe eines Gegenzaubers besiegt, etwa in den Grimmschen Märchen Nr. 68 »De Gaudeif un sien Meester«, Nr. 163 »Der gläserne Sarg« oder Nr. 197 »Die Kristallkugel«. (Übrigens verwandeln sich die jeweiligen Zauberer in all diesen Texten bemerkenswerterweise gleichermaßen nach dem Muster des »Gestiefelten Katers« jeweils in drei verschiedene Tiere, ehe sie in ihrer dritten Gestalt endgültig überwunden werden; Richard Wagner hat dieses Schema für die Verwandlungen Alberichs ins »Rheingold« übernommen.)

Ein Text, in dem der Zauberer einmal ausnahmsweise etwa gleichberechtigt neben der Heldin der Geschichte steht, fällt auch sonst in jeder Hinsicht aus dem innerhalb der »Kinder- und Hausmärchen« gewohnten und erwarteten Rahmen. Es handelt sich um die kurze Horrorgeschichte »Der Hahnenbalken«: »Es war einmal ein Zauberer, der stand mitten in einer großen Menge Volks und verrichtete seine Wunderdinge« – der Eingangssatz klingt nach moderner Jahrmarktsensation; von der bedrohlichen Macht und einer gewissen Erhabenheit des einsam oder im Wettkampf auf Leben und Tod zaubernden Wesens scheinen wir hier weit entfernt. Er macht den Gaffenden durch Augentrug weis, ein Hahn trüge einen schweren Balken. Ein Mädchen aber hat als Gegenzauber zufällig ein vierblättriges Kleeblatt zur Hand; es durchschaut den Trug und öffnet der Masse die Augen. »Da jagten die Leute den Hexenmeister mit Schimpf und Schande fort« – das ist mir eine seltsame Logik oder Ethik: Ein Zauberer, der richtig zaubern kann, der nach biblischem oder kirchlichem Gebot also eigentlich verbrannt gehörte, den hätte man bejubelt – einen seiner Pseudokunst verlustig gehenden aber jagt man (offensichtlich enttäuscht) davon. Spätestens hier wird klar, wie unterschiedlich, ja diffus die Reaktion der Menschen auf das Phänomen des Zaubers oder die Person des Zauberers sein kann. Als das Mädchen wenig später zu seiner Hochzeit in die Kirche geht, verblendet es der Zauberer, so daß sie glaubt, sie wate durch ansteigendes Wasser, und entsprechend vor allen Leuten ihre Röcke hebt. In dem Moment öffnet ihr der Zauberer durch Zuruf die Augen: »[...] und sie sah, daß sie mit ihren aufgehobenen Kleidern mitten in einem blau blühenden Flachsfeld stand. Da sahen es die Leute auch allesamt und jagten sie mit Schimpf und Gelächter fort.« Finis – und denn ja wohl kein Märchen-Happy-End. Diese alptraumhafte Geschichte ist etwas unappetitlich, bestenfalls ein grob organisierter Schwank auf ein unbescholtenes, waches Mädchen. Das Publikum in der Geschichte aber reagiert auf die beschämende und unverdiente Demütigung dieses Mädchens genau so undifferenziert wie auf die Entlarvung des faulen Zaubers zu Anfang. Der Pseudozauberer oder Gaukler indes behält das Feld – nicht mit einer echten Zauberei, sondern wieder nur durch eine periphere Inszenierung eines Augentrugs. Da fragt man sich denn doch, was die Grimms veranlaßt hat, an diesem Text von der ersten bis zur letzten Auflage festzuhalten, und vor allem, woher sie ihn gewonnen hatten. Zu ersterem: Ihnen war in einem – indessen äußerst zweifelhaften – Zusammenhang mit dieser Geschichte der Begriff »Hahnenbalken« aus der Zimmermannssprache sowie eine Parallele zu ihren »Deutschen Sagen« wichtig, wo erzählt wird, wie die Heruler auf der Flucht blühende Flachsfelder für schwimmbare Wasser ansahen. Zur Herkunft: Quelle ist ein bänkelsängerisches Gedicht des als Schauerromantiker berüchtigt, als Textdichter des Weberschen »Freischütz« berühmt gebliebenen Friderich Kind aus dem Jahr 1812.

Mit der Erwähnung dieser Quelle ist man also mit einem Schritt in der den Grimms zeitgenössischen Kunstdichtung der Romantik gelandet. Auf diesem Feld soll aber zunächst ein Schritt zurück getan werden, indem der Blick nun auf Zauberinnen in Grimms Märchen gelenkt sei.

»Es war einmal ein altes Schloß mitten in einem großen dicken Wald, darinnen wohnte eine alte Frau ganz allein, das war eine Erzzauberin« – so beginnt Grimms Märchen Nr. 69 ungewöhnlich genug; denn die Geschichte fängt nicht mit der Beschreibung oder dem Auftritt des Märchenhelden an, sondern mit der Einführung der dem Märchenerzähler offenbar interessanteren Figur der Ober- oder Erzzauberin. Die Grimms haben die Geschichte fast buchstabengetreu dem autobiographischen Roman des Pietisten Heinrich Jung, genannt Stilling, aus dem Jahr 1777 »Henrich Stillings Jugend« entnommen. Jung-Stilling behauptet zwar, er selbst habe diese »Historie«, wie er das Märchen nennt, von seiner Base mündlich gehört. Tatsächlich dürfte es sich indes um ein wesentlich vom Schriftsteller Jung-Stilling gestaltetes Kunstmärchen handeln; dafür sprechen nicht nur der merkwürdige Erzähleingang, sondern auch das erkennbare Interesse an der Figur der Erzzauberin, die nicht volksmärchenhaften Stimmungsmalereien um die Gemütslage des Liebespaars (gipfelnd im schwermütigen Lied der Jorinde), die potenzierte Steigerung der Zeit der Suchwanderung von den märchenüblichen drei auf »neun Tage« und vor allem die Tatsache, daß sich weltweit keine nennenswerte mündliche Tradition dieses Märchens nachweisen läßt. Diese Erzzauberin ist nicht darauf aus, wie etwa andere ›normale‹ Märchenhexen, die von ihr gefangenen Menschenkinder gemäß der genuinen Märchendämonologie zu verzehren, sondern sie begnügt sich sehr anständig mit Wild und Vögeln, die sie lockte, schlachtete, kochte und briet. Unter den angelockten Menschenkindern aber wählt sie merkwürdigerweise nur keusche Jungfrauen aus, die sie in Vögel verwandelt, und »sie hatte wohl siebentausend so rarer Vögel im Schlosse«, wie Stilling nicht ganz unironisch vermerkt, indem er die offenbar im Blick auf diese Spezies unglaubwürdige astronomische Zahl 7000 mit dem Adjektiv »rar« kontrastiert.

Was erfahren wir sonst von der Erzzauberin? Wie ihre männlichen Berufskollegen verwandelt sie sich in verschiedene Tiere, und zwar in einen Hasen, eine Katze oder eine Nachteule (die Grimms haben die Erwähnung des Hasen weggelassen, weil er ihnen nicht dämonisch genug schien und vor allem weil er als Masculinum nicht zu den Feminina Katze und Eule paßte). Aber diese Verwandlungen geschehen nicht voraussetzungslos wie sonst im Volksmärchen, sondern in Form eines Theatercoups: Die Alte verschwindet in der Gestalt der Eule hinter einem Strauch und kommt in menschlicher Gestalt an der anderen Seite wieder zum Vorschein; Jung-Stilling versucht den Märchenzauber des Gestaltwandels anschaulicher, geradezu realistischer zu machen. Als Joringel am Ende den Gegenzauber anwendet, »ward sie bös, sehr bös, schalt, spie Gift und Galle gegen ihn« – aber dem Joringel geht es wie dem Mädchen mit dem Kleeblatt in der Geschichte vom »Hahnenbalken«: Er bricht mit der von ihm gefundenen roten Blume den bösen Zauber (daß er diese Blume zuvor im Traum sah, weist ebenso auf Zauber- und Märchenmotive der Romantik voraus, wie diese rote auf die berühmte blaue Blume des Novalis). Wenn es letztlich die tiefe und treue Liebe Joringels ist, die die Zauberin überwindet, mag man an Calderóns berühmtes Drama »El mayor encanto – amor« (Über allem Zauber – Liebe) denken, in dem die Zauberin Circe bekennt: »Ich, weit über meinen Zauber / Ich die Liebe muß erkennen«, und wo es ganz analog zum Ende des »Jorinde«-Märchens heißt: »Es verschwinde ihr Zauber, ihr Palast zerstiebe, / Und über allem Zauber siege, – Liebe.« Vorwegnehmend und zusammenfassend kann man feststellen: Treue Liebe oder treue Freundschaft besiegt den

Zauber. Das gilt für Jorinde wie für den seinem Herrn dankbar treuen gestiefelten Kater, aber auch für den zweiten Bruder im Grimmschen Märchen »Die zwei Brüder« – und letztlich ändern die Brüder Grimm selbst die Intention ihres »Rapunzel«-Märchens in diese Richtung: Die treue Liebe Rapunzels und ihres Prinzgemahls besiegt die Zauberin.

Was aber bezweckte die Alte der Jung-Stilling-Geschichte mit ihren Zaubereien? Sehen wir genauer hin, müssen wir konstatieren, daß Joringels Braut zweifellos noch eine keusche Jungfrau war, auch wenn das Liebespaar schon länger sein »größtes Vergnügen eins am andern« hatte und, um wirklich ungestört »vertraut miteinander sprechen zu können«, allein in den Wald ging. Die Verwandlung und Festnahme der Jorinde durch die Zauberin sind sehr eindrucksvoll geschildert – das Warum aber ist offensichtlich vergessen, bzw. es wird der Phantasie des Hörers anheimgestellt. Rächt sich die Zauberin als eine Genossin des Teufels an den reinen Jungfrauen, weil sie sich zu ihrem Ärger als unverführbar erwiesen? Oder ist sie im Gegenteil darauf aus, die Jungfrauen für immer im Stande der Keuschheit zu halten, und hätte sie demgemäß die Jorinde bei deren intimem Rendezvous in ihrem Zauberwald sozusagen in letzter Minute dergestalt ›konserviert‹?

Die Vermutung ist so abwegig nicht, wie sie auf den ersten Blick erscheint, wenn man ein weiteres und noch älteres Kunstmärchen in dieser Hinsicht zum Vergleich heranzieht. Der seit ihrer Aufnahme in die »Kinder- und Hausmärchen« von 1812 weltberühmten »Rapunzel«-Geschichte attestierten die Brüder Grimm nämlich zu Unrecht, sie basiere »ohne Zweifel auf mündlicher Überlieferung«. Tatsächlich übernahmen sie »Rapunzel« aus einer Romansammlung Friedrich Schulz' aus dem Jahr 1790, wo der Text als verkürzende Übersetzung des Feenmärchens »Persinette« der 1724 verstorbenen Mademoiselle de la Force erschienen war. Erst die Brüder Grimm haben 1819 die la Force/Schulz'sche »Fee« in eine »Zauberin« umbenannt, und schon zuvor hatten sie das Motiv weggelassen, das deren merkwürdiges Verhalten der zwölfjährigen Rapunzel-Jungfrau gegenüber erklärt; nachdem von ihrer guten und wohlwollenden Erziehung des Kindes erzählt wurde, fährt Schulz nämlich so fort: »Da aber die Fee wußte, daß ein unglücklicher Stern bei ihrer Geburt geschienen hatte, so beschloß sie, alles anzuwenden, daß sie davor sicher wäre: Sie zauberte einen hohen silbernen Turm mitten in einem Walde aus der Erde, der keine Tür hatte«; als dann die doch wohl eher gutgesinnte Fee von der

Schwangerschaft ihrer Schutzbefohlenen erfährt, heißt es entsprechend: »Du Unglückskind, du hast einen großen Fehler gemacht, dafür mußt du bestraft werden«; das Happy-End der Geschichte besteht darin, daß die versöhnte Fee Rapunzel samt dem Prinz und den Zwillingskindern mit ihrem Luftwagen in den väterlichen Palast führt. In der Grimmschen Bearbeitung nimmt sich die Reaktion der Zauberin auf die Nachricht von Rapunzels Schwangerschaft nicht nur wunderlich, sondern auch einigermaßen sinnlos aus: »›Ach du gottloses Kind‹, rief die Zauberin, ›was muß ich von dir hören.‹« Da bei Grimm die Zauberin am Ende nicht wieder und schon gar nicht als Wohltäterin auftritt, wirkt ihr Verhalten den Eltern und Rapunzel gegenüber wie die pure Boshaftigkeit, deren Grund an keiner Stelle mitgeteilt wird. Man muß diesen Rollenwandel gewiß zu einem guten Teil der Grimmschen Idiosynkrasie gegen die französischen Feen zuschreiben, aber doch wohl auch ihrem Verständnis, was eine Zauberin sei: Verderblicher »Zauber wird in der Regel Frauen zugeschrieben«, stellt Jacob Grimm für die germanische Überlieferung in seiner »Deutschen Mythologie« fest, d. h., er identifiziert die Zauberinnen weitgehend mit den Hexen, die das Grimmsche Märchen ja ansonsten bevorzugt. Wenn Jacob Grimm in seiner »Mythologie« weiter ausführt, »der Zauberer berührt bei Verwandlungen mit dem Stabe«, so ist die sogenannte Hexe im Grimmschen Märchen »Die zwei Brüder« zweifellos als Zauberin aufgefaßt, denn sie lebt nicht nur wie die Jung-Stillingsche Zauberin in ihrem »Zauberwald«, sondern sie kann durch die Berührung mit einer Rute Menschen zu Stein verwandeln und wieder entwandeln. Auch hier fragt man wieder staunend: »Warum?!« Immerhin hat sich diese Zauberhexe ein ganzes Lapidarium versteinerter Menschen angelegt, und das waren außer dem Märchenhelden viele »Kaufleute, Handwerker und Hirten« – also sämtlich Männer. Scheint es, als seien die bislang betrachteten Zauberinnen um die Keuschheit ihrer weiblichen Opfer besorgt, so sieht es im Brüder-Märchen anscheinend eher umgekehrt aus; aber zu dieser Einsicht kann hier ebenfalls wieder nur ein Blick in die der Grimmschen Version vorausliegenden Fassungen führen. Hören wir, wie Basile die Verwandlungsszene in seinem 1634 veröffentlichten neapolitanischen Märchen »Lo mercante« wiedergibt: Der Märchenheld Cienzo hat sich bereits am Morgen nach seiner Hochzeitsnacht in eine bildhübsche Nachbarin verguckt, er »trat aus dem Schloß und schlich in das Haus des Mädchens. Das war nun freilich ein auserlesener Leckerbissen, zart wie Quark und süß wie Zucker. Und außer anderen Reizen, mit denen sie ihre Zauberkraft ausübte, hatte sie die

Gabe, wann immer sie wollte, die Männer mit ihren Haaren zu behexen, zu binden, zu fesseln, zu knoten, zu ketten und zu umgarnen. So tat sie es auch Cienzo, denn der hatte kaum den Fuß in ihr Zimmer gesetzt, da war er schon gefesselt wie ein junges Füllen.« Hier wäre Calderón eher abgewandelt zu zitieren: Über aller Liebe, – Zauber! Als später der Zwillingsbruder erscheint, »sagte die schöne Zauberin: ›Bindet ihn, ihr Haare mein!‹« Hier erscheint die Zauberin unzweideutig mit den erotischen Konnotationen, die man im Volksglauben den jungen und schönen Hexen mit ihren Sukkubus-Qualitäten im allgemeinen und dem Liebeszauber ihrer Haare im besonderen zuschrieb.

Wenn die Grimms schon in ihren Basile-Regesten das Motiv bewußt verharmlosten (»eine Schönheit, in deren Haaren eine Zauberkraft lag, so daß sie jeden, den sie wollte, damit bannen konnte«), so kann man ihre Erleichterung nachfühlen, als die Zauberin in der ihnen zukommenden Version aus Westfalen zu einer häßlichen Alten mutiert war, die statt ihrer Haarpracht ihre Zauberrute einsetzt.

Die Frage aber, ob Basile das Thema der Zaubererotik in seine vielleicht ansonsten harmlose Volksmärchenvorlage gebracht hat oder ob die nicht nur bei Grimm zuweilen ausgesprochen prüde Volksmärchentradition ein vielleicht ursprüngliches Motiv von der überwältigenden Zauberkraft weiblicher Erotik wieder eliminiert hat, diese Frage kann hier nur gestellt, aber nicht beantwortet werden. Gerade im italienischen Volks- und Kunstmärchen werden Versteinerungen nicht selten ein wenig derb mit sexuellen – oder noch direkter: phallischen – Vorstellungen in Verbindung gebracht. Sollte dies eine Erklärung für die seltsame Vorliebe der Grimmschen Zauberin für ganze Legionen versteinerter Männer sein?

Nachdem die wichtigsten Zauberer und Zauberinnen samt ihren Zaubereien in Grimms Märchen vorgestellt sind, sei abschließend noch kurz ein Blick auf den Umgang des Kunstmärchens mit diesen Themen geworfen.

Wenn das Volksmärchen, besonders in der Grimmschen Auswahl und Redaktion, durchweg von schädigenden, gefährlichen Zaubereien und Zauberern spricht, so daß die zuweilen dahinterliegenden guten Absichten (man denke vor allem an »Rapunzel«) nur noch gleichsam märchenarchäologisch rekonstruierbar sind, so kann man hinsichtlich der romantischen Dichtung allgemein und des Kunstmärchens im besonderen vorweg feststellen, daß dem Thema hier seine doch wohl ursprünglich gegebene Ambivalenz zurückgewonnen wird (so sind ja etwa gemäß der persischen Mythologie die gutartigen, helfenden Zauberer ursprünglich Peri-, die bösartigen, schadenden hingegen Dew-Schüler, und sie hielten sich in Macht und Menge etwa die Waage). Es kommt ganz entscheidend auf die Perspektive an, ob man einen Zauber oder eine zaubermächtige Person als Glück oder Unglück wertet und empfindet. So glaubt der wie Tannhäuser zwischen der zauberischen Venus und der christlichen Elisabeth schwankende Christian in Tiecks »Runenberg« sich am Ende beseligt im Venusreich, während seine bürgerliche Umgebung, für welche die Zauberfrau Venus gut mittelalterlich eine »Teufelinne« geblieben ist, den Märchenhelden als Unglücklichen und Wahnsinnigen betrachtet. Weiter wäre etwa an die dämonischen, aber von den Märchenhelden stets als Helfer aufgefaßten und erfahrenen Zauberer Klingsohr bei Novalis oder Archivarius Lindhorst bei E.T.A. Hoffmann zu erinnern.

Und wenn Hans-Heino Ewers seine schöne Anthologie deutscher Kunstmärchen unter dem Eichendorff-Titel »Zauberei im Herbste« versammelt, so hat er daran sehr recht getan. Denn nicht nur Eichendorff, sondern vor allem auch Novalis – kein Dichter hat je so hoch von Märchen gedacht und gesprochen – bringt die Begriffe »Märchen« und »Zauber« immer wieder zusammen, ja, Novalis identifiziert sie zuweilen, so im bedeutenden Fragment Nr. 1463, in dem er die »Zauberbedingungen« als konstitutiv für jedes »Märchen« wertet. Im Programmgedicht der Romantik beruft Ludwig Tieck die »Mondbeglänzte Zaubernacht« und identifiziert sie mit der »wundervollen Märchenwelt«. Bei Heinrich Heine »winkt« es aus »alten Märchen« wie aus einem »Zauberland«, und in seiner »Loreley« reklamiert er ohne weiteres den Eingang der Brentanoschen Ballade »Zu Bacharach am Rheine wohnt ein Zauberin« als »ein Märchen aus alten Zeiten«.

Wenn eben gesagt wurde, für die Darstellung des Zaubers im Kunstmärchen sei die Perspektive entscheidend, so existiert diese natürlich von Gnaden des Dichters. Und so verwundert es nicht, wenn Novalis bei seinen Reflexionen über das Märchen zu der Gleichung gelangt: »Der (moderne) Zauberer ist Poet« oder: »Ein Zauberer ist ein Künstler« oder: »Alle Bezauberung ist durch einen Künstler erregter Wahnsinn« und schließlich in einem Märchenfragment: »Einige Söhne eines Zauberers wählen Gaben. Der jüngste wählt die Gabe der Poesie, er erhält dadurch alles, was seine Brüder suchen, wird der Glücklichste von ihnen und gewinnt infolgedessen die Prinzessin.« Hier ist das Muster von Brentanos »Klopfstock«-Kunstmärchen vorgegeben, wo der jüngste Sohn des Schulmeisters Poet wird und als solcher die schönsten Zaubereien vollführt, bis ihm am Ende die Prinzessin Poesie zuteil wird. Genauere Interpretation kann auch in den Kunstmärchen von »Hyazinth und Rosenblüt« des Novalis, über den »Runenberg« von Tieck und vor allem den Anselmus in Hoffmanns »Goldnem Topf« bis hin zu Hermann Hesses Märchen »Der Dichter« und Ödön von Horváths »Märchen in unserer Zeit« unschwer allenthalben Poeten in statu nascendi identifizieren. Das will sagen: Die Lizenz zum Zaubern ist in der neueren Märchendichtung so oder so dem Dichter erteilt worden. Das heißt für das Kunstmärchen: Der Märchenheld erlebt den Zauber (oft ist er allein dazu befähigt), oder er gewinnt sogar die Fähigkeit, aktiv zu zaubern – mehr und mehr allerdings in seinem künstlerischen oder eben dichterischen Vermögen. Der Kunstmärchendichter selbst im besonderen und der Dichter im allgemeinen werden dergestalt ihrerseits zum Zauberer, angefangen mit Shakespeares Selbstaussage im Epilog seines letzten Stückes »Der Sturm«, wo der Zauberer Prospero sein Amt mit den Worten niederlegt: »All meine Zauber sind erschlafft«, bis hin zu Thomas Mann, der nicht nur den »Zauberberg« oder »Mario und der Zauberer« schrieb und den seine Kinder wie seine Verehrer gern den »Zauberer« nannten.

Heinz-Albert Heindrichs

Zauber Märchen Utopie

Drei faszinierende Worte – Worte, die uns magisch anziehen, die von einem Glanz, von einer Aura umgeben sind, die aber zugleich, in unserem Sprachgebrauch, eine sehr schillernde Bedeutung haben: Zauber, Märchen, Utopie – das sind Worte, die zum einen für Verwandlung, für in Bildern verdichtete Menschheitserfahrung, für Zukunftserwartungen stehen; zum andern bedeuten sie aber auch das Gegenteil: Illusion, Lügen, Hirngespinste.

Zauber – zouber, zoufer, teafor, tover, taufra: das Wort findet sich in allen germanischen Sprachen, und es bezeichnete ursprünglich die rote Farbe, das Ocker- und Rötelgemisch, mit dem man, als Ersatz für Blut, die Runen einfärbte, denen man eine beschwörende Wirkung zuschrieb. Schließlich war es das Wort für die Zaubermittel selbst, für die magischen Handlungen, deren man bedurfte, um gute Geister anzuziehen und böse abzuwehren. Von solchen magischen Handlungen war das Leben bestimmt: Götter, Dämonen und Naturwesen wurden durch Zaubersprüche und Segensformeln, durch rituelle Gebärden und Tänze beschworen; man hoffte, sie durch Masken und Abbilder zu bannen, sie anzulocken durch Musik oder durch Lärm und Geschrei zu verjagen – und auch heute sind wir von solchen magischen Bräuchen umgeben, auch hier in Mitteleuropa. Ja, wir erfahren es täglich selbst, wie fließend die Grenzen zwischen Aberglaube und Religion um uns sind – und es ist schon erstaunlich, daß weder Christentum noch Aufklärung es zuwege brachten, die Magie aus unserer Welt zu schaffen, obwohl das Mittelalter in ihr ein Teufelsbündnis sah und sie als Ketzerei streng verfolgt hat, obwohl zur Lutherzeit das Wort Zauberei so gut wie außer Gebrauch war und erst zur Zeit der Aufklärung wieder in Mode kam, nun aber unter dem profanen Aspekt der Volksunterhaltung.

Daß magisches Erleben und Denken auch in unserem rationalen Zeitalter wirksam bleibt, mag darin begründet sein, daß der Mensch auch heute noch, geradeso wie in mythischer Zeit, in zwei Wirklichkeiten lebt: in einer ersten, realen, die es mit empirischer Erfahrung und mit Verstand zu bewältigen gilt, sodann aber in einer zweiten, überrationalen, in einer *unio magica*, die mit dem Kopf nicht zu begründen ist – und es gibt eine Theorie, die besagt, daß der magische Mensch eine Frühform des religiösen Menschen sei. Russischen Berichten zufolge hat das jahrzehntelange Religionsverbot im Osten weniger zum Unglauben als vielmehr zu einem Rückfall in abergläubische Praktiken geführt – und dieses kompensatorische Wechselspiel von Religion und Aberglaube scheint ja zu bestätigen, daß der Mensch dieser *unio magica* bedarf. Heute arbeiten Ethnologen, Zauberkundler und Märchenforscher gemeinsam daran, die Beschwörungspraktiken und Vorstellungen aller Völker und Kulturkreise vergleichend zu erfassen, und sie unterscheiden dabei den Abwehrzauber und den Schutzzauber, den Analogie- und den Bildzauber, den Jagdzauber, Krankheitszauber, Schadenszauber, den Sympathie- und den Liebeszauber.

Des Zaubers mächtig sein – das war einmal eine übernatürliche Gabe: die Gabe, verwünschen, verwandeln, erlösen zu können. Der Glaube, daß Götter die Fähigkeit haben, jede gewünschte Gestalt anzunehmen oder zu verleihen, sie findet sich in den Mythen aller Völker. So erscheint Zeus als Wolke, als Goldregen, Mensch, Stier, Schwan, Odin als Schlange, Rabe, Adler, als Wanderer, einäugig mit Hut und wallendem Mantel – und so ist es überall mit den Göttern. Daß aber auch der Mensch des Zaubers mächtig werden kann, davon berichten die Mythen ebenso wie die Religionen, schließlich, auf ihre besondere Art, die Zaubermärchen. Eine solche Gunst wurde freilich nur dem zuteil, der bestimmte Vorausbedingungen erfüllte – sei es, daß er von Göttern abstammte, sei es, daß er einen Gott, einen Geist, einen Dämon gewonnen hatte, ihm zu helfen. Im griechischen Heroskult wurden Helden wie Herakles oder Heilbringer wie Asklepios in den Olymp erhoben; von römischen Kaisern glaubte man, daß Adler oder geflügelte Windgeister sie ins Jenseits tragen, von Kaiserinnen, daß ein heiliges Tier, der Pfau, sie emporfliegt. In den monotheistischen Religionen sind es schließlich Propheten und Heilige, denen eine Entrückung zuteil wird.

In den Zaubermärchen aber gibt es nur eine Bedingung zu erfüllen, und die ist, offen und reinen Herzens zu sein: Wer selbstlos anderen hilft, dem helfen auch die jenseitigen Wesen, die Dämonen und Naturgeister, die ihn rings umgeben – und vor allem sind es immer wieder Tiere, die dazu beitragen, eine Verwünschung aufzuheben. Sie sind es, die in den Zaubermärchen die drei Elementarreiche der Erde, des Wassers und der Luft vertreten, und dafür seien einige Beispiele genannt: Im Märchen »Die Bienenkönigin« (KHM 62) sind es Ameisen, Enten und Bienen, die dem Dummling zum Glück verhelfen – in Basiles »Die drei Tierbrüder« sind es Hirsch, Delphin und Falke – im Musäusmärchen »Die drei Schwestern« Bär, Walfisch und Adler – in »Die weiße Schlange« (KHM 17) helfen die Fische, der Ameisenkönig, die jungen Raben. In all diesen Märchen lösen Tiere die Aufgaben, die ein Mensch nicht zu leisten imstande ist, und sie tun dies sozusagen als Boten aus ihrem elementaren Reich. Dabei wird deutlich, daß ein Zusammenwirken von Erd-, Wasser- und Luftmächten offenbar notwendig ist, um einen Zauber vollends zu lösen – und dies entspricht ja sehr genau der Erfahrung, die der Mensch im Umgang mit der Natur gemacht hat.

Darüber hinaus aber gibt es Märchen, in denen Tiere dem Menschen gewähren, ihre Gestalt anzunehmen; sie übertragen ihm damit auf Zeit die Macht, über die elementaren Kräfte der Natur selbst zu verfügen. In »Windhund, Krähe und Ameise«, einem Märchen aus Niederdeutschland, darf ein Junge die drei Verwandlungen nutzen, um über einen Drachen zu siegen. Im italienischen Märchen »Fortunio« kann sich der Held in Wolf, Ameise und Adler versetzen. Im Märchen »Der schnelle Soldat«, das aus dem Harz stammt, ist es ein greiser Bettler, der dem Soldaten die Gabe verleiht, sich in Hase, Fisch oder Taube zu verwandeln. Es sind dies Märchen, die den Menschen begaben, seine physische und seine psychische Konstitution verändern und aufs Spiel setzen zu können.

Die ureigenen Zaubermärchen aber sind die, in denen es gilt, die Grenzen der physischen Welt zu übersteigen: Wer die Jenseitsfahrt antritt, um bis an der Welt Ende zu kommen, der muß drei übernatürliche Zaubergaben erringen: er muß seine Körperlichkeit überwinden und unsichtbar werden – er muß Raum und Zeit durchbrechen, und sei es für einen Augenblick – er muß außermenschliche Kräfte haben, um sich in der Anderswelt behaupten zu können. An diese Zaubergaben muß er gelangen, koste es, was es wolle, denn ohne sie ist er den jenseitigen Mächten nicht gewachsen. Zum Unsichtbarwerden bedarf er der Tarnkappe oder des Zaubermantels – zum Raumüberwinden der Fernstiefel, eines Zauberpferds, eines Flugteppichs, Flughemds oder Rings – oft reicht auch ein einziges Zauberding aus, ein Wunschsattel oder ein Wunschhut, um beide Metamorphosen in einem zu bewirken – schließlich aber bedarf es zauberischer Kräfte und Waffen: einer Zauberblume oder Zauberfrucht, eines Zaubertuchs, einer Zaubertrommel, Zaubergeige, Zauberflöte, eines Zauberbuchs, eines Zauberstabs, eines Zauberdegens oder Zauberschwerts.

Solche Verwandlungsgaben werden selten geschenkt; sie müssen aktiv erworben, ja vielfach mit List gestohlen werden – zum Beispiel von Riesen oder Dämonen, die sich in der Anderswelt um solch ein Zauberding streiten, etwa um den Wunschhut in der »Kristallkugel« (KHM 197), um den Wunschsattel im »Trommler« (KHM 93), um Tarnmantel, Pferd und Zauberstab in dem Märchen »Die Rabe« (KHM 93), um Mantel, Stiefel und Zauberdegen im »König vom goldenen Berge« (KHM 92). Daß man sich diesen Zugang zur Anderswelt oft nur durch Raub oder List verschafft, das scheint ein ungewöhnliches, aber geheimnisvoll altes Motiv: Auch Odin raubte der Riesin Gunnlöd den Mettrank, um durch ihn zum Dichter zu werden.

Zaubermärchen, in denen sich Übernatürliches ereignet, ließen sich auch als Wundermärchen bezeichnen; denn sie entsprechen der Definition des Wunders als eines Geschehens, das den Naturgesetzen widerspricht und sie zu durchbrechen scheint. Das Wunder ist freilich ein religiös besetzter Begriff, und dabei unterscheidet sich das kirchlich anerkannte Wunder vom Märchenwunder darin, daß es als Ausnahmegeschehen gilt und einem strengen Prüfungsverfahren unterliegt, während es uns im Märchen doch permanent und wie selbstverständlich begegnet. Daß es Wunder gibt, wird seit der Aufklärung in Frage gestellt und aus materialistischer Sicht vollends bestritten. Vom Standpunkt der Vernunft ist der Wundergläubige einer, der desto mehr Erscheinungen für Wunder hält, je weiter er in der Naturerkenntnis zurückgeblieben ist – und diese aufgeklärte Meinung besteht auch weithin in bezug auf die Märchen, jedenfalls innerhalb unseres europäischen Kulturraumes, in dem man mit der Pubertät den sogenannten Kinderglauben hinter sich zu lassen hat, wenn man nicht ‚gehänselt' werden will. So treffend der Begriff Wundermärchen in literaturwissenschaftlicher Hinsicht sein könnte, im allgemeinen Sprachgebrauch scheint er den abschätzigen Beigeschmack noch zu verstärken, der dem Wort Märchen selbst schon anhaftet.

Daß dem so ist, hat tiefere Gründe: Zum einen hat das Christentum versucht, all das, was es an Mythen und Schöpfungsgeschichten, an Märchen und zauberischen Bräuchen vorfand, mit seiner biblischen Botschaft zu verdrängen oder umzudeuten, zum anderen hat sich Europa seit der Renaissance, seit dem Beginn der Neuzeit, mehr und mehr rationalistischen Denkweisen zugewandt, die schließlich in der Aufklärung ihren Höhepunkt fanden.

Das alte Wort Mär, maere, mari, das einmal soviel wie »gerühmte Kunde« bedeutet hat – es kam seit dem Spätmittelalter in Verruf und nahm schließlich die Bedeutung von »Gerücht« an, eine Tendenz, die durch Verkleinerungsformen wie Märlein und Märchen weiter begünstigt wurde. Drei literarische Beispiele mögen zeigen, wie tief das Wort Märchen im Deutschen abgesunken war, ehe die Brüder Grimm seinen wahren Gehalt wieder ans Licht brachten. Luther, der den Leuten aufs Maul schaute, hat in seiner Bibelübersetzung für »dummes Geschwätz« einfach das Wort »Märlein« genommen. Bei Lessing findet sich die Zeile: »Nicht die Kinder blos, speist man mit Märchen ab«. Und der junge Goethe schreibt gar: »[...] es ist nichts Schändlicheres in der Welt, als sich auf Lügen und Mährchen einzurichten«.

Da ist es nicht verwunderlich, daß das Wort Märchen auch in der heutigen Umgangssprache negativ besetzt ist. »Erzähl mir doch keine Märchen!« – das ist ein Slogan, der nicht nur von einfachen Leuten, sondern besonders gern von Politikern benutzt wird, wenn sie sich gegenseitig der Lüge bezichtigen. Die gleiche Unterstellung schwingt mit, wenn Journalisten vom Märchenonkel, von der Märchentante schreiben; denn es impliziert den Verdacht, daß da Menschen wie Kinder mit unwahren Geschichten abgespeist werden.

Tatsächlich aber sind heute alle Märchen der Welt miteinander im Bunde, und zusammen sind sie so unüberhörbar stark und wahr, daß sie bislang jede Art von Mißverständnis, von Schmähung oder Fälschung, von Kitsch, Parodie oder ideologischer Vereinnahmung überstanden haben. Seit den Brüdern Grimm ist zunehmend erkannt worden, daß das Volksmärchen zu den großen Dichtungsformen der Menschheitsgeschichte gehört, daß es für alle Kulturen und in allen Sprachen eine Grundlagendichtung darstellt, die bis in die heutige Literatur nachwirkt – ja, daß in ihm so viele Grunderfahrungen der Menschheit verdichtet erscheinen, daß das Staunen darüber nicht aufhört und zu immer neuen Deutungen und Innovationen führt. Das Märchen ist zu einer Fundstelle geworden – zum einen für Menschen, die in ihm nach einem Schlüssel suchen, um sich selbst verstehen zu lernen, zum anderen für Menschen aller erdenklichen Berufs- und Forschungsfelder, die in ihm ein unerschöpftes Quellenmaterial finden.

Das Märchen, so scheint es, ist eines der letzten Rätsel, das nicht auszudeuten ist – das macht es zum Faszinosum. Das Märchen, so scheint es, ist selbst ein letzter wirklicher Zauber in einer entzauberten Welt. Das macht, daß uns die Zaubermärchen magisch anziehen, daß wir sie heute für die eigentlichen Märchen halten. In unserer Kultur waren gerade sie der Feuerprobe ausgesetzt; denn was auch immer mit Zauber zu tun hatte, es wurde an den Pranger gestellt: als Hexenkult, Teufelspakt, schwarze Magie, als Aberglaube und Ketzerei. In unseren Zaubermärchen aber hat der Volksmund die Inquisition unterlaufen und uns Relikte aus einer Zeit magischen Denkens tradiert, in der die Erscheinungen der Welt noch nicht kausal begriffen, sondern als Träger geheimnisvoller Kräfte erlebt worden sind. Wir entdecken mit Staunen, daß unsere Grimmschen Zaubermärchen weit mehr als »Kinder- und Hausmärchen« sind, daß sie uns vielmehr Reste einer magisch-dämonischen Erlebenswelt überliefert haben, wie wir sie heute, dank ethnologischer Forschungen, aus den Märchen ferner Naturvölker herauslesen können. Wenn wir an die Zaubermotive des Märchens auch nicht mehr real glauben – an die Tierverwandlung, die Wiederkehr von Toten, an Zaubergabe und Jenseitswanderung – wenn wir sie heute mehr als ein Spiel der Phantasie nehmen, als ein Mosaikspiel von Möglichkeiten außerhalb der Realität, so scheinen wir ihrer dennoch zu bedürfen, wie es der Umsatz an Märchenliteratur nahelegt. Offensichtlich bedürfen wir gerade der Zaubermärchen aus vielen Gründen: weil sie unserer zweiten, fast verkümmerten Wirklichkeit, der *unio magica,* noch einmal Nahrung geben – weil wir in ihnen, wenn auch in Rätseln, von Lösungen erfahren, die wir insgeheim selbst erwarten – weil wir mit unserer Kultur in einer Zeitspirale stehen, in der uns außereuropäische und voreuropäische Vorstellungen immer konkreter einholen und begegnen.

Im Zaubermärchen ist das Zaubern die Regel; nach Max Lüthi gehört es deshalb zu Form und Stil, ja zum Strukturprinzip der Gattung. Er sagt: »Das Märchen kennt nicht die Mühe des Zauberns. Aller Zauber verwirklicht sich mühelos.« Daher ist er aber auch der Meinung, daß man im Märchen weder von Wunder noch von Zauber sprechen könne und deshalb eigentlich auch den Gattungsbegriff Zaubermärchen ändern müsse. Zu einer solchen Meinung kann er freilich nur kommen, wenn er voraussetzt, daß das Zaubern mit Mühe und Arbeit verbunden ist. In der Berufszunft der Magier galt und gilt das Zaubern in der Tat als Kunst, als *ars magica,* die erlernt werden muß, sei es als schwarze Kunst, die mit dem Teufel paktierte, sei es als weiße Kunst, die mit den Engeln im Bund stand. Goethe bringt die alten magischen Intentionen auf den Punkt, wenn er Faust sagen läßt: »Drum hab ich mich der Magie ergeben, ob mir, durch Geistes Kraft und Mund, nicht manch Geheimnis würde kund.« An die Magier früherer Zeiten knüpfte sich die Erwartung, daß sie gelernt hatten, Tote und Geister zu beschwören, Naturvorgänge zu beeinflussen, Träume zu deuten, Ereignisse vorauszusagen, Krankheiten anzuhexen oder abzuwenden. Aber mit dem Vordringen der Naturwissenschaften, der Medizin, der Psychologie verloren die magischen Künste ihre Macht. Für diejenigen Erscheinungen, die sich physikalisch nicht aufklären ließen, prägte man vor hundert Jahren den Begriff des Okkultismus, und sie sind seitdem das Forschungsfeld der Parapsychologie.

Unterdessen ist der Zauberer ein Unterhaltungskünstler geworden, der in Zirkuszelten und Varietés sein Publikum zum Staunen bringt – und dabei weiß es jeder, daß seine Zauberkunst nicht mehr Hexerei, sondern pure Geschicklichkeit ist. Der Zauberer von heute nennt sich Illusionist, und er gibt damit zu erkennen, daß seine Kunst darin besteht, das Auge zu täuschen. Es sieht so aus, als könne er das wirklich: etwas herbei- oder fortzaubern, aber es ist nur Schein – und wenn er ein Künstler ist, dann vermittelt er uns vor allem diesen Schein, diesen Zauber der Imagination.

Solche Zauberspielkünste können den Formen und Spielregeln des Zaubermärchens durchaus nahekommen, vor allem darin, daß sie, als Kunststücke, eine poetische oder aber ironische Distanz zur Realität herstellen. Dabei scheint es kein Zufall, daß der Zauberer von heute auf die Zaubergaben des Märchens von einst zurückgreift: auf Zauberbuch, Zauberstab, Zaubermantel, auf Zauberhut, Blumen, Tücher und Ringe. Metaphysische Macht verleihen sie ihm nicht, in seiner Hand sind sie nur noch Requisiten, präparierte vielleicht oder auch solche, die nur den Zweck haben, das Auge vom Trick fortzulenken – dennoch bleiben sie die Insignien einer großen magischen Zeit, sind sie eine letzte spielerische Reverenz an vergangene Zauberrituale.

Zauber, Märchen, Utopie – ein Wort gilt es noch zu bedenken, das mit uns und den Märchen, mit unserer Vergangenheit und unserer Zukunft zu tun hat – ein verwirrendes Wort, verwirrend, weil es extrem gegensätzliche Bedeutungen auf sich gezogen hat: das Wort Utopie.

Einschlägige Lexika reihen es in sinnverwandte Wörter wie »Fabelland, Wunderland, Märchenland, Eldorado oder Arkadien« ein, aber auch in solche wie »Einbildung, Fiktion, Wunschtraum, Täuschung, Wahn, Trugbild und Hirngespinst«; sie übersetzen es mit Nirgendheim oder Nirgendland und erklären es »als unausführbar geltenden Plan ohne reale Grundlage« oder als eine »Bezeichnung für nicht zu verwirklichende (politische, wirtschaftliche, soziale) Ideen«.

Erfunden hat das Wort Thomas Morus: 1516 erschien sein Dialog »Von der besten Verfassung des Staates und von der neuen Insel Utopia«. In ihm entwirft er in kunstvoll spielerischer Weise einen idealen Gesellschaftszustand, der nirgends realisiert ist, der aber urchristliche Lebensformen rückzuerinnern und kommunistische Lebensformen vorauszuahnen scheint. Gedacht war die Schrift als indirekte Kritik am Zeitgeist, aber sie kleidete sich ins Gewand eines satirischen Gedankenspiels, was schon im Wort Utopia anklingt, das sich zwar vom griechischen *ou topos* (kein Ort) herleitet, aber in englischer Aussprache gleichlautend ist mit Eutopia: Mithin wäre also das gute Land das Nichtland oder auch umgekehrt? Für die Realpolitiker dieser Welt mag das zu doppelbödig sein. Jedenfalls hatte sich Thomas schon zu Lebzeiten gegen die politische Vereinnahmung seines Denkspiels zu wehren: Sowohl die spanischen Eroberer Mexikos als auch die deutschen Bauernkriege wollten sich auf sein Utopia berufen.

Tatsächlich wird Thomas Morus zum Ahnherrn einer neuen literarischen Gattung: der des utopischen Romans. In ihr begegnen uns die Möglichkeitswelten der gegensätzlichsten Art – von der »Nova Atlantis« des Francis Bacon, der 1626 von einem hochtechnisierten Idealstaat träumt, bis zu Orwells »1984«, das uns die negative Utopie eines totalen Staates vorführt. Es liegt aber auf der Hand, daß sich die utopische Literatur mit den Möglichkeitsformen des Zaubermärchens berührt. So sah der alternde Goethe die Märchen als »Spiele einer leichtfertigen Einbildungskraft« an, die »außer sich hinaus ins unbedingte Freie führen«; so spricht Ernst Bloch vom Märchen als der »ältesten utopischen Erzählung... in der Entlegenheit Zukunft, in der Entfernung utopisches Fahrziel« enthalte – und er bemerkt zur Formel »Es war einmal«, daß sie »märchenhaft nicht nur ein Vergangenes, sondern ein bunteres und leichteres Anderswo« bedeute. So bezeichnet Lutz Röhrich das Märchen als »eine Utopie der Wunscherfüllung« – und Wilhelm Solms sieht »die Welten des antiken und keltischen Mythos, die Märchenwelt, die utopischen Entwürfe in den Romanen zu Beginn der Neuzeit, die Visionen vom Unendlichen in der Romantik, die Zukunftswelten der Science Fiction oder die Anderswelten der Fantasy-Romane« in einem übergreifenden Zusammenhang, wenn er sagt: »Diese Welten sind jede für sich und alle zusammen einfach phantastisch.«

Nun ist Utopie ja nicht nur ein literarisches Phänomen, sondern eine Denkform, und als solche ist sie zum Inbegriff für politische, soziale und technische Zukunftserwartungen geworden, vor allem, seitdem Marx und Engels dem Begriff eine brisante gesellschaftspolitische Bedeutung gegeben haben. Dabei distanzierte sich das kommunistische Manifest von 1848 ausdrücklich von Thomas Morus, von seiner bloß »phantastischen Schilderung der zukünftigen Gesellschaft«. Marx setzte voraus, daß der real existierende Sozialismus einmal das Ende jeder Utopie sein werde. In seinem Werk »Das Prinzip Hoffnung« hat Ernst Bloch versucht, diese Aussage zu revidieren und utopisches Denken auch über den Kommunismus hinaus einzufordern. Max Horkheimer geht soweit zu sagen, daß der utopische »Traum von der wahren und gerechten Lebensordnung« nicht einfach durch ein Gesellschaftssystem okkupiert werden könne.

Aber das Erschreckende ist ja, daß die realen Utopien unseres Jahrhunderts die literarischen ad absurdum geführt und pervertiert haben: Was da als Glücksbotschaft verheißen wurde: ein Tausendjähriges Reich, eine klassenlose Gesellschaft – es endete in Unfreiheit, in Zwangsstaaten, in Machtmißbrauch, Unrecht und Gewalt. Das hat uns immun gemacht gegen utopische Versprechen, woher sie auch kommen – und dennoch gibt es viele Menschen in Europa, die darüber trauern, daß es keine soziale Utopie mehr gibt, die einen Ausweg aus diesem Jahrhundert zeigt; aber das mag eine Täuschung sein.

Im Rückblick erkennen wir, daß sich in unserem Kulturkreis utopische Erwartungen immer am Fortschrittsglauben orientiert haben – und das ebenso politisch wie wirtschaftlich, technisch wie wissenschaftlich und sozial. Nachdem wir aber mit alldem die Erde in eine Überlebenskrise gebracht haben, kann uns der Fortschrittsglaube keine Utopie mehr erwecken. Was aber dann?

Die Antwort ist: wir müssen, um Zukunft zu retten, die Vergangenheit anders befragen, wir müssen »zurück in die Zukunft«, um sie uns anders neu zu eröffnen – und genau darin sind wir, seit den siebziger Jahren, von Jahr zu Jahr mehr involviert. Das Umdenken zeigte sich zuerst in den Künsten, dann im Wissenschaftsbereich und in der politischen Landschaft, schließlich für alle sichtbar in den gesellschaftlichen Veränderungen und Umbrüchen des letzten Jahrzehnts. Heute ist Europa und vor allem Deutschland eine Baustelle, und ein Teil dessen, was wir Postmoderne nennen, besteht darin, Fehlentwicklungen zu bekennen und Irrtümer einzureißen, die uns der Durchgang durch die Moderne eingebracht hat. So knüpfen wir Fäden zu solchen Epochen zurück, die wir glaubten, abgestoßen zu haben – zur Gedankenwelt des Mittelalters zum Beispiel, das so finster nicht war, wie die Neuzeit es angeschwärzt hat, zum Anfang unseres Jahrhunderts vor allem, als gäbe es hier noch einmal Weichen zu stellen und Schäden an der Wurzel zu packen. Wir haben begonnen, die Natur vor uns zu schützen, wir renaturieren Flüsse, die zu Abwässern geworden waren, verwandeln Halden und Industriebrachen wieder in blühende Gärten, erheben Gasometer und Zechenbauten zu Kunst- und Erinnerungsstätten, wir rüsten die Ruinen des Industriezeitalters zu Wissenschaftsparks um, nicht nur um Schäden zu reparieren, sondern um vor Ort das Umdenken zu lernen und zu anderen Innovationen zu kommen. Wir sind dabei, den Fortschrittszwang der Moderne in eine Erinnerungskultur zu überführen – und dies scheint existentiell notwendig, um uns auf eine globale Zukunft einzustellen.

Denn: global gesehen ist unser Kulturkreis dabei, sich zu entgrenzen, sich mit anderen Kulturkreisen zu überschneiden, sind wir in Konstellationen eingebunden, in der uns außereuropäische und voreuropäische Vorstellungen immer konkreter einholen und begegnen. Um einen interkulturellen Dialog führen zu können, muß die Erinnerung viel tiefer in unsere Kultur zurück- und zugleich viel weiter aus unserer Kultur hinausgreifen. So jedenfalls läßt sich erklären, warum das allem voran die Künste tun, warum sie sich heute mit mythischen, archaischen und zugleich mit außereuropäischen Daseinsformen auseinandersetzen. Es erklärt aber auch, warum sich die Mythen und Märchen aller Völker um uns ausgebreitet haben, denn sie sind in der Tat eine interkulturelle Basis – und zwar deshalb, weil sie unterhalb aller Rassen, Kulturen und Religionen eine gemeinsame Bildersprache haben, auf die sich alle Menschen verstehen.

Zauber, Märchen, Utopie – drei faszinierende Worte: Was sie verbindet, ist diese Idee der ›Erinnerungskultur‹ – und wenn wir noch eine Utopie frei haben, dann kann sie nicht Weltherrschaft, sondern nur Weltversöhnung heißen.

Benutzte Literatur

- *Altes und Neues Testament*, Augsburg 1990.
- Hermann Bausinger: *Märchen, Phantasie und Wirklichkeit*, Frankfurt 1987.
- Ernst Bloch: *Der Geist der Utopie*, Frankfurt 1964.
- Ernst Bloch: *Das Prinzip Hoffnung*, Frankfurt 1959.
- *Brockhaus Enzyklopädie*, Bd. 1–20, Wiesbaden 1971.
- Brüder Grimm: *Deutsches Wörterbuch*, Bd. 1–32, München 1984.
- Brüder Grimm: *Kinder- und Hausmärchen*, Bd. 1–3, Stuttgart 1995.
- Ulf Diederichs: *Who's who im Märchen*, München 1995.
- *Enzyklopädie des Märchens. Handwörterbuch zur historischen und vergleichenden Erzählforschung* (bisher 8 Bde.), Berlin u. New York 1977 ff.
- Heino Gehrts (Hrsg.): *Schamanentum und Zaubermärchen*, Kassel 1986.

- Heino Gehrts: *Von der Wirklichkeit der Märchen,* Regensburg 1992.
- Johann Wolfgang von Goethe: *Faust I.*
- Johann Wolfgang von Goethe: *West-östlicher Divan.*
- *Handwörterbuch des deutschen Aberglaubens,* Bd. 1–9, Berlin 1987.
- Heinz-Albert Heindrichs: »Das Märchen ein Kunstwerk?«. In: *Das Märchen und die Künste,* hrsg. von Ursula und Heinz-Albert Heindrichs, Wolfsegg 1996.
- *Kindlers Literatur Lexikon,* Bd. 22, München 1974.
- Max Lüthi: *Es war einmal – Vom Wesen des Volksmärchens,* Göttingen 1962.
- Max Lüthi: *Das europäische Volksmärchen,* Tübingen/Basel 10. Aufl. 1997.
- Carl-Heinz Ratschow: *Magie und Religion,* 1946.
- Lutz Röhrich: *Märchen und Wirklichkeit,* Wiesbaden 1956.
- Lutz Röhrich: »Zur Deutung und Be-deutung von Folklore-Texten«. In: *Fabula,* 26. Bd., Heft 1/2, Berlin, New York 1985.
- Walter Scherf: *Das Märchen Lexikon,* Bd. 1–2, München 1995.
- Wilhelm Solms (Hrsg.): *Phantastische Welten,* Regensburg 1994.
- Wilhelm Solms: »Das Märchenwunder«. In: *Das selbstverständliche Wunder,* hrsg. von der Evangelischen Akademie Baden, Karlsruhe 1996.

Wilhelm Solms

Das Märchenwunder

Für Lutz Röhrich

Zu den Merkmalen des »Zauber-« oder »Wundermärchens« gehört, wie der Name schon sagt, das Wunder[1]. In Max Lüthis Darstellung der »Wesenszüge des europäischen Volksmärchens«[2] ist es jedoch nicht erwähnt. Sieht man sich näher an, wie das Wunder den von ihm betroffenen Figuren erscheint und wie es vom Erzähler dargestellt und von seinen Zuhörern erlebt wird, so kann man nicht nur, wie Lüthi, die verschiedenen Genres der Wundererzählung, sondern auch die verschiedenen Subgenres des Märchens, sogar solche, in denen kein eigentliches Wunder geschieht, bestimmen und voneinander unterscheiden. Dieser Beitrag versteht sich deshalb als Versuch, die von Lutz Röhrich entworfene »Typologie des Märchenwunders«[3] weiterzuführen.

Erste These: Das Zauber- oder Wundermärchen ist nicht nur eine Wundererzählung neben anderen, sondern die Wundererzählung schlechthin.

In der Forschung werden neben dem Märchen auch andere Formen der Volkserzählung zu den Wundererzählungen gerechnet. So schreibt Max Lüthi: »Das europäische Volksmärchen teilt die Neigung, Übernatürliches, Wunderhaftes in seinen Rahmen aufzunehmen, mit anderen Erzählgattungen, mit Sage, Legende, Mythos, Fabel.«[4]

Daß das Zaubermärchen nicht eine, sondern *die* Wundererzählung ist, läßt sich sowohl an den Bezeichnungen »Märchen« und »Wunder« als auch an dem Bezeichneten, dem Wundermärchen, nachweisen.

»Märchen« und »Wunder«

Das Wort »Märchen« ist, wie die Wortendung zeigt, eine Verkleinerungsform von »Märe«. Das mittelhochdeutsche Wort *maere* wird in den Lexika mit »Kunde« oder »Nachricht« übersetzt.[5] Demzufolge wäre ein »Märchen« eine kleine Kunde oder kurze Nachricht, also das, was im Nachrichtenteil einer Zeitung unter der Rubrik »Vermischtes« zusammengestellt ist. Ist damit erfaßt, was ein Märchen ausmacht? Nein, *maere* bedeutet nicht Nachricht schlechthin, sondern Wundernachricht. »Uns ist in alten maeren / wunders viel erzählt.« So beginnt der Sänger des Nibelungenlieds. »Vom Himmel hoch da komm ich her / Ich bring Euch gute, neue Mär«. So singt der Engel zu Beginn von Luthers Weihnachtslied.

Ein Wunder ist eine Erscheinung, die den bekannten Naturgesetzen widerspricht oder zumindest das eigene Begriffsvermögen übersteigt und deshalb nicht begriffen, sondern nur geglaubt werden kann. Aus dem Wort »Wunder« lassen sich die verschiedensten Eigenschaftswörter ableiten. Anders gesagt: Im Wunder sind verschiedene Eigenschaften versteckt: wunderschön, wundervoll, wunderbar, wundersam, wunderlich. »Wundervoll« und »wunderbar« sind durch die Schlager so abgenutzt, daß sie sich eigentlich nur noch ironisch verwenden lassen. Was auf den ersten Blick als »wunderlich«, d.h. seltsam oder merkwürdig erscheint, läßt sich bei genauerem Hinsehen aufklären, ist also kein Wunder. Ein echtes Wunder aber ist sowohl wundersam oder unerklärlich als auch wunderschön, es ist, im ursprünglichen Sinn des Worts, wunderbar. Wem ein Wunder widerfährt oder wer von einem Wunder erfährt, ist höchst erstaunt und zugleich überaus froh. Beides zusammengenommen trifft im Bereich der Volkserzählungen nur auf das Märchenwunder zu.

Sage und Legende: Das erschreckende und das ergreifende Wunder[6]

In der Sage – gemeint ist die Ortssage, nicht die Heldensage – wirkt das Wunder auf den davon betroffenen Held der Erzählung nicht wunderbar, sondern ganz im Gegenteil entsetzlich. Ihm schwinden die Sinne: Er fällt in Ohnmacht, oder er verliert den Verstand oder sogar sein Leben. Der Erzähler läßt keinen Zweifel aufkommen, daß sich die entsetzliche Begebenheit tatsächlich zugetragen hat, und versetzt dadurch seine Zuhörer in Furcht und Schrecken.

In der Legende wird das Wunder von dem Helden oder der Heldin, die gewöhnlich Heilige sind, ebenfalls als etwas Unerhörtes, aber nicht als etwas Erschreckendes, sondern als etwas, das von Gott bewirkt wurde und ihn bezeugt, als Heiliges, begriffen. Deshalb erfüllt der Erzähler, besser gesagt der Vorleser (»legendum« = das zu Lesende) seine Zuhörer weniger mit Furcht als mit Ehrfurcht.

1. Zaubermärchen: für die Figuren ein selbstverständliches, aber für die Zuhörer ein beglückendes Wunder

Zweite These: Die Bestimmung des Zaubermärchens als »selbstverständliches Wunder« ist nicht falsch, aber unzureichend.

Im Zaubermärchen erscheint das Wunder den betroffenen Figuren als selbstverständlich. In dieser Bestimmung sind sich die Märchenforscher von André Jolles, über Tzvetan Todorov und Max Lüthi bis zu Hermann Bausinger und Volker Klotz ausnahmsweise einig.[7] Wenn die Heldin und der Held unterwegs mit außerirdischen Figuren oder sprechenden Tieren zusammentrifft, so ruft diese Begegnung bei ihnen gewöhnlich nicht Erschrecken oder Ergriffenheit, ja nicht einmal Erstaunen hervor. Von den anderen Figuren werden die Wunderdinge ebenfalls »nicht als Wunder« aufgefaßt, wohl aber »als etwas Besonderes«.[8] Und für die Zuhörerinnen und Zuhörer sind die erzählten Wunder etwas Außerordentliches.

Zunächst gilt es zu klären, warum das Wunder für die betroffenen Figuren selbstverständlich ist. Nun: weil es der Logik der Märchenhandlung entspricht. Das Zaubermärchen ist der wunderbare Weg der Heldin zum Glück. Dieser Weg läuft nicht schnurstracks geradeaus, sondern zunächst in die Gegenrichtung. Bevor, ja damit die Heldin das Glück gewinnt, muß sie sich in Gefahr begeben und stürzt dabei häufig ins Unglück, sei es, daß sie in Gefangenschaft gerät, in ein Tier, eine Pflanze oder einen Stein verwandelt wird oder stirbt. Das drohende Unglück der Heldin oder das tatsächliche Unglück ihrer älteren Schwestern (»Fitchers Vogel«) ist aber nur der Wendepunkt auf dem Weg zum Glück. Aufgrund dieser Handlungslogik hoffen die Zuhörer bis zuletzt, daß die Sache doch noch gut ausgeht.

Fragt man weiter: Wie gelingt es der Heldin, die Hindernisse auf ihrem Weg zum Glück, die, genau besehen, unüberwindbar sind, zu überwinden? So kann die Antwort nur lauten: durch Wunder, sei es durch wunderbare Helfer, durch von ihnen erhaltene Zaubermittel oder durch ihr verliehene Zauberkraft. Dabei ist es der Heldin gleichgültig, wer ihr unterwegs begegnet, ob ein alter Mann oder eine alte Frau, ein König, ein Menschenfresser oder eine Hexe, der Teufel mit den drei goldenen Haaren, die Sonne oder der Mond. Denn ihr kommt es nur darauf an, das erlösende Wort zu erfahren oder das benötigte Zaubermittel zu erhalten. Sie ist fest entschlossen, die ihr gestellte Aufgabe zu lösen, egal was oder wer da komme. Daß die wunderbaren Helfer beliebig und untereinander austauschbar sind, wird durch die überlieferten Varianten bestätigt.

Die Selbstverständlichkeit des Wunders entspricht nicht allein den epischen Gesetzen, sie entspricht auch den ethischen Gesetzen des Märchens. Fragt man schließlich: Warum wird allein dem Helden oder der Heldin wunderbare Hilfe zuteil? So stößt man in jedem Zaubermärchen auf eine moralische Handlung, durch die sich die Heldin oder der Held ein Anrecht auf wunderbare Hilfe erwirbt: sei es, daß sie als Küchen- oder Gänsemagd dient, daß er die Tiere schont, seine Wegzehrung mit einem alten Mann teilt oder ihn mit den Worten begrüßt: »Gott segne dich«.

Das Wunder ist also innerhalb der Zaubermärchen, aus der Perspektive der betroffenen Figuren sowie ihrer Helfer und Gegner, selbstverständlich, aber für die Zuhörer und Leser von damals und heute ist es dies nicht. Die französische Vorlage vom »Rotkäppchen«, »Le chapeau rouge« von Perrault, ist kein Zaubermärchen, sondern ein sogenanntes »Warn- oder Schreckmärchen«. Die Geschichte nimmt ein schlimmes Ende – das Rotkäppchen verschwindet im Bauch des Wolfs auf Nimmerwiedersehen –, ja, sie muß schlimm enden, damit sie ihren didaktischen Zweck, die unschuldigen Mädchen vor bösen Verführern zu warnen, erfüllt. Wenn bei Grimm das Rotkäppchen lebend aus dem Bauch des Wolfs herausspringt und die alte Großmutter gleich hinterherkommt, dann sind die Zuhörerinnen und Zuhörer über diesen Ausgang erstaunt und zugleich, da auch sie die »kleine, süße Dirne« in ihr Herz geschlossen haben, erleichtert und froh.

Nachdem das schöne Sneewittchen dem dritten Anschlag der neidischen Stiefmutter zum Opfer gefallen ist, trauern die Zwerge, der Königssohn und sogar die Vögel, und die Zuhörerinnen und Zuhörer trauern mit, aber nicht nur, »weil es so schön war« – »schön« ist ja auch die Stiefmutter –, sondern weil in Sneewittchens natürlicher Schönheit ihre kindliche Unschuld zum Vorschein kommt. Weder die Figuren noch die Zuhörer können damit rechnen, daß Sneewittchen zum Leben zurückkehrt. Als sie die Augen aufschlägt, sind alle überrascht und »voll Freude«.

Wenn Aschenputtel trotz aller Hindernisse auf dem Fest des Königs erscheint, der Königssohn ihr entgegentritt, mit ihr tanzt und den anderen, die sie auffordern wollen, sagt: »Das ist meine Tänzerin« und wenn er sie zuletzt auf sein Pferd hebt und mit ihr fortreitet, dann ist dies für die Zuhörer und vor allem die Zuhörerinnen zwar kein Wunder, aber auch nicht selbstverständlich, sondern wunderschön, phantastisch, einfach toll.

Das Wunderbare im Märchen ist nicht das, »was wir erwarten«, wie André Jolles meint[9], es ist vielmehr das, was wir gegen jede Erwartung herbeiwünschen und über das wir uns, wenn es eintritt, freuen. Da wir uns mit der Heldin oder dem Helden identifizieren, nehmen wir auch an dem Glück, das ihnen am Ende zuteil wird, Anteil. Deshalb ist das Zaubermärchen für uns kein selbstverständliches, sondern ein beglückendes Wunder.

Dritte These: Das Märchenwunder ermöglicht auch, die anderen Erzählungen, in denen kein wirkliches Wunder geschieht, eindeutig zu bestimmen und sowohl voneinander zu unterscheiden als auch aufeinander zu beziehen.

Neben den Zauber- oder Wundermärchen, die auch als »eigentliche Märchen« bezeichnet werden, finden wir in den »Kinder- und Hausmärchen« alle möglichen anderen Erzählarten, nämlich Schwankmärchen, Lügenmärchen, schwankhafte Legendenmärchen, Novellenmärchen, Parabelmärchen, Predigtmärlein, Warn- und Schreckmärchen und ätiologische Märchen. Weil in ihnen meistens keine echten Wunder wie im Zaubermärchen, sondern nur scheinbare Wunder geschehen, werden sie hier als »uneigentliche Märchen« bezeichnet. Schließlich gibt es zwei Formen von Erzählungen, in denen weder echte noch scheinbare Wunder geschehen und die deshalb keine Märchen sind, nämlich Schwänke und Tierschwänke, weshalb sie aus dieser Untersuchung ausgeschlossen werden.

Kritischer Exkurs in die Typenforschung: Die Forschung ist sich keineswegs einig, ob die anderen Erzählformen Subgenres des Märchens sind oder nicht und, sofern dies bejaht wird, wie diese mit den eigentlichen Märchen zusammenhängen.

Bekanntestes Beispiel eines Ordnungsversuchs sind die »Typen des Märchens« von Antti Aarne[10] bzw. die »Typen der Volkserzählung« von Stith Thompson[11]. Die beiden Forscher haben Typen, nicht Gattungen unterschieden. Sie haben sorgfältig registriert, wo welche Zaubermotive vorkommen, aber nicht danach gefragt, wie diese vom Erzähler behandelt und von den Zuhörern rezipiert werden. Erzählungen, in denen Tiere auftreten, gelten ihnen als Tiermärchen, egal, ob es sich um Tierschwänke, Tierfabeln, Zaubermärchen oder Parabelmärchen handelt. Wenn man die Märchen schon nach stofflichen Kriterien einteilt, müßte man auch Kindermärchen, Frauenmärchen und Männermärchen unterscheiden und letztere nach den verschiedenen Ständen und Berufen unterteilen. Erzählungen, die christliche Motive enthalten, werden von Aarne/Thompson »religiöse Erzählungen« genannt, egal, ob es Zaubermärchen oder Legendenschwänke sind, andere Erzählungen, die ebenfalls Schwankmotive enthalten, werden den Schwänken untergeordnet. Konnten sich Aarne und Thompson nicht entscheiden, haben sie die Erzählungen hier wie dort eingeordnet und einzelnen »Typen« bis zu fünf verschiedene Nummern verpaßt. Die Typologie von Aarne/Thompson – von vielen Volkskundlern andächtig AT genannt – wurde schon oft kritisiert[12], diese Kritik hat aber nicht zu einer systematischeren Ordnung geführt, sondern im Gegenteil dazu, daß man einen Ordnungsversuch von vornherein aufgibt und nur noch wie André Jolles von der »Gattung Grimm«[13] oder wie Fritz Harkort von der »Tiererzählung«[14] oder noch pauschaler von der Volkserzählung oder der Erzählung spricht.

2. Legendenmärchen: Das dogmatisierte Wunder

Die »Legendenmärchen« (Aarne) oder »Märchen christlichen Inhalts« (Wilhelm Grimm[15]) wie »Marienkind« und »Das Mädchen ohne Hände« sind dem Handlungsschema zufolge Zaubermärchen, in denen als Glücksinstanz eine Legendenfigur wie die Jungfrau Maria oder ein Engel auftritt. Ihre Lehre ist, wie Lüthi bemerkt hat, »dogmatischer Art«[16]; sie geht nicht von selbst aus den Märchen hervor wie bei den Zaubermärchen, sondern wird am Schluß überdeutlich ausgesprochen. So wird uns im »Marienkind« von der Mutter Gottes verkündet: »Wer seine Sünde bereut und eingesteht, dem ist sie vergeben.« Klingt das etwa märchenhaft?

3. Schwankhafte Legendenmärchen oder Schwanklegenden vom lieben Gott: Das parodierte Wunder

Die schwankhaften Legendenmärchen sind ebenfalls echte Wundererzählungen und berichten davon, »Wie Gott auf Erden mit den Menschen wandelte« (»Der Arme und der Reiche«), wie ein Mensch zu Gott in den Himmel kam oder wie Gott den Menschen oder einzelne Tiere und Pflanzen schuf.

Entgegen den in der Forschung vertretenen Ansichten, daß Gott »eigentlich nicht ins Märchen« gehöre und sich nur ins Schwankmärchen »einschleiche«[17] oder daß er sich hier »in einer unscheinbaren Gestalt verbirgt«[18], tritt hier Gott oder der Gottessohn selbst in Erscheinung, wobei seine Erscheinung meistens keine Ehrfurcht oder Ergriffenheit auslöst. Es sind also keine Legenden, sondern Schwanklegenden.

Wenn der Schmied vergeblich versucht, seine alte Schwiegermutter im Feuer zu verjüngen (»Das junggeglühte Männlein«), und wenn

Bruder Lustig die gestorbene Königstochter wieder erwecken will, ihr Gebein aber »verkehrt durcheinander« legt, dann trifft der Spott des Erzählers nicht Jesus oder Petrus, sondern die Quacksalber oder Gurus, die ihre Wunder imitieren. Wenn sich der »Spielhansl« im Himmel wie im Wirtshaus fühlt und gleich die Spielkarten auspackt, dann erscheint die jenseitige Welt wie ein Spiegelbild der vertrauten Alltagswelt. Und wenn die Schwänke von der Erschaffung der Geiß, der Lebenszeit oder der Kornähre von der Schöpfungsgeschichte abweichen, dann wird die Heilige Schrift nicht in Frage gestellt, sondern durch lustige Anekdoten bereichert.

Deshalb läßt sich der Feststellung von Lutz Röhrich, die Schwanklegende pervertiere »das Numinose ins Komische«[19], hinzufügen: Das Numinose wird ins Komische pervertiert und dadurch vermenschlicht.

Die Schwanklegenden erhalten sicherlich keine religiöse Botschaft, die geglaubt werden soll, sie lassen aber ebenfalls eine religiöse Nutzanwendung zu. Es fällt den Menschen schwer, an Gott zu glauben, wenn er immer so fern von ihnen ist und so hoch über ihnen thront. In den Schwanklegenden können sie Gott einmal ganz aus der Nähe erleben und menschliche Züge an ihm entdecken.

4. Schwankmärchen vom Riesen oder dummen Teufel: Das vorgetäuschte Wunder

Das Schwankmärchen bildet eine reizvolle »Zwischengattung«[20] zwischen dem Zaubermärchen und dem in der realen Welt spielenden Schwank. Das Schwankmärchen übernimmt von Zaubermärchen und Sage die Wundermotive, so die »echt märchenhafte Gestalt des Riesen«[21] oder des Teufels, ersetzt aber die Märchenwunder durch Tricks. Aus ihnen ergibt sich die Lehre: Der Schwache überwindet den Starken durch »Mut und List«[22]. Das Schwankmärchen ist durch diese Lehre sowohl mit den Zaubermärchen als auch mit den Tierschwänken, aber nicht mit den »eigentlichen Schwänken« verwandt. Der Schwankmärchenheld tritt nicht nur gegen größere und stärkere Gegner an wie der Held der Tierschwänke, und das ist meist der Fuchs, sondern gegen übermächtige Gegner, die nicht der Wirklichkeit entstammen, wie Drache, Hexe, Riese oder Teufel. Er besiegt seine Gegner, aber nicht dank wunderbarer Helfer oder Zaubermittel wie der Held der Zaubermärchen, sondern allein durch Mut und Verstand, und er gewinnt dadurch ebenfalls das Glück, während der Fuchs lediglich mit heiler Haut davonkommt.

Der Witz der Schwankmärchen zeigt sich darin, wie der Held seine übermächtigen Gegner überlistet. Das »tapfere Schneiderlein« flößt dem Riesen Furcht ein, indem es beim Kräftemessen Tricks anwendet oder Zufälle ausnutzt, die dem Riesen als Wunder erscheinen. Der Riese merkt nicht, daß der ›Stein‹, der vom Schneider so hoch geworfen wird, daß er nicht mehr herunterfällt, in Wahrheit ein Vogel ist und daß der ›Stein‹, den der Schneider so fest drückt, daß aus ihm Wasser tropft, ein Stück Käse ist. Der Riese versucht erst gar nicht, der Sache auf den Grund zu gehen, weil er sie für ein Wunder hält. Die Dummheit des Riesen besteht also darin, daß er an Wunder glaubt, die Klugheit des Schneiders darin, daß er den Wunderglauben des Riesen durchschaut und ausnutzt.

Das Schwankmärchen erzählt von Heldentaten, die dem Gegner als Wunder erscheinen, aber vom Zuhörer als Trick oder Ausnutzen von Zufällen durchschaut und somit als nur scheinbare Wunder entlarvt werden. Es gehört in die Zeit der Aufklärung, durch die der Wunderglaube überwunden oder verdrängt wurde.

Max Lüthi hat deshalb befürchtet: »Der Märchenschwank zersetzt das im Märchen erscheinende Weltbild, indem er etwa das Märchenwunder durch betrügerische Kniffe des Helden (...) ersetzt.«[23] Der Erzähler macht sich jedoch nicht über das Zaubermärchen lustig, sondern über den Wunderglauben. Dieser wird aber nur vom Sagenerzähler, nicht vom Märchenerzähler bei den Zuhörern vorausgesetzt. Das Schwankmärchen parodiert also nicht das Zaubermärchen (was ich noch vor zwei Jahren vertreten hatte), sondern die Sage. Dies zeigt sich noch deutlicher im Märchen vom »Fürchtenlernen«, in dem es ein Kind der Aufklärung, das weder an »Gespenster« noch an Tod und Teufel glaubt, in die vergangene Sagenwelt verschlagen hat.

5. Lügenmärchen: Das übertriebene Wunder

Das Lügenmärchen erzählt von wirklichen Wundern und ist dennoch keine Wundererzählung. Denn die den Zuhörern aufgetischten »Wunder« sind derart unglaubwürdig und oft auch unmöglich, daß ihre Unwahrheit vom Zuhörer durchschaut wird. Oder der Erzähler sagt selbst, daß er lügt oder gelogen hat.[24] Wenn er das Lügen als Kunst betreibt, also ein Dichter ist, wird er uns trotzdem verzaubern und werden wir unser ›blaues Wunder‹ erleben.

6. Novellenmärchen: Beinahe ein Wunder

Novelle heißt Neuigkeit. Eine Novelle ist nach Goethe »eine sich ereignete, unerhörte Begebenheit«[25]. Sie enthält eine reale Begebenheit, die noch nie gehört wurde und kaum zu glauben ist, also eine sensationelle Neuigkeit darstellt.

Das Novellenmärchen hat ebenfalls eine »unerhörte Begebenheit« zum Inhalt, die unglaublich ist und manchmal an ein Wunder grenzt und auch den betroffenen Figuren wie ein Wunder vorkommt. Wird im Zauber- oder Wundermärchen von wunderbaren Begebenheiten erzählt, die nicht als Wunder betont werden, so wird im Novellenmärchen von natürlichen Ereignissen berichtet, die wie ein Wunder erscheinen. Da beide auch den »glückhaften Schluß« gemeinsam haben[26], werden die Novellenmärchen häufig gar nicht als eigenes Genre wahrgenommen.

»Der wunderliche Spielmann« enthält eine äußerst merkwürdige, aber keine wunderbare Begebenheit. Der Spielmann ist »wunderlich« in einem doppelten Sinn. Er spielt wunderschön die Geige, er ›zaubert‹ auf seinem Instrument und er ›bezaubert‹ seine Zuhörer, sogar die wilden Tiere. Und er benimmt sich seltsam. Er setzt die wilden Tiere, die ihm nichts zuleide getan haben und gebannt seinen Tönen lauschen, gefangen. Er tut dies nicht aus Angst – wie soll er sich vor einem »Häschen« auch fürchten? –, sondern weil er »kein Verlangen nach ihnen« trägt. Schließlich lockt er mit seinem Spiel einen »armen Holzhauer« an, der ihm dann endlich recht ist. Als die wilden Tiere, die sich inzwischen befreit haben, dazukommen, um sich an ihm zu rächen, verteidigt ihn der vom Spiel ›bezauberte‹ Holzhauer mit seiner Axt. Der Spielmann benutzt also die magische Wirkung der Musik zu einem gemeinen Zweck. Daß ein Künstler mit seiner Kunst wahre Wunder vollbringt, zugleich aber ein Widerling ist, der seine Anhänger schamlos ausnutzt, kommt übrigens nicht nur im Märchen vor.

»König Drosselbart« und »Die kluge Bauerntochter« enthalten ebenfalls keine wunderbaren, aber unerhörte Begebenheiten. Was Drosselbart der Königstochter und was der König der Bauerntochter, mit denen sie immerhin verheiratet sind, antun, um ihren Stolz zu brechen, ist wirklich unerhört: noch nie gehört und ungeheuerlich.

7. Parabelmärchen vom Tod: Das in Dienst genommene Wunder

Die Parabelmärchen erzählen wie die Zaubermärchen von echten Wundern wie der Begegnung mit dem Tod und der Totenheilung, sie gehen aber schlecht aus und werden deshalb nicht als wunderbar, wohl aber als denkwürdig empfunden. Im Unterschied zu einigen Zaubermärchen, den »Erlösungsmärchen«, ist der Tod nicht nur ein vorübergehender Zustand, ein Durchgangsstadium auf dem Weg zum Glück, sondern, auch wenn der Tote wiederkehrt, endgültig und unwiderruflich.

Zu den Merkmalen des Parabelmärchens gehören neben dem lehrhaften Charakter der »schlechte Ausgang« und der ernste Ton, die der Lehre zusätzliches Gewicht verleihen. Wenn die schönsten Beispiele trotzdem unterhaltsam sind, so liegt dies an den schwankhaften Zügen.

In »Der Gevatter Tod« gelingt es dem Helden, sogar den Tod, seinen Gevatter, zu überlisten, was sonst nur der »Bruder Lustig«, aber kein Zaubermärchenheld, fertigbringt. Als er den Tod zu Füßen des sterbenskranken Königs stehen sieht, als Zeichen, daß dieser dem Tod geweiht ist, dreht er den König einfach um, worauf dieser wieder gesund wird. Als später die schöne Tochter des Königs erkrankt und er den Tod auf dieselbe Weise reinlegt, rächt sich der Tod und löscht sein Lebenslicht aus.

»Die Boten des Todes« ist eine ernstere Geschichte, enthält aber ebenfalls ein witziges Motiv: den beinahe zu Tode getroffenen Tod. Einem Riesen tritt auf der Landstraße ein unbekannter Mann entgegen und droht: »Ich bin der Tod, (...) mir widersteht keiner.« Der Riese läßt sich trotzdem auf einen Kampf ein und schlägt »den Tod mit seiner Faust nieder, daß er neben einem Stein zusammensank.« Während der Riese weiterzieht, bleibt der Tod »besiegt« und »kraftlos« liegen, bis ein junger Mann »frisch und gesund« daherkommt, Mitleid empfindet und den Tod wieder aufpäppelt.

In diesen Erzählungen gelingt es wenigstens einmal, sogar den Tod zu überlisten bzw. zu besiegen. Der schlechte Ausgang beweist jedoch, daß beim Tod der Spaß aufhört.

8. Predigtmärlein: Wunderbare Entlarvung des Antihelden

Im Mittelpunkt des Geschehens steht nicht die Tat des Helden wie beim Zaubermärchen, sondern, wie Lutz Röhrich bemerkt hat, die »Untat des Antihelden«, und den Schluß bildet nicht der Erfolg des Helden, sondern der Mißerfolg des Antihelden, seine »Entlarvung und Bestrafung«.[27]

In »Der singende Knochen« wird ein Dummling, der ein Wildschwein getötet und damit die Hand der Königstochter gewonnen hat, von seinem neidischen älteren Bruder von einer Brücke gestürzt. Lange danach sieht ein vorbeiziehender Hirt am Flußufer einen Knochen und schnitzt sich daraus ein Mundstück für sein Horn. Als er hineinbläst, erzählt der Knochen die Tat. Der Hirt zeigt das »wunderliche Hörnchen«, das nicht nur »wunderlich«, sondern zugleich wunderbar, wundertätig ist, dem König, der dann den Übeltäter bestraft.

»Die klare Sonne bringt's an den Tag«: Ein armer Schneidergesell erschlägt auf der Wanderschaft einen armen Juden für nur acht Heller. Dieser spricht sterbend die Worte aus: »Die klare Sonne wird es an den Tag bringen«, die viele Jahre später in Erfüllung gehen. Als der Widerschein der sich im Kaffee spiegelnden Sonne an der Wand blinkt, erinnert sich der Schneider an die Prophezeiung und wiederholt sie seiner Frau, die es dann weitersagt. Es handelt sich also um ein außergewöhnliches, aber kein wunderbares Phänomen, das dem Zuhörer erklärt wird, dem Täter jedoch als ein von Gott bewirktes Wunder erscheint.

Die beiden Predigtmärlein enthalten ebenfalls märchenhafte Züge, dienen aber eindeutig der Belehrung. Sie illustrieren die Lehre, daß Gott nichts verborgen bleibt, und verweisen auch dort auf das Wirken Gottes, wo er zugelassen hat, daß ein Unrecht geschieht.

9. Warnmärchen und Exempel: Das Wunder als Erziehungsmittel

Neben den Predigtmärlein gibt es noch andere Erzählungen mit schlechtem Ausgang, die sich eben deshalb für die Erziehung eignen. So gibt es sagenhafte Erzählungen oder sagenhafte Varianten von Märchen, in denen furchterregende Sagenfiguren auftreten und die tragisch oder zumindest nicht glücklich ausgehen. In »Der Herr Gevatter«, einer »versteckten Teufelssage«[28], kann sich der Mann gerade noch retten, wodurch sich die Erzählung dem Märchen annähert. »Frau Trude« zeigt dagegen, was einem kleinen Mädchen passiert, wenn es das »Verbot seiner Eltern übertritt und in den Haushalt einer Hexe gerät«[29].

Die Exempel enthalten dagegen kein wunderbares Geschehen, sondern einen außergewöhnlichen, aber aus der Wirklichkeit gegriffenen Fall. Der »arme Junge im Grab« kommt ums Leben, nachdem, und das heißt für die kindlichen Zuhörer: weil er heimlich genascht hat. Wurden die sagenmäßigen Erzählungen in »Warn- oder Schreckmärchen« umgeformt, so scheinen die Exempel eigens dazu erfunden, um die kindlichen Zuhörer von unmoralischen Handlungen abzuschrecken.

10. Ätiologische Märchen: Parodien wunderbarer Ursprungsmythen

Ätiologien (von griech. *aition* = Ursache) sind den Lexika zufolge Ursachen erklärende Erzählungen, besser gesagt: Versuche, nicht verstandene Naturphänomene auf eine vermeintliche Ursache zurückzuführen. Sie berichten von der wunderbaren Entstehung des Menschen, der verschiedenen Stände, bestimmter Tierarten oder auffallender Merkmale einzelner Tiere wie Aussehen, Stimme oder Name. Sie bilden »keine eigene Formkategorie«, sondern gehören »den verschiedenartigsten Gattungen« an[30].

Bei den ätiologischen Märchen gibt der Erzähler vor, die Ursache bestimmter Phänomene zu erklären, und läßt zugleich durchblicken, daß seine Erklärung nicht geglaubt zu werden braucht. Worin besteht aber dann ihre Aussage? Lutz Röhrich ist der Ansicht: »Selbst wo ätiologische Erzählungen (...) keine Tatsächlichkeit bieten, können sie doch einen ›wahren Kern‹ enthalten und verraten oft eine weise Lebenskenntnis.«[31] Die ätiologischen Motive werden aber auch dazu benutzt, bestimmten Vorurteilen oder Ideologien den Anschein einer höheren Wahrheit zu verleihen, wie zum Beispiel, daß die sozialen Unterschiede gottgewollt seien (»Die ungleichen Kinder Evas«) oder daß die Ziege ein Geschöpf des Teufels und von Natur aus böse sei (»Des Herrn und des Teufels Getier«).

Die ätiologischen Märchen können uns inspirieren, außergewöhnliche Naturerscheinungen wie Sternschnuppen oder Regenbogen, das Rad des Pfaus oder die Farbe des Fasans, den klagenden Ruf des Käuzchens oder die Zahl der Kuckuck-Kuckuck-Rufe wahrzunehmen, wichtig zu nehmen und eigene Wünsche oder Ängste mit ihnen zu verbinden. Indem wir so die uns umgebende Natur beseelen, entsteht in uns ein phantastisches Weltbild, das gerade dann, wenn wir es nicht für wirklich nehmen, unser Leben verschönt.

Die Behandlung des Wunders im Kunstmärchen erfordert eine eigene Untersuchung. Im romantischen Kunstmärchen erscheint das Wunder den Figuren im Gegensatz zum Zaubermärchen nicht als selbstverständlich, sondern als phantastisch.

Röhrich hat gegen seine eigenen Gattungsbestimmungen eingewandt: »Eine gewisse Eigenständigkeit der Gattungen (...) darf nicht darüber hinwegtäuschen, daß in zahlreichen Zwischengattungen die Regeln durchbrochen werden.«[32] Damit werden die Regeln aber nicht aufgehoben.

Vierte These: Gerade die »Zwischengattungen« wie die Schwanklegenden, die Schwankmärchen und die Schwanksage (»Fürchtenlernen«) zeigen, daß und wie die verschiedenen Subgenres des Märchens aufeinander bezogen sind und wie das Märchen mit den anderen Genres der Volkserzählung, vor allem dem Schwank, der in den »Kinder- und Hausmärchen« nach den Zaubermärchen die zweite Hauptgruppe bildet, zusammenhängt.

Die Faszination des Märchenwunders

Das Märchenwunder lebt trotz aller Aufklärungsversuche, trotz Verspottung der Märchen als Kinderkram und trotz der Verwandlung des Märchenlands in Disneyland heute noch. Offenbar sind die Erfahrungen der Alltagswelt derart, daß die Menschen die Märchenwunder brauchen.

Viele Taten von Märchenhelden werden von uns bewundert, ob sie echte Märchenwunder sind wie die Geschicklichkeitsproben der »kunstreichen Brüder« oder ob es sich um »Kunststücke« handelt wie bei den Proben im »Meisterdieb« oder um ›Lügen‹ oder Erfindungen des Erzählers wie bei den Proben der »drei Brüder«, die beide mit den ersteren verwandt sind, oder um Tricks und Lügen wie bei den Kraftproben des »tapferen Schneiderleins« oder den listigen Streichen des Fuchses in den Tierschwänken. Ein »Zauberer« schlägt uns auch dann in seinen Bann, wenn er nicht, wie vor alten Zeiten, ein Magier ist, sondern ›nur‹ ein fingerfertiger Artist oder Kleinkünstler. Wir erbauen uns auch an den wunderbaren Erklärungen der ätiologischen Märchen, wenn wir den betreffenden Naturerscheinungen gegenüberstehen, und lassen uns von Ortssagen beeindrucken, wenn sie in unserer Gegend spielen, obwohl, ja weil wir nicht an sie glauben.

So betrachtet, erleben wir in den Märchen auch heute noch Wunder über Wunder. Dabei brauchen wir uns nicht den Kopf zu zerbrechen, ob es sich um tatsächliche, scheinbare oder vorgetäuschte Wunder handelt, sondern können sie ungehemmt genießen. Denn die wunderbaren Figuren des Märchens sind weder wirkliche Wesen aus einer anderen Welt noch bloße Erscheinungen, sondern Märchenfiguren. Sie existieren nur in der Welt des Märchens und gehen in ihrer Funktion als wunderbare Helfer oder als Gegner des Helden auf. So läßt sich gerade am Wunder, diesem irrationalen und von Schwärmerei und Esoterik umgebenen Phänomen, erkennen, wieviel Geist in den Märchen verborgen ist, Geist in allen Ausprägungen, von Bauernschläue und List über Witz, Esprit und Einfallsreichtum bis zu Weisheit.

Anmerkungen

1 Überarbeitete und um die Kunstmärchen gekürzte Fassung des Aufsatzes »Das Märchenwunder«. In: *Das selbstverständliche Wunder. Die Welt im Spiegel des Märchens,* Karlsruhe 1996, S. 11–29.
2 Max Lüthi: *Märchen,* Stuttgart 1962, 7. Aufl. 1979, S. 25–32.
3 Lutz Röhrich: *Märchen und Wirklichkeit,* Einleitung zur zweiten Auflage, Wiesbaden 1966.
4 Max Lüthi: *Märchen,* S. 6.
5 Z.B. bei Gero von Wilpert: *Sachwörterbuch der Literatur,* Stuttgart 1955, 5. Aufl. 1969, S. 466.
6 Hier folge ich der Unterscheidung von Max Lüthi: *Märchen,* S. 6–10.
7 André Jolles: *Einfache Formen,* Halle 1930, S. 243, Tzvetan Todorov: *Einführung in die fantastische Literatur,* München 1972, S. 26 f., Max Lüthi: *Das europäische Volksmärchen,* Tübingen 1947, 9. Aufl. 1992, S. 56 u. *Märchen,* S. 7 u. 10, Hermann Bausinger: *Formen der Volkspoesie,* Berlin 2. Aufl. 1980, S. 168, Volker Klotz: »Weltordnung im Märchen«, in: *Neue Rundschau* 81 (1970), S. 75.
8 Lutz Röhrich: *MuW,* S. 2.
9 André Jolles: *Einfache Formen,* S. 244.
10 Antti Aarne: *Verzeichnis der Märchentypen,* 1910.
11 Antti Aarne/Stith Thompson: *The Types of the Folktale. A classification and bibliography,* Helsinki 1928, neue, stark vermehrte Auflage 1961.
12 Vgl. z.B. Max Lüthi: *Märchen,* S. 17.
13 André Jolles: *Einfache Formen,* S. 219.
14 Fritz Harkort: »Tiergeschichten in der Volksüberlieferung. Wesen und Form«. In: *Das Tier in der Dichtung,* hrsg. v. Ute Schwab, Heidelberg 1970, S. 14.
15 Wilhelm Grimm: »Über das Wesen der Märchen«. In: *KHM,* zweite Ausgabe, Berlin 1819.
16 Max Lüthi: *Das europäische Volksmärchen,* S. 78.
17 Max Lüthi: *Das europäische Volksmärchen,* S. 57.
18 Otto Betz: »Der abwesend-anwesende Gott in den Volksmärchen«. In: *Gott im Märchen,* im Auftrag der EMG hrsg. v. Jürgen Janning u.a., Kassel 1982, S. 23.
19 Lutz Röhrich: *MuW,* S. 58.
20 Lutz Röhrich: *MuW,* S. 57.
21 Lutz Röhrich: *MuW,* S. 57.
22 Ernst Bloch: »Bessere Luftschlösser in Jahrmarkt und Zirkus, in Märchen und Kolportage«. In: *E.B.: Das Prinzip Hoffnung,* Bd. 1, Frankfurt/M. 1959, S. 409.

23 Max Lüthi: *Märchen,* S. 13.
24 Vgl. das »Märchen vom Schlauraffenland« (KHM 158) und das »Diethmarsische Lügenmärchen« (KHM 159).
25 Eckermann: *Gespräche mit Goethe,* 25. Januar 1827.
26 Lutz Röhrich: *MuW,* S. 46.
27 Lutz Röhrich: *MuW,* S. 49.
28 Lutz Röhrich: *MuW,* S. 248, Anm. 13.
29 Lutz Röhrich: *MuW,* S. 51 f.
30 Hannjost Lixfeld: »Ätiologie«. In: EM Sp. 949–953.
31 Lutz Röhrich: *MuW,* S. 32.
32 Lutz Röhrich: *MuW,* S. 61.

Hubertus Halbfas

Der Paradiesgarten

Vom »Paradiesgarten« sprechen wir heute leichthin, obwohl die zwei Begriffe, die sich hier verbinden, anfangs nicht zusammengehen.

Das Wort Paradies stammt aus dem Alt-Iranischen. Es heißt *pairidaeza* und bedeutet Umwallung, Umzäunung, dann auch eingehegter Park, Garten, Lustgarten. Xenophon ist der erste griechische Autor, der das Nomen als Lehnwort übernimmt: *paradeisos;* er bezeichnet damit die Parkanlagen der persischen Könige. Die griechische Fassung der hebräischen Bibel (Septuaginta) gibt dem Begriff durch einen beigefügten Genitiv meist eine theologische Bedeutung: »Paradies *Gottes«* oder »Paradies *der Wonne«.* So wird der Garten zum Bild einer ganz anderen Wirklichkeit.

Im Alten Testament erscheint das Wort Paradies nur am Rande, und zwar in dessen späten, griechisch verfaßten Schriften: »Ich legte mir Gärten und Lusthaine an; darein pflanzte ich allerlei Fruchtbäume«, heißt es Prediger 2,5; und Hohelied 4,13: »Dein Schoß ist ein Park von Granatbäumen mit allerlei köstlichen Früchten...« Sonst – und zumal im Buche Genesis – ist in der Bibel stets vom »Garten« oder »Garten Eden« oder auch von »Gottes Garten« die Rede. Die Septuaginta übersetzt jedoch immer mit *Paradeisos,* und Hieronymus übernimmt den Terminus in seine lateinische Fassung, die Vulgata. Seitdem steht Paradies als Bezeichnung für den Gottesgarten der hebräischen Bibel.

»Gottes*garten«* ist aber nicht als Parallele zu »Gottes*berg«* zu verstehen. Nach Gen 2,8f. hat Jahwe einen Garten als Wohnstätte *für den Menschen* gepflanzt. Darum wird die Bezeichnung Gottesgarten auch nur sparsam verwendet und gewöhnlich einfach Garten gesagt (Gen 2,8f.; 10,16; 3,1f.; 3,8.10). Nach Gen 2,8 ist der Garten in Eden gepflanzt. In 2,15 und 3,23 heißt der Garten selbst »Garten Eden«.

Um Zugang zum Verständnis dieses Gartens zu gewinnen, kann neben der altiranischen auch die indogermanische Etymologie befragt werden: Der Wortstamm *gart* begegnet dort in allen Sprachen; er bezeichnet einen umgrenzten, umhegten, eingefriedeten Bezirk, also einen Lebensraum, der den Frieden sichert. Althochdeutsch bezeichnet *gart* einen Kreis. Im Englischen ist *yard* eine Umfriedung oder ein Hof. Im Keltischen heißt *garz* die Hecke, der Zaun. Als vor über zweitausend Jahren Kelten auf einem dreiseits vom Inn umflossenen Landrücken, der durch einen Verhau abgeriegelt werden konnte, eine Siedlung anlegten, gewannen sie einen *gart,* einen gesicherten Wohnplatz, der mit seinem Namen heute noch auf diesen Anfang zurückweist: Es ist die oberbayerische Stadt *Gars* am Inn. – Stutt*gart,* in einem Talkessel gelegen, war einst eine Stutenweide, eine umfriedete Pferdekoppel, welche äußere Irritationen fernhielt und die Herde schützte. – Die nächsten deutschen sprachverwandten Wörter zu *gart* sind »Gurt« und »Gürtel«. Der Gürtel umschließt und hält zusammen. Im Hethitischen heißt *gurtas* die Festung; sie schützt das in ihr geborgene Leben, hält Unbill von außen fern. Der mit dem Wortstamm *gart* gemeinte Lebensbereich ist also nicht mit heutigen Gartenvorstellungen gleichzusetzen, sondern meint einen umhegten, geschützten Lebensbereich. In diesem Sinn ist das Symbol *gart* eine behütende Wirklichkeit, etwas Mütterliches, Weibliches, weshalb das Wort auch Bestandteil vieler Frauennamen ist: Hildegard, Irmgard, Luitgard, Friedgard...

Wir würden den Gottesgarten falsch verstehen, wollten wir ihn naiv als eine räumliche Ordnung deuten. Das Symbol Garten gewinnt seine Qualität aus dem Bild umschließenden Schutzes, der nach außen hin abgrenzt, sei es durch Hecke oder Zaun, Wall oder Mauer. In eine andere Metaphorik übersetzt, darf man sagen: Das Leben der Menschen im Gottesgarten meint ein Leben in den umschließenden Armen Gottes. Der Garten steht hier als Symbol einer personalen Beziehung, die Heimat und Geborgenheit gewährt.

Der biblische Garten Eden würde ebenfalls mißverstanden, wollte man ihn als eine Insel der Seligen deuten. Er ist kein Ort des Überflusses und im strengen Sinne nicht einmal ein Gottesgarten, weil er zur Versorgung der Menschen geschaffen wurde. Aber Gott ist in diesem Garten den Menschen nahe, und das allein macht ihn zu einem Wonneland. Ansonsten meint die biblische Beschreibung eine fruchtbare Landschaft, die freilich in jeder Beziehung diesseits ist und in der sich das Leben unter irdischen Bedingungen abspielt. Der Paradiesgarten ist also kein Zaubergarten und kein Schlaraffenland, sondern ein Land, das der Bebauung und Bewahrung bedarf: diese eine Welt, in der wir leben.

Die Bibel beschreibt diesen Weltgarten in der Symbolik eines Kosmogramms, wie sie alle Kulturen der Welt kennen. Um dieses Bild besser zu verstehen, vergegenwärtigen wir uns am besten, wie Etrusker und in deren Tradition die frühen Römer eine Gründung vornahmen.

Dort, wo die künftige Stadt ihre Mitte haben sollte, wurde eine Grube gegraben, die als Nabel und Mittelpunkt der Gründung Erstlingsfrüchte und Erde von den Herkunftsorten der Beteiligten erhielt. Dieser Mittelpunkt wurde verwunderlicherweise ebenso wie die Welt insgesamt genannt: *mundus,* da hier der Omphalos, die Mitte, das Ganze in sich enthält. Zugleich war der *mundus* Standgrube für die *axis mundi,* die Weltachse, die auch ihrerseits keimhaft die kosmologische Anlage der Gründung vorbildet. Mit welchem Verständnis diese Mitte verbunden war, zeigt auch die Bemerkung Plutarchs: »Zuletzt brachte jeder eine Handvoll Erde aus dem Lande, woher er gekommen war.« Diese von allen Seiten herbeigetragene Erde vertritt die sichtbare Ökumene, die der *mundus* aufnimmt, weil er den Weltkreis darstellt. Deshalb galt auch nur eine nach diesem Ritus gegründete Siedlung als *urbs:* rings um den *mundus* mußte mit dem Astpflug der Grundriß des Himmels auf die Erde gezeichnet werden; dort, wo die Weltachsen hindurchführten, trug man den Pflug über die Erde, um freien Raum für die späteren Tore zu lassen. So wurde aus dem Chaos ein Kosmos herausgeschnitten. Städte ohne diese kultische Gründung waren lediglich *oppida.* Der etymologische Zusammenhang zwischen *urbs* und *orbis,* Stadt und Erdkreis, verdeutlicht erneut den kosmologischen Charakter dieser Gründungen.

Eine eindrucksvolle Veranschaulichung dieses Kosmogramms findet sich in der Ebene von Firuzabad, 100 Kilometer südlich von Schiraz im Zentrum der Landschaft Persis. Das breite Tal dort ist eine Schwemmebene zwischen steil aufragenden Gebirgszügen. Hier im Herzen der Persis, dem Mittelpunkt des Sassanidenreiches, das König Ardashir (224–241) unter seiner Herrschaft einte, entstand eine Stadt, die den ganzen Erdkreis in sich zusammenfassen sollte. Das von ihm gegründete Ardashir-khurra, »Ruhm Ardashirs«, ist heute noch als riesiges Kosmogramm im Luftbild zu sehen. Bei einem Durchmesser von fast zwei Kilometern stellt die exakte Kreisform des umgebenden Walls eine beachtliche Ingenieursleistung dar. Die alten Weltachsen sind immer noch zu erkennen. An den Stellen der ehemaligen Tore nach Ost und West, Nord und Süd ist heute im Ringwall je eine Bresche entstanden. Im Zentrum der Anlage aber steht der *tirbal,* Fragment des ehemals gewaltigen Turms, 33 Meter über dem verlassenen Trümmerfeld in der Mitte des Orbis aufragend. Zu diesem Turm führte ehedem ein Aquädukt, das Wasser bis zu dessen Spitze leitete, damit es dort als Quelle aufsprudelte. Die Idee hinter dieser Anlage ist mit der des biblischen Paradiesgartens verwandt: Hier, in der Mitte der Welt, die der »König der Könige von Iran« gründete, sollte die alles und alle erhaltende Quelle, das Wasser des Lebens, entspringen und sich durch das Kosmogramm der Stadt nach Ost, West, Nord und Süd über Stadt und Erdkreis hin verteilen. Dem entsprechen auch die iranischen Königstitel »Achse der Welt«, »Pol der Welt« und »Herr der vier Weltviertel«. Die Quadranten zwischen den Straßen repräsentierten die Weltviertel, so daß die ganze Stadt ein Abbild des Kosmos, ein Kosmogramm war.

Dieser Befund ist von großartiger Perspektive. Die Symbolgestalt, die uns hier entgegentritt, ist geradezu märchenhaft und bezaubernd. Die alten, von den Phantasien der Völker immer wieder umkreisten Motive vom Wasser des Lebens erscheinen in einer geschichtlichen Verwirklichung, inmitten einer Mandala-Symbolik, die über jene versunkene Welt hinaus auch heute noch spricht. Vor allem gibt sie dem biblischen Text vom Paradiesgarten eine neue Sprache, denn was Geschichte und Luftbild der sassanidischen Königsstadt zeigen, gehört auch zur Struktur des Paradiesgartens: »Ein Strom entspringt in Eden, der den Garten bewässert; dort teilt er sich und wird zu vier Hauptflüssen...« (Gen 2,10). Der Paradiesgarten hat die gleiche Mitte wie die etruskischen Gründungen, die *in nuce* bereits den Kosmos in sich tragen. Hier entspringt der Lebensstrom, der in alle vier Richtungen die Welt durchfließt und sie fruchtbar macht. Er ist nicht Teil der Welt, sondern das symbolische Bild der Welt selbst.

Nun kennzeichnet den Paradiesgarten aber nicht allein das Wasser des Lebens, sondern auch der Baum des Lebens, von dem es ebenso heißt, daß er in der Mitte steht (Gen 2,9; 3,3). Er ist *axis mundi,* also Weltenbaum und als Weltenbaum immer auch Lebensbaum.

In vielen Kulturen wird der Baum als ein Bild des Kosmos gesehen. Seine Wurzeln, die tief in die Erde greifen, der senkrecht aufragende Stamm, der zum Himmel führt, die Krone, die mit ihrem Astwerk den Himmel einfängt – diese Verbindung hat den Baum zum Mittelpunkt der Welt und Symbol des Universums werden lassen. Wenn wir Symbol sagen, muß jedoch im Blick bleiben, daß in archaischen Kulturen zwischen Symbol und Wirklichkeit nicht geschieden wird: Der Baum *ist* das All; die von ihm symbolisierte Realität ist ihm eingekörpert. Diese heilige Mächtigkeit kommt dem Baum zu, weil er sich im Mittelpunkt der Welt befindet, wo die Weltachsen sich schneiden, die vier Weltquadranten sich treffen und zugleich die drei kosmischen Zonen von Himmel, Erde und Unterwelt. Wenn die Bibel den »Baum in der Mitte« auch den »Baum der Erkenntnis von Gut und Böse« nennt, so ist dies nur einer von mehrfachen Brüchen, die den Genesistext kennzeichnen. Dessen Gartenerzählung ist aus unterschiedlichen Traditionen zusammengewachsen. Wir beachten hier nur den Lebensbaum, mit dem sich notwendig die Mitte verbindet.

Um jedoch zu verstehen, warum der Baum dem Zugriff des Menschen entzogen ist, muß der ganze bisher dargestellte Zusammenhang im Blick bleiben. Das Leben im Garten ist nicht der Willkür überlassen. Es ist einerseits bestimmt von einer großen Freigabe, die den Garten dem Menschen zur freien Entfaltung und Pflege überantwortet – bis auf den Baum in der Mitte. Was immer exegetisch, theologisch und katechetisch über dieses »Verbot« geschrieben und gesagt wird, es bleibt meist unzulänglich und letztlich auch unverständlich, weil es gewöhnlich einem Gehorsamsanspruch unterstellt wird, welcher der Geschichte eher äußerlich bleibt, als daß er ihre immanente Wahrheit aufleuchten ließe. Das Verbot, vom Baum in der Mitte zu pflücken und zu essen, läßt sich nämlich nur erschließen, wenn dabei die Symbolik der Mitte, so wie sie die alte Welt verstand und lebte, erfaßt wird.

Solange man mit der Symbolik der Mitte nichts anfangen kann, bleibt von dieser zentralen Position her die ganze Geschichte stumm. Wir haben voranstehend die Mitte als *mundus* und Weltachse aufgezeigt, haben sie als Nabel und Verbindung mit dem Himmel gedeutet, als Ort der Berührung von Diesseits und Jenseits und zugleich als Konzentrat der »ganzen Welt«. Von hierher lebt und webt die Welt. Das Wasser, das in dieser Mitte seinen Ursprung hat, ist eo ipso »Wasser des Lebens«, der Baum, der hier wächst, ist aus gleicher Notwendigkeit »Lebensbaum«. Indem der Jahwist »den Baum in der Mitte« in zwei Bäume unterscheidet, beschreibt er nur die Ambivalenz des einen, denn Yin und Yang, Gut und Böse, Leben und Tod sind letztlich nicht zu trennen.

Im strengen Sinne ist die Mitte ein ausdehnungsloser Punkt, jener unvermeßbare Ort, an dem sich Immanenz und Transzendenz begegnen, in dem sich Zeit und Ewigkeit berühren, Erde und Himmel, die volle Identität in der unbegrenzten Universalität. Selbst wenn die Mitte in den Mythen der Völker geographisch begegnet, ist sie nie ein geographischer Ort, sondern stets ein symbolischer: der Nabel der Welt, der mit dem Himmel verbindet; die *axis mundi,* an die angebunden zu sein allein zu leben gestattet; das Zentrum des Labyrinths, das Tod in Leben überführt.

Das »Essen von dem Baum in der Mitte« erscheint in dieser Sicht als Verletzung einer der menschlichen Eigenmächtigkeit entzogenen Dimension, in der die Intaktheit des Ganzen gründet.

An die Weltmitte angebunden zu sein, war für die alten Völker Lebensvoraussetzung. Sie gehört auch heute noch zur inneren Seelenkarte des Menschen. »Trägt doch jedes menschliche Sein, sogar in seinem Unbewußten, die auf ein Zentrum sich richtende Spannung in sich – auch wenn es das ihm selber eignende Zentrum ist« (Eliade). So ist für uns heute die Heimat weiterhin die Mitte der Welt, und zwar auf allen Ebenen, auf denen Menschen Heimat, das heißt Mitte, haben können. Dennoch wird nirgendwo die Mitte ganz eingeholt. Sie ist nur asymptotisch erreichbar, das heißt im Unendlichen. Was wir hier Mitte nennen, ist der Umschlagplatz in eine andere, unverfügbare Dimension, die jedoch die Welt im Innersten zusammenhält, von der die Menschen leben und die dennoch nicht dem menschlichen Zugriff freigegeben ist. Auch der Zugriff nach dem Baum des Lebens meint einen Überschritt, der die Lebensmöglichkeiten unserer Welt zerstört. So betrachtet, hat die biblische Paradiesgeschichte ihre eigene Logik. Wir können sie uns tiefer verständlich machen in einer eskimoischen Mythe, die Knud Rasmussen von seiner 5. Thule-Expedition (1921–1924) mitbrachte. In ihr spiegelt sich beeindruckend die biblische Mythe wider:

»Es war einmal ein dummer und gespreizter Rabe, der zum Meer flog, weit, weit hinaus. Er flog und blieb am Fliegen, weit und immer weiter, und als er müde wurde und nach Land ausspähte, da war kein Land mehr da. Zuletzt war er so müde, daß er sich nur noch etwas über dem Wasser halten konnte. Und als plötzlich ein großer Wal dicht vor ihm auftauchte, wurde er so verwirrt, daß er diesem geradewegs in den Schlund hineinflog. Einen Augenblick blieb es dunkel um ihn herum. Es sauste und plätscherte, und als er schon glaubte, sterben zu müssen, taumelte er in ein Haus hinein, in ein schönes und reizendes Haus, wo es hell und warm war. Auf der Schlafbank saß eine junge Frau und machte sich an einer brennenden Lampe zu schaffen. Sie erhob sich, ging freundlich auf den Raben zu und sagte: ›Du bist mir als Gast willkommen, wenn du mir nur einen einzigen Wunsch zu erfüllen gelobst: du darfst niemals meine Lampe anrühren.‹ Der Rabe war glücklich, daß er sein Leben gerettet hatte und beeilte sich, ihr zu versichern, daß er die Lampe niemals anrühren würde. Dann setzte er sich auf die Schlafbank und wunderte sich, wie fein und rein es in dem kleinen Hause war. Es war ein Haus aus Walfischknochen, gebaut wie die Wohnungen der Menschen, und alles darin war so eingerichtet wie bei den Menschen. Aber eine seltsame Unruhe lag über der jungen Frau; sie saß niemals längere Zeit still; in kurzen Zwischenräumen erhob sie sich von der Schlafbank und schlüpfte zur Tür hinaus. Es dauerte nur einen Augenblick, dann kam sie wieder herein; aber gleich danach war sie wieder fort.
›Was macht dich so unruhig?‹ fragte der Rabe.
›Das Leben‹, antwortete die junge Frau, ›das Leben und mein Atemzug.‹ Aber diese Antwort verstand er gar nicht.
Der Rabe, der nun zur Ruhe gekommen war und seine Angst vergessen hatte,

fing an, neugierig zu werden. ›Was kann das sein, daß ich die Lampe nicht anrühren darf?‹ dachte er; und jedesmal, wenn die Frau hinausschlüpfte und er allein blieb, bekam er immer größere Lust, sein Versprechen zu brechen und hinauszugehen, um die Lampe – nur ein ganz klein wenig – zu betasten. Zuletzt konnte er seine Neugier nicht länger zügeln, und als die Frau wieder zur Tür hinausschlüpfte, sprang er hin und berührte den Docht der Lampe. Im selben Augenblick taumelte die Frau kopfüber zur Tür herein, fiel auf den Fußboden und blieb da liegen, während die Lampe erlosch.

Zu spät bereute der Rabe, was er getan hatte; er schwankte umher in schwarzer Finsternis; das schöne, helle Haus war nicht mehr da. Er war nahe daran, zu ersticken. Er irrte umher zwischen Speck und Blut, und so heiß wurde es, daß seine Federn abfielen. Halberstickt taumelte er im Bauch des Wals umher, und nun erst begriff er, was geschehen war. Die junge Frau war die Seele der Walin. Sie schlüpfte zur Tür hinaus in die frische Luft jedesmal, wenn die Walin Atem schöpfen mußte, und ihr Herz war eine Lampe mit großer und ruhiger Flamme. Der Rabe hatte aus bloßer Neugier das Herz der jungen Frau berührt, und darum war sie gestorben. Er wußte nicht, daß das Feine und Schöne auch zerbrechlich, vergänglich und leicht zu vernichten ist, denn er selbst war dumm und von zähem Leben. Nun aber kämpfte er um sein Leben in Finsternis und Blut. Alles, was zuvor schön und rein war, war nun häßlich und übelriechend geworden.

Endlich glückte es ihm, auf dem gleichen Wege hinauszuschlüpfen, auf dem er hereingekommen war, und nun saß er da, ein halbnackter Rabe, beschmiert und besudelt, auf dem Rücken eines toten Wals. Hier blieb er sitzen und lebte vom Aas, während Wind und Wellen ihn hin und her warfen. Seine Flügel waren zerbrochen durch Hitze und Blut, und so konnte er nicht mehr fliegen. Ein Sturm trieb ihn endlich dem Lande zu. Die Menschen sahen den toten Wal und ruderten in ihren Booten hinaus, um Speck und Fett zu bergen. Als der Rabe sie sah, verwandelte er sich augenblicklich in einen Mann, in einen kleinen, häßlichen, dunkelhäutigen und zerzausten, struppigen Mann, der oben auf dem Wale stand. Er sprach gar nicht davon, daß er aus lauter Neugier ein Herz angerührt und etwas Feines und Schönes zerstört hatte; er prahlte nur überheblich: ›Ich bin es, der den Wal getötet hat! Ich bin es, der den Wal getötet hat!‹ Und er wurde ein großer Mann unter den Menschen.«

Dies ist die eskimoische Paradies- und Sündenfallgeschichte. Was in der orientalischen Welt im Bild des Gartens begegnet, erscheint hier, wo Baum und Strauch zurückgeblieben sind, im Bild eines bergenden Hauses, und was die Bibel den Baum in der Mitte nennt, ist in Alaska die leuchtende, wärmende Lampe. Baum wie Lampe bezeichnen je für sich eine Mitte, die dem selbstmächtigen Zugriff entzogen ist. Es ist eine sensible Mitte, die keinen gegenständlichen Ort in dieser Welt hat, aber letztlich in allen zwischenmenschlichen Beziehungen vorkommt, etwa in denen von Mann und Frau, Eltern und Kindern, Kolleginnen und Kollegen am Arbeitsplatz... und die darum eine Unverfügbarkeit bezeichnet, die gewahrt werden muß, wenn das Leben intakt bleiben soll. In jeder Beziehung zu anderen Menschen, als auch in allen Beziehungen zu Tier und Pflanze, eben zur Welt insgesamt, gibt es einen »Lebensnerv«, der die Welt nur heil läßt, wenn ihn der menschliche Herrschaftswille nicht verletzt. Das helle, warme Haus, in dem gut zu leben ist, wandelt sich in erstickende Zersetzung, sofern die leuchtende Flamme einer übergreifenden Eigenmächtigkeit unterzogen wird. Der bergende, schöne Garten geht verloren, wenn der Baum des Lebens, die unverfügbare Mitte, aus der alles lebt und wirkt, geplündert wird. Und so zeigt sich, daß wir hier keine Geschichte bedacht haben, die Verhältnisse einer vergangenen Welt beschreibt, sondern eine Geschichte »des mitlaufenden Anfangs«, in der wir selbst unseren Ort haben. Denn der Verlust des Paradieses ereignet sich auch heute noch und immerfort: Sooft nämlich das je Unverfügbare dem selbstmächtigen Zugriff unterliegt, werden wir im Haus der Ehe und Familie unbehaust, und die Gärten der Freundschaft verkommen. Darum ist die Paradiesgeschichte eine Urgeschichte, die durch alle Zeiten hindurchgeht und die in jede Menschengeschichte neu hineinspielt.

Literaturhinweise

Grundlegend für das Verständnis einer mythischen Geographie und zumal für Gründungen im Typus des Kosmogramms sind viele Arbeiten von Mircea Eliade, beispielsweise *Ewige Bilder und Sinnbilder. Über magisch-religiöse Symbolik,* Olten 1958, Frankfurt a.M. 1986; *Die Religionen und das Heilige. Elemente der Religionsgeschichte,* Salzburg 1954 oder *Das Heilige und das Profane. Vom Wesen des Religiösen,* Hamburg 1957; insbesondere aber das Werk von Werner Müller: *Die heilige Stadt. Roma quadrata, himmlisches Jerusalem und die Mythe vom Weltnabel,* Stuttgart 1961.
Didaktische Aufarbeitungen dieses Komplexes für den (Religions-)Unterricht finden sich bei Hubertus Halbfas: *Religionsunterricht in der Grundschule. Lehrerhandbuch 3,* Düsseldorf 1985, S. 177–184, 476–509 und *Lehrerhandbuch 4,* Düsseldorf 1986, S. 477–487. Hubertus Halbfas, *Religionsunterricht an Sekundarschulen, Lehrerhandbuch 8,* Düsseldorf 1995, S. 245–256. – Die Mythe »Die Seele des Wals und das brennende Herz« erschien zunächst in der Sammlung von Knud Rasmussen: *Die Gabe des Adlers. Eskimoische Märchen aus Alaska.* (Frankfurt o. J., ca. 1947). Zur Interpretation siehe Hubertus Halbfas: *Lehrerhandbuch 8, S.* 251–253.

Helga Volkmann

»... Und an den Bäumen hingen als Früchte lauter kostbare Edelsteine«

Gärten in den orientalischen Märchen

In der Mitte des 16. Jahrhunderts brachte ein gewisser Gislain de Busbecq, kaiserlich-habsburgischer Gesandter bei der Hohen Pforte in Istanbul, die ersten Tulpenzwiebeln aus dem Orient nach Europa und entfesselte damit bei denen, die sich Ziergärten leisten konnten, eine wahre Tulpenmanie. Ein paar Jahrhunderte zuvor hatte sich Karl der Große, laut seinem Biographen Engelbert, von seinem Zeitgenossen Harûn-er-Raschîd in Bagdad mit Ablegern und Samen exotischer Pflanzen beschenken lassen, und Friedrich II., seiner Herkunft nach mit morgenländischer Gartenkultur wohl vertraut, soll sich auf der Burg zu Nürnberg, wenn er dort gelegentlich residierte, die hängenden Gärten der Semiramis nachbauen haben lassen.[1] Schon immer scheint die Menschen angesichts der heimischen Flora sowie auch der bodenständigen Gartenkultur ein Gefühl von Ungenügen ergriffen zu haben. Wenn auch wir also den Blick in die Gärten des Morgenland wenden, befinden wir uns in guter bis sehr guter Gesellschaft.

Orientalische Märchengärten – da sind die Erwartungen auf opulente, fantastische Zauberorte hochgespannt. Und sie werden durchaus erfüllt: Feste und Lustbarkeiten aller Art sowie auch schicksalhafte Begegnungen finden in jenen der »puren Natur« abgerungenen irdischen Paradiesen statt, zumal in dem umfangreichen Werk von »1001 Nacht«, in dem der Erzählfaden gemächlich gesponnen wird und wo, im Gegensatz zu den europäischen Volksmärchen mit ihren gedrängten Handlungsabläufen, Zeit ist für epische Breite genüßlicher Beschreibung. Mit den »Kinder- und Hausmärchen« der Brüder Grimm hat diese Sammlung gemeinsam, daß sie zwar zu den bekanntesten Werken der Weltliteratur gehört; wirklich verbreitet aber ist davon nur ein Bruchteil, hier etwa »Sindbad der Seefahrer«, »Aladin und die Wunderlampe«, »Ali Baba und die vierzig Räuber« – und auch diese nur in gekürzter jugendfreier Form.

Jeder kennt vor allem Schehrezâd, die fiktive Vermittlerin dieser Geschichten – sie hat mit ihrer höchst gefährlichen Mission auf Leben und Tod den Sultan Schehrijâr, ihren nächtlichen Partner, von seinem menschenverachtenden, frauenmörderischen Haß geheilt, sie hat damit das erzählende Wort schlechthin geadelt und ist zur Ahnfrau aller Märchenerzählerinnen geworden.

»1001 Nacht« ist ein Werk mit einer höchst komplizierten Überlieferungsgeschichte und Manuskriptsituation, auf die ich nicht eingehen kann.[2] Nur ein paar Fakten seien angeführt: Aus Bagdad ist ein persisches, ins Arabische übersetztes Handschriftenfragment um 800 n.Chr. bezeugt, die »1000 Nächte«. Um diesen Kern von teils aus Indien stammenden Erzählungen – auch die Technik und Funktion der Rahmenerzählung ist indischen Ursprungs – haben sich auf dem Boden der arabisch sprechenden Länder, vor allem in Bagdad und später als letzte Redaktion in Ägypten, in mehreren Schichten und im Laufe von Jahrhunderten die verschiedensten Erzählungen angelagert: Abenteuer- und Liebesgeschichten mit mehr oder weniger märchenhaftem Charakter, wie sie im Gefolge des hellenistischen Romans im östlichen Mittelmeerraum im Schwange waren; es ist naheliegend, daß in diesem Bereich der Zaubermärchen auch die Gärten zu finden sind, die uns dann beschäftigen werden. Daneben gibt es knappe Moralexempel, erbauliche Legenden, kurz: was im Volke als erzählenswert galt. Und das alles in orientalischer Fabulierlust und -kunst ausgesponnen zu einem wahren Spiegel einer hochentwickelten, verfeinerten, zumeist städtischen Kultur, der des vorderorientalischen Mittelalters. Das Werk gilt in den Ursprungsländern als profaner Unterhaltungsstoff, unglaubwürdig und ohne Moral, aufgeschrieben in einer mehr oder weniger volkstümlichen Sprache, und ist als solches von den Anfängen bis heute nicht literaturfähig.[3] In einer neunbändigen Geschichte des arabischen Schrifttums kommt das Stichwort *Alf-laila-wa-laila* (d.h. arabisch »1001 Nacht«) nicht vor.[4]

Die Grenzen zwischen Volksmärchen und Kunstmärchen sind gänzlich verwischt: Neben nacherzählten und ausgeschmückten schriftlichen Quellen unterschiedlichster geographischer und ethnischer Herkunft – die ihrerseits aus authentischer mündlicher Tradition schöpfen mögen – stehen Märchen, die dem ersten Übersetzer (ins Französische) und Vermittler nach Europa, dem Franzosen Galland um 1700, direkt von einem Syrer aus Aleppo erzählt worden sein sollen – eine Art »Viehmann« also für »1001 Nacht«, Pendant zur »Viehmännin« der Grimmschen Sammlung (d.h. Frau Dorothea Viehmann aus Niederzwehren, die einige der schönsten Märchen erzählend eingebracht hat). Ihm sind so populäre Märchen wie »Aladin«, »Ali Baba«, »Das Ebenholzpferd« und einige andere zu verdanken.[5] Einzelne Motive und Motivgruppen sind lange vor Galland in Europa nachweisbar; ihre Wanderwege liegen im dunkeln.

Ins Deutsche wurde seit dem 19. Jahrhundert direkt aus den verschiedenen Handschriften übersetzt. Kanonisch geworden ist die etwa 5000 Seiten umfassende Übersetzung des Orientalisten Enno Littmann. Von ihm stammt auch der vielzitierte Ausspruch von dem »islamischen Firnis«[6], der das Werk überziehe und all die Geschichten so unterschiedlicher Herkunft und literarischer Intention zu einem einheitlichen Ganzen füge. »1001 Nacht« ist bei aller Leichtlebigkeit und Libertinage, trotz aller Gaunereien der Helden und Nebenfiguren, mit allen Spuren auch einer archaischen, vorislamischen Welt durchweg ein frommes Buch. Allah ist allgegenwärtig, was immer geschieht, die kleinen Ärgernisse wie die großen Märchenkatastrophen – alles ist SEIN Wille und wird ausdrücklich und ergeben angenommen.

Nach dieser dem fremdländischen Gegenstand entsprechend etwas ausführlichen Vorstellung der Quelle begeben wir uns nun zu den Gärten.

Gärten in den trockenen Zonen des Vorderen Orients – das verstand sich nie von selbst, Fruchtbarkeit mußte der Dürre abgerungen werden, ist von den lebenspendenden Wassern einer Flußoase abhängig – kurzum, ein Gnadengeschenk der Götter. Gärten – mehr noch als in unseren Breiten – sind Wunschorte, Grünen und Blühen steht für Fülle des Lebens und Lust am Dasein schlechthin. Das kunstvoll bewässerte, intensiv genutzte Stück Land – es wurde von alters her in der Literatur, der weltlichen wie der religiösen, der arabischen Länder und der vorausgehenden Kulturen im Zweistromland und am Nil enthusiastisch gepriesen und mit poetischen Vergleichen gefeiert.[7] Der Garten ist ein mythisch überhöhtes Gesamtkunstwerk, auch in den Märchen. Allen Sinnen ist darin ein Fest bereitet: den Freuden des Schauens und Schmeckens sowieso, und nie fehlen die aromatischen Düfte, wird auf den Ohrenschmaus des Vogelsangs verzichtet. Und wo in den europäischen Märchen dämonische Wesen der bedrohlichen oder auch fatal betörenden Art hinter Büschen oder etwa im Rapunzelbeet lauern – da scheint hier zumeist der aus dem alten Rom vertriebene Gott Amor Herr des Garten zu sein und den Protagonisten auch die Sinnenfreuden der Erotik zu verschaffen.

Eine Tiefendimension schließlich wächst der Poesie der Gartenbilder aus den Paradiesesvisionen des Koran zu. Darin wird den Gläubigen explizit und in mehreren Suren die ewige Seligkeit in einem Garten verheißen – das Paradies nicht am Anfang, wie in Eden, sondern am Ende, und nicht verbunden mit göttlichem Arbeitsauftrag (wie in der Genesis), sondern in wonnevollem Müßiggang. Von schattenden Bäumen und tief herabhängenden Früchten ist da die Rede, nach denen die selig auf seidenen Pfühlen Liegenden (Männer, versteht sich!) nur die Hände auszustrecken brauchen. Sie werden von Jünglingen bedient, »die wohlbewahrten Perlen gleichen« (Sure 52), von Jungfrauen verwöhnt, »die weder Menschen noch Geister je berührt« (Sure 55). Und vor allem nie versiegender Überfluß an Wasser! Es gibt zwei mal zwei Quellen und Ströme und zwei Fruchtbäume von jeder Art (Sure 55),[8] die auch in den Gartenbeschreibungen der Märchen wieder erscheinen. Nirgends wird in den Märchen ausdrücklich auf den Koran Bezug genommen, doch – wie gesagt – der Geist des Islam weht mehr oder weniger heftig durch alle diese Geschichten, und so ist wohl anzunehmen, daß bei Hörenden oder Lesenden bestimmte Paradiesattribute des Gartens als religiöser Archetypus wie literarischer Topos stets präsent waren. Daraus ergibt sich eine gewisse Stereotypie in der Beschreibung gerade von Gärten. Bei aller Detailfreudigkeit erfahren wir über die gestalterische Anlage der Gärten so gut wie nichts, und für Orte der Anderswelt bedarf es ja auch keiner irdischen Topographie. Erinnert sei jedoch an die zauberhaft entrückten persischen und indischen Miniaturen, auf denen häufig Gartenszenen dargestellt sind. Sie machen – ebenso wie diejenigen in den Märchen – deutlich, wie sich das Leben, klimabedingt, bevorzugt im Garten abspielte. Die Miniaturen stammen aus einer viel späteren Zeit, aber in Persien war bereits seit dem Altertum und dem Reich der Großkönige eine Garten-Hochkultur entwickelt, die in ununterbrochener Linie an die Residenzen in Alexandria, Antiochia, Damaskus, Samarkand und später, schon zur Zeit der wichtigen Redaktion von »1001 Nacht« in der Metropole am Tigris, nach Bagdad und Basra weitergegeben wurde. Aus der Notwendigkeit der Bewässerung ergab sich die Rechtwinkligkeit: gerade Kanäle, strenge, symmetrische Gliederung der Pflanzenbeete, an den Schnittstellen Wasserbassins, im Zentrum der meist achteckige, oft zweistöckige sogenannte Kiosk, von dem aus der Garten erschaut – nicht erwandert – wurde. Immer waren diese Gärten von hohen Mauern, auch galerieartigen Hofräumen umgeben. Wichtigstes, die Struktur bestimmendes Gestaltungselement aber war das Wasser, es war Notwendigkeit und Lebenselixier und gleichzeitig, in zu Schönheit und Ornament gebändigter Fülle, Symbol für gottgegebene, menschgemachte Ordnung. Daneben gab es einen anderen Gartentyp: die ebenfalls eingefriedeten, aber weitläufigen und zumeist vom Haus getrennt liegenden Baum-»Paradiese« (unser Wort Paradies kommt über das griechische *paradeisos* daher), Jagdparks der hohen Herrschaften; auch diese bilden das Ambiente einiger Geschichten in »1001 Nacht«.[9]

Betreten wir nun, zusammen mit Dschanschâh, einem typischen Märchenhelden aus königlichem Geblüt, mit bester Erziehung, jedoch einem Horoskop, das zu gewisser Skepsis hinsichtlich seiner Glückschancen Anlaß gibt – betreten wir also einen der Gärten »aus den alten Zeiten und längst entschwundenen Vergangenheiten« – wie Enno Littmann das Pendant zu »Es war einmal« immer übersetzt hat.

»... er sah in ihm einen großen Teich, neben dem sich ein kleiner Pavillon befand, der aus Gold und Silber und Kristall erbaut war; seine Fenster waren mit Rubinen ausgelegt, und sein Boden war mit grünen Chrysolithen, Rubinen, Smaragden und anderen Edelsteinen gepflastert (...). Inmitten jenes Pavillons stand ein Springbrunnen, mit einem goldenen Becken voll Wassers, umgeben von allerlei Tieren und Vögeln, die aus Gold und Silber kunstvoll gearbeitet waren und aus denen das Wasser hervorströmte. Und wenn der laue Wind wehte, so drang er in ihre Ohren ein, und alle die Gestalten begannen zu flöten, jede in ihrer eigenen Weise. Neben dem Springbrunnen befand sich eine breite Estrade, auf der ein großer Thron aus Saphyr stand, mit Perlen und anderen Edelsteinen eingelegt (...). Ferner erblickte Dschanschâh rings um jenen Pavillon einen großen Garten. Dort sah er Fruchtbäume sprießen und Bächlein fließen und nahe bei ihm Beete mit Rosen und Basilien, Eglantinen und allerlei anderen duftenden Blumen; und wenn die Winde durch die Bäume säuselten, so wiegten sich ihre Äste hin und her (...).«[10]

Wie nun ist Dschanschâh in diesen Lustort hineingelangt? Natürlich sind Schloß und Garten in ihrer kosmisch-mineralischen Überhöhung nicht von dieser Welt. Sie befinden sich in einem unwegsamen Gebirge, der Wächter ist der »König der Vögel«, eine ehrwürdige Mentorgestalt, wohl menschenähnlich, aber als Vogelwesen ganz der Sphäre des Numinosen zugehörig. Dschanschâh ist nach einer ganzen Serie von Abenteuern dort hinaufgelangt, indem er sich in eine Tierhaut hat einnähen und sozusagen als blinder Passagier von einem Riesenvogel hat forttragen lassen. Nun ist er dort oben zu Gast, es geht ihm gut, aber, wie er meint, noch nicht gut genug. Als der Vogelkönig dem Schloß den Rücken kehrt und ihn mit der zeitweiligen Schlüsselgewalt betraut, kommt, was kommen muß. Natürlich ist eine der Türen mit einem Tabu belegt, natürlich öffnet Dschanschâh sie. Was ihn aber dahinter erwartet, ist nicht eine Kammer voll traumatischer Schreckensbilder der einen oder anderen Art, wie wir sie aus europäischen Märchen kennen, sondern der oben zitierte fantastische Garten. In zahlreichen orientalischen Märchen passen verbotene Schlüssel zu Türen, die ins Freie führen: zumeist in einen Garten oder auch auf eine Dachterrasse, auf der ein Wunderpferd gesattelt dasteht, als ob es nur auf den jungen Tabuverletzer gewartet hat.

In der langen Geschichte von Dschanschâh ist der Garten natürlich nicht nur gut für eine Idylle bzw. zunächst für ein Mittagsschläfchen in jenem diamantverbrämten Pavillon. Ein solches macht er zwar auch, aber dann schweben plötzlich drei Vögel herbei. Sie legen ihr Federkleid ab und baden in dem Teich: nackte Mädchen, »so schön wie der Mond in der Nacht seiner Fülle«.[11] Um Dschanschâh ist es geschehen, nach einigem werbenden Hin und Her gewinnt er eine der Vogelmädchen zur Frau. Doch der Gebrauch jenes Schlüssels zu der Tür in den Garten, die doch er allein zu öffnen vermag, war ihm mit Recht von seinem Mentor untersagt worden. Die Zeit ist noch nicht reif für den jungen Heißsporn, das Eheglück der beiden steht auf tönernen Füßen, Dschanschâh muß sich sein geflügeltes Zwitterwesen erst auf episodenreicher Such- und Bewährungswanderung aus der Jenseitswelt zu dauerhaftem Glück auf die Erde holen – wir kennen das aus europäischen Märchen. Das Motiv von der »Schwanenjungfrau« jedoch und vom Glück und Leid eines Mannes, dem das Schicksal eine solche zu schauen gestattet, ist in »1001 Nacht« bereits etwa 500 Jahre vor seiner ersten schriftlichen Fixierung in Europa zu Papier gebracht. Das sagt weder hier noch dort etwas über das wirkliche Alter des Motivs innerhalb der mündlichen Erzähltradition und über seine tatsächliche Herkunft aus, aber es wird doch angenommen, daß die »Vogelfrau« ihren Ursprung im Orient hat. In dieser frühen Zeit verliefen die Wanderwege der Märchen – und auch die der Gartenideen und anderer Kulturgüter – zumeist in Richtung von Südost nach Nordwest und nicht umgekehrt.

Bei diesem Märchentypus steht im Zentrum und Knotenpunkt der Handlung – zwischen dem ersten Akt ziellosen, oft törichten Abenteuers und dem zweiten Akt der bewußten, hartnäckigen Glücksuche – eben jene verbotene Tür in einem Schloß der Anderswelt. Und sie führt in den orientalischen Märchen nicht in tabuisierte, angstbesetzte Innenräume, sondern geradewegs ins verlockende Draußen. Der Garten ist Inbild – nicht für ungestaltete Natur und unbeschränkte Freiheit, es geht nicht in die Wüste oder in den Wald, sondern für die Ordnung des Lebendigen schlechthin mit allen dem Menschen darin auferlegten Beschränkungen, und damit tut sich der junge ungestüme Held etwas schwer.

Wir steigen von den Zauberbergen und ihren Jenseitsgefilden hinab zu den Gärten, die durchaus geographisch zu orten sind. Und statt der magischen Vogelreise bedarf es, um in den Garten zu gelangen, eines Fährmanns über den großen Strom, bei dem es sich zumeist ganz real um den Tigris handelt. In Bagdad, der Metropole des Abassidenreiches, blühte wie gesagt im 12. und 13. Jahrhundert n.Chr., zu der Zeit, als dort auch der Korpus von »1001 Nacht« sich ausdehnte und eine gewisse schriftliche Form fand, eine hohe und weithin gerühmte Gartenkultur. Auf der unbebauten Flußseite hatten die feinen Leute ihre prächtigen Parkanlagen: die Emire, die Kaufleute – übrigens ein äußerst angesehener Stand, der in den orientalischen Märchen sehr häufig den Protagonisten stellt – und vor allem der Sultan selbst. Der ist in »1001 Nacht« zumeist Harûn-er-Raschîd, der »Beherrscher der Gläubigen«, jene historisch-legendäre Herrschergestalt, um die sich, ähnlich wie etwa um Alexander den Großen, allerlei halbwahre und erdichtete Geschichten ranken. Die Last des hohen Amtes raubt ihm oft den Schlaf, und da mischt er sich, als Derwisch verkleidet, mit seinem Wesir inkognito unter sein Volk, begierig auf Begegnungen und auf Geschichten. Harûn wird, der Würde und Bürde seines Status entsprechend, seine eigenen sehr privaten Gartenfreuden genossen haben, er kam in den Garten und das Schloß und pflegte dort zu sitzen, »wenn ihm die Brust beklommen war«.[12] Schloß und Garten werden hier in der »Geschichte von Nûr ed-Din 'Ali und Enîs el-Dschelîs« in allen Farben und Tönen beschrieben:

»... welch ein Garten! Das Tor war gewölbt wie eines Palastes Bogengang, darüber sich Wein mit Trauben und vielerlei Farben schlang: die roten gleichen Rubinen, während die schwarzen wie Ebenholz schienen (...).«

Oft werden Gärten hymnisch in der für arabische Literatur typischen Reimprosa beschrieben. Es folgt eine ganze Litanei von Vögeln und eine Verherrlichung ihres Gesanges. Und weiter:

»Die Bäume, die dichten, waren beladen mit reifen, eßbaren Früchten und standen alle in doppelten Reihen: da war die Aprikose weiß wie Kampfer (...). Und Blumen waren da, wie Perlen und Korallen aufgereiht, die Rosen beschämten durch ihre Röte die Wangen der schönsten Maid; die gelben Veilchen sahen aus wie Schwefel, über dem Lichter hängen zu nächtlicher Zeit; Myrten, Levkojen, Lavendel, Anemonen, mit Wolkentränen geschmückt ihr Blätterkleid; es lachte das Zahngeheg der Kamille; die Narzisse schaute die Rose an mit ihrer Augen schwarzer Fülle; Bechern glichen die Limonen, goldenen Kugeln die Zitronen; die Erde war mit Blumen aller Farben wie mit einem Teppich bedeckt; der Frühling war gekommen und hatte dort alles zu frohem Leben erweckt, den Bach zum Springen, die Vögel zum Singen, den Lufthauch zum Klingen.«[13]

Ein ungestörtes Privatissimum ist jedoch weder für den Sultan noch auch in den Haremsgärten schöner Prinzessinnen gewährleistet, denn die Gartenwächter sind grundsätzlich bestechlich, leicht zu überlisten oder, wie in dieser Geschichte, zu Mitleid und Sympathie mit dem jungen Liebespaar zu rühren, das mit seiner Hilfe komfortablen Unterschlupf im Sultansgarten findet. Fast kommt es zu einem Ende mit Schrecken, jedoch Harûn wäre nicht Harûn bzw. das, was die Überlieferung aus ihm gemacht hat, wenn ihn Schönheit und Liebe der beiden nicht schließlich doch zur Begnadigung rührten.

Auch in einem anderen Märchentypus nimmt die Handlung in einem jener Gärten an der Peripherie einer Stadt ihren Ausgang, Bagdad kann es sein, Basra oder Kairo. Die *jeunesse dorée* trifft sich in einem dieser Männerparadiese zu allem, was grundsätzlich – und in Gärten um so mehr – Spaß macht: zum Essen und Trinken (Wein ist keineswegs verpönt und gehört immer dazu!), zum Lieben (schöne Mädchen als Gespielinnen auch!), zu Tanz und Spiel. Einer aus der Runde folgt einer inneren Stimme oder auch einem zwielichtigen Geleiter, gerät ins Abseits und befindet sich unversehens in der Wüste, die ja in diesen Ländern den absoluten, negativ besetzten Gegenpol zum Garten darstellt. Die verschiedenen und von Variante zu Variante unterschiedlichen Schrecknisse und Bedrohungen, denen er sich zu stellen hat, müssen hier unberücksichtigt bleiben. Immer aber tut sich irgendwann, als seine Lebenschancen gegen Null tendieren, eine Oase auf. Ein Garten – »O Wunder! Was er sah, war kein irdischer Garten; nein, ein Paradiesgefilde war das, ein Garten Irem!« heißt es da z.B. bei Nizami in der »Geschichte der charezmischen Prinzessin in der türkisblauen Merkurkuppel«[14] (um 1200), und es folgt eine ausführliche, sehr poetische Beschreibung mit allen Ingredienzien des Paradieses. Dazu gehören natürlich auch die *Mondenschönen*, die Mädchen; unter den Augen des in einer Baumkrone verborgenen Jünglings treiben sie ihr verführerisches Spiel. Nicht abwarten, sondern mitspielen will er, das scheint ihm in dem Moment die direkte Abkürzung ins Paradies, und zwar – in Anspielung auf den Koran – »ohne den langen Umweg über Auferstehung und Jüngstes Gericht«.[15] Sich beherrschen, Geduld bis zum rechten Zeitpunkt, das hatte der »Gärtner«, sein Mentor, ihm auferlegt. Sein Übermaß an Libido jedoch wird ihm zum Verhängnis, die Begehrte und allzu stürmisch Eroberte verwandelt sich in seinen Armen zu einem abscheulichen Dämon, der Garten wird wieder zur weglosen Einöde. In einem anderen Märchen befindet sich der fast verdurstet in der Wüste umherirrende Held plötzlich in einem Garten, hält sich für gerettet, labt sich an den Früchten, ißt »nahezu tausend Pfund« davon, aber »soviel er auch davon ißt, er wurde nicht satt«.[16]

Gärten und ihre Früchte, die eßbaren und die erotischen, gehören also hier in den Bereich des trügerischen Scheins, der substanzlosen Luftspiegelungen. Die Früchte machen nicht satt, sind gar faulig, eklig, wie der Rücken der schönen vielversprechenden »Frau Werlde« im europäischen Mittelalter. Satan fungiert sozusagen als Gartengestalter, das vermeintliche Paradies ist nicht himmlisches Verweilziel der Gläubigen, sondern allenfalls ein Purgatorium zur Seelenläuterung von allzu weltlichen Lüsten. Eine solche Sicht auf den altehrwürdigen, immer positiv besetzten Mythos Garten scheint fast revolutionär. In diesen Märchen weht etwas vom Geist der islamischen Mystik, der Weg zu Gott kann niemals in die Welt hineinführen, sondern nur aus ihr heraus. Der persische Dichter Rûmî drückt das aus, indem er entzückt die Schönheiten eines Gartens besingt, aber dann: »(...) Dies alles ist Vorwand: ER ist allein«.[17] Bei Nizami in dem bereits angeführten Märchen heißt es: »Wie seltsam ist doch dies Leben, das uns aus Gärten in Wüsten und aus Wüsten wiederum in Gärten immerzu weiterhetzt – wozu, wohin?«[18]

Wir kehren zurück in die lebens- und sinnenbejahende Welt von »1001 Nacht« und werfen einen Blick in die Gärten zweier allseits bekannter Zaubermärchen:

»Dann ging er wieder zu dem Garten hinunter und begann sich die Bäume dort anzuschauen (...). Und an diesen Bäumen hingen als Früchte lauter kostbare Edelsteine; jeder Baum trug Früchte von verschiedener Art und Farbe.«[19] Die Wunderlampe hatte er kurz zuvor in diesem unterirdischen Garten an sich gebracht: 'Alâ ed-Dîn, Halbweise, Proletarierkind, Tunichtgut und doch zu Großem bestimmt. Auf dem Höhepunkt seiner Karriere wird es heißen (nachdem er nach Kräften mit Gold um sich geworfen hatte): »Für die Leute gab es nur noch Allah im Himmel und 'Ala ed-Dîn auf Erden«.[20] Der Handlungsknoten wird geschürzt bei seiner Begegnung mit dem die schwarze Magie praktizierenden »maurischen Zauberer«, der sich als guter Onkel ausgibt, es aber nicht ist. Er führt den arglosen Knaben, nachdem er ihn fein eingekleidet hat, vor die Tore der Stadt und zeigt ihm die Gärten und Lustplätze der Reichen, daß ihm Hören und Sehen vergeht. Von einem Garten geht es in den anderen, und als der Junge schließlich müde und mißtrauisch wird: »Wir gehen jetzt, um uns einen Garten anzusehen, wie ihn selbst die Könige nicht haben. Alle Gärten, die wir uns angesehen haben, sind nichts im Vergleich zu diesem Garten.«[21] Sie kommen zu einem Berg, der unheimliche »Onkel« öffnet schließlich mit Feuerzauber und Hokuspokus die Erde und schickt bzw. drängt 'Alâ ed-Dîn in die Unterwelt des Lampengeistes. Nach einer Kontroverse zwischen den beiden zunächst noch so ungleichen Partnern bleibt 'Alâ ed-Dîn allein in seinem vermeintlichen Grab zurück und steckt sich in jenem Edelsteingarten ein, was die Hosentaschen halten wollen, obwohl ihm in diesem Moment, kurz vor dem Verdursten, die »köstlichen« eher als die »kostbaren« Früchte gedient hätten. Feigen und Trauben wären ihm lieber gewesen, so heißt es, als all das Geschmeide, dessen Wert er sowieso erst später zu würdigen lernt.[22]

Die ganze lange und ereignisreiche Geschichte ist ein Kämpfen um den Besitz der Lampe bzw. um die Befehlsgewalt über ihren fast allmächtigen Geist – zwischen der Dunkelgestalt des Zauberers und dem zunächst so unbedarften Jungen, den dann der Reichtum nicht nur adelt (er wird natürlich der Schwiegersohn des Königs), sondern auch veredelt, wenn auch nicht zu einer vollkommenen Lichtgestalt, so doch zu einer lichthaltig-hellen Kontrastfigur.

Ich komme zurück auf den Edelsteingarten, in dem alles seinen Anfang nimmt. Ist die Natur in ihren eßbaren Früchten, ihren bunten Blumen und grünen Blättern nicht schön und nützlich genug, bedarf es da noch eines literarischen Veredelungsprozesses? In den meisten Gärten von »1001 Nacht« schwärmt Schehrezâd tatsächlich von naturbelassener Flora. In einigen jedoch haben Bäume, Blumen, Früchte diese kostbare Mineralisierung und Metallisierung durchgemacht. Ihre Standorte werden damit immer als Gärten der Anderswelt ausgewiesen. Das Vegetabile ist dem Kreislauf des »Stirb! Und werde!« entrückt, verwesliche Materie ist sublimiert ins Unvergängliche und dem Immer-Sein und Nimmer-Tod der unsterblichen, menschähnlichen Wesen jener Sphären angepaßt. Ein Motiv, das seine Wurzeln im alten Orient hat (z. B. Gilgamesch im Diamantenwald) und bis zu den silber- und goldblättrigen, diamanten fruchtenden Bäumen in europäischen Volksmärchen reicht.

Diese wunder-bare Übernatur der Gartenflora, ganz den Sphären der Zauberwelt zugehörig, unterscheidet sich, wenn auch eher graduell als prinzipiell, von den menschgemachten Natur-Imitaten, Meisterwerken der Goldschmiedekunst und der Feinmechanik, wie sie beispielsweise Dschanschâh hinter jener verbotenen Gartentür vorfindet: verschwenderische Verwendung von Gold und Edelsteinen bei den Bauelementen, vom Wind erzeugter Gesang künstlicher Vögel etc. Dabei sind durchaus keine »Wunder« im Spiel, Natur wird nicht ins Irreal-Zauberhafte überhöht, sondern in Edelmaterialien nachgebildet, die an sich allerdings von hoher Symbolkraft sind. Das entsprach orientalischer Freude an Glanz und Pracht der Oberfläche. Für diesen artifiziellen Luxus gab es reale Vorbilder: Der Thron der persischen Großkönige sowie auch der byzantinischen Kaiser war von goldenen Bäumen mit künstlich säuselnden Blättern und mechanisch singenden Vögeln aus Edelmaterialien umgeben, so berichten die zeitgenössischen Chronisten.[23] Den Untertanen und Besuchern, welche die Technik solcher Pseudo-Wunder nicht durchschauten, wurde damit die Macht des Herrschers über den ganzen Kosmos einschließlich der eigentlich nicht beherrschbaren Naturkräfte demonstriert. Ein fernes Echo von diesen ernsten Dingen mag bei der Beschreibung der mineralisch-metallischen »Sonderkulturen« in den Märchen nachklingen.

Wir kommen schließlich noch zu einem weitverbreiteten Märchentypus, der auch in vielen europäischen Sammlungen mit einer Variante vertreten ist: »Die neidischen Schwestern« (AT 707). Seine früheste schriftliche Fixierung fand das Märchen um 1550 in Italien in den »Vergnüglichen Nächten« des Straparola. In den bisher bekannten Manuskripten von »1001 Nacht« ist es nicht enthalten; es gehört zu jenen Geschichten, die der Syrer Hanna dem Erstübersetzer Galland erzählt hat. So ist die wissenschaftliche Kontroverse, ob die Quelle für dieses Märchen im Orient oder Okzident gesprudelt ist, bis heute nicht ganz beigelegt. Wo auch immer es zuerst erzählt wurde – die Variante in »1001 Nacht« hat in der Schlüssigkeit ihrer Tiefenstruktur ein hohes Maß an Authentizität, von dem Reichtum an innerer Poesie einmal ganz abgesehen. Und gerade auch das Gartenmotiv in seiner hintergründigen Symbolkraft, um das allein es hier geht, könnte auf orientalischen Ursprung hindeuten.

Der Märchentyp sollte eigentlich »Die drei Königskinder« heißen[24], deren verbrecherische Tanten, eben die neidischen Schwestern der Mutter, helfen lediglich, die Handlung in Gang zu setzen. Drei Königskinder, zwei Jungen und ein Mädchen, mit den Malen der Erwähltheit geboren (goldene, silberne Sterne auf der Stirn, hier Haare von Gold bzw. Silber), werden der hilflosen Wöchnerin während der notorischen Abwesenheit des königlichen Vaters fortgenommen und den Fluten übergeben, ein Gärtner fischt die Mosesfindlinge jeweils auf. Und da es sich bei dem Obergärtner des Schahs um einen vermögenden Mann mit hohem Prestige handelt (auch das ist bezeichnend für den Stellenwert der Gärtnerei im alten Persien!), ist das soziale Gefälle zwischen Abkunft und Lebensstil nicht allzu groß. Der Pflegevater kann sich nach seiner »Pensionierung« ein fürstliches Anwesen leisten, Schloß und Park, wo die drei Geschwister nach dem Tod der Zieheltern ganz abgeschieden, aber »in Frieden und Fülle«[25] leben. Nach dieser äußerst gerafften Inhaltsangabe sind wir schon beim Gartenthema, auch hier steht der Garten – den wir uns als einen jener Atriumgärten mit dem charakteristischen Ineinander von Draußen und Drinnen vorzustellen haben – im Zentrum und Knotenpunkt der Handlung. Scheherazade ist bei der Erwähnung dieses Gartens bemerkenswert wortkarg: »Gärten der Blumen und Früchte und ein Wildpark«[26] (also das erwähnte »Paradies« – die beiden sehr unterschiedlichen Gartentypen, die im alten Persien zu einem fürstlichen Anwesen gehörten) – mehr erfahren wir zunächst nicht. Die beiden Brüder sind auf der Jagd, Perizâde, die Schwester, hütet, wie es sich gehört, das Haus, da bekommt sie Besuch von einer frommen Einsiedlerin, einer Frau mit dem sechsten Sinn für Gartendinge – und wohl nicht nur für diese. Die Alte ist übrigens »echt« – in Varianten kann es eine verkleidete Abgesandte der bösen Tanten sein. Sie zeigt sich beeindruckt von Pracht und Fülle in Haus und Garten; zur Vollkommenheit aber fehlen drei Dinge, gibt sie zu bedenken: der sprechende Vogel Bulbul-i-hâzâr-dastân (= »die Nachtigall der tausend Geschichten«), der singende Baum und das goldene Wasser. Die Alte gibt erste Weg-Hinweise: »gen Osten«[27] müsse man sich wenden – fast immer liegen die Jenseitsgefilde im Osten, z. B. auch der Garten Eden der Genesis, und sind damit in mystischer Weise mit der Sonne verbunden.

Die Idylle geschwisterlicher Dreisamkeit ist trügerisch, weil unverdient und, wie alle solche Jugendidyllen, nicht haltbar. Perizâde spürt das. Sie scheint auf den Zündfunken des Ungenügens nur gewartet zu haben, die Ruhe ist dahin: »(...) seit ich von ihnen [den drei Dingen] gehört habe, ist mein Herz von der höchsten Sehnsucht erfüllt«.[28] Die Brüder geben ihren dringlichen Bitten nach und ziehen nacheinander aus, sie legen Rüstung und Waffen an, wie Männer das zu tun pflegen, wenn es ums Ganze geht. Sie machen ihre Sache nicht schlecht, aber doch nicht gut genug. Sie gehen einfühlsam mit dem Fakir um, dem Wächter des Berges, auf dem die begehrten Dinge zu holen sind. Aber dann werden sie doch zu schwarzen Steinen, wie alle ihre Vorgänger auf diesem Wege in die Höhe, auf dem die Waffen der Männerwelt rein gar nichts nützen. Sie haben sich umgedreht beim Getöse der Stimmen – beim Geschwätz und Geschmäh, das davon abhalten soll, den Berg mit den Wunderdingen zu besteigen und wovor der Fakir sie gewarnt hat: ein eindringliches Bild für den einsamen, leicht zu verfehlenden Suchweg nach dem, was dem Garten – und der ist hier ganz gleichnishaft zu verstehen – Sinn und Erfüllung geben kann und muß.

Nun macht Perizâde sich selbst auf, ohne die Waffen der irdischen Welt, aber »mit unverzagtem Herzen«[29], wie es heißt. Mit intuitiver, ganz auf die Sache konzentrierter Zielstrebigkeit, kombiniert mit kluger List – sie steckt sich, wie Odysseus, Baumwolle in die Ohren – schafft sie es. Sie bringt die Gaben des Himmels in ihren irdischen Garten (und erlöst mit dem Lebenswasser auch noch die ganze versteinerte Männlichkeit, die da den Berghang säumt).

Nun fließen auch die schönen beschreibenden Worte wieder frei, die ja bei der ersten Erwähnung des Gartens so ungewöhnlich gestaut schienen: »Da hängte Perizâde den Käfig im Garten auf, nahe beim Gartenhaus, und kaum hatte der sprechende Vogel zu singen begonnen, da kamen auch schon Scharen von Ringeltauben, Nachtigallen und Singdrosseln, Lerchen, Papageien und anderen herbeigeflogen von nah und fern (...).« Dieser Vogel kann natürlich Bedeutsameres als »tausend Geschichten erzählen«. Er ist der Herr der Vögel, seine altorientalischen Urbilder sind der Vogel Roch, der Simurg, Phönix, der Seelenvogel, Bote der Lüfte und himmlischer Sphären. Er spricht Weisheit, das Mädchen – und nur sie! – wird ihn künftig befragen dürfen, sein Rat wird dann auch das glückliche Ende bewirken: Erweiterung der Dreier-Gartenidylle nach außen hin, vor allem zu den königlichen Eltern, denen die Kinder ja von den unseligen Umständen ihrer Geburt her entfremdet waren.

Der Vogelbauer hängt am Kiosk, und »sie setzte den Zweig, den sie von dem singenden Baum genommen hatte, in ein schönes Beet nahe beim Gartenhaus, und alsbald schlug er Wurzeln und trieb Zweige und Knospen (...). Zuletzt befahl sie, ein Becken aus reinem weißen Marmor zu meißeln und es mitten in den Lustgarten zu setzen; darauf goß sie das goldene Wasser hinein, und es füllte sofort das ganze Becken und schoß empor gleich einem Springbrunnen (...)«.[30] Der Vogel, das Wasser, der Baum aus kosmischen Sphären, mit magischen Eigenschaften ausgestattet, sie erst erheben das scheinbar musterhafte profane Gärtnerkunstwerk ins Paradiesische und nähern es der Verheißung des Korans an. Es ist ein Mädchen, das in unterschwelliger Verbindung zu den Kräften der »Alten«, selbstbewußt und mutig, den Garten nach oben hin, ins Metaphysische, öffnet. Das deutet auf ein vorislamisches Frauenbild hin.

Perizâde hat nichts von einer »Ilsebill«, wie es zunächst scheinen mag, als sie den Einflüsterungen der frommen Frau so blindlings erliegt. Ihr »Haben-Wollen« ist von anderer Art und richtet sich nur scheinbar auf irdische Dinge. Die Worte von außen aktivieren nur ihren Willen, der sicher längst aufbruchbereit war. In ihrem Garten, in ihrem Leben fehlt etwas, das Wichtigste, und es wird sich herausstellen, daß nur sie selbst unter Mühen es herbeischaffen kann. Das Märchen faßt dieses unaussprechliche Etwas in das Bild der drei Zauberdinge, die gerade im Orient so reich an mythischen Konnotationen sind.[31]

Es gäbe noch etliche Gärten am Wege durch »1001 Nacht«, die betretenswert wären. Bei meiner Auswahl habe ich mich von der Bedeutsamkeit des Gartenmotivs innerhalb der Handlung und der Evidenz seiner sinnbildlichen Bezüge leiten lassen. Das waren:

- Die Gärten der Anderswelt mit den Merkmalen der Paradiesverheißung – sie können sich hinter einer verbotenen Tür befinden, die Früchte können ins Diamantene veredelt sein.
- Die Gärten des scheinbar realen Hier und Jetzt an Tigris oder Nil, deren Beschreibungen sich kaum von denen der Zaubergärten unterscheiden. Der literarische Topos Garten war von den Anfängen her in seinen mythischen Attributen so festgelegt, daß architektonische und botanische Details eben dem Paradiesmuster zu entsprechen hatten. Es war einer viel späteren Zeit in Europa vorbehalten, Worte und Bilder für individuelles Gartenerleben zu finden.
- Die Gärten des trügerischen Scheins, in die sich zu verlieren vom rechten Weg zu Allah und dem wahren Paradies abbringt.
- Und schließlich den Garten der Perizâde, Metapher für einen diesseitigen Lebensraum, dem der Mensch die Ingredienzien des Jenseits hinzuverdienen muß.

Ich habe fast ausschließlich Gärten aus »1001 Nacht« vorgestellt. Dieses Werk, gewaltig an Umfang und Fantasieentfaltung, hat – gerade im Bereich der Zaubermärchen – in die Volksliteratur des Orients wie auch Europas intensiv hineingewirkt. Auch in den Volksmärchensammlungen des Vorderen Orients gibt es, in zumeist kürzeren Varianten des entsprechenden Typus aus »1001 Nacht«, Zaubergärten als Orte der Sehnsucht aus Armut und Plackerei. Von den Gärten der kleinen Leute jedoch, dem vorwiegenden Publikum der Märchenerzähler, findet sich in diesen Sammlungen kaum eine Spur. Mag sein, daß für den Fellachen, für die Oasenbäuerin ihr Gärtchen, dem sie mühsam Tag für Tag das Lebensnotwendigste abgewinnen mußten, einfach nichts Erzählenswertes an sich hatte.

Schließen möchte ich in der Weise von »1001 Nacht«. Da hatte Schehrezâd, Meisterin der vielschichtigen, verschachtelten Epik, mehrere Möglichkeiten. Wenn eine Geschichte zu Ende ist, heißt es oft: »So führten sie ein herrliches und glückliches Leben, bis zuletzt der zu ihnen kam, der die Freuden schweigen heißt und die Freundesbande zerreißt, der die Schlösser vernichtet und die Gräber errichtet.«[32] Doch Schehrezâd erzählte ja um ihr Leben, mußte also fortfahren und durfte erst in einem Moment hoher Spannung abbrechen. Mittendrin also heißt es dann immer: »Da bemerkte Schehrezâd, daß der Morgen begann, und sie hielt in der verstatteten Rede an.«

Anmerkungen

1 Dieter Hennebo: *Der Garten des Mittelalters. Geschichte der deutschen Gartenkunst* Bd. 1, Hamburg 1963.
Friedrich Schnack: *Der Traum vom Paradies,* Hamburg 1962.

2 Zur Überlieferungsgeschichte des Werkes, dem literarischen Umfeld und den Einflüssen sowie den Nachwirkungen u.a..:
Wiebke Walter: *Tausendundeine Nacht. Eine Einführung,* München 1987.
Robert Irwin: *Die Welt von Tausendundeiner Nacht.* Aus dem Englischen von Wiebke Walther, Frankfurt a.M. und Leipzig 1997.
Mia Gerhardt: *The Art of Story-Telling,* Leiden 1963 (hier auch literaturwissenschaftliche Analysen zu Struktur und Inhalt).

3 Zur Literaturauffassung im Islam:
Gustav-Edmund v. Grunebaum: *Der Islam des Mittelalters,* Zürich/Stuttgart 1963, S. 286ff.; 367ff.
Einleitung in: *Die Weisheit des Islam.* Ausgewählt, übersetzt und herausgegeben von Annemarie Schimmel, Stuttgart 1994.

4 *Geschichte des arabischen Schrifttums,* hrsg. von Fuat Sezzin, Leiden 1967.

5 Zweifel an der Echtheit dieser Quelle, also dem Maroniten Hanna Diab, bestehen bis heute, da für die meisten der ihm von Galland zugeschriebenen Erzählungen kein arabisches Manuskript gefunden wurde, das vor der Übersetzung Gallands zu datieren wäre. Hierzu Walter (wie Anm. 2), S. 30f.; Irwin (wie Anm. 2), S. 26f.

6 *Die Erzählungen aus den Tausendundein Nächten.* Vollständige deutsche Ausgabe in sechs Bänden zum ersten Mal nach dem arabischen Urtext der Calcuttaer Ausgabe aus dem Jahre 1830 übertragen von Enno Littmann, Wiesbaden 1953, Nachwort, S. 675.

7 Hierzu ausführlich:
Annemarie Schimmel: »Künstlerische Ausdrucksformen des Islam«. In: *Der Islam,* Stuttgart u.a. 1990, Bd. 3, S. 290ff.
The Islamic Garden (ed. by Elisabeth B. Macdougall and Richard Ettinghaus), darin Annemarie Schimmel: »The Celestial Garden« und William L. Hanaway: »Paradise on Earth. The Terrestrial Garden in Persian Literature«.

8 Josef Horovitz: *Das koranische Paradies,* Jerusalem 1923, S. 58.

9 Zur Idee und Gestaltung islamischer Gärten u.a.
John Brookes: *Gardens of Paradise. The History and Design of the Great Islamic Gardens,* London 1987.
In *The Islamic Garden:* Ralph Pinder-Wilson: »The Persian Garden. Bagh and Chahar Bah« und Richard Ettinghausen: »Introduction«.
Enzyklopädie des Islam. Hrsg. von M. Th. Houtsme und A. Schaade, Leiden/Leipzig 1908, Bd. 1, S. 1058, Stichwort »Djanná« (= »Garten«).
10 und 11 Enno Littmann, »Die Geschichte von Dschanschâh«, Bd. 4, S. 18f., 25.
12 und 13 Enno Littmann, »Die Geschichte von Nûr ed-Din ʿAli und Enîs el-Dschelis«, Bd. 1, S. 431; 433.
14 und 15 Nizami: *Die sieben Geschichten der sieben Prinzessinnen.* Aus dem Persischen verdeutscht und herausgegeben von Rudolph Gelpke, Zürich 1959, S. 185, 197.
16 »Das Geheimnis des Bades Badgerd«. In: *Persische Märchen.* Hrsg. und übertragen von Arthur Christensen, München 1990, Nr. 15. Eine leicht gekürzte Fassung sowie eine Deutung aus tiefenpsychologischer Sicht (hier geht es vor allem um das Vogel-Motiv) gibt Marie-Luise von Franz: Die Suche nach dem Selbst. Individuation im Märchen, München 1985.
17 Annemarie Schimmel: *Die Bildersprache Dschelâladdîn Rûmîs,* Walldorf 1949, S. 8.
18 Nizami, S. 204.
19 bis 22 Enno Littmann, »Die Geschichte von ʿAlâ ed-Dîn und der Wunderlampe«, Bd. 2, S. 678, 757, 673, 679.
23 Marie Luise Gothein: *Geschichte der Gartenkunst,* Jena 1926, Bd. 1, S. 146f.
24 »Drei Königskinder« heißt eine Variante aus der Sammlung von Wilhelm Busch »Ut ôler Welt« von 1910. Zu dieser und weiteren Varianten des Typs siehe Walter Scherf: *Das Märchen Lexikon,* München 1995, Bd. 1, S. 204, 228f., 470ff.
Zu der Variante in den KHM: »De drei Vügelkens« (Nr. 96): Hans-Jörg Uther (Hrsg.): *Brüder Grimm. Kinder- und Hausmärchen,* München 1996, Bd. 4, Nachweise und Kommentare, S. 183.
25 bis 30 Enno Littmann, »Die Geschichte von den beiden Schwestern, die ihre jüngste Schwester beneideten«, Bd. 5, S. 168, 171, 173, 190, 195.
31 Zur mythischen Bedeutung des Vogels im alten Orient: Werner Wolf: »Der Vogel Phönix und der Gral«. In: *Festschrift für Fr. Panzer.* Hrsg. von Richard Kienast, Heidelberg 1950, S. 73ff.
32 z.B. Enno Littmann (wie Anm. 6): »Die Geschichte von Ali Baba und den vierzig Räubern«, Bd. 2, S. 859.

Personennamen, die in »1001 Nacht« vorkommen, werden in der Schreibweise der Übersetzung von Enno Littmann wiedergegeben.

Hans-Jörg Uther

Zauberhafte Landschaften

Zur Bedeutung von Natur und Landschaft in Volkserzählungen

Natur- und Landschaftsdarstellungen in literarischen Quellen

Die belebte und unbelebte Natur als wichtiger Teil unserer Umwelt hat seit alters die Phantasie des erzählenden Menschen in besonderem Maße beeinflußt[1]: Erinnerungen und Erzählungen von Erlebnissen aus der Jugendzeit, Reiseberichte und -schilderungen ungewöhnlicher Begebenheiten spiegeln die Umwelterfahrung des Eigenen und Fremden wider. Natur und Landschaft als konstitutive Bestandteile kognitiver, auditiver und visueller Wahrnehmung besitzen einen besonderen Symbolwert, vermitteln Orientierung und Identifikationsmöglichkeiten. Politiker räumen den Themen Natur, Landschaft und Umwelt einen großen Stellenwert ein. In den Medien geben die Themen Anlaß zu ständiger Berichterstattung. Nicht von ungefähr sind in der Sprache (und auch innerhalb der Werbung) Begriffe wie ›urwüchsig‹, ›bodenständig‹, ›naturbelassen‹, ›rein‹, ›natürlich‹, ›biologisch unbedenklich‹ und Sprachbilder und Vergleiche wie ›Der Klare aus dem hohen Norden‹, ›Der Quell der Natur‹ oder ›Das Bier aus dem Brunnen der Natur‹ hoch angesiedelt.

Die vorwissenschaftliche Welt war von einem magischen Weltbild bestimmt. Es ist geprägt von der Vorstellung der Sympathie des Alls und ruht auf der Anschauung, »daß Mensch und Natur im Wesensgrunde identisch seien und alles in der Natur mit allem verwandt« (Eduard Spranger)[2]. Die Natur ist eine Schöpfung und auf eine überpersönliche Ordnung bezogen, die den Menschen umgibt, ihn jedoch auch als Teil des Ganzen einbezieht. Der Sympathieglaube geht davon aus, daß alles mit allem im Einklang steht, Ähnliches Ähnliches (simila similibus) bewirke und die einzelnen Elemente der Natur wie Tiere, Pflanzen, Berge, Steine, die Elemente, Wettererscheinungen und Gestirne mit Menschen in Verbindung gebracht werden könnten: Natur und Landschaft in diesem Sinn verstanden als beseelte Umwelt, die personifiziert und anthropomorphisiert zu begreifen ist. Ethnologie wie auch Religionswissenschaft bezeichnen daher den Glauben an Seelen- und Geisterwesen und an eine beseelte Pflanzen- und Tierwelt auch als Animismus (zu lat. *anima:* Seele, auch Luft, Hauch). Solche Vorstellungen von der Seele, die jedem Ding innewohne – man hat auch von der Dingbeseelung gesprochen –, sind weltweit verbreitet. Spuren davon lassen sich in vielen Volkserzählungen, in Mythen und Geschichten von Naturvölkern finden und können als Phänomen bei Kindern beobachtet werden. Ein von Forschern vor allem des 19. Jahrhunderts angenommener Zusammenhang mit der Evolutionstheorie, daß der Seelenglaube eine bestimmte Stufe der Entwicklung darstelle, ließ sich jedoch nicht bestätigen und ist mittlerweile obsolet.

Von menschlicher Betrachtungsweise her biete die Natur keine ethischen Grundsätze, meint Norbert Elias[3], sie sei nur als Landschaft, Tier, Baum, Luft, Katastrophe oder Krankheit zu begreifen. Infolgedessen mußte der Mensch ein Verhältnis zur Umwelt finden, das es ihm ermöglichte, die belebte und unbelebte Natur in sich aufzunehmen. Im eingeschränkten und übertragenen Sinn umfaßt Natur alles, was von menschlicher Tätigkeit unverändert ist – im Unterschied zu dem, was durch Kultur und Technik bewirkt wird. Man spricht daher von Kulturlandschaft oder von Naturwald im Unterschied zum Urwald. Haustiere sind gezähmt, leben nicht wie die wilden Tiere in der ›freien Natur‹. Naturschwärmerei ist eine sentimentalische Sehnsucht und Ausdruck einer seit der Aufklärung verstärkt propagierten Kulturkritik, die Natur sei eine sich aus eigener Kraft gestaltende Veranlagung des Menschen von sittlicher Qualität (Jean Jacques Rousseau, 1750: »Retournez à la nature«). Metaphern wie die von der ›Mutter Erde‹ oder ›Mutter Natur‹ oder vom ›Buch der Natur‹ symbolisieren eine allumfassende Beziehung. Die ›Natur des Menschen‹ meint eine Sache in besonderer Hinsicht, einen nicht näher bezeichneten Kontrast und spiegelt dualistisches Denken bzw. Denken in logischen Oppositionen wider, was auch in Kombinationen wie Natur und Geschichte oder Natur und Kunst zum Ausdruck kommt.[4]

Bis weit ins 19. Jahrhundert hinein war Europa durch agrarische Strukturen geprägt, das menschliche Leben aufs engste mit der Natur und dem Wechsel der Jahreszeiten verbunden und von ihr abhängig. Selbst heute, wenngleich nicht mehr in so starkem Maße, sind wir Menschen den Unbilden der Natur ausgesetzt, ohne daß es gelungen wäre, die Naturgewalten zu beherrschen. Im frühen 19. Jahrhundert, als die meisten der uns bekannten Märchen ihre bis jetzt gültige Form erhielten, kam es zu einer differenzierteren Betrachtung des Naturbildes, was mit einer Historisierung des Weltbildes zu tun hatte: Natur kann »als Ausdruck einer gewachsenen Tradition verstanden werden«, sie »wird als das über längere Zeiträume hinweg Gewordene gesehen; Natur wird so zur konservativen Metapher gegen das willkürlich Konstruierte, gegen das rational ›Gemachte‹ und gegen die Projekte einer kalten, unsinnlichen Vernunft«.[5]

In der Dichtung kulminierte diese Auffassung im vermeintlichen Kontrast zwischen der Naturpoesie als einer treuen Bearbeitung literarischer Vorlagen unter strenger Wahrung der Form (z. B. Jacob und zunächst auch Wilhelm Grimm[6]) und der Kunstpoesie, also einer Dichtung, die von individuellen Schöpfern stammt und kollektiv vertraute literarische Motive und Themen neu gestaltete.[7] Als dazwischen angesiedelte Kategorie könnte man noch das Buchmärchen nennen.[8] Auch der vermeintliche Gegensatz zwischen Volksmärchen und Kunstmärchen rührt aus dieser Zeit her.[9] In diesem Umfeld gewinnt eine Betrachtungsweise an Boden, welche überkommene literarische Denkmäler, vor allem Mythen und Sagen[10], aus kulturpolitischen und nationalen Gründen zu vereinnahmen sucht. »So wie Philosophie kaum denkbar ist ohne naturphil[osophische] Grundlagen, so hat auch fast jede Mythendeutung naturmythische Ansätze und Elemente«, beschreibt Werner Bies die Naturmythologie und skizziert damit eine besonders seit Mitte des 19. Jahrhunderts aufkommende mythopoetische Betrachtungsweise, die »alle Mythen auf imposante, als machtvoll empfundene, vor allem furchterregende Naturobjekte und deren Wandlungen zurückführt«.[11] Natürliche Erscheinungen oder subjektive Naturwahrnehmungen werden als übernatürliche Erscheinungsformen gedeutet. Man spricht von mythischer Apperzeption, wenn etwa Nebelschwaden als Feen, Elfen oder Riesen gesehen oder eine Feuerkugel für den Teufel gehalten wird.[12] Seit Jahrzehnten tauchen immer wieder Berichte in den Medien auf, daß man das Ungeheuer von Loch Ness gesichtet habe. Sogenannte UFO-Erzählungen[13] verorten angeblich unidentifizierte fliegende Objekte in bestimmten Landschaften[14]. Das Naturphänomen wird beschrieben und im zweiten Teil der Erzählung gedeutet, wobei die Sinneswahrnehmung subjektiv ausgeschmückt und psychisch-mental als Phantasiegebilde empfunden wird. Nicht das tatsächliche Geschehen ist interessant, sondern die Vorstellung des Geschehens.

Immer wieder hat es Versuche gegeben, aus Mythen und Märchen ein organisches Weltbild zu konstruieren, doch sind alle diese Versuche als unwissenschaftlich abgetan worden. Anhänger der Mythologie wollten z. B. darauf aufbauend Beziehungen zwischen Natur und Religion herstellen, zum Teil mit nationalistischen Untertönen, redeten einer Naturverehrung und Personifikation das Wort und beriefen sich auf die Mythen der Antike. Ganze Sammlungen entstanden, in denen Sagen nach ihren Handlungsträgern angeordnet waren oder nach Vorkommnissen in der Natur, um die ›Anschauungsweisen des Volkes‹ gebündelt wiederzugeben. So trugen die Kapitel der Sammlungen, z. B. bei Ernst Ludwig Rochholz (1809–1892), Überschriften wie »Zauberthiere, Geheiligte Gewässer, Geheiligte Bäume«. In der Einleitung zum 2. Band seiner »Schweizersagen aus dem Aargau« (1856) kündigte er einen dritten Band mit mythologischen Themenkreisen an, den er allerdings schuldig blieb, und betonte den in Sagen festgehaltenen Erfahrungsschatz ganzer Generationen: »Noch ist nämlich in diesem Werke unbesprochen die ganze reiche Anschauungsweise eines landwirthschaftlich lebenden Volksschlages über Element und Gestirn, über Jahreslauf und Witterung, über Thier, Baum und Strauch [...].« Ein anderer der zahlreichen Vertreter mythopoetischer Richtung war der bedeutende Kulturhistoriker Otto Henne am Rhyn (1828–1914)[15], der 1874 in Leipzig eine großangelegte Sammlung herausbrachte: »Die deutsche Volkssage. Beitrag zur vergleichenden Mythologie mit eingeschalteten tausend Original-Sagen.« Wie der Titel verheißt, handelt es sich tatsächlich um eine vergleichende Mythologie, die Sagen dienen nur zur Demonstration, um die in Sagen ausgedrückten »Beziehungen zwischen Natur und Religion und die Auffindung von Spuren der Naturverehrung und der Personifikation von Naturdingen« aufzuzeigen.[16]

Selbst bis in jüngste Zeit fasziniert ein solcher Ordnungsgedanke, wenn etwa Nancy Arrowsmith alle Elementargeister vorstellen will und zu diesem Zweck ein »Handbuch zur Bestimmung der Wald-, Feld-, Wasser-, Haus-, Berg-, Hügel- und Luftgeister aller europäischen Länder« vorlegt[17] oder wenn Kurt Derungs es unternimmt, ein organisches Weltbild aus Mythen und Märchen zu konstruieren, das als gesellschaftskritisch und vorbildhaft zugleich zu begreifen sei[18], und sich »auf seiner Suche nach Survivals und Relikten« – wie auch schon seine Vorgänger – »frei von jeglicher Wissenschafts- und philologischen Quellenkritik« bewegt[19].

In dichterischen Texten ist die Funktion und Rolle von Landschaft und Natur auf vielfältige Weise spürbar, abhängig natürlich von der literarischen Tradition und der Subjektivität in der Darstellung ebenso wie vom Wandel in der Einstellung zur Natur und den damit zusammenhängenden religiösen und philosophischen Vorstellungen, wissenschaftlichen Erkenntnissen und persönlichen Erfahrungen, etwa durch Reisen. Unter motivlichen und strukturellen Aspekten kann nach Horst und Ingrid Daemmrich »Landschaft (1) die Handlung einrahmen, (2) Ort und Handlung aufeinander abstimmen, (3) die Gefühle der Personen spiegeln, (4) Stimmungen hervorrufen, (5) der szenischen Ausgestaltung dienen, (6) wichtige Ereignisse unterstreichen, (7) als Raummotiv einen betonten Gegensatz zu anderen Texteinheiten herstellen und (8) das Verhalten einzelner Figuren motivieren«.[20] Naturphänomene können in Erzählungen aber auch eine semantische Funktion in der strukturalen Anthropologie haben, z. B. Moor als ›Funktion der Regenzeit‹, wie unter anderem Claude Lévi-Strauss anhand zahlreicher Beispiele demonstriert hat.[21]

Mythen und Sagen

In den Gattungen der Volkserzählung ist die Textfunktion von Landschaft und Natur ganz unterschiedlich. Die Ependichter z. B. beschreiben Naturszenen nur, »wenn diesen eine ganz spezielle Funktion in der Erzählung zugedacht werden kann«, stellt C. M. Bowra fest und macht unter anderem darauf aufmerksam, daß dies der Fall sei, wenn das Epos in einer Landschaft spielt, die den Zuhörern nicht vertraut ist. Dann müsse den Zuhörern gleich zu Beginn die ungewohnte Szenerie ausführlicher dargestellt werden.[22] Oder Lügenmärchen nutzen eine seit der Antike und vor allem seit dem späten Mittelalter als mythische Topographie beschriebene Wunder- und Narrenwelt, deren Beschreibung von einer Welt des Überflusses geprägt ist wie das bekannte Schlaraffenland, in dem sich utopische Vorstellungen niedergeschlagen haben: ein Land mit ständig bereitem Überangebot an Speise und Trank – in der erzählerischen Phantasie entstanden aus Sorge vor Hungersnöten, Angst vor Notzeiten oder auch in der Erinnerung an überlieferte oder selbsterlebte Mangelsituationen und mit daraus erwachsenen Wünschen nach Reichtum und dauerhafter Versorgung. Als bevorzugte Themen gelten die übertriebene Größe von Tieren, Gegenständen oder Naturerscheinungen (vgl. KHM 112, 138, 158). Wenn im Zentrum der Handlung des Lügenmärchens »Der Dreschflegel vom Himmel« (KHM 112) die magische Verbindung zwischen Himmel und Erde steht, so hat ein solcher Baum zum Himmel oder das wunderlange Seil, an dem man hochklettern muß, die Funktion, auf groteske Weise denkwürdige Erlebnisse zu schildern: In einer der mit dem Namen des Freiherrn von Münchhausen (1720–97) verbundenen Lügengeschichte (zuerst 1785) erzählt er z. B. von einer wundersamen Kletterreise (die hier jedoch zum Mond stattfindet) mittels einer schnell wachsenden Bohne und seiner Rückkehr auf einem Seil aus Häckerling, das allerdings reißt, wodurch er unsanft in einem tiefen Erdloch landet, aber selbst durch Ausgraben einer Treppe wieder an die Oberfläche gelangt.[23] In Mythen hingegen sind Himmelsbaum, Seil oder Kette Symbol einer Verknüpfung zwischen Himmel und Erde, wodurch die Entstehung des Lebens auf der Erde erst ermöglicht worden sei – verbunden mit der Vorstellung von einem direkten Kontakt der Irdischen zum Himmel, zu den Gestirnen und den dort wohnenden Jenseitigen.[24]

Erklärungen für bestimmte Naturgegebenheiten zu erfahren, charakterisiert seit alters in besonderem Maße naturgeschichtliche Werke, Mythen und Sagen, und so kommt der Darstellung von Natur und Landschaft hier eine bedeutende Rolle zu. Viele Mythen beispielsweise handeln von der Erschaffung der Welt. Der Mensch entsteht aus Erdklumpen, die ein Kulturheros formt, so wie Adam und Eva, die ersten Menschen, aus Lehm erschaffen sind. Oder es wird von einem Urmeer erzählt, aus dem alles Leben entsprungen sei, was der Wahrheit sehr nahe kommt, wie wir heute wissen. Bei den australischen Aborigines ist die Vorstellung verbreitet, eine Regenbogenschlange sei die Begründerin allen Lebens. Sie erscheint mal männlich, mal weiblich und gilt als die Schöpferin der Flüsse, welche sie mit ihren Bewegungen geformt habe.[25] »Jene erste Zeit, die Urzeit, nennen wir Bieingana«, beginnt eine mythische Erzählung aus Australien, und der Erzähler fährt fort: »Das Urwesen nennen wir Eingana. Wir nennen Eingana unsere Mutter. Eingana schuf alles: Wasser, Steine, Bäume, Menschen. Sie schuf alle Vögel, Fliegende Hunde, Känguruhs und Emus. Eingana war schwanger mit allem Leben in jener Urzeit.«[26]

Erzählungen der Naturvölker sind offenbar aus Naturbeobachtungen hervorgegangen.[27] Als Jäger und Sammler waren z. B. die australischen Aborigines besonders auf die Naturabläufe angewiesen, und so spielen diese Abläufe in ihren Mythen eine große Rolle. Es sind Ursprungsgeschichten über Naturphänomene, Tiere, Flüsse, die Gestirne, aber auch über frevelhaftes Verhalten von Menschen gegenüber der Natur, Erzählungen über den Kulturheros, eine mythische Figur, die als Heilbringer und Kulturbringer in einen begrenzten Lebensbereich Ordnung gebracht und alles Leben erschaffen hat, gehören dazu und dienen sowohl der Unterhaltung als auch der Belehrung.[28] In gleicher Weise erzählen andere ethnische Gruppen ebensolche Schöpfungsmythen, die der belebten und unbelebten Natur eine Heiligkeit zuschreiben, etwa sich die Erde als Gottheit vorstellen, mit magischen Kräften ausgestattet, darunter einer besonderen Heilkraft. Die Erde wird gepriesen als Erhalterin der Toten,

Spenderin von Reichtümern, als Helferin und große Nährmutter, die Ursprung aller Fruchtbarkeit sei.[29] Die Mythologie der Völker ist reich an solchen Natursagen, die unter anderem Oskar Dähnhardt aus der verstreuten Literatur zusammengetragen hat[30], die auch in vielen Bänden der Reihe »Die Märchen der Weltliteratur« nachzulesen sind und in letzter Zeit etwa durch Johannes Wilbert und Karin Simoneau (für südamerikanische Indianer)[31], Rüdiger Schott (Ghana)[32] und Sigrid Schmidt (Namibia)[33] veröffentlicht worden sind.

In Deutschland sind solche Mythen oder Ursprungssagen über das Entstehen der Welt und ihre Schöpfer, über Besiedlung und Landnahme kaum zu finden, weil die biblische Schöpfungsgeschichte seit über einem Jahrtausend den allgemein akzeptierten Rahmen unseres christlich geprägten Weltbildes darstellt. Es existiert jedoch eine Vielzahl von Fabeln, die der Erklärung materieller und biologischer Tatbestände dienen. Hierzu zählen auch Tiersagen und Tiermärchen, etwa KHM 171: »Der Zaunkönig«, KHM 172: »Die Scholle«, KHM 173: »Rohrdommel und Wiedehopf« oder KHM 174: »Die Eule«. Typologisch steht KHM 171 als Tiermärchen über die Königswahl der Tiere den ungemein verbreiteten Rangstreitfabeln nahe, die Lebensgewohnheiten und Eigenschaften von Tieren, manchmal auch volksetymologisch nicht mehr herzuleitende Namen wie eben hier den Namen Zaunkönig zu begründen suchen. Solche Themen (z. B. AaTh 277: »Frösche bitten um einen König«) begegnen bereits in den frühen naturkundlichen Werken eines Plinius Secundus oder Aristoteles und wurden über verschiedene Zwischenglieder auch im Mittelalter weiter tradiert und gelangten innerhalb des äsopischen Fabelkorpus ferner in zahlreiche Sammlungen der frühen Neuzeit.

Vor allem Mythen und Sagen erklären bestimmte Eigenschaften von Pflanzen, den Wechsel der Jahreszeiten oder das Auftreten von Naturerscheinungen, begründen die Entstehung von Flüssen, Bergen und Regionen, den Ursprung von Kirchen, Denkmälern und Städten; in seinem »Motif-Index of Folk Literature« hat Stith Thompson die beiden bedeutenden Kategorien A: »Mythological Motifs« und B: »Animals« diesen Themen gewidmet.[34] Bestimmte Naturphänomene fordern wie auch Denkmäler, Wahrzeichen und andere Realien[35] aufgrund ihrer außergewöhnlichen Erscheinung, ihrer Gestalt oder ihres Vorkommens gerade zu einer Ausdeutung auf. Dies dürfte auch dazu geführt haben, daß die meisten Sagen, auch Gerüchte und Sonderformen wie Memorate von solchen Orten oder Regionen entstehen und entstanden, an denen Menschen mit den Unbilden der Natur am direktesten konfrontiert werden.[36] Dazu gehören zusammenhängende

Gebirgslandschaften wie der Harz, der Schwarzwald oder die Alpen ebenso wie einzelne Spukorte (Moor, Mühle, lokale Mordplätze). Ursula Brunold-Bigler spricht im Zusammenhang davon, daß in den Gebirgsregionen »die Aggressivität von Landschaft und Klima die ökonomische Lage und die Denkweisen der Betroffenen nachhaltig geprägt hat«, was sich in »Erzählmustern der ›alpinen Unglücksgeschichte‹« niedergeschlagen habe.[37] Utz Jeggle hat anhand von Sagen aufzuzeigen versucht, wie die vorindustrielle Zeit mit solchen gefährlichen Orten umgegangen ist, und von einer Landkarte des Gefährlichen gesprochen, wobei der Tatort aus der Natur ausgegrenzt wurde: Der Ort wird als Tatort gepflegt, als Mahn-Zeichen, das an das Geschehen, etwa eine Mordtat, erinnern soll. »Natur darf hier nicht einfach weiterwuchern, als sei nichts geschehen.«[38]

Solche Natursagen (*origin legend, aetiological legend, Náttúrsaga, Naturmytisk sagn, Natuurverklarend sprookje, Natuurverklaring* usw.) basieren wie mythische Sagen auf einer Personifizierung der Naturelemente oder dienen als Erklärung für ein Naturphänomen.[39] Doch gibt es sie auch als Natursagenparodie, wie die hübsche Geschichte von der Wanderung von Strohhalm, Kohle und Bohne (KHM 18, AaTh 295) zeigt. Für Natursagen, die in Deutschland über längere Zeit überliefert worden sind und Naturphänomene erklären wollen, möchte ich hier nur zwei kleine Beispiele geben.

Das eine Beispiel betrifft den Namen Jungfernsprung, der bei uns vor allem mit der Roßtrappe im Bodetal verbunden ist. Dabei handelt es sich um eine vor allem in Mitteleuropa literarisch bezeugte, neuzeitliche Erklärungssage zum Namen bestimmter, zum Teil steil aufragender Felsen. Folgende Begebenheit habe zur Entstehung des Namens geführt, heißt es in der Harzsage »Der Roßtrapp und der Kreetpfuhl«:[40]

»Eine Königstochter wohnte am Harz und hatte wider den Willen ihres Vaters eine geheime Liebschaft. Um sich vor seinem Zorn zu retten, floh sie, nahm die Königskrone mit und wollte sich in den Felsen bergen. Auf dem Felsen jenseits, gegenüber dem Roßtrapp, sollen noch die Radenägel ihres Fuhrwerks eingedrückt sein. Sie wurde verfolgt und umringt. Es war keine Rettung übrig, als einen Sprung ans andere Ufer zu wagen. Die Jungfrau sah das, da tanzte sie noch einmal zu guter Letzt, als wäre es ihr Hochzeitstag, und davon bekam der Fels den Namen Tanzplatz. Dann tat sie glücklich den großen Sprung; wo ihr Roß den ersten Fuß aufsetzte, drückte sich sein Huf ein, fortan hieß dieser Fels der Roßtrapp. In der Luft war ihr aber die unschätzbare Krone vom Haupte gefallen in einen tiefen Strudel der Bode, davon das Kronenloch benannt. Da liegt sie noch auf den heutigen Tag.«

Diese Ursprungssage vom Jungfernsprung ist eine neuere spezifische Ausprägung der mittelalterlichen Frauenjagdsagen, die von einer Verfolgung von Frauen durch dämonische Wesen wie Teufel oder Wilder Jäger erzählen; das Geschehen ist hier jedoch entdämonisiert. Die Sage dient ferner zur Begründung des Namens Jungfrausprung bei Graz in der Steiermark und ist vor allem als Erklärung zu dem bei Lausitz gelegenen Jungfernsprung, einer Felskluft des Oybin, bekannt.[41] Oft sind mehrere Erklärungen der jeweiligen Lokalsage im Umlauf, die die Herausgeber der Sagensammlungen vor allem des 19. Jahrhunderts gern thematisch durch Kontamination zusammengefaßt haben. Bei der Roßtrapp-Sage ergibt sich die Variation dadurch, daß eine natürlich in Felsen entstandene Vertiefung als Fußabdruck gedeutet wird und dann zur Begründung für den Namen Roßtrappe die Sage von der verfolgten Unschuld folgt. Innerhalb von Harzsagen begegnen Jungfernsprungsagen auch im Zusammenhang mit einer Erklärung für den Mägdesprung zwischen Ballenstedt und Harzgerode im Harzer Selketal.[42] Die Verbindung zu den seit wenigstens 200 Jahren bezeugten Erzählungen über in Felsen sichtbare Fußabdrücke mag Anhänger der Mythologie bewogen haben, in diesen Erzählungen einen Nachhall alter Matronen- oder Götterverehrung oder vergessener Heiligenlegenden zu sehen. Die touristisch gut nutzbare Erklärungssage wird gern bis in heutige Tage zur Fremdenverkehrswerbung eingesetzt, auch bildliche Gestaltungen vor allem auf Postkarten seit den zwanziger Jahren dürften zur Popularisierung der Sage beigetragen haben.[43]

Die zweite Sage steht exemplarisch für die spätere Erklärung nicht verstandener Namen mit Hilfe der Volksetymologie. So heißt es über die Entstehung des Namens Weingartenloch:[44]

»Unweit Osterhagen und Steina und dem Forsthause Nüxei liegt das Weingärtnerloch oder Weingartenloch. Die es Weingärtnerloch nennen, erzählen, daß außer vielen anderen Menschen auch einmal ein Weingärtner aus einer fremden Gegend, der dort nach Schätzen suchete, darin umgekommen sei. Die es Weingartenloch nennen, erzählen, hier sei früher ein Garten gewesen, und deren Eigentümerin habe ihren Kindern ein paar Weintrauben gebrochen. In ihrem Hause sei aber Besuch angekommen, und das jüngste Kind habe die Mutter deshalb gerufen, daß sie nach Haus kommen solle. Als die Mutter aus dem Garten getreten, sei derselbe untergegangen, und es sei ein großes Loch da gewesen, welches mit Wasser vollgefüllt gewesen sei.«

Mit der Entstehung von Städtenamen werden oft auch Drachenkämpfe verbunden. Eine dieser Ursprungssagen aus dem Rheinland erklärt, daß der Name der niederrheinischen Stadt Geldern mit einer

Drachentötung zusammenhänge. Der Drache habe dreimal von seinem Elend gellend geschrien: »Gelre, Gelre, Gelre«.[45] Hinter all diesen sprachlichen Phantasien, die sich übrigens zuhauf in den »Deutschen Sagen« der Brüder Grimm finden,[46] steckt das Bedürfnis der Menschen, nicht mehr verstandene Begriffe zu erklären – auch wenn die volksetymologische Deutung absurd erscheint.

Neben der Entstehung von Städten hat auch ihr Untergang die Menschen beschäftigt. Oft wird als Ursache eine große Flut angenommen, die Städte oder gar ganze Regionen überspült habe – vielfach zur Strafe für ein frevelhaftes Verhalten ihrer Bewohner. Da die tatsächlichen Ursachen nicht bekannt oder vergessen sind, wird Geschehen personalisiert. Solche Sintflutsagen sind ein fester Bestandteil in der Überlieferung zahlreicher Völker, in unseren Breiten vor allem mit dem Namen der Insel Atlantis und der Stadt Vineta verbunden.[47] Mehrfach hat man in der Nord- und Ostsee die sagenumwobenen Gebiete zu lokalisieren versucht, bis heute jedoch ohne Ergebnis. Auf ein sensationelles Ereignis, wie es die Entdeckung der antiken Stadt Troja, des Schauplatzes von Homers »Ilias«, durch den deutschen Archäologen Heinrich Schliemann 1870/82 darstellte, wird man weiter warten müssen.

Naturkatastrophen jedenfalls sind ein immer brennendes Erzählthema – mag es sich nun um meteorologische Erscheinungen wie Blitz oder Regen oder um Überschwemmungen, Ernteschäden, Hungersnöte oder Erdbeben und Vulkanausbrüche handeln. Solche Geschehnisse sind sowohl in die Chronik- und Historienliteratur als auch in Reisebeschreibungen eingegangen, finden sich aber auch als Sensationsbericht in Flugschriften und in heutiger Zeit als Sensationsmeldung in den Medien, und der mit Naturkatastrophen verbundene materielle Schaden hat offenbar schon früh die erzählerische Phantasie beflügelt. So wurde erzählt, daß gegen Heuschreckenschwärme in unseren Breiten das Aufkochen von Lupinen und wildgewachsenen Gurken mit Meereswasser helfe. Als wirksames Abwehrmittel empfahlen schon die antiken Schriftsteller, man solle die Plagegeister verfolgen, töten, eine Brühe aus ihnen kochen und sie dann in eine Grube schütten. Am anderen Tage werde man alle anderen Heuschrecken schlafend darin vorfinden und könne sie dann unschädlich machen. Derartige Beschreibungen in naturgeschichtlichen und volksmedizinischen Werken sorgten dafür, daß das Wissen um die Schaden verursachenden Insekten erhalten blieb. Bis zum Spätmittelalter überlieferte Vorstellungen und symbolische Zuordnungen wurden hernach noch erweitert und zum Teil phantastisch ausgeschmückt. Heute weiß man dank naturwissenschaftlicher Erkenntnisse, daß die Heuschreckenplage in verschiedenen Regionen besonders des afrikanischen Kontinents und des mediterranen Raums auf Klimaveränderungen und Wanderinsekten zurückgeführt werden kann.[48]

Daß die Natur in der Vorstellung des erzählenden Menschen von Elementargeistern bevölkert ist, bedarf keiner besonderen Erwähnung. Viele Sagen haben die Jenseitsfiguren in und auf der Erde, in Höhlen, Gewässern, auf Bergen und in allen möglichen Unterschlüpfen verortet. Berge, und bei uns in Deutschland vor allem der Brocken und das Riesengebirge, erscheinen seit alters im Denken des Menschen als Wohnorte übernatürlicher Wesen und mit den verschiedensten Funktionen verbunden. Als heilige Orte sind sie häufig Tabuzonen. Berge haben eine seltsame Anziehungskraft, strahlen aber auch eine angstaufgeladene Atmosphäre aus. Zu den Bergbewohnern gehört beispielsweise der im Riesengebirge beheimatete Gebirgsdämon Rübezahl. Sein Name soll angeblich davon abgeleitet sein, daß er Rüben zählte. Wahrscheinlich ist aber, daß Rübezahl »Rauhschwanz« bedeutet und die Angleichung an geläufige Wörter wie »Rübe« und »zählen« später erfolgte, als der Name nicht mehr verstanden wurde[49]. Besonders seit dem 17. Jahrhundert ist eine Reihe von Sagen bekannt, die Rübezahl – wie eigentlich alle Jenseitswesen der Sage – als ambivalente Figur erscheinen lassen. Er tritt als Schadenbringer auf und bestraft fehlerhaftes Verhalten, hilft aber ebenso unschuldig in Not geratenen Menschen.

Zu den vielen Naturdämonen, die in den vier Grundelementen Wasser, Erde, Feuer oder Luft ihren Wohnsitz haben, gehören auch die Nixen. Exemplarisch soll am Beispiel der Loreleisage[50] gezeigt werden, welche Faszination ein solcher Stoff über die Sage hinaus auf die verschiedensten literarischen Gattungen ausübt. Die Lorelei kennen wir als Namen eines steil aufragenden Rheinfelsens bei Bacharach unweit Bingens. Er interessiert in der Chronik- und Reiseliteratur der frühen Neuzeit in Verbindung mit Echo-Mythen und hat seit Beginn des 19. Jahrhunderts personifiziert in der Gestalt der Verführerin und Zauberin Lorelei, die narrative Phantasie des Volkes beflügelt. Die Loreleisage gilt als »Inbegriff einer romantischen rheinischen Kunstsage«.[51]

Zwar hatte bereits der schwäbische Sänger Marner (Mitte 13. Jh.) über den Loreleifelsen geraunt, »Der Ymelunge hort lit in dem Lurlenberg in bi«[52], aber weitere Nachrichten stammten dann erst von Rheinreisenden wie Konrad Celtes (1502) und Bernhard Moller (1570), die in Versform das in den Rhein hineinragende Naturwunder beschrieben und das wunderbare Echo des Felsens erwähnten. Die

Echowirkung war offenbar so beeindruckend, daß die Verfasser der im 16./17. Jahrhundert verstärkt aufkommenden Reise- und Chronikliteratur diesen Umstand innerhalb ihrer ausführlichen Rheinschilderungen nicht zu erwähnen versäumten, manchmal auch die Ursachen des Widerhalls zu erklären suchten – hervorgerufen durch löcheriges Felsgestein – und die Faszination des Felsens auf Schiffer und Reisende beschrieben: Sie pflegten »mit Waldhörnern, Schießen und Rufen viele und öftere Kurzweile auszuüben«.[53] Clemens Brentano, der den Rhein seit seiner Kindheit kannte, griff die mit dem Loreleifelsen umlaufenden Stoffe auf und schuf eine Ballade (»Zu Bacharach am Rheine«; 25 Strophen), die erstmals in seinem mit kleineren Erzählungen und Liedern durchsetzten Jugendroman »Godwi oder das steinerne Bild der Mutter« (Bremen 1802) erschien.[54]

Lore Lay ist dort eine schöne, von ihrem Geliebten verlassene Frau, die Männer magisch anzieht und von ihnen deshalb als Zauberin vor den Bischof gebracht wird. Innerlich unglücklich über diese Rolle, begehrt sie zu sterben, um den Verführungen ein Ende zu setzen. Aber der Bischof, selbst von ihr angezogen, läßt sie von drei Rittern in ein Kloster bringen. Auf dem Weg dahin äußert sie als letzte Bitte, das Schloß des Geliebten noch einmal sehen zu dürfen, ersteigt einen Rheinfelsen, glaubt in einem der Schiffer ihren Geliebten zu erkennen, springt hinunter und ertrinkt. Die sie begleitenden Ritter verirren sich und »verderben« (Strophe 24) auf dem steilen Felsen. In den abschließenden Zeilen klingt die Echowirkung an: »Und immer hats geklungen/Von dem drei Ritterstein/Lore Lay/Lore Lay/Lore Lay/Als wären es meiner drei.«

Wesentliche Neuerung ist die Erfindung der verführerischen Gestalt der Lorelei, mit deren mystischem Tod die Echowirkung verknüpft wird.[55] Erneut griff Brentano den Stoff in seinen ersten drei Rheinmärchen (»Müller Radlauf«, »Haus Staarenberg«, »Murmeltier«) auf:

Die dort Lureley Genannte bewohnt mit ihren sieben Töchtern und Frau Echo das Innere des Rheinfelsens und bewacht den Hort der Nibelungen. Von Lorelei heißt es, sie sei eine ewig junge Nymphe von übergroßer Schönheit. Signum des Außergewöhnlichen ist die goldene Farbe und Länge der Haare. Die Faszination wird verstärkt durch den Zug des Kämmens, ein weitverbreitetes Motiv, das vor allem bei der Beschreibung übernatürlicher Wesen begegnet. Zwei Mühlknappen, die Lorelei während der Überfahrt über einen See oben auf einem Berg erblickten, wie sie ihr blondes Haar kämmte und weinte, verspotten sie und müssen zur Strafe ertrinken. Lorelei ist mit allen Zutaten eines Halbwesens in Menschen- und Fischgestalt ausgestattet. Unter bestimmten Bedingungen geht die Jenseitige eine Ehe mit einem Menschen ein, muß sich aber wie ihr berühmtes Vorbild Melusine einmal in der Woche in eine Nymphe mit einem Fischschwanz verwandeln und darf nicht von ihrem Mann gesehen werden. Doch wird sie von ihm hintergangen, die Mahrtenehe ist gestört. Aber da sie eine Fee ist, kann sie nicht sterben, sondern entschwindet für immer im Rhein.

Die wahrscheinlich zwischen 1809 und 1812 entstandenen Märchen wurden zwar erst posthum (1846/47) veröffentlicht, kursierten aber seit ihrer Entstehung innerhalb von Brentanos Bekanntenkreis und dürften seinen damaligen Freunden Joseph Freiherr von Eichendorff und dem Grafen Otto Heinrich von Loeben sowie dem zum Frankfurter Brentano-Kreis zählenden Niklas Vogt bekannt geworden sein. Dieser Umstand ist deshalb bedeutsam, weil nunmehr Brentanos Motive aus dem *Godwi*-Roman und den Rheinmärchen weiterentwickelt werden.[56] Während Vogt (1811) unter Hinweis auf Brentano den Stoff zu einer »mündlichen Erklärungssage« (»Die Lurelei«) verdichtet, schmückt wenige Jahre später A. Schreiber im Sagenanhang seines »Handbuchs für Reisende am Rhein« (1818) das Geschehen kräftig aus. Seine Bearbeitung gibt er unbewiesen als rheinische Volkssage aus. Die Lorelei trägt Züge der männerbetörenden Circe. Schiffer, durch deren Anblick und ihren wundervollen Gesang abgelenkt, werden unachtsam und versinken in den Strudeln des Rheins. Anderen weist die Lorelei jedoch Plätze zu, an denen reicher Fischfang zu erwarten ist – Charakteristikum ihres ambivalenten Wesens. Danach hält sich Schreiber strukturell an die von Brentano erfundene Geschichte, dramatisiert jedoch die Handlung und macht aus dem Ganzen eine wildromantische Sage über die unerfüllte Liebe einer Jenseitigen zu einem Ritter. Zwar entschwindet die Lorelei für immer in den Fluten des Rheins, so daß nur der Widerhall ihrer Stimme noch zu hören ist, aber der zunächst totgeglaubte Ritter taucht wieder auf: Der negative Ausgang ist durch diesen Zug etwas gemildert.

Innerhalb weiterer früher prägender Bearbeitungen kommt dem von Heinrich Heine verfaßten sechsstrophigen Gedicht »Die Lorelei« (1823; zunächst ohne Titel), das er vor allem in Anlehnung an das Loebens Fassung (1820) einleitende Lied schrieb, eminente Bedeutung zu. Es gehört nicht nur zu den bis heute bekanntesten Gedichten Heines, sondern erlangte auch in der Vertonung Friedrich Silchers (1789–1860) als Volkslied weiteste Verbreitung. Heine reduziert den Handlungskern, spart die Liebesthematik Ritter/Lorelei aus und läßt nach einer melancholischen Einstimmung (»Ich weiß nicht, was soll es bedeuten, daß ich so traurig bin«) und einer stimmungsvollen Landschaftsbeschreibung die Geschichte der schönen Lorelei folgen, wie sie sich kämmt, durch ihren Gesang die Schiffer betört, jene ablenkt, worauf sie die gefährlichen Felsriffe nicht beachten und umkommen. Heines Gedicht bildet den Abschluß der Frühphase des Loreleistoffes. Nachfolgende Bearbeiter stützten sich zumeist auf Brentano, Schreiber oder Heine. Die Rezeption der Loreleisage ist so beachtlich, daß sie nunmehr wie die Sage vom Mäuseturm von Bingen, welche die Entstehung der berühmten Rheinruine zu erklären sucht, in allen Rheinsagen-Sammlungen vertreten ist.[57] Ihre Popularität beruht auf dem Spannungsverhältnis zwischen diesseitiger und jenseitiger Welt, das hier eine deutliche erotische Komponente besitzt. Polarisation erfährt das Geschehen zwischen Wassergeist und Mensch durch Liebe und Tod. Die Charakterisierung der Lorelei als einer schönen Gestalt in Text und Bild[58], deren Aussehen eine Art Fernliebe erzeugt, läßt in ihrer Gestalt eine männliche Wunschvorstellung vermuten.[59] Der Loreleistoff hat bereits in der ersten Hälfte des 19. Jahrhunderts in anderen Teilen Europas (besonders England, später Frankreich) innerhalb der Reiseliteratur und Anthologien von Rheinsagen nachgewirkt; bis heute sind über 50 Epen, Novellen, Romane und dramatische Bearbeitungen sowie Opern entstanden.

Außer den bereits angesprochenen Untergangssagen schildern nicht wenige die Zerstörung von Landschaften durch schuldhaftes menschliches Verhalten. Exemplarisch wird dies an der bekannten Schweizer Warnsage von der Blümlisalp deutlich, die frevelhaftes und hartherziges Verhalten anprangert und durch wirkungsvolle Sanktion, das heißt hier göttliches Eingreifen mit Hilfe von Naturgewalten, ahndet: »Mehr als eine Gegend der Schweiz erzählt die Sage von einer jetzt in Eis und Felstrümmern überschütteten, vor alten Zeiten aber beblümten, herrlichen und fruchtbaren Alpe«, beginnt die Wiedergabe der Blümlisalpsage bei den Brüdern Grimm[60], und nach dieser einleitenden und knappen Schilderung des Faktischen werden die Ursachen für die Vergletscherung und Verkarstung genannt: der Hochmut des Sennen, der für sich und seine Liebste aus den gewonnenen Milchprodukten in seiner Hütte eine Treppe baute, mit Milch auswusch und seiner Mutter statt eines ›Labetrunks‹ nur saure Milch, versetzt mit Sand, anbot, woraufhin die Mutter »die Gottlosen« verfluchte: »Senne und Hütte wurden verschüttet, Menschen und Tiere verdarben«, und der Senn muß als Unerlöster herumgeistern.[61] Die Gefahr geht nicht von mythischen Gestalten aus, auch nicht ursächlich von Katastrophen, wie Erdbeben, Überschwemmungen. Der Mensch selbst ist es, der in sich zerstörerische Kräfte trägt.[62] Er kann Naturerscheinungen wahrnehmen, sie jedoch nicht beeinflussen. Schilderungen von Naturkatastrophen belegen zwar die Kenntnis der Bevölkerung um diese bedrohlichen Vorgänge, aber die Verarbeitung des Geschehens wird personalisiert und in frevelhaftem Verhalten des Menschen gesehen, nicht der eigentliche kausale Zusammenhang beschrieben. »Die personalisierende, moralisierende und ursachensuchende Phantasie«, so Max Lüthi, »nimmt von der recht prosaischen realen Schuld des Menschen an Naturkatastrophen (Abholzen schützender Wälder u. a.) wenig Notiz, sie flicht Menschen- und Landschaftsschicksal in anderer Weise ineinander«.[63] Solche Sagen wollen den Menschen Grenzen aufzeigen. Sie sind orientiert an Normen und Wertvorstellungen und lassen sich in gewissem Sinne als Beispielgeschichten auffassen. Was Menschen ängstigt und bedroht, wird in Sagen manifest. Die Natur der Sage ist beseelt, die des Märchens ist es nicht. Der Mensch steht in Sagen nicht im Zentrum des Geschehens, er ist Objekt der Natur und den jenseitigen Wesen gegenüber machtlos. Das Weltbild ist pessimistisch.

Märchen

In Märchen gilt dagegen eine andere Lebensphilosophie. Sie ist von Optimismus bestimmt und stellt den Menschen mit seinen guten und schlechten Seiten, auch seinem Verhalten gegenüber der Natur, in den Mittelpunkt. Dementsprechend sind die Handlungselemente den menschlichen und jenseitigen Märchenfiguren zugeordnet.[64] Max Lüthi faßt zusammen: »Die Natur ist Schauplatz, Partner, Requisit«.[65] Umständliche Naturbeschreibungen entfallen, alles ist auf die Dynamik der Handlung ausgerichtet. Natur wird nicht erfühlt, auch nicht gerochen; das einzige, was gerochen wird, ist Menschenfleisch.[66] Diese Beobachtungen sind zweifellos zutreffend, auch die Feststellung Lutz Röhrichs, daß viele Märchen aus der mündlichen Überlieferung einen starken lokalen Bezug hätten: »[...] und solche ortsgebundenen oder zeitbedingten Anknüpfungen sind nicht etwa unwesentliche (weil meist nur dekorative) Züge, sondern sie sind oft sehr bezeichnend für das Wirklichkeitsbild der Erzählung und des Erzählers.«[67]

Ein weiterer Gesichtspunkt, dem bislang weniger Aufmerksamkeit in Untersuchungen zuteil wurde, kommt hinzu: Märchen wie andere Gattungen von Volkserzählungen sind im Hinblick auf Natur- und Landschaftsdarstellungen vom Zeitgeist geprägt, was sich z. B. darin ausdrückt, daß in der Blütezeit der Veröffentlichung von Märchen etwa um die Mitte des 19. Jahrhunderts die Darstellung sehr gefühlvolle, romantische Stimmungen enthält, wie gerade die Sammlungen Ludwig Bechsteins zeigen, wo auch Naturmetaphern in nicht geringer Anzahl eingeflossen sind.[68]

Selbst innerhalb der Entstehungsgeschichte der Grimmschen »Kinder- und Hausmärchen« kann man verschiedene, später hinzugekommene Märchen entdecken, die sich gerade in der Ausschmückung von Landschaft und Natur von den frühen Grimm-Märchen unterscheiden.[69] Eines davon ist das bekannte Märchen »Schneeweißchen und Rosenrot«, von Wilhelm Grimm erstmals 1826 in Hauffs »Almanach« veröffentlicht und 1833 innerhalb der 2. Auflage in die sogenannte »Kleine Ausgabe« der KHM integriert.

»Eine arme Witwe, die lebte einsam in einem Hüttchen, und vor dem Hüttchen war ein Garten, darin standen zwei Rosenbäumchen, davon trug das eine weiße, das andere rote Rosen; und sie hatte zwei Kinder, die glichen den beiden Rosenbäumchen, und das eine hieß Schneeweißchen, das andere Rosenrot. Sie waren aber so fromm und gut, so arbeitsam und unverdrossen, als je zwei Kinder auf der Welt gewesen sind: Schneeweißchen war nur stiller und sanfter als Rosenrot. Rosenrot sprang lieber in den Wiesen und Feldern umher, suchte Blumen und fing Sommervögel; Schneeweißchen aber saß daheim bei der Mutter, half ihr im Hauswesen oder las ihr vor, wenn nichts zu tun war. [...] Oft liefen sie im Walde allein umher und sammelten rote Beeren, aber kein Tier tat ihnen etwas zuleid, sondern sie kamen vertraulich herbei; das Häschen fraß ein Kohlblatt aus ihren Händen, das Reh graste an ihrer Seite, der Hirsch sprang ganz lustig vorbei, und die Vögel blieben auf den Ästen sitzen und sangen, was sie nur wußten.«[70]

Schon öfter ist herausgestellt worden, wie rührselig gerade der Eingangsteil mit der Schilderung des behaglichen Familienlebens wirke und an ein biedermeierliches Genrebild erinnere.[71] Da fehlt nichts, was die Idylle der Witwe und ihrer beiden Töchter hätte stören können: die Kinder hold und lieb, die Mutter gütig. Reinlich und ordentlich ist's überall im Hause, das Verhältnis zu Tieren und zur Natur ungetrübt, und über allem wacht der Schutzengel, der fast ein Dutzend Male durch die KHM streift. In dieses harmonische Zusammenleben platzt das wilde Tier, der Bär, nicht etwa schreckenerregend und bedrohlich, sondern als ein gutmütiger Spielgefährte, und obendrein handelt es sich um einen verwandelten Königssohn, der durch den Tod des boshaften Zwerges erlöst wird.

Eine solche ausschmückende Schilderung von belebter und unbelebter Natur ist nicht die Regel, aber sie ist typisch insbesondere für Märchen seit den 1830er Jahren. Vor allem die Eingänge beginnen mit einer Naturschilderung. Die Märchen vermitteln eine romantische Grundstimmung und spiegeln eine Beschaulichkeit, wie sie lieblicher gar nicht sein kann. Erinnert sei im Zusammenhang nur an den Anfang des niederdeutschen Tierschwanks vom Wettlauf zwischen Hase und Igel, den Wilhelm Christian Schröder, der Journalist und Begründer des »Hannoverschen Volksblatts«, 1840 zuerst als ein »plattdeutsches Volksmährchen« veröffentlichte. Wilhelm Grimm übernahm das ›Märchen‹ fast wörtlich in die »Kinder- und Hausmärchen« (1843). Nach einem erzählerischen Kunstgriff, wie wahr die Geschichte trotz ihren unglaublichen Inhalts sei, heißt es:

»Et wöör an enem Sündagmorgen tor Harvesttied, jüst as de Bookweeten bloihde; de Sünn wöör hellig upgaen am Hewen, de Morgenwind güng warm över de Stoppeln, de Larken süngen inn'r Lucht (Luft), de Immen sumsten in den Bookweeten, un de Lühde güngen in ehren Sündagsstaht nah 't Kerken, un alle Kreatur wöör vergnögt, un de Swinegel ook.«[72]

Zu beobachten ist aber auch, daß Naturdarstellungen gegenüber der Vorlage ausgeschmückt und anschaulicher gestaltet werden. So ergänzt Wilhelm Grimm etwa in KHM 181: »Die Nixe im Teich« die Naturbeschreibung: »Der Spiegel des Wassers blieb ruhig, nur das halbe Gesicht des Mondes blickte unbeweglich zu ihr hinauf.« Auch sorgte er für detailliertere Beschreibungen (die Wassernixe erinnert an die Lorelei) und verstärkte damit die zeittypischen romantisierenden Züge des Märchens.

Viele Märchen des 19. Jahrhunderts schildern in der Heldin einen Prototyp, der durch die Verbindung von Arbeit und Schönheit charakterisiert ist. Die zunächst oft unscheinbare Heldin stammt aus kleinen Verhältnissen, ist aber prädestiniert zu sozialem Aufstieg, weil sie sich durch Fleiß und gute Haushaltsführung auszeichnet und Mitgefühl gegenüber Tieren und der Natur besitzt. Die Märchen sind bestimmt von einer Vielzahl bürgerlicher Normen, die in ihrem Ganzen der Welt des Biedermeier entsprechen, aber doch auch überzeitlich sind. Oft geschieht die Beschreibung der Handlungsträger durch Vergleiche, wobei besonders die Neigung des Märchens zu Metallen und Gestirnen auffällt.[73] Aber es gibt erhebliche Unterschiede in der Darstellung zwischen europäischen und orientalischen Märchen. In der Sammlung »Tausendundeine Nacht« heißt es über eine Schöne: Sie war »von stattlichem Wuchs, etwa fünf Fuß hoch, mit schwellendem Busen, von Schönheit und Anmut, vollkommenem Liebreiz und ebenmäßiger Gestalt. Ihre Stirn war blütenweiß, ihre Wangen hellrot wie die Anemone, ihre Augen wie die der wilden Färse oder der Gazelle, und ihre Brauen wie der Neumond des gesegneten Fastenmonats; ihr Mund war wie der Ring Salomos, ihre Lippen korallenrot, und ihre Zähnchen wie eine Schnur von Perlen oder wie Blätter der Chrysanthemumblüte. Ihr Hals glich dem der Antilope, ihr Busen einem Marmorbecken, und ihre Brüste glichen zwei Granatäpfeln; ihr Leib war weich wie Samt, und die Höhle ihres Nabels hätte eine Unze Benzoesalbe gefaßt«.[74] Die Schönheitsbeschreibung ist ganzheitsbezogen, sie reicht vom Scheitel bis zur Sohle. Die epische Breite der Figurencharakterisierung, die ja nicht selten in Übertreibungen gipfelt (»Der Sonne gleichet sie, dem Monde«)[75], mag für unsere Ohren ungewohnt sein, vielleicht auch auf Dauer ermüdend, aber sie gehört in orientalischen Volksmärchen zu den konstanten Bestandteilen. Der Reiz des Neuen liegt im Geschick der Erzähler, solche Aufzählungen, die »nach Art eines Steckbriefes ein ganz genaues Inventar der einzelnen Körperteile des Helden« enthalten, zu variieren.[76]

Europäische Märchen kennen weniger eine individuelle Schönheitsbeschreibung, sondern ein unbestimmtes Schönheitsideal, das in der Beschreibung formelhafter ist. Die Heldin ist »schön«, »wunderschön«, »strahlend schön« usw. Die Bildhaftigkeit wird erhöht, wenn die Schönheit auf den Kosmos bezogen ist. Das Mädchen ist so schön, »daß sich ihresgleichen nicht mehr auf Erden fand« (KHM 65), oder sie ist »das schönste Kind unter der Sonne« (KHM 12: »Rapunzel«). Auch Farben signalisieren Schönheit, und es sind besonders eindeutige und kräftige, welche wirkungsvolle Vergleiche ermöglichen. Von solchen ›dekorativen Zügen‹, die Außergewöhnliches und Bedeutsames anzeigen sollen, dürften die Schneewittchen-Farben am bekanntesten sein. Mehrfach wird die Heldin beschrieben als ein Mädchen, das »weiß wie Schnee, so rot wie Blut und so schwarzhaarig wie Ebenholz« war (KHM 47, 53, 161, 179). Trotz ihres ärmlichen Kleides »glühte« die Heldin darin »wie eine Rose im Busch«, heißt es über die Waise in KHM 188: »Spindel, Weberschiffchen und Nadel«. Die Vergleiche tendieren zum Extremen, lassen keine Zwischentöne zu und sind im wesentlichen beschränkt auf Augen, Anblick und Gestalt der Heldin.

Besondere Zeichen der Schönheit sind goldene Haare oder Sterne und Monde auf der Stirn – Signum des Auserwählten, Charakteristikum hoher Abkunft. Das Schöne hat eine leitmotivische Funktion – zu erinnern ist an die verschiedenen Textzeugen des Dornröschen-Märchens (KHM 50). Der Grad der Schönheit läßt sich durch Vergleiche wie die eben genannten noch näher bestimmen. Mit der Vorliebe für Metalle und Gestirne bezieht das Märchen den Kosmos ein und wird universal: Gestirne leuchten überall und können nie vergehen, und Figuren mit diesen Attributen müssen unvergänglich sein. Glanz und Strahlkraft, überhaupt das Helle und Lichte, assoziieren die Nähe zu Göttlichem. Die Affinität zu mythischen und religiös bestimmten Vorstellungen ist unverkennbar (Strahlenkranz Christi oder Buddhas). Der Besitz edlen Metalls oder gar von Edelsteinen als einer weiteren Steigerung symbolisiert weniger materielle Werte als vielmehr das Einmalige und Besondere, das Herausgehobensein von den anderen Figuren des Märchens. Äußere Schönheit entspricht zumeist innerer Schönheit und weist auf die guten Eigenschaften der jeweiligen Handlungsträger. In hohem Maße sind Held oder Heldin schon von Geburt an mit Gold begabt. Sie sind goldhaarig, ihre Zähne aus Silber, wie im Märchen von den drei goldenen Söhnen (KHM 96, AaTh 707). Sie haben goldene Arme, eine goldene Nase oder einen goldenen Finger, selbst einen goldenen Kopf mit einer Fülle ebensolchen Haares, wie im bekannten »Goldener«-Märchen (KHM 136, AaTh 314).

Die Schönheit des männlichen Helden spielt dagegen eine untergeordnete Rolle, es fehlt auch die Neigung zu Vergleichen mit Metallen und dem Kosmos, da die Schönheit des Helden nicht handlungsauslösend oder -bestimmend ist wie beispielsweise die Schönheit der zu erringenden Braut. Selten wird der männliche Handlungsträger als »schöner Jüngling« oder »wunderschöner Königssohn« angezeigt.[77] Seine Schönheit ist nur indirekt beschrieben. Er besitzt oft eine goldene Rüstung, ein glänzendes Pferd oder einen goldenen Mantel.[78]

Während die Natur für unschuldig verfolgte Frauen ›freundlich‹ und ungefährlich ist, birgt sie für den Helden viele Gefahren und dynamisiert die Handlung. Bei der Jagd bildet oft der Wald den Hintergrund für Bewährungsproben. So muß der Held wilde oder Fabeltiere bezwingen. Bei Suchwanderungen drohen ihm Unwetter, oder es stellen sich ihm Hindernisse entgegen wie Berge, Wälder, Inseln oder Gewässer, welche zunächst unüberwindbar scheinen. Das Märchen hält ein ganzes Arsenal solcher Bewährungsproben vor, doch zeigt sich letztendlich die Natur als ambivalent, weil sie dem Helden zwar ›natürliche‹ Grenzen setzt, aber auch Hilfe in Gestalt dankbarer Tiere oder in Form magischer Mittel anbietet, z. B. die Sonne als indirekte Helferin bei der Aufdeckung von Verbrechen (KHM 115, AaTh 960: »Sonne bringt es an den Tag«; AaTh 960 A: »Kraniche des Ibykus«).

Eine Reise in unbekannte Landschaften unternimmt oftmals der Held. Stellvertretend für die Bevölkerung zieht er aus, um eine entführte Königstochter aus den Klauen eines mehrköpfigen Drachen zu befreien; öfter helfen ihm Tiere dabei. Von allen zu bestehenden Abenteuern kommt dem Kampf mit einem Drachen oder einer

Schlange die größte Bedeutung zu. Bei dieser extremen Bewährungsprobe, die Bestandteil vieler Mythen, Legenden, Epen und Heldensagen ist und als konstitutives Motiv der sogenannten Heldenbiographie gilt, kämpft der Held symbolisch gegen eine feindliche Umwelt. Drachen »symbolisieren Macht, Herrschaft, Hindernisse, Probleme, das Böse, die Sünde, das Unbewußte«, resümiert Lutz Röhrich und betrachtet den Drachenkampf als Ausdruck einer männlich-heroischen Gesellschaft patriarchalischen Zuschnitts.[79] Im Märchen haben die Drachen jedoch allen Schrecken verloren, und diese Feststellung trifft im übertragenen Sinn auf alle Jenseitigen zu. Menschenbedrohende Wassergeister, die nur durch Goldgaben, Kämmen oder Musik zum Auftauchen aus ihrem Element gelockt werden können, sind zwar zunächst gefährlich, können aber überwunden werden (KHM 56, 79, 136). Fabeltiere wie der Drache scheinen zunächst unbesiegbar, weil die Häupter, Sinnbild seiner Kraft, immer wieder nachwachsen wie im siebenbürgischen Märchen »Das Zauberroß«. Aber der junge Held läßt sich dadurch nicht schrecken. Er resigniert nicht, schlägt dem ersten Drachen drei Häupter ab, dem zweiten sechs, dann neun und schließlich zwölf: »Als aber die Sonne unterging, verlor der Drache alle Kraft, und die des Knaben wuchs, und so schlug er die zwölf Häupter auf einmal ab.«[80] Warum die Kräfte des Jungen wuchsen und die des Drachen sanken, verrät uns das Märchen nicht, aber bei der handlungsorientierten Erzählung bleibt die Logik manchmal auf der Strecke.

Was für Figuren gilt, trifft ebenso auf die Dingwelt des Märchens zu. Es finden sich dieselben Merkmale, wenn eine besondere Stadt beschrieben wird. Die Mineralisierung und Metallisierung von Figuren- und Dingwelt symbolisiert deren Schönheit und Faszination:[81] »Alles war aus Kupfer: die Häuser, die Straßen, die Bäume«, und entsprechend muß der Held eine Silber- und eine Goldstadt besuchen, um die Prinzessin nach langer Suchwanderung zu finden (AaTh 301 A). In einem Brautwerbungsmärchen des schwedischen Zigeuners Johan Dimitri Taikon muß der Prinz die Prinzessin, »schön war sie wie die Sonne«, im leuchtenden Schloß hinter der Kupferbrücke, der Silberbrücke und der Goldbrücke aufspüren.[82]

Innerhalb von Handlungsstrukturen hat die belebte bzw. unbelebte Natur die Funktion eines Helfers, so bei Suchwanderungen und der sogenannten Magischen Flucht, oder eines Requisits, etwa bei der Bewältigung scheinbar unlösbarer Aufgaben. Es ist ein Charakteristikum des Märchens, daß sich die Handlungsträger nicht an der Natur erfreuen, nichts empfinden über die Schönheit der Wälder oder über das Leuchten der Gestirne. Die materielle Beschaffenheit und Funktion von Gegenständen und Dingen wie Erde, Stein, Holz, Pflanzen ist sekundär, ebenso auch die von Landschaft (Berg, Fluß, Meer). Wichtig ist allein der Bezug zur Handlung, die Vermittlung symbolischer Inhalte oder die Tatsache ihres Auftretens in personifizierter Form, so daß die Dingwelt in Kommunikation mit den menschlichen Handlungsträgern treten kann. So sind beispielsweise Gärten ein Ort der Begegnung mit dem künftigen Ehepartner, mit jenseitigen Helfern, mit Erlösungsbedürftigen, aber auch mit gefährlichen Unholden, deren Gärten durch hohe Mauern, Wächter wie Riesen, wilde Tiere oder Drachen geschützt sind. Zum einen stellt das unbefugte Eindringen Fremder eine große Gefahr für den Eindringling dar, zum andern ist es der Reiz des Neuen, der das Abenteuer geradezu provoziert und die Handlung initiiert.[83] Bei der optimistischen Grundhaltung des Märchens wissen Hörer und Leser ohnehin, daß zwar manch ein Abenteuerlustiger scheitert, der Märchenheld aber nicht, und dieses Strukturprinzip »Alle bis auf einen« (= Exzeptionsprinzip) liegt bekanntlich vielen Volkserzählungen zugrunde.

Der Wald ist dunkel, eine unheimliche Landschaft, ein Ort außergewöhnlichen Geschehens,[84] bevölkert mit wilden Tieren, die mitunter so exotisch sind wie Löwen, und Zentrum der Auseinandersetzung mit Unholden und Unholdinnen, mit Zauberern und Räubern, ein Grenzgebiet des Jenseits.[85] Held wie Heldin können sich in ihm verirren, doch hat der Wald auch eine Schutzfunktion,[86] wenn unschuldig verfolgte Frauen wie Genovefa, Sisibe, Hildegardis oder andere dort, dank der belebten Natur in Gestalt hilfreicher und meist sprechender Tiere, überleben. Der Wald interessiert als ›Requisit‹ für den Fortgang der Handlung, seine öko- und biologische Bedeutung spielt keine Rolle.

Treten Tiere im Märchen auf, dann sind es zumeist keine gewöhnlichen Tiere, die als Haustiere gehalten oder in der freien Natur gejagt werden. Diese Funktion ist nur dann wichtig, wenn Märchen eine Aussage treffen wollen über das Verhalten des Menschen, das sich gegen seinesgleichen, gegen die Natur oder gegen Tiere richtet. Zu denken ist hierbei an eines unserer bekanntesten Märchen, die Geschichte von den Bremer Stadtmusikanten (KHM 27, AaTh 130 B und AaTh 130). Zentrales Thema des ersten Teils ist die Undankbarkeit und Verantwortungslosigkeit des Menschen, die sich gegen die Tiere richtet, und eine einzig an der Arbeits- und Leistungsfähigkeit orientierte Einstellung zur Umwelt.[87] Oder das Tiermärchen vom Wolf und dem Mensch (KHM 72, AaTh 157) vermittelt die Einsicht, daß Menschen nicht zu trauen sei. Jene hätten aufgrund ihrer Fähigkeiten und Technologien »die Natur aus dem Gleichgewicht gebracht und sich zum Herrn über alles gemacht«.[88]

Tiere stehen sonst stellvertretend für die Belebung der Natur, von den Insekten etwa Mücken, Fliegen, Hornissen, Bienen, Ameisen, Grashüpfer, Roßkäfer, Sommervögel (= Schmetterlinge), von Fischen etwa Hecht, Butt oder Hering.[89] Aber nirgends findet sich etwas zur Bestimmung einzelner Arten. Die Tiere sind nur wichtig, sofern sie in einer besonderen Verbindung zu Held oder Heldin stehen. Dann verfügen sie nicht nur über die Fähigkeit, besondere Gaben zu verleihen, sondern überwinden dank magischer Kräfte Zeit und Raum und natürliche Hindernisse. In gleichem Maße gilt dies auch für Fabeltiere wie den Vogel Phönix oder den Vogel Greif. Tiere sind im Märchen die eigentlichen Helferfiguren der Helden.[90] Exemplarisch soll hier der Fuchs, der das Helfertier überhaupt ist,[91] vorgestellt werden. Unterliegt sein Bild besonders in der Fabel extremen Schwankungen in der Wertigkeit,[92] so läßt sich eine solche Feststellung für das Zaubermärchen kaum treffen. Der Fuchs begegnet in der Funktion eines dankbaren und hilfreichen Tieres, löst schwierige Aufgaben für den Helden, erweist sich als kluger Ratgeber oder zieht mit seinen menschlichen Gefährten gemeinsam auf Brautfahrt aus.

So gewährt der Fuchs dem Helden zum Dank für die Befreiung aus einer Falle die Gabe der zeitweiligen Verwandlung in seine Gestalt, und auf diese Weise kann der junge Held das vielfach verschachtelte, in einem Ei verborgene Leben eines Unholds zerstören und die Prinzessin befreien. Nicht selten erhält der Held ein besonderes Charakteristikum des Helfers, um ihn in Notsituationen herbeirufen zu können (Pars-pro-toto-Gedanke). Der Fuchs überläßt dem Helden ein Haar seines Fells und trägt ihm auf, es zu reiben, dann eile er so schnell wie möglich herbei. Solche archaisch-magischen Wirklichkeitsvorstellungen begegnen nicht nur in Varianten zu AaTh 302: »Herz des Unholds im Ei«,[93] sondern finden sich auch in solchen zu AaTh 329: »Versteckwette«.[94] Dort hilft der Fuchs dem Helden bei einer schwierigen Freierprobe, indem er ihn durch Verwandlung in ein Tier oder durch Verbergen in einem von ihm selbst gegrabenen unterirdischen Gang für den Zauberspiegel der Prinzessin unsichtbar macht. Die Hilfe des Fuchses, der hier zumeist als letztes von drei dankbaren Tieren agiert, ist oft ausschlaggebend für das Bestehen der Probe. Andere Märchen lassen den Fuchs statt des Katers oder der Katze als Ratgeber in Fassungen zu AaTh 545 B: »Der gestiefelte Kater« erscheinen. Er ergreift als Brautwerber die Initiative und erteilt dem Beg, der ihn vor dem Tode bewahrte, Ratschläge zur Entführung der Sultanstochter, die dann mit der Hilfe eines weiteren Tiers, des Wundervogels Kumrischa, gelingt.[95] Andere Ratschläge gelten der Besorgung von Lebenswasser (KHM 97, AaTh 551) oder der Suche nach dem goldenen Vogel (KHM 57, AaTh 550).

Die Dankbarkeit des Fuchses stellt stets eine Belohnung für eine uneigennützige Tat des Helden dar, für die Befreiung aus einer Falle, die Rettung vor Hunden, vor Jägern oder die Gewährung der Bitte, nicht auf ihn zu schießen. In allen Fällen ist die hilfreiche Unterstützung des Fuchses zwingende Voraussetzung für die Lösung einer schwierigen Aufgabe bzw. für eine erfolgreiche Suchwanderung: die Suche nach einem Heilmittel oder einer Prinzessin. Gegenseitige Abhängigkeit und Verbundenheit, man hat auch von der Allverbundenheit gesprochen,[96] prägen das Verhältnis zwischen Mensch und Fuchs. Dabei ist der Fuchs, obwohl er charakteristische Fähigkeiten wie Schnelligkeit, Findigkeit im Dienst des Helden einzusetzen weiß, doch im ganzen eher ein Wunder- und Märchentier, sein Bild entspricht nicht der Realität. Der Fuchs bestimmt zumeist das Handeln, während der Held sich eher passiv verhält.[97]

In der Helferfunktion begegnet außer Tieren auch die Natur selbst. Eines der bekannteren Märchen, der Erzähltyp KHM 25, AaTh 451: »Mädchen sucht seine Brüder«, das in fast allen europäischen Ländern verbreitet ist, handelt von einer Suchwanderung. Eine solche abenteuerliche Reise müssen viele Helden und Heldinnen unternehmen. Hier sucht die Schwester ihre Brüder gewissermaßen am Ende der Welt. Das Symbol für eine extreme Entfernung wird ausgedrückt durch Sonne, Mond und Sterne. Es ist sozusagen ein magisches Weltbild:

»Nun ging es [das Mädchen] immerzu, weit, weit bis an der Welt Ende. Da kam es zur Sonne, aber die war zu heiß und fürchterlich und fraß die kleinen Kinder. Eilig lief es weg und lief hin zu dem Mond, aber der war gar zu kalt und auch grausig und bös, und als er das Kind merkte, sprach er: »Ich rieche, rieche Menschenfleisch.«

Da machte es sich geschwind fort und kam zu den Sternen, die waren ihm freundlich und gut, und jeder saß auf seinem besonderen Stühlchen. Der Morgenstern aber stand auf, gab ihm ein Hinkelbeinchen und sprach: »Wenn du das Beinchen nicht hast, kannst du den Glasberg nicht aufschließen, und in dem Glasberg, da sind deine Brüder.«[98]

In der Fassung der Brüder Grimm helfen nur die Sterne, aber dies ist keineswegs symptomatisch, auch Sonne und Wind[99] oder Mond bzw. deren Personifikationen Sonnen-, Mond- und Sternengott helfen, weisen den Weg oder geben einen magischen Gegenstand mit auf den Weg.[100] Ein Glasberg als unüberwindbares Hindernis wie hier im Grimmschen Märchen von den sieben Raben begegnet mehrfach (KHM 93, 127, 193, 196). Daß die Heldin ihren kleinen Finger abtrennt, um den Glasberg aufschließen zu können, erscheint als zusätzliche Härte bei der Suchwanderung, doch wäre es für das Märchen geradezu widersinnig, wenn die Mutilation nicht wieder aufgehoben würde. Sie geschieht ohne Emotion, der Schmerz und die Separation des Fingers sind nur dynamische Handlungselemente, die Grausamkeit selbst interessiert nicht. Und außerdem ist der kleine Verlust nicht die Folge beim Verlassen der Jenseitswelt, sondern die Voraussetzung zu deren Besuch – signalhaftes anthropologisches Modell, ein Indiz, daß nichts vollkommen ist, »die kleine Imperfektion inmitten einer perfekten Welt«.[101]

Zum bloßen Requisit werden Natur und Landschaft schließlich in dem großen Erzählzyklus der Magischen Flucht (AaTh 313 ff.)[102] und innerhalb des Komplexes der unlösbaren Aufgaben.[103] Gewaltige Berge, Gewässer, Wälder schichten die Fliehenden mit Hilfe magischer Kräfte hinter sich auf, um der verfolgenden Hexe oder dem verfolgenden Riesen keine Möglichkeit zu geben, sie einzuholen. In anderen Fassungen verwandeln sich die Fliehenden in Pflanzen, Tiere oder Gewässer. Mit Siebenmeilenstiefeln überwinden sie Zeiten und Räume, durchqueren ganze Länder und fliegen auf Luftreisen über die Kontinente. Die Gesetzmäßigkeiten der Natur sind außer Kraft gesetzt, Menschen vollbringen schier Unmögliches. Sie legen, wie in einem sizilianischen Märchen, binnen einer Nacht einen wunderschönen Brunnen an, in der nächsten Nacht einen Wundergarten, in dem sämtliche Bäume und Blumen der Welt zu sehen sind, und schließlich werden dort alle Vögel der Erde versammelt, was auch gelingt, und diese Bewährungsprobe glückt dem Helden nur dank seiner zauberkundigen Schwester.[104] Selbst wenn die Situation und damit die Gegenwart und Zukunft aussichtslos erscheinen, räumt das Märchen als Wunschdichtung seinen Helden und Heldinnen die Möglichkeit zur Veränderung ein.

Die thematische Vielfältigkeit von Natur und Landschaft in Volkserzählungen mag erstaunen. Doch ist sie nur ein Spiegelbild von Vorstellungen, die sich Menschen von ihrer Umwelt und ihrem Verhältnis dazu zu verschiedenen Zeiten gemacht haben und die zum Teil über die Zeiten hinweg gültig geblieben sind. Nicht alle Themen lassen sich funktional aus der Handlung allein ableiten. Sondern es ist anzunehmen, daß der erzählende Mensch besonders in Mythen und Sagen irgendwie auch seine Einschätzungen und Maßstäbe in die Inhalte von Erzählungen eingebracht hat.[105]

Anmerkungen

1 Schipperges, H.: »Natur«. In: Brunner, O./Conze, W./Koselleck, R. (Hrsg.): *Geschichtliche Grundbegriffe,* Stuttgart 3. Aufl. 1982, S. 215–244; Dinzelbacher, Peter (Hrsg.): *Europäische Mentalitätsgeschichte. Hauptthemen in Einzeldarstellungen,* Stuttgart 1993, S. 556–591 (Abschnitt Natur/Umwelt, verfaßt von Günther E. Thüry/Harry Kühnel/Rolf P. Stieferle); Daemmrich, Horst S. und Ingrid: *Themen und Motive in der Literatur,* (Tübingen 1987) Tübingen/Basel 2. Aufl. 1995, S. 238–244; Groh, Ruth und Dieter: *Weltbild und Naturaneignung. Zur Kulturgeschichte der Natur,* Frankfurt am Main 1991; Böhme, G.: *Natürliche Natur. Über Natur im Zeitalter ihrer technischen Reproduzierbarkeit,* Frankfurt am Main 1992; Ellen, R./Katsuyoshi, F. (Hrsg.): *Redefining Nature. Ecology, Culture and Domestication,* Oxford 1996; Petzoldt, Leander: »Magisches Weltbild«. In: *Enzyklopädie des Märchens* 9,1, Berlin/New York 1997, Sp. 19–24; Lehmann, Albrecht: »*Natur*«. Ebenda 9,3 (im Druck); im übrigen wird auf die einschlägigen Artikel der »Enzyklopädie des Märchens« (im folgenden EM) verwiesen wie »Ameise«, »Baum«, »Blitz«, »Blume«, »Brunnen«, »Dingbeseelung«, »Donner«, »Echo«, »Elementargeister«, »Elfe, Elfen«, »Erdbeben«, »Erde«, »Feuer«, »Fluß«, »Jahreszeiten«, »Katastrophenmotive«, »Kulturheros«, »Luft« usw.

2 Spranger, Eduard: *Urschichten des Wirklichkeitsbewußtseins,* Berlin 1934, S. 622.

3 Elias, Norbert: »Über die Natur«. In: *Merkur* 40 (1986), S. 469–481.

4 Vgl. Art. »Natur« von A. Lehmann in EM 9,3 (im Druck).

5 Dinzelbacher S. 585; vgl. auch Bausinger, Hermann: *Volkskultur in der technischen Welt,* Stuttgart 1961, bes. S. 13–53.

6 Man lese im Zusammenhang noch einmal die Abschnitte über das »Wesen der Märchen« im Vorwort zu den *Kinder- und Hausmärchen* (1812 u. ö.).

7 Jolles, André: *Einfache Formen.* Darmstadt 2. Aufl. 1958, S. 221–226; Bausinger, Hermann: »Natur und Geschichte bei Wilhelm Grimm«. In: *Zeitschrift für Volkskunde* 60 (1964) S. 54–69; Brüder Grimm: *Kinder- und Hausmärchen* 1–4. Hrsg. Hans-Jörg Uther, München 1996.

8 Bausinger, Hermann: »Buchmärchen«, In: EM 2 (1979) Sp. 974–977.

9 Vgl. Grätz, Manfred: »Kunstmärchen«, In: EM 8 (1996) Sp. 612–622.

10 Uther, Hans-Jörg: »Die Deutschen Sagen der Brüder Grimm im Spiegel ihrer Kritiker. Ein Beitrag zur frühen Sagenrezeption«. In: *Hören, Sagen, Lesen, Lernen. Festschrift für Rudolf Schenda,* Bern u. a. 1995, S. 721–739.

11 Bies, Werner: »Naturmythologie«. In: EM 9,3 (im Druck).

12 Röhrich, Lutz: »Vizotum oder: Was macht die Sagenphantasie aus? Seltene Naturphänomene und ihr mythischer Überbau in Alpensagen«. In: *Studien zur Stoff- und Motivgeschichte der Volkserzählung. Berichte und Referate des achten bis zehnten Symposions zur Volkserzählung, Brunnenburg/Süd-*

tirol 1991–1993. Hrsg. von Leander Petzoldt/Siegfried de Rachewiltz/Petra Streng, Frankfurt am Main u. a. 1995, S. 355–379; Petzoldt, Leander: »Sage als aktualisierter Mythos«. In: *Wirkendes Wort* 27 (1977), S. 1–9.

13 Dégh, Linda: »UFO's and How Folklorists Should Look at Them«. In: *Fabula* 18 (1977), S. 242–248; Dokters, Gisela: *Ufo-Phänomene. Dokumentation, Volksglaube und Sagen, Deutung,* Magisterarbeit Freiburg (Br.) 1981.

14 Brednich, Rolf Wilhelm: *Die Spinne in der Yucca-Palme. Sagenhafte Geschichten von heute,* München 1990; Fischer Helmut: *Der Rattenhund. Sagen der Gegenwart,* Köln/Bonn 1991, S. 51–54.

15 Vgl. Pfrunder, Peter: »Josef Anton Henne (1798–1870)«. In: Schenda, Rudolf (unter Mitarbeit von Hans ten Doornkaat) (Hrsg.): *Sagenerzähler und Sagensammler der Schweiz,* Bern/Stuttgart 1988, S. 331–350.

16 Henne am Rhyn, Otto: *Die deutsche Volkssage im Verhältnis zu den Mythen aller Zeiten und Völker* [...], Wien/Pest/Leipzig ^{2}1879,XI.

17 Arrowsmith, Nancy: *Die Welt der Naturgeister. Handbuch zur Bestimmung der Wald-, Wasser-, Haus-, Berg-, Hügel- und Luftgeister aller europäischen Länder,* Frankfurt am Main 1987 (Originalausgabe 1977).

18 Derungs, Kurt: *Umwelt als Mitwelt. Die Bedeutung der Landschaft und Natur in traditionellen Erzählungen (Märchen). Forschungsbericht,* Bern 1994.

19 Vgl. die Buchbesprechung von Ingrid Tomkowiak in *Schweizerisches Archiv für Volkskunde.* 92 [1996], S. 236 f.

20 Daemmrich, S. 238 f.

21 Lévi-Strauss, Claude: *Mythologica. 1: Das Rohe und das Gekochte,* Frankfurt am Main 1971, S. 280.

22 Bowra, C. M.: *Heldendichtung. Eine vergleichende Phänomenologie der heroischen Poesie aller Völker und Zeiten,* Stuttgart 1964, besonders S. 143–155.

23 Uther, Hans-Jörg: *Märchen vor Grimm,* München 1990, Nr. 47.

24 Fauth, Wolfgang: »Narrative Spielarten in den Erzählungen von Himmelsseil, Himmelsleiter und kosmischer Kette«. In: *Fabula* 24 (1983), S. 86–109.

25 Vgl. Löffler, Anneliese: *Märchen aus Australien,* Düsseldorf/Köln 1981, Nr. 29, 30, 52, 109.

26 Ebenda, Nr. 29 (auch abgedruckt bei Uther, Hans-Jörg: *Die schönsten Märchen der Weltliteratur,* München 1996, Nr. 68).

27 Röhrich, Lutz: *Märchen und Wirklichkeit.* Wiesbaden 3. Aufl. 1974, S. 32.

28 Vgl. Löffler, S. 243–246.

29 Ward, Donald: »Erde«. In EM 4 (1984), S. 136–153.

30 Dähnhardt, Oskar (Hrsg.): *Natursagen* 1–4, Leipzig/Berlin 1907–12 (Nachdr. Hildesheim 1983).

31 In 24 Bänden sowie einem Registerband: *Folk Literature of South American Indians.* Hrsg. v. Johannes Wilbert/Karin Simoneau, Los Angeles 1970–1992.

32 Bisher erschienen zwei Bände: Schott, Rüdiger: *Bulsa Sunsuelima. Folktales of the Bulsa in Northern Ghana* S 1,1–3, Münster 1993/96.

33 Schmidt, Sigrid: *Märchen aus Namibia,* Düsseldorf/Köln 1980; dies.: *Als die Tiere noch Menschen waren. Urzeit- und Trickstergeschichten der Damara und Nama in Namibia,* Köln 1995.

34 Thompson, Stith: *Motif-Index of Folk Literature* 1–6, Kopenhagen 2. Aufl. 1955–58.

35 Röhrich, Lutz: »Die sichtbaren Beweise. Wahrzeichen, Denkmäler und andere Realien in der Sagenüberlieferung«. In: *Archäologie und historische Erinnerung.* Hrsg. von J. Cobet/B. Patzek. Essen 1992, S. 137–150.
36 Schenda (wie Anm. 15), Register.
37 Brunold-Bigler, Ursula: *Hungerschlaf und Schlangensuppe. Historischer Alltag in alpinen Sagen,* Bern/Stuttgart/Wien 1997, S. 25–46 (Zitat S. 25).
38 Jeggle, Utz: »Tödliche Gefahren. Ängste und ihre Bewältigung in der Sage«. In: *Zeitschrift für Volkskunde* 86 (1990) S. 53–66 (Zitat S. 62).
39 Zur Definition s. Bødker, Laurits: *Folk Literature (Germanic),* Kopenhagen 1965; Lixfeld, Hannjost: *Gott und Teufel als Weltschöpfer,* München 1971.
40 Uther, Hans-Jörg: *Sagen aus dem Harz,* München 1994, S. 271.
41 Brüder Grimm [d. i. Jacob und Wilhelm]: *Deutsche Sagen.* Hrsg. von Hans-Jörg Uther, München 1993, hier Bd. 1, Nr. 321.
42 Uther (wie Anm. 40) Nr. 263.
43 Vgl. zusammenfassend Uther, Hans-Jörg: »Jungfernsprung«. In: EM 7 (1993) Sp. 780–782.
44 Uther (wie Anm. 40) Nr. 210.
45 Uther, Hans Jörg: *Sagen aus dem Rheinland,* München 1994, Nr. 23, 24.
46 Grimm/Uther (wie Anm. 41), Register.
47 Andree, Richard: *Die Flutsagen,* Braunschweig 1891; Caduff, A.: *Antike Sintflutsagen,* Göttingen 1986; *The Flood Myth.* Hrsg. von Alan Dundes, Berkeley u. a. 1988.
48 Uther, Hans-Jörg: »Heuschrecke«. In: EM 6 (1987), Sp. 954–960.
49 Moepert, Adolf: *Die Anfänge der Rübezahlsage,* Leipzig 1928, S. 43–82.
50 Vgl. zusammenfassend Uther, Hans-Jörg: »Lorelei«. In: EM 8 (1996), Sp. 1197–1202.
51 Röhrich, Lutz: *Sage und Märchen,* Fbg/Basel/Wien 1976, S. 122–124, hier 122; vgl. bes. Fischer, Helmut: »Ich weiß nicht, was soll es bedeuten ... Sagen des Rheins und was dahintersteckt«. In: *Heimatblätter des Rhein-Sieg-Kreises 60–61 (1992–93),* S. *117–135.*
52 Zitiert nach Leyen, Friedrich von der (in Verbindung mit Valerie Höttges) (Hrsg.): *Lesebuch der deutschen Volkssage,* Berlin 1933, S. 161.
53 Beispiele bei Uther (wie Anm. 45) num. 175, 176 (Zitat).
54 Brentano, Clemens: *Sämtliche Werke und Briefe* 16. Hrsg. von J. Behrens u. a., Berlin/Köln/Mainz 1978, S. 535–539.
55 Bellmann, Werner: »Brentanos Lore-Lay-Ballade und der antike Echo-Mythos«. In: *Clemens Brentano. Beiträge des Kolloquiums im Freien Deutschen Hochstift 1978.* Hrsg. von D. Lüders, Tübingen 1980, S. 1–9, hier S. 2.
56 Zusammenfassend vgl. Ehrenzeller-Favre, R.: *Loreley, Entstehung und Wandlung einer Sage,* (Diss. Zürich) Flensburg 1948 (^{2}1975), S. 15–122; Seeliger, H.: *Die Loreleysage in Dichtung und Musik,* Leipzig 1898; Hewelcke, M. R.: *Die Loreleisage,* Paderborn 1908; Lun, A.: »Loreley. Geschichte eines Motives«. In: *Le lingue straniere* 9,1 (1960), S. 11–20; Porterfield, A. W.: »Graf von Loeben and the Legend of Lorelei«. In: *Modern Philology* 13 (1915–16), S. 305–332.
57 Hierzu Fischer (wie Anm. 51), S. 130–132.
58 Vgl. z. B. Roth, Thomas: *Literarische Vorlagen populärer Druckgrafik aus*

deutschen Verlagen des 19. Jahrhunderts, Diss. (masch.) München 1978, H 14 (Bilderbogen); Ciolina, E. und E.: *Garantirt aecht. Das Reklamesammelbild als Spiegel der Zeit,* Mü. 1987, Kap.: »Die zarteste Versuchung«.

59 EM 4 (1984), Sp. 257.

60 Grimm/Uther Nr. 93.

61 Lüthi, Max: »Aspekte der Blümlisalpsage«. In: *Schweizerisches Archiv für Volkskunde* 76 (1980), S. 229–243.

62 Jeggle, Utz: »Tödliche Gefahren. Ängste und ihre Bewältigung in der Sage«. In: *Zeitschrift für Volkskunde* 86 (1990), S. 53–66.

63 Lüthi, S. 234; ders.: »Familie und Natur im Märchen«. In: *Volksüberlieferung. Festschrift Kurt Ranke,* Göttingen 1968, S. 181–195 (= Lüthi, Max: *Volksliteratur und Hochliteratur,* Bern/München 1970, S. 63–78, 215–217).

64 Lüthi, Max: *Das Volksmärchen als Dichtung. Ästhetik und Anthropologie,* Köln 1975 (Göttingen 2. Aufl. 1990), S. 25–31.

65 Lüthi (wie Anm. 64), S. 71.

66 Ebenda, S. 72.

67 Röhrich, S. 200–207 (Zitat S. 201).

68 Z. B. Bechstein, Ludwig: *Märchenbuch* [1857]. Hrsg. von Hans-Jörg Uther. München 1997, Nr. 66, S. 75; ders.: *Neues deutsches Märchenbuch* [1856]. Hrsg. von Hans-Jörg Uther, München 1997, Nr. 18, 22, 27.

69 Vgl. vor allem KHM 161 ff.

70 Zitiert nach der Ausgabe letzter Hand von 1857, vgl. KHM/Uther Nr. 161.

71 Z. B. Bausinger, Hermann: »Die moralischen Tiere«. In: *Universitas* 45,3 (1990) S. 241–251, hier S. 247–251.

72 KHM/Uther Nr. 187.

73 Lüthi, S. 24–36; vgl. zum folgenden Uther, Hans-Jörg: »Schönheit im Märchen. Zur Ästhetik von Volkserzählungen«. In: *Lares* 52,1 (1986), S. 5–16.

74 *Die Erzählungen aus den tausendundein Nächten [...].* Übertragen von Enno Littmann, Wiesbaden 1953 (»Die Geschichte des Lastträgers und der drei Damen«).

75 Ebenda, Bd. 3 (»Die Geschichte von der Sklavin Tawaddud«).

76 Rohde, Erwin: *Der griechische Roman und seine Vorläufer,* Hildesheim [4]1960, S. 160–166 (Zitat S. 160, Anm. 1).

77 Horn, Katalin: *Der aktive und der passive Märchenheld,* Basel 1983, S. 150.

78 Dies.: »Das Kleid als Ausdruck der Persönlichkeit: Ein Beitrag zum Identitätsproblem im Volksmärchen«. In: *Fabula* 18 (1977), S. 75–104.

79 Röhrich, Lutz: »Drache, Drachenkampf, Drachentöter«. In: EM 3 (1981), Sp. 787–820, hier S. 814.

80 Uther, Hans-Jörg: *Deutsche Märchen* 1–2, München 1997, hier Bd. 1, Nr. 15.

81 Horn, Katalin: »Kupfer, Silber, Gold«. In: EM 8 (1996), Sp. 624–627.

82 Tillhagen, Carl Hermann: *Taikon erzählt Zigeunermärchen,* München 1979, S. 85–102, 109–118.

83 Siuts, Hans: *Jenseitsmotive im deutschen Volksmärchen,* Leipzig 1911, S. 68–70; Mez, Lydia: *Der Garten in der Literatur,* Basel 1979; Meinel, Gertraud: »Garten, Gärtner«. In: EM 5 (1987), Sp. 699–711; Volkmann, Helga: »Du hättest die Lilien nicht pflücken sollen! Von Gärten und Pflanzen im Märchen«. In: *Märchen und Schöpfung.* Hrsg. von Ursula und Heinz-Albert

Heindrichs, Regensburg 1993, S. 107–124; dies.: »Von Gärtnern und anderen kunstreichen Leuten. Zur Bedeutung der Handwerkskünste im Märchen«. In: *Das Märchen und die Künste.* Hrsg. von Ursula und Heinz-Albert Heindrichs, Wolfsegg 1996, S. 69–86.

84 Maennersdoerfer, Maria Christa: *Schicksal und Wille in den Märchen der Brüder Grimm,* Diss. Bonn 1965, S. 46–49.

85 Rebholz, Dore: *Der Wald im deutschen Märchen. Das Erlebnis als Grundlage für die Auffassung des Waldes* [...], Freiburg (Br.) 1968.

86 Lundt, Bea: »Mißglückte Heimkehr. Geschlechtsspezifische Identität und Trennungsprobleme am Beispiel der Genovefa«. In: *L'Homme* 4,2 (1993), S. 64–84, hier S. 78 f.

87 Uther, Hans-Jörg: »Zur Entstehung, Bildgeschichte und Bedeutung des Märchens«. In: *Die Stadtmusikanten in Bremen. Geschichte – Märchen – Wahrzeichen.* Hrsg. von A. Röpcke/K. Hackel-Stehr, Bremen 1993, S. 18–52.

88 Lindahl, Carl: »Furcht: Tiere lernen F. vor den Menschen«. In: EM 5 (1987), Sp. 576–584, hier S. 582.

89 Thimme, Adolf: *Das Märchen.* Leipzig 1909, S. 118–129.

90 Lüthi 1970, S. 69 f., 74.

91 Zum folgenden vgl. Uther, Hans-Jörg: »Fuchs«. In: EM 5 (1987), Sp. 447–478, hier Sp. 468–470.

92 Schenda, Rudolf: *Das ABC der Tiere,* München 1995, S. 105–111.

93 Vgl. Varianten zu AaTh 302 im Archiv der Arbeitsstelle »Enzyklopädie des Märchens«, Göttingen.

94 Hartmann, Ingrid: *»Das Meerhäschen«. Eine vergleichende Märchenuntersuchung,* Diss. (masch.) Göttingen 1953, S. 73 f.

95 Krauß, Friedrich S.: *Sagen und Märchen der Südslaven* 1, Leipzig 1883, Nr. 24; Uther, Hans-Jörg: »Der Fuchs als Tierhelfer in mongolischen Volkserzählungen«. In: *Fragen der mongolischen Heldendichtung* 5. Hrsg. von Walther Heissig, Wiesbaden 1992, S. 136–144.

96 Lüthi, Max: »Allverbundenheit«. In: EM 1 (1987), Sp. 330.

97 Horn (wie Anm. 78), S. 99–104.

98 KHM/Uther Nr. 25.

99 Uther (wie Anm. 80) Bd. 2, Nr. 60.

100 Bolte, Johannes/Polívka, Georg: *Anmerkungen zu den Kinder- u. Hausmärchen der Brüder Grimm* 1–5, Leipzig 1913–32 (Nachdr. Hildesheim 1963 u. ö.), S. 272 f.

101 Lüthi 1970 (wie Anm. 63) 72; zum kleinen Verlust vgl. auch den gleichnamigen EM-Artikel von Lutz Röhrich (EM 8 [1996] Sp. 1441–1446).

102 Zahlreiche Beispiele bei Aarne, Antti: *Die magische Flucht* (FFC 92), Helsinki 1930.

103 Horn, Katalin: »Das Große im Kleinen. Eine märchenspezifische Übertreibung«. In: *Fabula* 22 (1981), S. 250–271, hier S. 266–268 (Die unlösbaren Aufgaben).

104 Karlinger, Felix: *Italienische Volksmärchen,* Düsseldorf/Köln 1973, Nr. 44.

105 Schenda, Rudolf: »Volkserzählung und Sozialgeschichte«. In: *Il confronto letterario* 1 (1984), S. 265–274.

Katalin Horn

Der Baum im Zaubermärchen

In einem Vortrag über die Heimat zitiert die Schriftstellerin Hanna Johansen Gertrud Stein, die sich die Frage gestellt hat: »Was soll ich mit Wurzeln, wenn ich sie nicht mitnehmen kann?« Johansen widerspricht diesem Satz und meint: »... unsere Wurzeln haben einen Ort und eine Zeit, dort sind sie verankert und machen zwangsläufig einen Teil der Person aus, die wir geworden sind, ob wir nun an diesem Ort bleiben oder nicht.

Aber der Mensch ist kein Baum ...«[1]

Auch für Hans Magnus Enzensberger, der wie Johansen ebenfalls ein Märchenkenner ist, ist der Baum ein Bild für Unbeweglichkeit: »Ich zumindest bin kein Baum, sondern habe die Neigung, mich zu bewegen, und nicht unbedingt in einer geraden Linie.«[2]

Else Lasker-Schüler sah es jedoch anders:

> »Die Heimat fremd, die ich mit Liebe überhäufte,
> Aus der ich lebend in den Himmel reifte.
>
> Es wachsen auch die Seelen der verpflanzten Bäume
> Auf Erden schon in Gottes blaue Räume,
> Um inniger von Seiner Herrlichkeit zu träumen.«[3]

Die Widersprüchlichkeit des Baumes: Aufwärtsstreben und Verwurzelung in der Erde, Leben, Tod und Auferstehung beschäftigen die Dichter seit eh und je. Der Vergleich, ja die Identität zwischen Baum und Mensch ist ein Thema, das sie niemals ausschöpfen werden. »Denn wir sind wie Baumstämme im Schnee« – sagt Franz Kafka. »Scheinbar liegen sie so glatt auf, und mit kleinem Anstoß sollte man sie wegschieben können. Nein, das kann man nicht, denn sie sind fest mit dem Boden verbunden. Aber sieh, sogar das ist nur scheinbar.«[4]

Für Kinder und Märchenerzähler sind aber die Widersprüche aufgelöst, die Übergänge fließend: Für das Mädchen Meta im autobiographischen Roman Marlen Haushofers bedeutet »im Baum zu sein«, sich ganz in Sicherheit zu befinden. Mehr noch: »Und wie sich die

Bäume freuen, wenn sie zu ihnen kommt! Es ist eine große Seligkeit, man weiß nicht, wo der Baum aufhört und Meta anfängt.«[5]

Auch in Märchen kann es zu einer Identität kommen zwischen Baum und Mensch, zwischen Tier und Mensch. Es sind die Fluchtwege der Unsterblichkeit für den Märchenhelden und die Märchenheldin oder die Daseinsmöglichkeiten für die toten Mütter, die für ihre Kinder noch über das Grab hinaus sorgen wollen. Denn wir wissen ja: Tod gibt es im Zaubermärchen nur für die guten Eltern und für die bösen Gegenspieler: Der Held und die Heldin werden fast immer erst in einer undefinierbaren zeitlichen Ferne sterben: »Die Hochzeit wurde mit großer Pracht gefeiert, und sie lebten danach vergnügt und fröhlich bis an ihr seliges Ende. Und wenn sie nicht gestorben sind, so leben sie noch heute.«[6]

Und so können wir in den Märchen der Völker eine wunderbare Seelenwanderung des bedrohten Helden beobachten: Als Tier und Baum z. B. überlebt er die Anschläge auf sein Leben. Es gibt freilich auch die bösartige Verzauberung in einen Baum, wie im Grimmschen Märchen »Die Alte im Walde« (KHM 123, AaTh 442) oder wie in einem schlesischen Märchen, in dem der Bräutigam in einen moosbewachsenen Baumklotz verwünscht ist, und die Erlösung erfolgt, indem die Baumrinde von seinem Körper fällt.[7]

Im Märchentyp »Die treulose Frau« (AaTh 318) erleben wir aber, wie der Held mit seiner Verwandlungsfähigkeit den Anschlägen auf sein Leben entkommt, wobei er freilich auch fremde Hilfe braucht. So bittet etwa der ungarische Märchenheld in der Gestalt eines Hengstes ein kleines Mägdelein: »Ich sehe, daß du es gut mit mir meinst; drum bitte ich dich, wenn mich Tatarenstark erschlagen läßt, nimm einen Tropfen meines Blutes von der Erde und begrab ihn samt der Erde vor dem Fenster der Königin.« Seine verräterische Frau freilich erkennt den Wunderbaum, der aus dem Blutstropfen wächst (»Silbern waren seine Blätter, golden seine Blüten und diamanten seine Äpfel«), und drängt den Tatarenstark, ihn zu fällen. Das kleine Mädchen spielt aber wieder im Schatten des Apfelbaumes. »Da sprach der Baum zu ihm: Ich bitte dich, kleines Mädchen, wenn Tatarenstark mich fällen läßt, nimm einen Splitter von mir und wirf ihn in den See ...« Nun, aus dem Splitter wird eine goldene Ente, die sich dann durch einen Purzelbaum wieder in einen Menschen verwandelt ...[8]

Diese Motivkette im Verwandlungskampf ums Leben finden wir bereits im ersten vollständig erhaltenen Zaubermärchen, nämlich im Bata- oder Brüdermärchen aus dem Ägypten des 13. vorchristlichen Jahrhunderts: Der getötete und wiedererweckte Bruder verwandelt sich in einen herrlichen Stier, der geschlachtet wird und aus dessen Blut zwei Bäume wachsen. Von einem Splitter der gefällten Bäume wird die Frau des Pharao schwanger: Bata läßt sich wiedergebären. In der mündlichen Überlieferung ist aber die Motivkette: Pferd – Baum – Erpel/Ente auffallend stabil und weitverbreitet.[9]

Auch die feenhaft Schöne, von der falschen Braut Ermordete durchlebt eine Verwandlungskette von Fisch (Vogel), Baum und Mensch. In einem ungarischen Märchen wird Ilona von der häßlichen Rivalin in den Brunnen geworfen und in einen Goldfisch verwandelt. Später verlangt die böse Frau, daß das Fischlein getötet werden soll. Eine Schuppe fiel aber zur Erde »und am nächsten Morgen wuchs aus ihr auf dem Hof ein wunderschöner Birnenbaum mit herrlichen Früchten. Als der König eine Birne probierte, mußte er nachdenken, was für einen Geschmack diese Birne eigentlich hatte. Sie schmeckte wie der Kuß von Ilona Feenschön, als er sie zum erstenmal geküßt hatte.«[10]

Die Vorstellung, daß die Seele eines Verstorbenen in einer Pflanze oder einem Tier weiterleben kann, ist wahrscheinlich genauso alt, wie der Gedanke, daß der Seelenvogel oder ein aus dem Knochen bzw. Grabbaum des Ermordeten angefertigtes Musikinstrument diesen Mord aufdeckt: Die schreckliche Tat muß an den Tag kommen, wie dies im Grimmschen Märchen »Von dem Machandelboom« (KHM 47), vor allem aber in den vielen Varianten des »Singenden Knochens« (KHM 28), des Märchens vom Geschwistermord, geschieht. Gisela Just hat in ihrer Dissertation »Magische Musik im Märchen«[11] auch viele Varianten der »Baum-Fassungen« von AaTh 780 gründlich untersucht und u. a. auch Singverse zitiert, aus denen »die Stimme des unschuldig Erschlagenen [spricht], der in einem Zustand zwischen Tod und Leben, oder anders gesagt: in einem Stadium der Verwandlung nach Gerechtigkeit ruft« (S. 182). Die Enthüllung der schaurigen Tat kann sogar mitunter zur Auferstehung des Ermordeten führen.

Als Fortsetzung menschlichen Lebens in Baumgestalt – allerdings ohne Auferstehung – müssen wir die mütterlichen (Grab-)Bäume in den Aschenputtelmärchen (AaTh 510 B) betrachten, aber auch den Wunderbaum »Zweiäugleins« (AaTh 511) – wobei wir da nicht nur die Märchen aus Grimms KHM im Auge behalten dürfen. Denn in etlichen Varianten ist die helfende Kuh oder Ziege mit der verstorbenen Mutter eindeutig identisch.[12]

Das mehr als dreitausend Jahre alte Verwandlungsmotiv, der Baum als Seelenpflanze sowie als nährende elterliche Figur, lebt weiter, wie wir ihm etwa in Theodor Fontanes volksballadenhaftem Gedicht, in »Herr von Ribbeck auf Ribbeck im Havelland« begegnen: Der sterbende Vater bittet den Sohn, ihm eine Birne ins Grab zu legen, damit er auch noch nach seinem Tod Kinder beschenken kann:

> Und die Jahre gehen wohl auf und ab,
> Längst wölbt sich ein Birnbaum über dem Grab,
> Und in der goldenen Herbstezeit
> Leuchtet's wieder weit und breit.
> Und kommt ein Jung übern Kirchhof her,
> So flüstert's im Baume: »Wiste 'ne Beer?«
> Und kommt ein Mädel, so flüstert's: »Lütt Dirn,
> Kumm man röwer, ich gew di 'ne Birn.«
>
> So spendet Segen noch immer die Hand
> Des von Ribbeck auf Ribbeck im Havelland.[13]

»Der Mensch ist kein Baum« – dies haben wir vom Standpunkt des Märchens aus dahingehend korrigieren können, daß der Mensch zum Baum *werden* kann. (Dabei haben wir hier die Metamorphosen in der antiken Mythologie gar nicht erwähnt!)

Man sagt aber auch, daß »Bäume nicht in den Himmel wachsen«. Nun, auch das stimmt in der Welt des Märchens nicht! Der himmelhohe Baum hat – neben »Baum«, »Lebensbaum« und »Weltenbaum« – sogar ein eigenes Stichwort in der »Enzyklopädie des Märchens«![14] Ich möchte hier nur das Motiv im Zaubermärchen erwähnen, in Zaubermärchen, die besonders in Ungarn und in den angrenzenden Ländern heimisch sind, welches zwei interessante Eigenschaften hat.

Erstens: Zwar gibt es genug Anspielungen auf das Erklettern, meistens jedoch erwandert der Märchenheld den Baum. Unversehens wird im Märchen aus der vertikalen eine horizontale Linie: »Er hat sich von den Leuten und vom alten König verabschiedet, hat die Wegzehrung zu sich genommen, schlug seine Axt in den Baum, bestieg den Stiel der Axt, fing an, auf dem Baum zu gehen, er ging siebenmal sieben Meilen, übers Operenzenmeer...«[15]

In einem anderen ungarischen Märchen stieg der »Königssohn [...] immer höher; er kam bis zur Mitte des Baumes. Von da an wurde der Weg so eng, daß das Pferd nur knapp durchkommen konnte.«[16]

Damit hängt es – zweitens – zusammen, daß der Held unterwegs und/oder auf dem Gipfel des himmelhohen Baumes wie auf einem Weg helfenden oder feindlichen Gestalten begegnet, Dörfer, Wälder und Städte vorfindet. Er soll vom Baum heilende Früchte für den kranken König holen oder die entführte Königstochter befreien. Er kämpft in dem Kupfer-, Silber- und Goldwald[17] und kommt an Kreuzwege im Wipfel des Baumes: »Der erste Weg führte ins Heilige

Land, der zweite Weg führte in die Hölle, der dritte in das Feen-Land.«[18] Der Held führt das Leben eines männlichen Aschenbrödels in dem Feenland oder befreit die entführte Königstochter aus dem Drachenland. Der Baum kann demnach genausosehr Schauplatz der Handlung, der Heldentaten, des Dienstes bei einer übernatürlichen Gestalt und der Brautsuche sein wie der irdische Weg, die Schlösser, Dörfer und Städte der Welt.[19]

Bis jetzt haben wir gar wunderbare Bäume gesehen: Bäume, die verwandelte Menschen waren, oder den Baum, der als Verbindung zwischen Erde und Himmel diente, der jedoch selbst ein eigenes Universum darstellte. Wir müssen uns aber fragen, ob im Märchen der Baum mit seinen natürlichen Eigenschaften nicht auch eine wichtige Rolle spielt?

Viele Helden und Heldinnen verirren sich im Wald. Um einen Weg zu suchen oder sich vor wilden Tieren zu schützen, klettert man oft auf einen Baum: Das artige und behende Schneiderbürschchen »kam [auf seiner Wanderschaft] in einen großen Wald und weil es den Weg nicht wußte, verirrte es sich. Die Nacht brach ein, und es blieb ihm nichts übrig, als in der schauerlichen Einsamkeit ein Lager zu suchen. Auf dem weichen Moose hätte er freilich ein gutes Bett gefunden, allein die Furcht vor den wilden Tieren ließ ihm da keine Ruhe, und er mußte sich endlich entschließen, auf einem Baume zu übernachten.« (KHM 163: »Der gläserne Sarg«). Das Schneiderlein fand nicht nur Schutz auf einer großen Eiche, sondern – und das ist noch wichtiger! – er »erblickte [...] in geringer Entfernung den Schein eines Lichtes«.

So oder ähnlich fangen viele – vor allem deutsche – Märchen an. Aber erst für die weiblichen oder kindlichen Helden wird der Baum ein wahrer Ort der Geborgenheit: In seiner Obhut warten sie auf jemand, der sie in ein neues Leben führt. In diesem Sinne hat der Baum mütterliche Funktionen, welche durch sein Hohl-Sein noch unterstrichen werden: Er bietet Schoß und Umarmung.

Verschieden sind die Motive, welche die weiblichen und kindlichen Helden zwingen, in oder auf einem Baum Zuflucht zu suchen: Sie werden als Kinder armer Eltern im Wald ausgesetzt, als mißhandelte Stiefkinder flüchten sie dorthin, oder sie werden im Wald verlassen. Sie werden aus Eifersucht, wegen Ungehorsams oder aus einem nicht näher bezeichneten Grund verstoßen. Sie verirren sich im Wald, oder der Baum ist selbsterwählter Einsiedler-Ort, wo die Heldin das Erlösungswerk an ihren in Vögel verzauberten Brüdern beginnt.[20] Auch Allerleirauh versteckt sich in einem hohlen Baum auf ihrer Flucht vor dem Vater, wird von dem jungen König bzw. seinen Jägern gefunden und in der königlichen Küche untergebracht, um »die Asche zusammenzukehren« (KHM 65, AaTh 510 B). Viele ihrer Märchen-Schwestern aber verdingen sich selbständig als Küchenmagd und verstecken nicht sich, sondern ihre vom Vater abgetrotzten schönen Kleider in oder unter einem Baum.[21]

Nun wären wir aber nicht in der Märchenwelt, wenn der Baum nur als ein Stück »gewöhnlicher« Natur helfen würde! In zahlreichen Erzählungen vom Typus »Das gute und das schlechte Mädchen« (AaTh 480), bei Grimm als »Frau Holle« bekannt (KHM 24), haben die positiven und die negativen Heldinnen unterwegs zur Dämonin wunderbare Begegnungen u. a. mit einem Obstbaum. Diese fordern die Mädchen auf, sie zu schütteln oder von den Ungeziefern zu reinigen, ihre trockenen Äste abzubrechen. Nur haben viele dieser Geschichten – im Gegensatz zu »Frau Holle« – oft eine logische Fortsetzung, indem die Bäume später das vor der Hexe flüchtende Mädchen verstecken oder verneinen, es gesehen zu haben, und das Mädchen mit ihren Früchten beschenken. In einem ungarischen Märchen findet die gute Tochter im verbotenen Zimmer ein Faß voller Goldmünzen. Sie rollt das Faß schnell aus dem Haus. Nachdem das Pferd und der Ofen, denen sie geholfen hatte, sie zur Eile mahnen, kommt sie zum dankbaren Kirschbaum, der ihr zuruft:

»›Oh, komm Mädchen, ich verstecke dich, denn die Hexe kommt und zerreißt dich!‹

Na, sie rollt das Faß schnell dorthin, und der Kirschbaum läßt seine Zweige sinken. Mit seinen Blättern deckt er das Mädchen zu, so daß die Hexe es nicht findet.«[22]

Das schlechte Mädchen, das sich freilich für zu vornehm dünkte, auf dem Heimweg den Bäumen, Öfen und Tieren zu helfen, wird von diesen verraten und von der Hexe verprügelt, ja zerrissen.[23]

Diese Bäume der Holle-Märchen sind oft Gerechtigkeitsbäume: Sie schenken nicht nur ihre natürlichen Früchte: Äpfel, Kirschen, Zwetschgen und Birnen, sondern sie geben Obhut, lohnen auch mit schönen Kleidern und Gold oder strafen mit wurmstichigen Äpfeln und Pech.[24]

Dies führt uns zu den magischen Entsprechungen der hohlen Bäume, in denen die Heldin ihre schönen Kleider versteckt hat: Zu dem Baum als Wunderschrank und Wunderstall. Denn im Gegensatz zum berühmten Grimmschen Aschenputtel-Märchen wächst der

Kleider und Kostbarkeiten spendende Baum in vielen Varianten nicht auf dem mütterlichen Grab. Nichtsdestoweniger gibt es auch hier einen engen Zusammenhang zwischen der sorgenden toten Mutter und dem Zauberbaum: Die Mutter gibt aus ihrem Grab heraus den Schlüssel zu ihm oder weist das arme Waisenkind zu einem bestimmten Baum. Mitunter muß die Stieftochter auch eine Formel hersagen, wie z. B. die folgende: »Hohle Weide tu dich auf / gib mir mein schön Geschmeide raus.«[25]

Das männliche Aschenbrödel (AaTh 530; AaTh 314) findet, seiner Rolle entsprechend, im Wunderbaum Rüstung und Roß; der starke Franz eines schleswig-holsteinischen Märchens zaubert gar ganze Regimenter aus einer Eiche, der Glasbergreiter Pferde, Soldaten und Diener.[26] Diese Bäume haben eine Beziehung zu männlichen Helfern: zum toten Vater, zu einem alten Mann, zu Zauberhengsten.

Die wunderbaren Kleider Aschenputtels und Allerleirauhs, silbern, golden und diamanten oder mit naturhaften und kosmischen Bildern geschmückt, zeigen die wahre Identität der echten Braut und sind somit ein Warnzeichen für den Bräutigam. So gesehen haben die Wunderbäume auch Vermittler-Funktion. Noch klarer zeigt sich diese Funktion im Märchentyp AaTh 511: in den Märchen vom helfenden Tier im Wald (wie in einem der ältesten europäischen Märchen, dem »Erdkühlein«), von der spinnenden Stieftochter auf dem Felde und vom allbekannten »Einäuglein, Zweiäuglein, Dreiäuglein« (KHM 130). In allen drei Untertypen wird das gütige, mütterliche Helfertier geschlachtet, aus den vergrabenen Überresten wächst aber der Wunderbaum empor, der nicht nur goldene und silberne Blätter und Früchte trägt, sondern diese auch allein von der Stieftochter pflücken läßt. So verrät der Baum die wahren Werte der Heldin und beweist ihre echte Würde, wie auch die Kleider Aschenputtels Ausdruck ihrer edlen Eigenschaften waren.[27]

Wir kennen viele Bildspender im Märchen, denn die Phantasie der Märchendichter ist reich. Erscheinungen und Gegenstände der Natur oder von Menschenhand geschaffen: Garten, Brunnen, Spiegel und Vogel, Berg, Meer, Fluß, Insel, Früchte und Brot, Tiere und Himmelskörper, die Brücke und der Weg, die Hütte und das Schloß, Tierhaut und Kleid, Zahlen, Farben, Metalle und noch vieles mehr werden zum Sinnbild. Wir haben nun gesehen, daß der Baum vieles verkörpern kann. Er fasziniert schon als ein Stück Natur: Der hohle Baum ist Versteck, der hohe Baum gibt in seiner Krone Schutz. Und vor allem ist der Baum auch Nahrungsspender. Erinnern wir uns nur, wie das »Mädchen ohne Hände« (KHM 31), vom Hunger gequält, in den königlichen Garten geht: »[...] sie sah einen Baum mit Obst, das waren schöne Birnen, aber sie waren alle gezählt. Da trat sie hinzu und aß eine mit dem Munde vom Baume ab, ihren Hunger zu stillen ...«

Das Märchen aber, sagt Max Lüthi, »schätzt die Natur, insofern sie eine Übernatur ist ...«[28], und so überrascht es nicht, wenn es der wunderbare Baum ist, dem wir am meisten begegnen: Er kann ein verzauberter oder verwandelter Mensch, aber auch der Schauplatz der Handlung sein: Er ist Weg, der zu fremden Reichen führt, er steht im königlichen Garten, aber er ist himmelhoch. Während der Held ihn erwandert, besteht er Abenteuer, löst Aufgaben und findet die Braut. Ein anderer Baum steht auch im Garten des Königs und trägt goldene Äpfel. »Als [aber] die Äpfel reiften, wurden sie gezählt, aber gleich den nächsten Morgen fehlte einer. Das ward dem König gemeldet, und er befahl, daß alle Nächte unter dem Baume Wache sollte gehalten werden« (KHM 57: »Der goldene Vogel«, AaTh 550). Damit eröffnet sich für die drei Söhne des Königs ein Weg der schweren Aufgaben, den freilich nur der Jüngste mit Erfolg begehen wird.

Vor allem ist aber der Baum im Zaubermärchen ein Helfer. Ebenfalls Max Lüthi hat festgestellt, daß der Märchenheld, die Märchenheldin in der Natur, in »der Welt der Pflanzen, der Tiere und Gestirne [...], nicht im Schoß der Familie» gut aufgehoben sind[29]; das Heil der Märchenhelden sei in einer jenseitigen Welt, im Märchen ist die gute Mutter immer tot! Sie »muß in ein anderes Reich übertreten, um ihrem Kind wirklich helfen zu können, in das des Todes, in das der Natur. Sie wird zur Blume [...], zum Baum oder Vöglein [...], zum mütterlichen Tier«.[30] Der helfende Baum ersetzt die Mutter und nicht selten den Vater: Er kleidet die Heldin und bereitet sie für die Hochzeit vor; er rüstet den Sohn auf, damit er sich die Königstochter gewinnen kann. Aber auch alltägliche Geschenke hat der helfende Baum bereit: Speise, Geld, Seife und Gebetbuch ...[31]

Oft aber gehören der helfende Baum und wunderbare Vögel – nicht nur im Aschenputtel-Märchen – zusammen. Nach Hermann Bausinger sind dies zwei Bilder, in denen der Trost der unterdrückten Jüngsten Gestalt wird: »Das eine [der Baum] eher die Verwurzelung, das andere [der Vogel] mehr die Phantasie, den freien Flug vertretend; das eine Zuflucht, die man aufsucht, das andere Hilfe, die man herbeiruft.«[32] (Über »Vögel im Zaubermärchen« vgl. in diesem Band S. 108 ff.)

Nach all diesen Wunderpflanzen darf es uns nicht überraschen, daß es auch Bäume gibt, in denen man Märchen findet, zumindest in Ungarn:

»Einmal war's, keinmal war's, jenseits von siebenmal sieben Ländern war einmal ein siebenundsiebzigjähriger Pappelbaum. Auf dem siebenundsiebzigsten Ast dieses siebenundsiebzigjährigen Pappelbaums hing ein siebenundsiebzigjähriger Rock. In der siebenundsiebzigsten Falte dieses siebenundsiebzigjährigen Rocks war ein siebenundsiebzigjähriges Büchlein. Auf der siebenundsiebzigsten Seite, im siebenundsiebzigsten Abschnitt dieses siebenundsiebzigjährigen Büchleins war dies kleine Märchen, das ich nun erzählen will.

Einmal war's, keinmal war's, jenseits von siebenmal sieben Ländern war einmal ein König ...«[33]

Anmerkungen

1 Hanna Johansen: »Brauchen Sie Heimat?« In: *Neue Zürcher Zeitung,* 26./27. April 1997, S. 68.

2 »Der Schriftsteller Hans Magnus Enzensberger im Gespräch«. In: *Basler Zeitung,* 2. Juni 1997, S. 33.

3 Else Lasker-Schüler: *Sämtliche Gedichte.* Hrsg. von Friedhelm Kemp, Darmstadt [4]1988, S. 191 f.

4 Franz Kafka: *Poseidon und andere kurze Prosa.* Ausgewählt und mit einem Nachwort von Jürgen Born, Frankfurt am Main 1994, S. 95.

5 Marlen Haushofer: *Himmel, der nirgendwo endet. Roman,* Frankfurt am Main 1994, S. 121.

6 Hannelore Marzi (Hrsg.): *Märchen vom Glück,* Frankfurt am Main 1995, S. 72.

7 Adolf Schiller: *Schlesische Volksmärchen,* Breslau 1907, Nr. 11.

8 Ágnes Kovács (Hrsg.): *Ungarische Volksmärchen,* Düsseldorf/Köln 1966, S. 71–73.

9 Karel Horálek: »Brüdermärchen: Das ägyptische Brüdermärchen». In: EM Bd. 2, Sp. 925–940; Walter Scherf: *Das Märchenlexikon.* Bd. 2, München 1995, S. 1393–1396; ebda. Bd. 1, S. 132–138; Waldemar Liungman: *Das schwedische Volksmärchen. Herkunft und Geschichte,* Berlin 1961, S. 78–80.

10 *Der Grüne Recke. Ungarische Volksmärchen.* Hrsg. von Ágnes Kovács, [Budapest]/Kassel 1986, Nr. 8, S. 127 f.; Vgl. auch AaTh 408: »The Three Oranges«; Scherf Bd. 1, S. 233–237.

11 Gisela Just: *Magische Musik im Märchen,* Frankfurt am Main etc. 1991, S. 167–182.

12 Liungman, S. 129.

13 Echtermeyer: *Deutsche Gedichte von den Anfängen bis zur Gegenwart,* Neugestaltet von Benno Wiese, Düsseldorf, 1962, S. 536 f.

14 Ágnes Kovács: »Baum: Der himmelhohe Baum«. In: EM. Bd. 1, Sp. 1381–1386; Donald Ward: »Baum«. In: EM Bd. 1, Sp. 1366–1374; Wolfgang Brückner: »Lebensbaum«. In EM Bd. 8, Sp. 820–824. [»Weltenbaum« ist noch nicht erschienen].

15 András Béres: *Rozsályi népmesék*, Budapest 1967, S. 143. (Übers. v. der Verf.)
16 Ágnes Kovács, Nr. 5
17 Ebda. S. 85.
18 Béres, S. 144.
19 Ágnes Kovács: »Das Märchen vom himmelhohen Baum«. In: Jürgen Janning/Heino Gehrts (Hrsg.): *Die Welt im Märchen*, Kassel 1984, S. 74–84; Scherf Bd. 1, S. 597–601; S. 731–736.
20 Katalin Horn: »L'arbre secourable dans le conte populaire allemand«. In: *Ethnologie française* N. S. IV (1974) 4, S. 333–348, hier 337 f.
21 Ebda. S. 336 f.
22 Ilona S. Dobos: *Egy somogyi parasztcsalád meséi*, Budapest 1962, S. 414. (Übersetzung von der Verf.)
23 z. B.: Zsigmond Szendrey: *Nagyszalontai gyüjtés*, Budapest 1942, S. 196.
24 Horn, S. 341–343.
25 Ebda. S. 335.
26 Ebda. S. 335 f.
27 Ebda. S. 338 f.
28 Max Lüthi: »Familie und Natur im Märchen«. In: ders.: *Volksliteratur und Hochliteratur.* Bern/München 1970, S. 63–78, hier S. 74.
29 Ebda. S. 69
30 Ebda. S. 68 f.
31 Horn, S. 334–336.
32 Hermann Bausinger: »Aschenputtel. Zum Problem der Märchensymbolik«. In: *Zeitschrift für Volkskunde*, Jg. 52 (1955), S. 153 f.
33 *Ungarische Volksmärchen*, S. 167.

Gisela Just

Die Vögel im Zaubermärchen

»Du hast mich erlöst ..., die böse Hexe ... hatte mich in einen Baum verwandelt, und alle Tage ein paar Stunden war ich eine weiße Taube ...« (KHM 123 »Die Alte im Wald«). Der verzauberte Königssohn, mit dem die Heldin, das arme Dienstmädchen, am Schluß fröhlich Hochzeit feiert, erscheint hier – und das ist das Besondere – in zweierlei Gestalt, als Baum wie auch als Vogel. Ursprünglich war das wohl nicht so, denn in dieser Erzählung fehlt der Anfang, die Vorgeschichte, in der wir erfahren sollten, wie der Prinz von der Alten verwandelt worden ist,[1] das Circe-Motiv,[2] das ja auch in KHM 69 »Jorinde und Joringel«, dem weiblichen Gegenstück zu diesem Märchen, eine Rolle spielt. In dieser eigenartigen Identität kann der Königssohn sehr wohl der Bote, der Vermittler sein, der als Vogel in seinem Schnabel den Schlüssel zum Wunderbaum bringt. Aber – so Hedwig von Beit – »die Taube, in deren Gestalt er bisweilen erscheint, stellt doch den Gegensatz zum Baum dar, das nicht statisch wurzelnde, sondern das flüchtige, bewegliche Seelenprinzip ...« So ist sein Wesen geteilt, »die eine Hälfte pflanzenhaft vegetierend, der Erde verhaftet, die andere ins Geistige sublimiert«. Später dann, als das Mädchen den Prinzen erlöst, der alten Hexe den Käfig mit dem Vogel (der Seele des Prinzen) abgenommen hat und den Ring, das zentrale Symbol, in den Händen hält, ist der Zauber gebannt, »löst der Urgegensatz Baum – Taube sich auf« in einen neuen, den von Mann und Frau. »Die Bindung wird nicht gelöst, sondern gewandelt ...«[3]

Baum und Vogel, hier also identisch, begegnen uns auch in anderen Märchen, so auf Aschenputtels Grab – dort verkörpern sie das helfende mütterliche Element – wie auch im Machandelbaum-Märchen KHM 47 – da stellt der Vogel die Seele des ermordeten kleinen Jungen dar, dessen Mutter unter dem Baum begraben liegt.

So sind Baum und Vogel ihrer Art nach Gegensätze, die dennoch oft zusammengehören, in der Wirklichkeit wie auch im Märchen. –

Die Zahl der Märchen, in denen Vögel eine Rolle spielen, ist erstaunlich groß (mit dem Begriff »Vogel« sind hier die flug- und flatterfähigen Vögel aller Arten gemeint, also auch Enten, Hühner, Gänse und Schwäne). Allein in der Hälfte aller Grimmschen Märchen treffen wir auf Vögel. Eine ganze Reihe von Märchen führt Vögel schon in ihrem Titel, und hier sind nicht nur die Grimmschen Märchen gemeint.

Dabei sind die Vogelarten, ihre Eigenschaften und Aufgaben sehr unterschiedlich. Wenn wir eine Einteilung der Vogelmärchen versuchen (wobei gleich vorausgeschickt werden muß, daß Gruppen sich nicht immer scharf abgrenzen lassen), so sollten am Anfang die reinen Zauber- oder Glücksvögel stehen wie etwa der Phönix, der Feuervogel, der goldene Vogel oder der Vogel Greif, mythische Vögel eben, bei denen die Vogelart nicht genannt wird, bei denen wir nicht erfahren, ob es sich um einen Raben, einen Schwan, eine Taube oder eine Eule handelt.[4]

Der Vogel Phönix

Dem Feuervogel wie auch dem goldenen Vogel liegt das Phönix-Motiv zugrunde. Darum müssen wir etwas ausholen, denn mit den Vögeln, die mit der größeren Behendigkeit als die vierfüßigen Tiere geisterhafter erschienen und die zu Vertretern und Boten der Götter gewählt worden waren, lebte man in der Antike viel vertrauter.[5]

Schon im alten Ägypten, wo Vögel hoch angesehen waren, hören wir vom Phönix, der dem Götterkönig Osiris geweiht war, eine Art Reiher, den auch die Griechen und die Römer verehrten. In ihm glaubte man die Kraft der Selbstverjüngung zu erkennen. Heute noch finden wir sein Bild auf den Grabmälern unserer Friedhöfe. Vom Phönix ist viel gefabelt worden. Am häufigsten erscheint die Vorstellung, daß der alte Vogel zu Asche verbrennt und aus dieser wieder ersteht.

Späteren Quellen zufolge, die sich auf volkstümliche Überlieferung stützen, trägt das über den Phönix Gesagte bereits märchenhafte Züge. Danach haust der Vogel im äußersten Osten auf einem hohen Baum im Land der ewigen Jugend, in dem niemand stirbt. Das Land wird von einer Quelle bewässert, die alle Monate einmal hervorbricht. Kommt dann der Morgen, trinkt der Vogel von dem Wasser, begrüßt den Aufgang der Sonne und schlägt dreimal mit den Flügeln, wenn diese am Mittag den höchsten Stand erreicht hat. Mit seinem Gesang begleitet er den Gang der Stunden. Er ist aller Geheimnisse kundig. Wenn tausend Jahre vergangen sind, fliegt er nach Syrien in einen abgelegenen Hain. Dort verbrennt er sich auf einer hohen Palme selbst in dem von den Sonnenstrahlen entzündeten Feuer und erneuert sich aus einem kleinen Rest.

In der römischen Kaiserzeit ist er nicht nur der Künder des goldenen Zeitalters, er wird auch ein Sinnbild des Aion, der Ewigkeit.

Das Christentum hat den Phönix als Symbol des sich für die Menschheit aufopfernden Heilandes übernommen.[6] Den Kirchenvätern galt er als Sinnbild der Auferstehung und des ewigen Lebens.

Nach dem Glauben der Alchimisten verwandelt er alles, was er berührt, zu Gold. – Vieles von dem hier Gesagten finden wir ähnlich in unseren Märchen wieder. Vom Phönix stammen letztlich alle Zaubervögel ab, denen wir dort begegnen, wenn sie manchmal auch andere Namen haben. Er wird der Märchenvogel schlechthin, nach dem die Märchenhelden suchen müssen auf langer gefährlicher Wanderung.

Zauber- und Glücksvögel als Helfer und Heiler des Menschen

Bei allen Völkern Europas ist der Märchentyp AaTh 550 bekannt, in dem es um die drei Kostbarkeiten Vogel, Pferd und Königstochter geht, um die Ausfahrt der drei Söhne, die ihrem kranken, blinden oder tauben Vater das wunderbare Heilmittel bringen sollen, das allein ihn gesund machen kann.[7] In vielen Erzählungen wie auch in KHM 57 ist dieses Heilmittel der goldene Vogel, eben der Phönix, in wieder anderen, wie in KHM 97, ist es das Wasser des Lebens. Beides ist von jeher ein Sinnbild der Unsterblichkeit gewesen. Der Gesang des Phönix, heißt es, heile jede Krankheit. Besonders eindrucksvoll, ja richtig dramatisch wird die Ausfahrt der Söhne bei Wilhelm Wisser in seinem plattdeutschen Märchen »Vagel Fenus«[8] geschildert (mit Fenus ist der Phönix gemeint), den der jüngste von drei Königssöhnen aus einem Schloß holt, sich danach zu einer Prinzessin, die da schon tausend Jahre schläft, ins Bett legt, die dann einen Sohn bekommt und mit einem Heer von zweimal zwanzigtausend Soldaten loszieht und den Vater ihres Kindes sucht, der den Vogel Phönix entwendet hat. Der Königssohn aber ist inzwischen von seinen neidischen Brüdern überfallen worden, die ihm den Vogel weggenommen haben und den Vater betrügen wollen … Aber der Vogel singt bei ihnen nicht, der Vater bleibt krank. Erst als der Märchenheld zurückkommt, erhebt er seine Stimme, springt der Vater gesund aus seinem Bett …[9]

Nicht immer geht es bei der Suche nach dem Vogel um einen Kranken oder Blinden. In manchen Erzählungen möchte der König wieder jung werden wie in einer rumänischen Überlieferung. Der »Vogel des Paradieses« heißt der Vogel da, und nur der fromme jüngste Sohn findet ihn im Paradies in einem goldenen Nest »gleich hinter der Tür«. Da er aber Gottes Warnungen mißachtet, muß er noch eine Reihe schwieriger Abenteuer bestehen und kehrt erst heim, als der Vater zuhause fast nichts mehr sehen kann. Da fing der Vogel an, ein Lied zu singen, dann das zweite, und der König fing an zu sehen. Schließlich »sang er so schön 99 Lieder, so daß der König so jung wurde wie ein 15jähriger Knabe ...«, heißt es am Schluß dieses Märchens.[10]

In wieder anderen Varianten muß der Vogel geholt werden, um eine neue prächtige Kirche erst vollkommen zu machen. In der griechischen Überlieferung »Die Kirche und der Vogel Nachtigall« soll diese »den Psalmisten singen helfen«. Eine andere griechische Erzählung spricht von der Nachtigall, »welche an der Kanzel hängen und schlagen sollte, wenn der Priester das Evangelium verliest«. Hier ist aus dem Phönix die Nachtigall geworden. Die Geschichte könnte mit dem alten Brauch der Ägypter, Griechen und Römer zusammenhängen, an die Vorderseite eines Tempels einen Adler zu setzen; ohne den Vogel bleibt der Tempel unvollständig.[11]

Ein sehr altes Märchenmotiv stellen die Geschichten von den wunderbaren Vögeln dar, deren kostbare Innereien dem Märchenhelden, wenn er sie verspeist, zu großem Reichtum oder zu hohen Ehren verhelfen können, ob sie nun »Das Vöglein, das goldene Eier legte«[12] oder »Goldhähnchen«[13] oder »Der Hahn mit den Goldfedern«[14] heißen. Auch »Die zwei Brüder« (KHM 60) und »Der Krautesel« (KHM 122) gehören dazu. Es sind einfach Zauber-, Glücksvögel, die goldene Federn haben oder eben goldene Eier legen.

Oft steht auf den Federn geschrieben, daß der, der den Magen eines solchen Vogels ißt, jeden Morgen Gold unter seinem Kopfkissen findet, und der, der die Leber ißt, wird König werden, und wer das Herz verzehrt, kann die Zukunft voraussagen. Aber – und das ist wichtig – im Märchen kommen diese wertvollen Innereien selten in den Besitz der habgierigen Menschen, die von ihrer Kraft wissen und sie für sich haben wollen, nein, irgendein armer junger Mensch oder Kinder in der Küche naschen, essen ahnungslos davon. Und die Prophezeiungen treffen ein, wenngleich sie ihren »Besitz« auch vorübergehend an hinterlistige Neider verlieren.

Im russischen Märchen von Afanasiew geht es um den Feuervogel, der im Garten des Zaren goldene Äpfel stiehlt. Er hat ein Gefieder, das wie Feuer glänzt, und Augen wie Diamanten. Der jüngste Zarensohn Iwan kann ihm eine Feder entreißen, von der ein solcher Glanz ausgeht, daß sie ein ganzes Schloß erhellt, eine Feder, die – so der Rat des Zaren – mehr wert ist als das halbe Zarenreich, nun will der Zar den ganzen Vogel haben. Der Zarewitsch Iwan findet ihn in einem Garten, muß aber erst noch das goldmähnige Roß und die schöne Zarin

Jelena herbeischaffen. Es ist dieselbe Kette von Kostbarkeiten wie im »Goldenen Vogel« (KHM 57). Wie dort wird der Held auf dem Rückweg von seinen Brüdern überfallen, hier sogar getötet. Aber sein Freund und Begleiter, der graue Wolf, schickt eine Krähe aus, um das Wasser des Lebens und das des Todes zu holen und erweckt ihn damit wieder zum Leben.[15] Sehr oft sind es im Märchen Adler, Krähen, Raben und Elstern, die das Wasser des Lebens holen.

Strawinsky hat im Libretto für sein Ballett »Der Feuervogel« unter anderem dieses Märchen zugrunde gelegt.

Ein weiterer mythischer Vogel ist der Vogel Greif, nach Walter Scherf ein »jenseits der Christenwelt hausender ... zweigesichtiger Dämon, der seine Urbilder in den mythischen Gestalten, halb Löwe halb Vogel haben mag – im Zaubermärchen aber in erster Linie als eine Instanz in der Dramatisierung und Verarbeitung der elementaren Beziehungskonflikte zu verstehen ist.«[16] In dem schweizerdeutschen Märchen bei Grimm KHM 165 soll der Bauernsohn, der die Königstochter heiraten will und verschiedene unmögliche Aufgaben bewältigen muß, schließlich eine Feder aus dem Schwanz des Vogels Greif holen. Doch dieser Vogel ist gefährlich, klug, aber ein Menschenfresser (ich rieche, rieche Christenfleisch!) – ähnlich dem »Teufel mit den drei goldenen Haaren« (KHM 29). Zum Glück für den Märchenhelden hat er wenigstens eine nette Frau, Mutter oder Großmutter, die dem Helden schließlich zu seiner Feder verhilft und dazu noch den allwissenden Vogel eine Reihe wichtiger Fragen beantworten läßt, die man ihm unterwegs aufgetragen hat. Im österreichischen Märchen heißt er der Federnteufel.[17] Nach dem pars-pro-toto-Prinzip steht die Feder hier für den ganzen Vogel, man kann sie mit den Haaren vergleichen (das Haar ist der Sitz der Weisheit und der Kraft der Dämonen). Darum wird das Ausreißen der Feder bei dem allwissenden Vogel auch mit dem Fragenstellen kombiniert.

Der Vogel als Verwandlungs- und Seelentier

Der Vogel ist nicht nur Helfer und Heiler, sehr oft ist er im Märchen das Verwandlungstier. Aber die Verwandlung ist nicht immer die gleiche. Wichtig ist es zu fragen: In welchen Vogel wird der Mensch verwandelt? Warum wird er verwandelt? Wer verwandelt ihn? Gibt es eine Rückverwandlung? Wie wird er erlöst? Oder bleibt er ein Vogel? Auch das gibt es.

Das Märchen »Die sieben Raben« (KHM 25) beginnt mit einer Verwünschung des Vaters. Weil seine sieben Knaben das Wasser für die

Nottaufe ihrer kleinen Schwester nicht schnell genug bringen, ruft der Vater in seiner Angst, das Mädchen könnte ungetauft sterben: »Ich wollte, daß die Jungen alle zu Raben würden.« Viele Märchen beginnen mit einer solchen Verwünschung. Ähnlich verläuft die Handlung in »Die sechs Schwäne« (KHM 49) und »Die zwölf Brüder« (KHM 9), bei Basile sind es sieben Tauben. Es müssen also nicht immer Raben sein, auch Rehböcke, Schweine, Schafe, Ochsen treten als Verwandlungsformen auf, aber am häufigsten werden die Jungen in Vögel verwandelt. Denn der Vogel ist ein Seelentier, im Glauben der Naturvölker die Verwandlungsform eines verstorbenen Menschen. Dabei dominieren Raben und Schwäne. Sowohl Schwarz wie auch Weiß sind Todesfarben, und Raben gelten als Leichenvögel (in manchen Varianten droht der Vater die Söhne wirklich umzubringen). Auch ist der Glasberg, in den die Söhne entrückt werden, ein Totenberg. Aber, so Lüthi, in den »Sieben Raben« versteckt sich die Todeswirklichkeit hinter dem Bild der Verwandlung in Tiere und dem des Aufenthalts in dem Glasberg. Damit beginnt der lange aufopfernde Weg der Schwester, die durch ihre Geburt die unschuldige Ursache für die Verwandlung ihrer Brüder darstellt und die sie nun erlösen will. Die »Sieben Raben« sind das Hohelied der Geschwisterliebe. Der Weg der Schwester ist eine Jenseitsreise zu Sonne, Mond und Sternen, und als das Mädchen das von den Sternen geschenkte Hühnerknöchelchen verloren hat, schneidet es sich den kleinen Finger ab, um den Glasberg aufzuschließen – einfach so, darum macht das Märchen kein Aufhebens. – Wesentlich schwerer noch ist der Weg des Mädchens in den anderen Fassungen dieses Märchentyps: In der Erzählung von den »Sechs Schwänen« (KHM 49) darf es sieben Jahre lang nicht sprechen und nicht lachen und muß in dieser Zeit sechs Hemden für die Brüder aus Sternblumen nähen, in wieder anderen Fassungen sind es Nesseln, die es auf den Gräbern des Kirchhofs pflücken muß. Durch das Schweigegebot wird das Mädchen verdächtigt, kann sich nicht wehren, gerät zum Schluß auf den Scheiterhaufen, soll als Hexe verbrannt werden – erst im letzten Augenblick sind die sieben Jahre um, hat sie die Hemden fertig, erscheinen die Schwäne, werden durch die übergeworfenen Hemden wieder zu Menschen und retten sie vor dem Feuertod. – Andere Versionen tun noch ein übriges dazu und erzählen, daß der zweite Ärmel am Hemd des jüngsten Bruders nicht rechtzeitig fertig wird und dieser anstelle eines Arms einen Schwanenflügel behält – so knapp geht es dort um Leben und Tod.[18]

Wurden die Brüder in den »Sieben Raben« durch eine Verwünschung des Vaters verwandelt, so tut das in »Jorinde und Joringel«

(KHM 69), einem Vogelmärchen par excellence, eine Hexe, die sich selbst am Tage zur Nachteule macht und Jungfrauen, die in ihren Bannkreis geraten, zu Vögeln und sie dann in Körbe sperrt, 7000 hat sie schon davon. Jorinde ist plötzlich zur Nachtigall geworden. Nachtigall, Taube und Turteltaube verkörpern hier das Paar in seiner Liebe, Klage und Trauer, die Nachteule, obwohl als Eule ein kluger Vogel (Attribut der Athene), das Dunkle, Dämonische der Hexe, der Zauberin. Jetzt muß der Mann, Joringel, seine Liebste entzaubern, erlösen, aber er braucht viel Zeit, bis er dazu imstande ist, bis er die blutrote Blume findet, mit der er Jorinde und die vielen tausend anderen Vögel der Hexe zurückverwandeln kann. –

Die Vogelverwandlung spielt auch in der griechischen Mythologie eine überragende Rolle. Denn die Fähigkeit, verschiedenste Gestalten anzunehmen, ist eines der Attribute der Götter.

Den von dem römischen Dichter Ovid überlieferten Sagen zufolge verwandelten sich die mythischen Gestalten entweder selbst, oder sie wurden von einem Gott verwandelt. Wir wissen es besonders von Zeus, daß er sich bei seinen Abenteuern mit schönen Frauen gern in einen Adler verwandelte oder in einen Stier und daß er sich Leda in Gestalt eines Schwans näherte. Viele Götter hatten Vögel als Attribute – so Athene die Eule, den Vogel der Weisheit, Aphrodite die Taube, den Liebesvogel, Apollo hatte einen Raben.

Ähnlich standen dem germanischen Göttervater Odin die beiden Raben Hugin und Munin zur Seite, die ihm alles berichteten, was sie sahen und hörten.

Damit wurden die Vögel bereits charakterisiert: der Rabe und die Eule galten als klug, die Taube war oft auch der Friedensvogel, die Turteltaube der Liebesvogel, der Schwan das Sinnbild der Reinheit, der Adler hat von jeher etwas Majestätisches – und das bis auf den heutigen Tag.

Manche dieser Vorstellungen und Verwandlungssagen sind auch in christliches Gedankengut eingegangen.

Daneben führte die Leichtigkeit der Fortbewegung eines Vogels aber auch schon im Altertum zu der Vorstellung, daß der Geist, die Seele beim Tod des Menschen den Körper in Gestalt eines Vogels verläßt wie der auf einem ägyptischen Papyrus abgebildete Ba, der Vogel der Seele, der über einer Mumie schwebt, bevor er seinen Flug in das Leben nach dem Tode antritt. Solche Bilder zeigen oft Wesen, die halb Mensch, halb Vogel sind, wie ja auch die griechischen Sirenen menschenköpfige Vogelfrauen waren, Todesdämonen, aus denen später freundliche Seelengeleiter ins Jenseits wurden. Wolfgang Kuhlmann erinnert in seinem Aufsatz im Märchenspiegel über »Die Vögel im Volksmärchen« daran, daß die Europäische Märchengesellschaft die stilisierte Darstellung eines solchen halbmenschlichen Vogels zu ihrem Vereinssignet gemacht hat.[19]

Wenn die Seele als Vogel im Augenblick des Todes den Körper verläßt – so ist auch das eine Verwandlung, aber ganz anderer Art. Ausgehend von der Beobachtung, daß Vögel sehr oft auf Grabsteinen zu sehen sind, hat Martti Haavio in einer Studie festgestellt, daß diese Auffassung sowohl in heidnischem wie auch in christlichem Glauben zu finden ist. Er erzählt von Beobachtungen, daß dieser Seelenvogel (manchmal ist es auch ein anderes kleines Tier) nicht nur im Augenblick des Todes, sondern auch während des Schlafes, bei einem Schamanen z.B. auch im Augenblick der Ekstase den Körper durch den Mund verläßt und später wieder zurückkehrt.

Eine Erklärung für diese Auffassung war für Haavio, daß der Mensch vergangener Zeiten nicht gut abstrahieren, sich die Seele im heutigen Sinne nicht vorstellen konnte.[20]

Im Christentum ist vielfach ein weißer Vogel das Symbol der dem Körper entschwebenden Seele, so entflieht die Seele Heiliger als weiße Taube aus dem Körper, die Seelen reiner Jungfrauen werden in Schwäne übergehen. Umgekehrt herrscht z. B. in Slowenien der Glaube, daß Kinder, die, ohne die Taufe erhalten zu haben, sterben, in Gestalt großer schwarzer Vögel von der Abenddämmerung bis Mitternacht umherfliegen müssen, daß sie kläglich wimmern und Erlösung suchen. Die Seele eines Verbrechers verwandelt sich in einen Raben.[21]

Ein besonders schönes Beispiel dieser Art von Verwandlung stellt das »Märchen von dem Machandelboom« (KHM 47) dar, und auch hier wie in den anfangs erwähnten Märchen »Die Alte im Wald« und »Aschenputtel« gibt es zwischen Baum und Vogel eine enge Verbindung:

Nach dem grausigen Mord am Anfang, nachdem der Vater seinen Sohn unwissentlich verzehrt hat, bestattet die kleine Schwester die Knochen ihres Bruders vor dem Haus unter dem Machandelbaum (Wacholder), unter dem die Mutter des Jungen begraben wurde. Da vollzieht sich das geheimnisvolle Geschehen der Verwandlung: Es brennt im Nebel wie Feuer, und aus dem Feuer fliegt ein schöner, leuchtender Vogel heraus, der herrlich singt. Auch hier drängt sich der Vergleich mit dem Phönix auf, der sich aus der Asche selbst erneuert.

Mit dem Lied gibt der getötete Knabe zu erkennen, daß er noch da ist. Der Wortlaut des Liedes bringt die Wahrheit über den Mord ans Licht:

»Mein Mutter, der mich schlacht,
Mein Vater, der mich aß ...«

Das furchtbare Geschehen findet seine Entsprechung in der Sagenwelt der Griechen. Der Nachtigallen-Mythos, der in die bekannteste Vogel-Ätiologie der griechischen Mythologie ausläuft, die Sage von Itys und Prokne, steht unter allen antiken Mythen dem Märchen am nächsten:

Prokne, Tochter des attischen Königs Pandion, schlachtet ihren Sohn Itys und setzt ihn ihrem Mann, der ihre Schwester Philomene geschändet hat, als Mahl vor. Als dieser darauf die grausamen Schwestern verfolgt, verwandelt Zeus sie alle in Vögel: Prokne in eine klagende Nachtigall, Philomene in eine stammelnde Schwalbe und Tereus in einen Wiedehopf. Das Opfer Itys wird zur Taube. – Statt des Wiedehopfs wird für Tereus später der Kuckuck genannt. Und Kuckuck, Schwalbe und Taube sind auch die meistgenannten Vogelarten in den Varianten dieses Märchens.[22]

Aber damit nicht genug. Der Vogel, die Seele des ermordeten Knaben, vollzieht in dieser Erzählung auch das Werk der Rache. Kette, Schuhe und Mühlstein hat er sich »ersungen« und damit die Kraft erworben, das Böse zu vernichten. Sein Singen lockt, und Vater, Stiefschwester und Stiefmutter treten aus dem Haus wie vor ein Tribunal. Der Vogel belohnt und bestraft, für den Vater die Kette, für die Schwester die Schuhe, die Stiefmutter, seine Mörderin, zerschmettert er mit dem Mühlstein, und im selben Augenblick wird aus dem Vogel wieder der kleine Junge vom Anfang der Geschichte. Wieder vollzieht sich die Verwandlung unter Dampf und Feuer.

Damit finden wir in diesem Märchen den Vogel in drei wichtigen Gestalten bzw. Funktionen: Er wird zum Seelenvogel (als der getötete Knabe unter dem Baum bestattet wird), mit seinem Lied wird er zum Wahrheitskünder, und am Schluß übt er Vergeltung als Rächer und Richter.

Während in der Grimmschen Fassung wie in vielen Varianten der Tod und die Verwandlung des Knaben nurmehr eine vorübergehende Phase sind, gibt es aber auch Versionen, in denen dem Märchen der versöhnliche Schluß fehlt. Lutz Röhrich weist auf die ostpreußischen Märchen der Sammlung Grudde hin, in denen die Ermordeten als Vögel ruhelos umherfliegen müssen, in denen eine Rückverwandlung nicht stattfindet.[23]

Michael Belgrader, der das Märchen untersucht hat, hält die Wiederverwandlung des Vogels in den Jungen für einen märchenhaften Zug, der erst später hinzugekommen ist. Seiner Struktur nach, entweder als Vogelätiologie oder als Erzählung, in der die Wiederbelebung aus den Knochen eines unschuldig ermordeten Kindes deutlich gemacht wird, ist dieser Erzähltyp entweder als Sage oder als Märchen mit schlechtem Ausgang zu verstehen.[24]

Der Vogel als Warner und Schicksalskünder

»Kehr um, kehr um, du junge Braut,
du bist in einem Mörderhaus.«

So warnt ein Vogel im Märchen vom »Räuberbräutigam« (KHM 40) die Müllerstochter, die den vom Vater ausgesuchten Freier besuchen kommt, und bewahrt sie damit vor einem schrecklichen Tod.

Der Glaube, daß Vögel das Schicksal, die Wahrheit verkünden, daß sie warnen können, war schon in der Antike verbreitet. Wie damals die Auguren aus dem Vogelflug die Zukunft weissagten, so galten auch im Mittelalter z. B. selten erscheinende Vögel als Überbringer meist schlechter Botschaften, sie kündigten den Tod eines nahen Angehörigen an oder eine Seuche wie z. B. die Pest, eine Hungersnot oder Krieg, so glaubte man. Besonders Eulen, Käuzchen, Raben oder Krähen waren solche Unglücks- oder Totenvögel.

Anders können diese Vögel im Märchen aber auch Glück bringen, dann nämlich, wenn der Märchenheld die Vogelsprache versteht.

In dem sehr alten, weitverbreiteten Märchen »Die Krähen« (im Anhang der KHM Nr. 19), eng verwandt mit einem anderen, »Die beiden Wanderer« (KHM 107), hört ein Soldat, dem seine treulosen Kameraden alles geraubt und dazu noch die Augen ausgestochen haben, wie drei Krähen sich über ihm unterhalten – und plötzlich versteht er die Vogelsprache, d. h. die Sprache der Natur, die der Seele. Er erfährt, daß in dieser Nacht ein wunderbar heilsamer Tau vom Himmel fällt, der Blinden das Gesicht wiedergibt. Er hört auch, wie eine todkranke Königstochter geheilt werden kann und wie die vertrockneten Brunnen in der Stadt wieder mit Wasser gefüllt werden können. Mit diesem Wissen bekommt er seine Augen wieder, heilt die Prinzessin und heiratet sie später.

Neben dem Motiv »Belauschen von Dämonen«[26] finden wir in dieser Geschichte auch ein weiteres, das von der »mißglückten Nachahmung«: Die bösen Kameraden des Helden hören von seinem Glück, wünschen für sich Ähnliches und eilen nun ihrerseits an den Ort, aber die erzürnten Vögel hacken ihnen die Augen aus und töten sie, eine gleichsam spiegelnde Strafe, wie Hans-Jörg Uther es nennt,[27] das Eingreifen göttlicher Gerechtigkeit. – Ein Märchenschluß, der auch an die Tauben in »Aschenputtel« (KHM 21) erinnert, die den bösen Stiefschwestern am Ende die Augen aushacken, nachdem sie vorher mit ihrem »Ruckedigu, Blut ist im Schuh« bereits die Wahrheit über die beiden verkündet hatten.

In der Fortsetzung der »Beiden Wanderer« wird die Vogelschar noch um einen Storch und eine Ente erweitert, die der nun wieder Sehende trifft und braten will, da er halb am Verhungern ist. Als er sie verschont, helfen ihm die dankbaren Tiere später bei der Lösung scheinbar unmöglicher Aufgaben: Die Enten holen die ins Wasser gefallene Königskrone herauf, und der Storch bringt der Königin, wie gewünscht, einen kleinen Prinzen aus dem Brunnen, nach guter alter Storchensitte. So erscheinen die Vögel auch in diesem Märchen in verschiedener Mission: als Schicksalskünder, als dankbare Helfer, aber auch als Rächer. Als Boten Gottes retten und strafen sie – ein Märchen, das eindeutig belehren will.

Um eine »Vogelwarnung« geht es auch in der Erzählung »Der getreue Paul«, eine Variante des Grimmschen »Treuen Johannes« (KHM 6): Der Prinz Ferdinand und sein Ziehbruder und Diener Paul, ein Findelkind, geraten in die Gefangenschaft eines Sultans, dessen Tochter Ferdinand liebt. Als sie zu dritt auf einem Schiff fliehen und der mit übersinnlichen Kräften begabte Paul eines Abends im Mastkorb Wache hält, belauscht er das Gespräch zweier Tauben, »und da er im Walde geboren war und den Vöglein fleißig zugehorcht hatte, verstand er ihre Sprache.« Dabei erfährt er, daß auf den jungen König und seine Braut große Gefahren lauern und wie er, Paul, sie verhindern kann. Sobald er aber sein Geheimnis verrät, soll er zu Stein werden. Er beschließt, seinem Herrn trotzdem zu helfen und rettet ihn, und als der Prinz in ihn dringt, verrät er sein Erlebnis und wird augenblicklich zu Stein. Denn ein Mensch, der das von Dämonen erfahrene Wissen ausspricht, wird gnadenlos bestraft, ein altes Märchenmotiv. Mit dem Einsatz seines erstgeborenen Sohnes kann der Prinz den versteinerten Freund wiedererwecken. Das Kind bleibt am Leben.[28]

Schicksalsvögel gibt es ebenso im Zaubermärchen von den »Drei Sprachen« (KHM 33), ein Stoff, der schon in den Exempelsammlungen des Mittelalters erscheint. Gemeint sind die Sprachen der Hunde, der Vögel und der Frösche (Erde, Luft und Wasser), die zum Entsetzen eines Vaters alles darstellen, was sein Sohn in Jahren gelernt hat. Aus Zorn will er ihn töten lassen. Aber die Frösche offenbaren dem Sohn die Zukunft, als er nach Rom reist, wo gerade der Papst gestorben ist. Zwei schneeweiße Tauben setzen sich auf seine Schultern, für die Kardinäle ein göttliches Wunderzeichen. Er wird gesalbt und geweiht, und als er eine Messe singen soll, sagen ihm die Tauben alles ins Ohr. Sie, die in der religiösen Symbolik den Heiligen Geist verkörpern, (denken wir an die Taufe Jesu), ermutigen und befähigen den Helden zur höchsten Würde auf Erden; er erringt sie, weil er gelernt hat, auf die Tauben zu hören.

Nach Bruno Bettelheim gibt es »kein anderes Märchen, in dem so knapp beschrieben wird, wie ein Heranwachsender zu voller Selbstverwirklichung in seinem Innern und in der Welt gelangt«. »Die Vögel, die hoch in die Lüfte fliegen«, sagt er an anderer Stelle, »symbolisieren ... die Freiheit der Seele, sich aufzuschwingen, scheinbar frei von allem, was uns an die irdische Existenz bindet und was in diesem Märchen in Gestalt der Hunde und Frösche so anschaulich dargestellt ist. Die Vögel verkörpern das Über-Ich mit seinem Streben nach hohen Zielen und Idealen, mit seiner hochfliegenden Phantasie und seinen in der Vorstellung vorhandenen Vollkommenheiten.«[29]

Der Vogel als Rächer und Richter

Um das Bild des Vogels im Märchen abzurunden, soll er zum Schluß noch in einer besonderen Situation gezeigt werden, wenn er sich nämlich als tierischer Held mit einem höhergestellten, meist menschlichen Gegenspieler auseinandersetzen muß.

Die Geschichte vom Halbhähnchen – laut EM ein den Zaubermärchen zugeordneter Erzähltyp – existiert weltweit in mehr als 700 Varianten, besonders in Frankreich, auf dem Balkan und im Iran, seltener im deutschsprachigen Raum.[30]

Ein halber Hahn (entweder eine Mißgeburt oder eine selbständig weiterlebende Hälfte eines geteilten Tiers, manchmal ist es auch ein ganzer oder ein alter Hahn) geht von zuhause weg, um von einem Schuldner einen verliehenen oder gestohlenen Gegenstand oder Geld oder eine besondere Mühle zurückzufordern. Unterwegs nimmt er andere Tiere mit, die er unter seinen Flügeln versteckt oder in seinen Verdauungstrakt hineinkriechen läßt, auch ein Wasser oder ein Fluß kommen dazu. Die Tiere helfen ihm später, als der Schuldner mehrere Male versucht, den Hahn zu vernichten. Sie fressen die größeren Tiere, zu denen der Hahn gesperrt wird, und das Wasser des mitgenommenen Flusses bewahrt ihn vor dem ihm zugedachten Feuertod im Backofen. Die Tiere schädigen den überlegenen Gegner (manchmal ist das sogar der König) derart, daß er schließlich das geliehene Geld bzw. den Gegenstand herausgeben muß.

Ein gesellschaftliches Anklagespiel ist das; wie in einer Fabel wird gezeigt, welche Ungerechtigkeiten sich der kleine Mann (den der Hahn hier darstellt) täglich vom reicheren gefallen lassen muß. Der Hahn verteidigt sein Zuhause bis zum letzten, obgleich er bei der Mühle nur das aufpicken darf, was daneben fällt, aber das läßt er sich nicht kampflos nehmen.[31]

Manchmal kontaminiert diese Geschichte mit dem Märchentyp vom »Hund und Sperling« (KHM 58): da geht ein alter Hahn, den der Schloßherr nicht mehr füttern will, fort, nimmt stärkere Tiere unter seine Flügel, kehrt mit ihnen zurück und behauptet sich erfolgreich gegenüber seinem Herrn, der alles versucht, ihn loszuwerden. Als er ihn dazu noch mit provozierenden Sprüchen ärgert, dreht der Schloßherr ihm wütend eigenhändig den Hals um und läßt ihn braten. Triumphierend nimmt er ein Stück in den Mund, als der Hahn plötzlich seinen Kopf aus seinem Mund herausstreckt, wieder seine frechen Sprüche kräht und ihm seinen Tod voraussagt. Der Herr befiehlt seinen Dienern, dem Hahn den Kopf zu spalten, aber der zieht sich schnell zurück, so zerschmettert das Beil das Haupt des Schloßherrn.[32]

Nach Hedwig von Beit ist der Hahn hier die in Tierform auftretende Schattengestalt, das *alter ego* des Herrn, das, wenn er es verwirft, zum dämonischen Gegner wird.[33] Wie schon im Machandelbaummärchen erscheint der Vogel in diesen Erzählungen als Rächer und Richter.

In den vorliegenden Varianten soll das Charakteristische des Hahns demonstriert werden, der schon immer ein besonderer Vogel war, auffallend schon durch sein Äußeres, seine bunten Federn, seinen Kamm und seinen Gang, männlich, streitbar, kampfesmutig. Er sagt durch sein Krähen den Morgen an, er vertreibt die Dämonen der Nacht. Er ist die älteste Bauernuhr und ein wichtiger Wetterprophet, sein Krähen macht ihn zum Wächter – so kommt er auf unsere Kirchtürme. Und – das ist sein Schicksal – er wird immer wieder mit der Verleugnung Jesu durch Petrus in Verbindung gebracht. Denn er ist eben auch ein Orakeltier, denken wir nur an den Hahn in »Frau Holle« (KHM 24).

Besonders hübsch, als »Parodie auf Stolz und Anmaßung männlicher Unternehmungslust«[34] (allerdings mit traurigem Ausgang) ist die

Geschichte »Vom halben Hähnchen« in einem spanischen Märchen dargestellt, eine Literarisierung des Stoffes durch die Kinderbuchautorin Cecilia Böhl de Faber. Da ist das Hähnchen außerordentlich stolz und hält sich für den Phönix seines Geschlechtes. Dabei fehlen ihm ein Auge und ein Fuß, darum macht es seiner Mutter Vorwürfe: »Aus was für einem Ei bin ich gekrochen? War es etwa ein von einem alten Hahn gelegtes?« (Nach dem Volksglauben kriecht aus solch einem Ei nach sieben Jahren ein Basilisk hervor, der mit seinem Blick den Menschen tötet, den er zuerst sieht, und der von ihm getötet wird, wenn dieser ihn zuerst erblickt). »Nein«, sagt die Mutter, »du bist aus dem letzten Ei gekrochen, das ich selbst gelegt habe, und eben weil es mein letztes und ich schon so erschöpft war, bist du so unvollkommen und schwächlich auf die Welt gekommen ...« Und sie gibt ihm kluge Ratschläge mit auf die Reise: »Vermeide die Kirchen, wo ein Bildnis des heiligen Petrus aufgestellt ist; denn dieser Heilige ist den Hähnen nicht sehr geneigt und noch viel weniger ihrem Rufe. Fliehe auch gewisse Menschen, die man Köche nennt, die sind unsere geschworenen Feinde, sie drehen uns den Hals um, bevor man noch Amen ausgesprochen hat ...« Das halbe Hähnchen setzte seinen einen Fuß in Reiseschritt, schlug mit seinem einzigen Flügel und krähte dreimal zum Zeichen des Abschiedes. – Aber das arrogante Tier ist unterwegs unfreundlich zu Wasser, Feuer und Wind – und so helfen die ihm auch nicht in der Not. Es wird gefangen und verbrennt schließlich am Bratspieß, wird schwarz und weggeworfen, bis der Wind es auf der Spitze eines Glockenturmes absetzt. St. Peter erfaßte es und nagelte es dort fest. Seitdem nimmt es diesen Posten ein, schwarz, fleischlos und entfiedert, vom Regen gepeitscht und vom Winde gedreht, dem es immer den Schweif nachtragen muß. Nun heißt es nicht mehr Halbhähnchen, sondern Wetterfähnchen.[35] –

Angefangen beim Phönix, dem Urvogel, über die Zauber-, Wunder- und Glücksvögel, wurden die Vögel im Zaubermärchen als Helfer und Heiler, als Wegweiser und Warner, als Verwandlungs- und Seelentier und schließlich als Rächer und Richter vorgestellt. –

Doch vergessen wir über soviel märchenhaften Vögeln am Ende die echten, die lebendigen nicht, deren Lebensraum immer mehr eingeengt wird durch Verschmutzung der Erde, der Luft und des Wassers. Immer mehr Arten sterben aus. Sorgen wir dafür, daß ihre Stimmen nicht verstummen!

Anmerkungen

1 Vgl. L. Mackensen: »Alte im Wald«. In: HDM 1,49.
2 H. P. Schönbeck: »Circe«. In: EM 3,57 f.
3 H. v. Beit: *Gegensatz und Erneuerung im Märchen,* Bern und München 1965, S. 103.
4 W. Kuhlmann: »Die kleinen Dämonen: Vögel im Volksmärchen, dargestellt an den Kinder- und Hausmärchen der Brüder Grimm«. In: *Märchenspiegel,* 6. Jg., April 1995, Jubiläumsausgabe, S. 66 ff.
5 E. u. L. Gattiker: *Die Vögel im Volksglauben. Eine volkskundliche Sammlung aus verschiedenen europäischen Ländern von der Antike bis heute,* Wiesbaden 1989, S. 25.
6 K. Spieß: *Der Vogel. Bedeutung und Gestalt in sagtümlicher und bildlicher Überlieferung,* hrsg. v. H. Spieß und A. Schulte, Klagenfurt 1969, S. 9 f.
7 S. Liljeblad: Art. »Fahrt nach dem Heilmittel«. In: HDM 2,6.
8 W. Wisser: *Plattdeutsche Volksmärchen,* Hamburg 1965, S. 156 ff.
9 Vgl. dazu ausführlich: G. Just: *Magische Musik im Märchen. Untersuchungen zur Funktion magischen Singens und Spielens in Volkserzählungen,* Frankfurt/Main, Bern, New York, Paris 1991, S. 58 ff.
10 P. Schullerus: *Rumänische Volksmärchen aus dem mittleren Harbachtal,* Bukarest 1981, S. 224 ff.
11 G. A. Megas: *Griechische Volksmärchen,* Düsseldorf 1965, S. 219 ff. Vgl. auch H. Stumme: *Maltesische Märchen, Gedichte und Rätsel in deutscher Übersetzung,* Leipzig 1968, S. 39 ff.
12 D. Jecklin: *Volksthümliches aus Graubünden,* Chur 1916, S. 606 f.
13 L. Bechstein: *Sämtliche Märchen nach der Ausgabe letzter Hand unter Berücksichtigung der Erstdrucke, mit Anmerkungen und einem Nachwort v. W. Scherf,* München o.J., S. 318 ff.
14 E. Meier: *Deutsche Volksmärchen aus Schwaben,* Hildesheim, New York 1971, S. 259 ff.
15 A. N. Afanasjew: *Russische Volksmärchen.* In neuer Übertragung v. S. Geier, München 1985, S. 368 ff.
16 W. Scherf: *Das Märchen-Lexikon,* Bd. 2. Von L bis Z, München 1995, S. 1279.
17 K. Haiding: *Österreichs Märchenschatz,* Wien 1980, S. 342 ff.
18 Vgl. M. Lüthi: *So leben sie noch heute,* Göttingen 1989, S. 39 ff. und C. S. Kawan: »Mädchen sucht seine Brüder«. In: EM 8, 1354 ff.
19 W. Kuhlmann, S. 67.
20 M. Haavio, L. Hakulinen, J. Hautala: »Der Seelenvogel«. In: *Studia Fennica. Revue de Linguistique et d' Ethnologie Finnoises,* Tome VIII, 1959 o.O.
21 E. u. L. Gattiker, S. 20 f.
22 Vgl. W. Burkert: »Vom Nachtigallenmythos zum Machandelboom«. In: W. Siegmund: *Antiker Mythos in unseren Märchen,* Kassel 1984, S. 113 ff.
23 L. Röhrich: *Märchen und Wirklichkeit,* Wiesbaden 1979, S. 176.
24 M. Belgrader: *Das Märchen von dem Machandelboom* (KHM 47), Frankfurt/Main 1980, S. 331. Vgl. hierzu ausführlich G. Just, a.a.O., S. 188 ff.
25 E. u. L. Gattiker: S. 14 f.
26 K. Ranke: »Belauschen«. In: EM 2,77 f.

27 KHM/Uther, 4. Bd., S. 207.
28 J. W. Wolf: *Deutsche Hausmärchen,* Hildesheim, New York 1972, S. 383 ff.
29 B. Bettelheim: *Kinder brauchen Märchen,* München 1975, S. 117 ff.
30 U. Marzolph: »Halbhähnchen«. In: EM 6, 396 ff.
31 W. Scherf, S. 554 ff.
32 U. Marzolph, S. 399.
33 H. v. Beit, S. 222 f.
34 W. Scherf, S. 557.
35 H. Meier u. F. Karlinger: *Spanische Märchen,* Düsseldorf, Köln 1961, S. 15 ff. Cecilia Böhl de Faber fügte diese Erzählung unter ihrem Pseudonym Fernan Caballero dem Roman »La Gaviota« ein.

Ursula Heindrichs

Zauber Märchen Brunnen

»Tief ist der Brunnen der Vergangenheit. Sollte man ihn nicht unergründlich nennen? Dies nämlich dann sogar ..., wenn nur ... das Menschenwesen es ist, dessen Vergangenheit in Rede und Frage steht ... Da ... geschieht es, daß, je tiefer man schürft, je weiter hinab in die Unterwelt des Vergangenen man dringt und tastet, die Anfangsgründe des Menschlichen ... sich als gänzlich unauslotbar erweisen und vor unserem Senkblei, zu welcher abenteuerlichen Zeitenlänge wir seine Schnur abspulen, immer wieder und weiter ins Bodenlose zurückweichen.«[1]

Mit diesen Sätzen beginnt Thomas Mann seinen großen vierteiligen Romanzyklus »Joseph und seine Brüder«, in dem er den Schritt vom »Bürgerlich-Individuellen zum Mythisch-Typischen« tut: er will die »Brunnentiefe der Zeiten« ausloten, »wo der Mythos zu Hause ist, und ... die Urformen des Lebens gründen.«[2]

Thomas Mann ist bemüht um eine aktualisierende Vergegenwärtigung der mythologischen Stoffe, und der langjährige Briefwechsel des Dichters mit dem ungarischen Mythenforscher und Religionswissenschaftler Karl Kerényi[3] hilft ihm bei seinem Anliegen. Dabei ist es bemerkenswert, daß sich die »chronologische Zeit« aufhebt, wenn der Dichter dem Wort »einst« nachsinnt; Überliefertes, Vergangenes und zukünftig Prophetisches schlagen in unserem Wort einst ja zusammen: Einst geschah es, sagen wir, aber wir sagen eben auch: Einst wird es so oder so sein, und dieser ambivalente Sinn gibt dem doppelsinnigen Wort ein geheimnisvolles Beieinander von Vergangenheit und Zukunft in der Gegenwart. Verkürzt ist so eigentlich in dem Wort »einst« das anwesend, was der geliebte Anfang eines bretonischen Märchens ausdrückt: »Es war einmal, es wird eines Tages sein, das ist aller Märchen Anfang.«

Wenn wir heute die Märchen nach dem »Einst« befragen, uns mit ihnen er-innern an »Zauber« und »Brunnen«, dann sind wir also nicht hoffnungslos nostalgisch und verträumt, wie manche Kritiker immer noch meinen, sondern wir erfahren aus dem Märchen und seinem Zauber immer wieder auch etwas über das künftig mögliche »Einst«; darin liegt die ungebrochene und nicht versiegende Aktualität der Märchen aller Menschen auf der Erde.

Im übrigen tut Thomas Mann recht daran, vom »Brunnen« der Vergangenheit zu reden, und obwohl er von seiner Tiefe spricht, so trifft er damit doch auch »die Quelle«, die der Historiker, der Wissenschaftler meint, der die »Geschichtsquellen« befragt. – Wir Späten am Ende dieses Jahrtausends müssen uns heute er-innern angesichts der »ver-schwindenden Welt«[4], wir müssen und wollen das »Innen« befragen, die »In-Bilder«, die in den Märchen bewahrt sind.

Der »Erinnerungskultur«, die uns, wie Heinz-Albert Heindrichs sagt, »unvermutet eingeholt hat am Ende des Jahrtausends« – ihr begegnen wir derzeit allerorten; und das meint nicht einen Rück-Fall, sondern ein Fort-Schreiten mit den Möglichkeiten heutigen Wissens, heutiger Zivilisation, Kultur und Gärtnerkunst auf dem Weg »um die ringförmige Welt«, der in den verlorenen großen Garten Eden weist (Kleist).

Versuchen wir also, uns zu erinnern mit den Märchen an Brunnen, Quellen, Wasser, Zauber ...! Mit Vladimir Propp dürfen wir dabei indessen »den Mythos als eine mögliche Quelle des Märchens heranziehen«.[5]

Brunnen und Weisheit

Mnemosyne ist für die Griechen die Göttin des Gedächtnisses, der Erinnerung, und sie ist die »Mutter der Musen«; Zeus selber hat sie gezeugt; ihre Töchter, die Musen, sind die Göttinnen des Dichtergesangs und aller höheren Geistigkeit. Der Dichter, auch und gerade der Märchen erfindende und Märchen erzählende, bedarf der »Mnemosyne«, der Erinnerung an das Frühe.

Wie herrlich, daß die Musen »ur-sprünglich« dem Wasser verbunden sind: Die Quellen sind ihnen heilig, ein Trunk vom Wasser bestimmter Quellen (»Musen-Quellen«)[6] begeisterte Dichter und Propheten, und Wasser- und Brunnen-Dämonen haben von alters her »den Blick für die Zukunft«. Die Propheten Tiresias und Epimenides gelten den Griechen als Söhne von Quell-Nymphen, die selber weissagen können.

Die Germanen glaubten den Ursprung aller Weisheit im »Mimirs-Brunnen« vereinigt: »Unter der Wurzel der Weltesche Yggdrasil ist der Mimirsbrunnen, in dem Scharfsinn und Verstand verborgen sind. Mimir ist der Name seines Besitzers, und dieser ist voll Weisheit, weil er aus dem Brunnen trinkt.« Mimir ist der »Klügste, seine Weisheit und seine prophetische Kraft sind stärker als die der anderen«, und Odin, der es ihm gleichtun will, bekommt nur einen Trunk aus diesem Brunnen, »nachdem er sein Auge als Pfand dort hinterlegt hat.«[7]

Martin Ninck meint, obwohl die »Hydromantik« an die Spiegelfähigkeit des Wassers gebunden sei, gelte indessen überall die »Uranschauung, daß das tiefste Wissen, das letzte Geheimnis des Lebens in der Tiefe« ruhe.[8] Hellsichtig, prophetisch sind ja auch die Tiere, die in der Wassertiefe leben: Der Frosch, der »aus dem Wasser ans Land kroch«, kündigt der unfruchtbaren Königin im Märchen von »Dornröschen«[9] die Geburt einer Tochter an; von »weissagenden Fröschen« erzählt unser Märchen »Die drei Sprachen«[10], und der sprechende »goldene Fisch« prophezeit dem Fischer im Märchen »Die Goldkinder«, welcher »Segen« ihn erwartet, wenn er seinem Rat folgt.[11] Im russischen Märchen »Geh ins Land Ichweißnichtwohin und hol mir das Ichweißnichtwas« entsteigt »ein alter lahmer Frosch« dem Wasser, der den Weg dorthin weiß und dem Suchenden hilft, die schier unlösbare Aufgabe zu erfüllen.[12]

Auch alle »Orakelquellen« gehören in diesen Zusammenhang. Nur *ein* Beispiel dafür: In Basiles Märchen »Die bezauberte Hirschkuh« wirft Canneloro einen Dolch auf die Erde, und indem dort plötzlich eine schöne Quelle hervorsprudelt, sagt er zu dem Prinzen: »... an dem Lauf dieser Quelle wirst du den Lauf meines Lebens zu erkennen vermögen. Wenn du sie nämlich hell strömen siehst, so wisse, daß mein Leben ebenso hell und heiter ist; wenn du sie trüb siehst, so denke dir, daß ich Leiden erdulde, und wenn du sie versiegt findest, ... so sei überzeugt, daß das Öl meiner Lampe ausgebrannt ist und ich der Natur ihren Tribut gezollt habe.«[13]

Das Wasser verkündet aber auch selber das Geheimnis, das in ihm ruht; die Quelle warnt: »Wer aus mir trinkt, wird ein Tiger, ... wer aus mir trinkt, wird ein Wolf, ... und wer aus mir trinkt, wird ein Reh.«[14]

Sehend machendes Brunnenwasser

Unsere Märchen, die von sehend machenden Quellen erzählen, gründen ebenfalls in dem uralten Glauben, das tiefste Wissen ruhe in der Tiefe. Wir erinnern uns: »Der Königssohn, der sich vor nichts fürchtet«, holt dem betrügerischen Riesen »einen Apfel vom Baum des Lebens«, aber dieser Hinterlistige sticht ihm beide Augen aus. Der treue Löwe indessen, der den Königssohn begleitet, spritzt mit seiner Tatze Wasser in sein Antlitz: »Kaum hatten ein paar Tröpfchen die Augenhöhlen benetzt, so konnte er wieder etwas sehen«, und nachdem er sich das Gesicht in dem Wasser gewaschen hat, bekommt »er seine Augen wieder, so hell und rein, wie sie nie gewesen waren«.[15]

Interessant ist es, daß auch der Tau, der vom Galgen herabgefallen ist, jedem, der sich damit wäscht, »die Augen wieder gibt«[16], das erfährt der vom Schuster geblendete Schneider in unserem Märchen »Die beiden Wanderer«.

Vladimir Propp sagt, »daß es eine Gruppe von Gegenständen gibt, deren Zauberkräfte darauf beruhen, daß sie aus dem Reich der Toten (von dort) geholt sind, und hierzu gehört unter anderem das Wasser, welches das Augenlicht zurückgibt«.[17]

Wasser des Lebens

Über die ganze Erde ist der Glaube verbreitet, das Leben stamme aus dem Wasser.[18] Das Wasser aus der Brunnentiefe birgt die Keime des Lebens, es macht die Trinkenden fruchtbar und kann sogar den Getöteten wieder lebendig machen. Böse Geister mißhandeln den Jüngling, Der »König vom goldenen Berg« werden soll in drei furchtbaren Qualnächten; in der dritten Nacht wird ihm sogar der Kopf abgeschlagen, aber die durch seine schweigend erlittenen Schmerzen erlöste Königstochter bestreicht ihn mit dem »Wasser des Lebens«, und er ist »wieder lebendig und gesund wie zuvor«.[19] – Aber auch die Tränen gelten als belebendes Wasser.[20] Berühmt ist die Einleitung von Basiles »Pentamerone«: »Diejenige Frau, welche in drei Tagen den« an dem »Grabe des Prinzen Thadäus« aufgehängten »Krug vollzuweinen vermöchte«, kann den Prinzen »wieder ins Leben rufen und zum Ehegemahl nehmen.« Und während Zoza den Krug »in weniger als zwei Tagen schon bis zu zwei Finger in den Hals hinauf voll« geweint hat, dann aber erschöpft einschläft, bringt die »betrügerische Sklavin« sie um den Lohn: diese weint »eins, zwei, drei« den Krug »bis oben hinauf« voll; »und kaum hatte das Tränenwasser den Rand erreicht, als auch der Prinz, wie aus tiefem Schlaf erwachend, aus dem Sarg von weißem Marmor emporstieg.«[21]

Alle Erzählungen vom vielfältig heilenden, stärkenden, belebenden Wasser bezeugen das Wissen der Menschen: Ohne Wasser ist Leben unmöglich. Das Geschenk der Brunnen und Quellen ist im Wortverstande not-wendig, es wendet die Not, und diese Erfahrung verdichtet sich am schönsten in den Märchen vom »Wasser des Lebens«, dem eigentlich kostbarsten Gut, das die Zaubermärchen kennen.[22] Dieses Wasser ist schwer zu finden; es quillt aus einem »Brunnen in dem Hofe eines verwünschten Schlosses«[23], und nur durch Rat und Hilfe eines

»Jenseitigen« kann der es gewinnen, der es reinen Herzens sucht. Der kranke König, der davon trinkt, fühlt »seine Krankheit verschwinden« und ist »stark und gesund wie in seinen jungen Jahren«.[24]

Alle Menschen erzählen von diesem Lebenswasser wie von einer Er-innerung an das »verlorene Paradies«, die das »Gattungsgedächtnis« aufbewahrt, von dem Edgar Dacqué spricht.[25] Dieses Gattungsgedächtnis, diese Gattungsseele ist das große Becken, worin sich das Erleben der Menschheit gesammelt hat. Dacqué sagt: »Der Einzelne lebt nur aus der metaphysischen Lebendigkeit der gesamten Gattungsseele, ... sie wurzelt in der Urvergangenheit und ist doch immerzu gegenwärtig«[26], vergleichbar dem »kollektiven Unbewußten« C. G. Jungs.

Das Märchen kennt indessen neben dem »Wasser des Lebens«, dem »Wasser der Schönheit« und dem »Brunnen der Jugend« auch »Das Wasser des Todes«.[27] Wenn es im Märchen »Die Königstochter vom Berge Muntserrat«[28] heißt, daß »ein Tropfen vom Wasser des Todes« den Trinkenden »tot hinstürzen« läßt, dann ist das nur *ein* Beispiel für die tödliche, vernichtende Wirkung dieses Giftes.[29] Aber dieses Wasser steht für alle tödlichen Gewässer, in denen Leben verunmöglicht ist – bis zum sogenannten sauren Regen in unserer Zeit! Das »Einst war es« und das »Einst wird es sein« erscheint überdeutlich angesichts dieser Korrespondenz zwischen Märchenvergangenheit, Gegenwart und möglicher Zukunft: An schlechtem Wasser sterben auf der Erde jährlich rund fünf Millionen Menschen. Nur die Hälfte der Menschheit hat gutes Trinkwasser, geht damit aber unverantwortlich großzügig, ja verschwenderisch um. Rund eine Milliarde Menschen leiden an akutem Wassermangel; seit 1950 hat sich der Wasserverbrauch weltweit mehr als verdreifacht. Die Wasserkrise wird spätestens dann zur globalen Krise, wenn sich Mitte des nächsten Jahrhunderts, wie die Experten schätzen, rund zehn Milliarden Menschen die gleiche Menge Wasser teilen müssen, die jetzt zur Verfügung steht.[30]

Die Brunnentiefe als Gefahr

Neben dem tödlichen Brunnenwasser ist aber auch und vor allem die Tiefe des Brunnens eine furchtbare Gefahr. Die geheime Offenbarung des Johannes kennt den »Brunnen des Abgrundes«, der aufgeschlossen wird und dem die vernichtenden Ungeheuer entsteigen: eine grausame Vision der Weltuntergangsqualen. Viele Märchen erzählen vom tödlichen Sturz in den Brunnen, vom Weg in die Anderswelt[31] und den Gefahren am Brunnen.

Der von einem undankbaren König entlassene Soldat, der sich bei einer Hexe verdingt, soll ihr »das blaue Licht«, das nicht verlischt[32], aus dem alten, »wasserleeren Brunnen« heraufholen, in den es ihr gefallen ist, und die Betrügerin läßt ihn wütend »wieder hinab in den Brunnen fallen«, weil er ihre List erkennt. – Der Wolf, der statt der sechs Geißlein »lauter Wackerstein« in seinem Bauch hat: »Als er an den Brunnen kam und sich über das Wasser bückte und trinken wollte, da zogen ihn die schweren Steine hinein, und er mußte jämmerlich ersaufen.«[33] – Das Märchen von »Frau Holle«[34] erzählt von der Schönen und Fleißigen, der die blutige Spule in den Brunnen hinabgefallen ist; das Mädchen springt in seiner »Herzensangst ... in den Brunnen hinein, um die Spule zu holen«. Diese Verzweiflungstat – das Mädchen »wußte nicht, was es anfangen sollte« –, dieser Selbstmord-Versuch wird aber zur Begegnung mit der »Anderswelt« in der Tiefe, dem Reich der »Frau Holle«, wo es ihm gut ergeht und aus dem es für seinen Fleiß reich belohnt wieder entlassen wird in die »obere Welt«.[35]

Wenn auch die Verluste am Brunnen schließlich »behoben werden« und zum glücklichen Ausgang des Märchens führen, und hierhin gehört natürlich und vor allem die »goldene Kugel«, die die jüngste Königstochter im Froschkönig-Märchen verliert[36], weil sie in den Brunnen fällt, der »so tief war, daß man keinen Grund sah«[37], so birgt die unbekannte Brunnentiefe eben dennoch grausamste Gefahren: Vernichtende Dämonen, verschlingende Ungeheuer wohnen dort! Im griechischen Märchen »Der Goldäpfelbaum und die Höllenfahrt«[38] steigt der jüngste von drei Brüdern in den dunklen Brunnenschacht, aus dem der sengend heiße Atem des Drachen dringt, der drunten wohnt und der drei wunderschöne Königstöchter in seinem Bann hält. Nachdem der Jüngste das Ungeheuer besiegt hat, betrügen ihn seine beiden älteren Brüder, indem sie die Mädchen, nicht aber ihn wieder ans Tageslicht ziehen; er versinkt tiefer und tiefer in der Unterwelt, wo eine mächtige, menschenfressende Schlange haust, die er besiegt. – Ähnliches erzählt das Grimmsche »Erdmänneken« in niederdeutscher Mundart. »Hundert Klafter tief« unter die Erde verwünscht der König den, der ihm einen Apfel von seinem Lieblingsbaum stiehlt. Als die jüngste Königstochter im Vertrauen auf die Liebe ihres Vaters für sich und ihre beiden Schwestern einen Apfel abpflückt und sie alle drei hineingebissen haben, »da versünken se alle drei deip unner de Eere, dat kien Haan mer danach krähete«.[39] Ein »Erdmänneken« verrät dem jüngsten der drei Jäger, dem »dummen Hans«, wo die drei Königstöchter sich befinden und wie er sie aus der

Gewalt der drei Drachen, die sie in der Brunnentiefe lausen müssen, befreien kann. In einem Korb läßt er sich an einem Seil ganz in den Brunnen hinab winden. Dort tötet er drei vielköpfige Drachen und läßt die drei befreiten Königstöchter in dem Korb von den beiden älteren Jägern nacheinander heraufziehen. Als er an die Reihe kommt, setzt er sich nicht selber in den Korb, sondern legt statt dessen einen großen Stein hinein. Die Betrüger schneiden den Strick durch, und der Korb stürzt in die Tiefe: Das ist das häufig anzutreffende Josephs-Motiv.

Das Wasser des Todes

Wir hörten bereits von dem tödlichen Wasser, dem »Wasser des Todes«. Es ist merkwürdig, daß in den russischen Märchen die Wasser des Lebens und des Todes so häufig einem Toten das Leben wiedergeben können. Vladimir Propp sagt: »Das Wasser des Lebens und das Wasser des Todes stehen nicht im Gegensatz zueinander, sie ergänzen sich. ›Er besprengte Ivan Zarensohn mit dem Wasser des Todes, sein Körper wuchs zusammen; er besprengte ihn mit dem Wasser des Lebens, Ivan Zarensohn stand auf.‹ So lautet die kanonische Formel für die Anwendung dieses Wassers.«[40]

Im »Märchen von dem jungen Recken und dem Wasser des Lebens« (Walter Scherf nennt acht Fassungen davon bei Afanasjev) wird der Held, der das Lebenswasser gewonnen hat, von seinen neidischen Brüdern »zerstückelt«, als er schläft; sie »zerstreuen seine Glieder auf dem Feld«, aber der »Feuervogel« trägt die verstreuten Glieder zusammen, trägt im Schnabel das Wasser des Todes herbei, besprengt die Glieder, daß sie wieder zusammenwachsen, und als der Feuervogel auch das Wasser des Lebens herzuträgt und den Toten damit besprengt, schlägt er endlich die Augen auf und sagt: »Wie lange habe ich geschlafen.«[41]

Im russischen »Bärenhäuter«-Märchen »Waschdichnicht« bei Afanasjev verwandelt der Teufel das Ungeheuer, zu dem ein Soldat in fünfzehn Jahren des Nichtwaschens geworden ist, in einen ansehnlichen jungen Mann auf erstaunliche Weise: Er zerhackt den Soldaten, er kocht ihn und setzt alle Knochen wieder genau zusammen, wie Petrus in unserem »Bruder Lustig«[42]; aber während der Heilige »im Namen der allerheiligsten Dreifaltigkeit« mit Erfolg dreimal hintereinander der Toten befiehlt aufzustehen, besprengt der Teufel die anatomisch geordneten Knochen des Soldaten mit dem Wasser des Todes und dem Wasser des Lebens, ähnlich wie der Feuervogel. Daß es dem Teufel gelingt, beide Wasser zur Verlebendigung des Toten anzuwenden, stellt selbst den Bösen in den Dienst des Lebens.[43]

Nach Vladimir Propp kannten die »alten Griechen zwei Arten von Wasser im unterirdischen Reich«; die »Seele des Entschlafenen« sieht »im Haus des Hades zwei verschiedene Quellen«, aus der einen fließt das Wasser, das »eine Wohltat für den Verstorbenen« ist, »es ist das Wasser für die Toten oder anders ausgedrückt, das ›tote‹ Wasser, das Wasser des Todes«. Propp nimmt an, »daß dieses Wasser den Verstorbenen beruhigt, das heißt, daß es ihm den endgültigen Tod gibt oder das Recht zum Aufenthalt in der Region des Hades«.[44] Propp vermutet weiter, daß das andere Wasser »das Wasser des Lebens ist, das Wasser für die Toten, die nicht in den Hades eingehen, sondern aus ihm zurückkehren«.[45] Das erkläre, »warum man den Helden zuerst mit dem Wasser des Todes und dann mit dem Wasser des Lebens besprengt. Das Wasser des Todes versetzt ihm gleichsam den Todesstoß, es verwandelt ihn endgültig in einen Toten ... erst jetzt, nach der Besprengung mit dem Wasser des Todes, wird das Wasser des Lebens« wirksam.[46] Zeigt sich darin nicht aber auch die Ambivalenz des Wassers, seine Paradoxie? Widersprüchlich erscheint es ja auch, wenn im Garten des »Schlangenjünglings«[47] der »Brunnen mit dem Wasser des Lebens« steht und die Schöne durch ihre böse Stiefmutter in diesen Brunnen gestürzt wird und darin umkommt.

Hartmann von Aue erzählt in seinem Versepos »Iwein« von dem gewiß bekanntesten »Zauberbrunnen« des Mittelalters, dem Brunnen Barenton im Walde Brezeliande, dessen Wasser einen »Weltuntergang« herbeiführt. Dieser Brunnen ist von ungewöhnlicher Schönheit; er steht im Schatten einer großen schützenden Linde, die das ganze Jahr über belaubt ist und der der Winter nichts anhaben kann; die Linde ist erfüllt von Vögeln, deren Gesang überirdisch schön erklingt. Ein Smaragd-Stein, geschmückt mit einem leuchtenden Rubin, steht oberhalb des Brunnens auf einem Sockel von vier marmornen Tieren: eine Paradieses-Vision! An silberner Kette hängt ein goldenes Gefäß. Iwein füllt den Goldkrug und begießt den Stein mit dem Wasser aus dem Brunnen, aber da verfinstert sich die Sonne, der Vogelgesang verstummt, und ein furchtbar zerstörerisches Unwetter beginnt: Blitz und Donner, Hagel und Regen brechen den Wald nieder, töten die Tiere; ein Weltuntergang zerstört alles. – Eine Weile danach indessen ersteht die Schöpfung neu aus dem Untergang: »noch viel schöner als zuvor« singen die Vögel in der Linde, die wieder belaubt ist, und der Ritter fühlt sich, als sei er »im Paradies«.[48] Das Wasser dieses Brunnens, über den magischen Stein gegossen, vernichtet die Welt, die indessen später neu erschaffen, schöner aufersteht. Tod als Bedingung für neues, höheres Leben! »Ohne den Tod ist keine Verjüngung möglich, und in der ewigen Arbeit der Natur wird die zerstörerische Kraft zur Erhaltung des ewig jungen Lebens nicht minder unentbehrlich als die schaffende und erzeugende. Ja, in keinem Augenblick kann die positive Kraft ohne die negative bestehen. Nur was diese auflöst, vermag jene wieder zu ersetzen. Der Tod ist also nicht der Gegensatz, sondern der Gehilfe des Lebens und seine Vorbedingung«, sagt Johann Jakob Bachofen.[49]

Andere Verwandlungen durch Brunnenwasser

Aber auch von vielfältigen anderen Verwandlungen durch das Brunnen-Wasser wissen die Märchen und Mythen der Völker. Bekannt ist die Verwandlungskette in »Brüderchen und Schwesterchen«: Der Fluch der bösen Stiefmutter verwünscht »alle Brunnen im Walde«, die Hexe hat den Schadenszauber angewandt. Als das durstige Brüderchen trinkt, wird es schlagartig verwandelt: »Wie die ersten Tropfen auf seine Lippen gekommen waren, lag es da als ein Rehkälbchen«[50], ein weitverbreitetes Motiv (AaTh 450)! – Die Versteckwette (Scherf) gewinnt der Jüngste im Märchen vom »Meerhäschen« dank der vielfältigen Verwandlungskraft der Zauberquelle, um die der listige Fuchs weiß. Der geht mit dem Brautwerber, der um die »Rätsel-Turandot-Prinzessin« wirbt, zu einer Quelle, »tauchte sich hinein und kam als ein Marktkrämer und Tierhändler heraus. Der Jüngling mußte sich auch in das Wasser tauchen und ward in ein kleines Meerhäschen verwandelt.«[51] Dasselbe Quell-Brunnen-Wasser verwandelt also die verschiedenen Wesen auf unterschiedliche Weise: das Tier wird ein Mensch, der Mensch wird ein Tier! Aber damit nicht genug: nach gewonnener Rätselprobe tauchen beide in derselben Quelle erneut unter und erhalten »ihre wahre Gestalt zurück«.[52] Martin Ninck sagt,[53] diese verwandelnde und zugleich entwandelnde Fähigkeit des Quell- und Brunnenwassers müsse notwendig aus der Natur des Elements wachsen; es liege im Wesen des Flüssigen, selbst nie ein und dasselbe zu sein, sondern immerfort dieses und zugleich auch schon ein anderes. – Die Wasserdämonen der Antike sind jene, die der vielfältigsten Verwandlung fähig sind. Nach Martin Ninck entspricht diesem tief verwurzelten Glauben an die Verwandlung durch das Brunnenwasser die Urerfahrung des Träumens; den »Traumursprung des Verwandlungsglaubens« erklärt der Forscher nicht zuletzt aus dem »Parallelismus zwischen Wasser- und Traum-Dämonen« hinsichtlich ihrer Erscheinungsweisen: Beide sind rastlose, nirgends greifbare Verwandler, das Wasser selbst ist das »traumhafte Element«.[54]

Das Wasser des Urd-Brunnens verwandelt »alle Dinge, die hineingeraten«: es macht sie »so weiß wie die Haut, die man Skjall nennt und die innen in der Eischale sitzt«.[55] Und auch der »Goldbrunnen«, den unser »Eisenhans«-Märchen[56] mit seinen vielen, vielen Varianten vom »Goldener« kennt, gehört in die Kette der Verwandlungsbrunnen und -quellen.[57]

In den Zusammenhang der Verwandlungen gehört auch »die magische Flucht« im Wasser der Brunnentiefe: »Die Wassernixe« quält »Brüderchen und Schwesterchen«, die beim Spielen in den Brunnen hineingefallen waren, mit den berühmten unlösbaren Aufgaben. Als die Kinder vor der Nixe fliehen, werfen sie der Reihe nach abwechselnd eine Bürste, einen Kamm und einen Spiegel hinter sich, und jeder Gegenstand verwandelt sich in ein Hindernis, das die Wassernixe aufhält und schließlich endgültig abwehrt.[58] »Diesem Märchen-Motiv liegt ein durchaus ernstgemeinter ›Behinderungszauber‹ zugrunde«, sagt Lutz Röhrich, »und das Nach-hinten-werfen von Zauberdingen gehört zu den altertümlichsten magischen Handlungen«.[59] Er stellt fest: »Weltweit verbreitet ist die Zaubermethode, wonach Gleiches durch Gleiches bewirkt wird (similia similibus).«[60] Im Märchen von der Wassernixe fallen die Traumerfahrungen, die uns das Anwachsen von Dingen und Wesen zeigen, mit der Verwandlungskraft des Wassers zusammen.[61]

Der versiegte Brunnen

Viele Märchen kennen den Brunnen, der versiegt ist, der kein Wasser mehr geben will. Dann ist das Leben in höchstem Maße bedroht, alle Fruchtbarkeit verwandelt sich in Dürre und Tod. Eine Kröte sitzt »unter einem Stein im Brunnen« und muß getötet werden, damit er wieder fließt.[62] Neun Krüge voll Silber und neun voll Gold, also materieller Reichtum, verstopfen in der Tiefe eine Quelle, deren Wasser wieder fließt, als die Krüge weggeräumt sind.[63] Die Schöpfung ist bedroht, die »Königstochter vom Schloß der goldenen Sonne« aschgrau und voller Runzeln, denn den Lebensquell hat »ein wilder Auerochse« in Besitz, und der jüngste Sohn der Zauberin muß ihn töten, damit das Erlösungswerk gelingen kann und das Leben gerettet wird.[64]

Im griechischen Märchen »Die goldenen Äpfel und der Drache« mischt eine alte Frau ihren Speichel unter das Mehl, weil sie kein Wasser hat, um Brot zu backen. Eine gefährliche Schlange bewacht »die einzige Quelle« der Stadt, und »nur einmal in der Woche« dürfen die Menschen daraus schöpfen, »aber jedesmal muß ihr ein Mensch geopfert werden«.[65] Teuer ist das Wasser, höllisch teuer! (In der Hölle ist Feuer, sagt man, kein Wasser.) Der jüngste Königssohn tötet die zwölfköpfige Schlange, befreit so die Königstochter, die ihr geopfert werden sollte, und bringt der Alten »seinen Krug mit Wasser«, damit sie ihr Brot backen kann.

Die versiegten Brunnen aufzuschließen, das Wasser wieder fließen zu lassen, das ist die Tat des Märchenhelden, des »Heilbringers«, der die Menschen vom drohenden Tod erlöst. Denn der Brunnen ist das Wunderbare schlechthin. Unerklärlich strömt das lebendige Wasser aus der Erde, und nur ein Gott kann das bewirkt haben. Allerorten erzählen sich die Menschen von der wunderbaren Quellentstehung.[66] Der in die Tiefe gegrabene Brunnenschacht ist von Geheimnissen umwoben, und obwohl die Wasserader durch das Graben in der Erde aufgeschlossen wird, ragt der Schacht doch in das unheimliche, unbekannte Land der Toten, der Unterwelt, der Anderswelt. – Rätselhaft ist zudem der Brunnenwasser-Spiegel, der alles weiß und sieht.

Alle Künste widmen sich dem Brunnen: Malerei, Architektur, vor allem aber die Dichtung kennt ihn als Thema, als Symbol, Metapher, Motiv. Viele Dichter singen vom Brunnen: Er hat sie angeregt zu ungewöhnlichen »Schöpf«-ungen. Hier ist leider nicht der Ort, das nachzuweisen; dennoch möchte ich abschließend einen kurzen Blick tun auf einige Gedichte und Texte unseres Jahrhunderts, die das bezeugen, [67] denn »das aufgeklärte, künstlerische wie das noch magischgläubige Märcheninteresse«, sagt Lutz Röhrich, »haben, wenn auch aus ganz verschiedenen Gründen, das magische Weltbild des Märchens bewahrt. Im künstlerischen Gewande ist das zauberische Denken als Phantasieprodukt (im magischen Weltbild als Wirklichkeit) erhalten geblieben.«[68]

Bei dem Salzburger Georg Trakl wird zwar der Brunnen zum Symbol für die Heimat: »Sehr ferne singt mit Kinderstimmen / Ein alter Brunnen. Ich lausche hin.«[69] Aber häufiger erfährt der Dichter die Übereinstimmung von Brunnen und Tod:

> »O, der schwarze Engel, der leise aus dem Innern des Baums trat,
> da wir sanfte Gespielen am Abend waren,
> am Rande des bläulichen Brunnens.«[70]

Das Rauschen des »blauen Quells« fällt zusammen mit den »Schatten lange Verstorbener«[71], und das Weh um den sterbenden Tag mischt sich in das »blaue Rauschen« verfallender »Brunnen«; das »Alter bläulicher Wasser« stimmt zum Sterben des Jahres.[72]

> »Weh in unendlicher Klage
> Mischt sich Feuer, Erde und blauer Quell«.[73]

Alles Lebendige singt das Lied vom großen Sterben:

> »Blumen hörte ich sterben im Grund
> und der Bronnen trunkene Klage.«[74]

Georg Trakl sah sich dem Grauen preisgegeben; die Brunnen, die blauen Quellen, offenbaren ihre Nähe zu Klage und Trauer über das sterbende Leben, ja, die Brunnen selbst werden als »Tod« erlebt:

> »Unter alten Zypressen
> Sind der Tränen nächtige Bilder zum Quell versammelt.
> Goldenes Auge des Anbeginns, dunkle Geduld des Endes.«[75]

Rainer Maria Rilke beklagt das »Schweigen« der Brunnen, den Verlust der »alten, holden Brunnenpoesie«, denn »durch Menschenmühn stieg Wasser treppenaufwärts«, und »Tritons Muschelspalte« wird nicht mehr gebraucht.[76] Zu den Dingen, die der Dichter zu sagen hat, gehören auch die Brunnen, wie wir in der 9. Duineser Elegie lesen. Es ist indessen auffällig, daß die Brunnen kaum Gegenstand des Sagens werden; Rilke »rühmt« vielmehr wieder und wieder »die Fontänen«.[77]

> »Auf einmal weiß ich viel von den Fontänen,
> den unbegreiflichen Bäumen aus Glas ...
> Ich muß mich nur erinnern an das alles,
> was an Fontänen und an mir geschah, -
> dann fühl ich auch die Last des Niederfalles,
> in welcher ich die Wasser wiedersah.«[78]

Fontänen sind Sinnbild des Lebens, der Hingabe an das »Steigen und Fallen«, das Dasein kehrt in sich selbst zurück, das ist die Lehre der Fontänen.[79] Die künstlich gefertigte schöne Fontäne wird indessen auch zum Symbol für die Kunst. Das »Kunst-Ding ist mit sich beschäftigt (wie eine Fontäne).«[80] »In sich selber ruhig« und »ohne Heimweh« hat das Kunst-Ding seinen eigenen Schwerpunkt. Rilke hat, wie vor ihm Conrad Ferdinand Meyer, den »Römischen Brunnen« in der Villa Borghese als Symbol für Leben und Kunst erkannt, aber *er* nennt ihn »Römische Fontäne«.[81]

Hugo von Hofmannsthal weiß – anders als Rilke – viel von der Tiefe, von der die Märchen und Mythen erzählen. Der junge »Loris« (sein Pseudonym) hat auf eine geheimnisvolle Weise an den Wundern des Lebens teil, weil er »noch immer unabgelöst im Urgrund der Schöpfung beschlossen ist«.[82] Aber die glückhafte Übereinstimmung von Ich und Welt zerbricht bald, wovon besonders der »Brief des Lord Chandos«, der Brief einer schweren Krisis und Sprachnot, ein erschütterndes Zeugnis ablegt. Zu den auf diese Lebenskrisis hinführenden Werken gehört das Gedicht »Weltgeheimnis«:

»Der tiefe Brunnen weiß es wohl,
Einst waren alle tief und stumm,
Und alle wußten drum.

Wie Zauberworte, nachgelallt
Und nicht begriffen in den Grund,
So geht es jetzt von Mund zu Mund.«[83]

In der Brunnentiefe wohnt letzte Weisheit, so erzählen die Märchen und Mythen; für Hofmannsthal ist die Brunnentiefe die Tiefe der eigenen Seele, die das Weltgeheimnis birgt; aber seit die Menschen nicht mehr »tief und stumm«, sondern oberflächlich und laut geworden sind, lallen sie die abgenutzten Zauberworte nur noch dahin:

»In unsern Worten liegt es drin,
So tritt des Bettlers Fuß den Kies,
Der eines Edelsteins Verlies.

Der tiefe Brunnen weiß es wohl,
Einst aber wußten alle drum,
Nun zuckt im Kreis ein Traum herum.«[84]

Von der Brunnentiefe ausgegangen, dem Ursprung allen Daseins, sehnt sich der Mensch beständig dahin zurück, nach der Alleinheit mit dem Leben.[85]

Christoph Meckel kennt den »Brunnen Bodenlos«, in den »der Stein, den du wirfst«, fällt und um den es viele Male »finster werden« muß, »bis unterirdischen Ausgangs / Helle leuchtet«. Böse ist es, den Stein in den Brunnen zu werfen, er ist das »Auge Gottes«, seit Odin seines dem Mimir als Pfand dort hinterließ. Meckel fragt:

»Wer steht am unterirdischen Ausgang
und sieht in den Brunnen?
Wem wird er, steigend wie fallend, den Kopf zerschlagen?
In welchen Himmel hast du ihn geworfen?«[86]

Die Frage, mit der das Gedicht schließt, verdankt ihre Metapher vom Himmel gewiß einer »Frau-Holle-Erfahrung«.

Solchen Erfahrungen begegnen wir immer wieder in der Lyrik von Heinz-Albert Heindrichs, vor allem in seiner jüngsten Veröffentlichung »Zauber Märchen Gedichte« von 1997. Ein Text heißt »Auf blauer Wiese«:

»Im Brunnenhimmel
am Grunde des Wissens
sah ich mich
eins
mit Apfelbaum
Broten und Schnee
was liege ich
wach
unterm Hahnschrei
weiß alles und nichts.«[87]

Im »Brunnenhimmel« ist der Urgrund des Wissens, das »Weltgeheimnis«, und dort »sah« sich der Autor eins mit sich und der Welt. Dem Imperfekt, das die erste Verseinheit entrückt – in den Traum, in die Kindheit? –, wird das Präsens der zweiten Verseinheit entgegengestellt: »Was liege ich wach unterm Hahnschrei«, und das ernüchternde »weiß alles und nichts« bricht auf einmal in Alltagssprache, in sprichwörtliche Redensart um und macht den Bruch der beiden Erfahrensebenen im Sprechen selbst bewußt.

Nelly Sachs indessen besingt in einem großen Gedicht die Brunnen Israels, die Brunnen der Erinnerung, der Vergangenheit.

»Aber deine Brunnen
sind deine Tagebücher
o Israel!
...
Schlagrutenhaft
dein Herz zuckt
wo die Schalen der Nacht
eine Brunnentiefe halten,
darunter die Landschaften Gottes
zu blühen beginnen,
die du, Erinnernder unter den Völkern,
hinaufhebst
mit dem Krug deines Herzens -
hinaufhebst
in die brunnenlosen Räume
der Vergessenheit!«[89]

Klage führt die Dichterin über »die brunnenlosen Räume der Vergessenheit«, die Vergangenes nicht bewahren, die die frühe Zeit nicht erinnern und sich zu genügen meinen im Heute, im Hier und Jetzt! Brunnenlose Räume werden verdursten, sterben; ihnen mangelt es am Not-wendigsten, am »Wasser des Lebens«, der Tod ist ihnen gewiß. Erinnerung gegen Vergessenheit und Untergang!

Wir sind am Anfang unserer Überlegungen: Thomas Mann beschwor den »unergründlichen« Brunnen der Vergangenheit; wir haben versucht, uns an Zauber und Märchen und Brunnen zu erinnern, aber nicht in der bloßen Rückschau, sondern mit dem Blick in die Zukunft, denn: »Das Märchen möchte sich auf höherer Stufe neu verwirklichen«, sagt Max Lüthi. Es »müßte ... die Inhalte der modernen Wissenschaft in sich aufnehmen können. Dichter und Wissenschaftler träumen ›von einem neuen Alphabet, einer neuen Zeichensprache‹ ... Ob dieses neue Märchen ein Traum der Dichter bleiben wird, wissen wir nicht«.[90] Ich denke, wir erleben in der Dichtung unserer Tage, daß dieses »neue Märchen« nicht nur ein Traum der Dichter ist, sondern daß der Bestand heutiger Dichtung, und zwar aller poetischen Gattungen, seine Wirklichkeit zeigt.

»Inzwischen lebt das alte Märchen fort«, sagt Lüthi, »den Kindern eine Labung und Freude, uns aber zugleich eine Verheißung kommender Möglichkeiten.«[91]

Anmerkungen

1 Thomas Mann: »Joseph und seine Brüder«, Bd. 1, Vorspiel (Höllenfahrt). In: *Werke*, Frankfurt a. M. 1967, S. IX.

2 Thomas Mann, zit. nach *Kindlers Literatur Lexikon*, Bd. 12, S. 5018 (aus: »Freud und die Zukunft«, 1936).

3 Karl Kerényi: *Romandichtung und Mythologie, ein Briefwechsel mit Thomas Mann*, Zürich 1945, und Karl Kerényi/Thomas Mann: *Gespräche in Briefen*, München 1967.

4 Peter Hamm: *Gedichte*, Frankfurt a. M. 1988.

5 Vladimir Propp: *Die historischen Wurzeln des Zaubermärchens*, München/Wien 1987, S. 26.

6 Martin Ninck: *Die Bedeutung des Wassers im Kult und Leben der Alten*, Leipzig 1921, S. 47–90.

7 Ursula Wiegers (Heindrichs): *Der Brunnen in der deutschen Dichtung*, Bonn 1957, S. 7.

8 Martin Ninck, S. 75.

9 KHM 50, Brüder Grimm: *Kinder- und Hausmärchen*, hrsg. von Heinz Rölleke, Stuttgart 1995, Bd. 1, S. 257.

10 KHM 33, Rölleke, Bd. 1, S. 188.
11 KHM 85, Rölleke, Bd. 1, S. 416 f.
12 Otto Betz: *Lebensweg und Todesreise,* Freiburg 1989, S. 85 ff.
13 *Der Pentamerone des Giambattista Basile,* Frankfurt 1982, S. 133 ff.
14 KHM 11, Rölleke, Bd. 1, S. 81.
15 KHM 121, Rölleke, Bd. 2, S. 169 f.
16 KHM 107, Rölleke, Bd. 2, S. 110.
17 Vladimir Propp, S. 245.
18 Ursula Wiegers (Heindrichs), S. 214, und August Wünsche: »Die Sagen vom Lebensbaum und Lebenswasser, Altorientalische Mythen«. In: *Ex Oriente Lux,* 1905, S. 51–158.
19 KHM 92, Rölleke, Bd. 2, S. 47.
20 Bekannt ist die Fülle von »Tränenquellen«, die aus den Tränen der Trauernden entstehen (siehe Ursula Wiegers, S.16). Wenn im Märchen vom »Totenhemdchen« (KHM 109) ein Kind im Grabe keine Ruhe findet, weil seine Mutter ohne Unterlaß seinen Tod beweint, dann begegnet uns das Motiv im negativen Sinne (der Tote wird in seinem Willen zur Ruhe durch das Weinen gestört); aber die Tränen gelten auch als Zaubermittel, das einen Verstorbenen wieder ins Leben zurückrufen kann: so wird ein eben verstorbenes Kind durch Weinen dem Tode abgerungen (siehe Ursula Wiegers, S. 24). Im griechischen Märchen vom »getreuen Johannes« lösen die Tränen der Königin die Versteinerung des guten Dieners (siehe Ursula Wiegers, S. 25, hier auch weiteres dazu).
21 Basile, S. 10 ff.
22 Ursula Wiegers (Heindrichs), S. 21 und S. 33, und Ursula Heindrichs, »Der Brunnen«. In: *Die Welt im Märchen.* Hrsg. von Jürgen Janning und Heino Gehrts, Kassel 1984, S. 57 ff.
23 KHM 97, Rölleke, Bd. 2, S. 70.
24 KHM 97, Rölleke, Bd. 2, S. 73.
25 Edgar Dacqué: *Das verlorene Paradies,* Tübingen 1952, S. 101 ff. und 112 ff.
26 Ebd. S. 105 ff.
27 Mehr dazu in: Ursula Wiegers (Heindrichs), S. 34–36.
28 J. W. Wolf: *Deutsche Hausmärchen,* Göttingen 1851, S. 59 f.
29 Viele Beispiele dazu in: Ursula Wiegers (Heindrichs), S. 35 f. und 228 f.
30 Ruhr-Nachrichten vom 10. September 1994.
31 Hierzu: Ursula Wiegers (Heindrichs), S. 36–39 u. S. 48–59.
32 KHM 116, Rölleke, Bd. 2, S. 151 f.
33 KHM 5, Rölleke, Bd. 1, S. 54.
34 KHM 24, Rölleke, Bd. 1, S. 150, hierzu auch Ursula Wiegers (Heindrichs), S. 48–53.
35 Ursula Wiegers (Heindrichs), S. 31 f.: »Der Brunnen und die wunderbaren Gaben«. Im Märchen »Die Nymphe des Brunnens« bei Johann Karl August Musäus schenkt die Wasserfrau ihrer Patin einen Bisamapfel aus Holz, dessen dreimalige Wunschkraft dem Mädchen aber erst verkündet wird, nachdem er in die Brunnengrotte gefallen ist.
36 KHM 1, Rölleke, Bd. 1, S. 29.
37 Hierzu Ursula Wiegers (Heindrichs), S. 62 ff.

38 Otto Betz: *Lebensweg und Todesreise,* Freiburg 1989, S. 49 ff.
39 KHM 91, Rölleke, Bd. 2, S. 40.
40 Vladimir Propp, S. 246.
41 Walter Scherf: *Das Märchen Lexikon,* München 1995, Bd. 2, S. 818.
42 KHM 81, Rölleke, Bd. 1, S. 397.
43 Walter Scherf, Bd. 2, S. 1280 ff.
44 Vladimir Propp, S. 246 f.
45 Ebd., S. 247.
46 Ebd., S. 247.
47 Otto Betz: *Tausend Tore in die Welt,* Freiburg 1985, S. 65–74.
48 nach Hartmann von Aue: »Der verzauberte Brunnen«, aus: *Iwein,* übersetzt von Th. Cramer, Berlin 3. Aufl. 1981.
49 Johann Jakob Bachofen: *Mutterrecht und Urreligion,* Stuttgart 1941, S. 32.
50 KHM 11, Rölleke, Bd. 1, S. 81.
51 KHM 191, Rölleke, Bd. 2, S. 387.
52 Ebd., S. 388.
53 Martin Ninck, S. 157 f.
54 Der ägyptische Proteus versucht, sich vor dem heimkehrenden Menelaos zu retten, indem er sich hintereinander in Löwe, Schlange, Pradel, Eber, in fließendes Wasser und in einen Baum verwandelt; er rettet sich indessen später nur dadurch, daß er den Verfolgern sein untrügliches Zukunftswissen preisgibt. – Talmane verwandelt sich nacheinander in Schlange, Molch, Feuer, glühendes Eisen, Aal, Kröte, Taube, Schwan – und endlich wieder zum Menschen. Von Andvari oder Otr, den Wasserdämonen bei den Germanen, und von Poseidon bei den Griechen wissen wir um schier unbegrenzte Verwandlungsmöglichkeiten. Dazu: Ursula Wiegers (Heindrichs), S. 46 f.
55 W. Baetke: *Die Religion der Germanen in Quellen-Zeugnissen,* Frankfurt a. M. 1938, S. 153.
56 KHM 136, Rölleke, Bd. 2, S. 233 f.
57 Otto Betz: *Tausend Tore in die Welt,* S. 28: Brunnen, aus denen Kupfer, Silber und Gold quillt, wodurch alles verwandelt wird, was hineintaucht.
58 KHM 79, Rölleke, Bd. 1, S. 389 f.
59 Lutz Röhrich: *Märchen und Wirklichkeit,* Wiesbaden, 4. Aufl. 1979, S. 64.
60 ebd.
61 Lutz Röhrich weist an vielen Beispielen die magischen Praktiken des »Handlungszaubers« (KHM 16, 50, 53, 107, 110) und des »Wortzaubers« durch »Zauberformeln« nach (KHM 15, 19, 21, 25, 36, 53, 69, 89, 93, 103, 130, 136, 142). In: Lutz Röhrich, S. 75 ff.
62 KHM 29, Rölleke, Bd. 1, S. 172.
63 Otto Betz: *Tausend Tore in die Welt,* S. 205.
64 KHM 197, Rölleke, Bd. 2, S. 417 f.
65 Otto Betz, Lebensweg und Todesreise, S. 55 f.
66 Ursula Wiegers (Heindrichs), S. 7 ff.
67 Mehr dazu in Ursula Wiegers, S. 81–210.
68 Lutz Röhrich, a.a.O., S. 81.
69 Georg Trakl: *Aus goldenem Kelch. Die Jugenddichtungen,* Salzburg 1938, S. 39.

70 Georg Trakl: *Dichtungen*, Gesamtausgabe, Zürich 1946, S. 135.
71 Ebd., S. 191.
72 Ebd., S. 87.
73 Georg Trakl: *Nachlaß und Biographie*, Salzburg 1949, S. 13.
74 Georg Trakl: *Jugenddichtungen*, S. 47.
75 Georg Trakl: *Dichtungen*, S. 170; mehr zum »Brunnen bei Trakl« in: Ursula Wiegers (Heindrichs), S. 182–191.
76 Rainer Maria Rilke: *Sämtliche Werke*, Bd. 1, Frankfurt a. M. 1975, S. 27 f.
77 Ursula Wiegers (Heindrichs), S. 164 f.
78 Rainer Maria Rilke, S. 456.
79 Ursula Wiegers (Heindrichs), S. 268.
80 Rainer Maria Rilke: *Briefe an eine junge Frau*, Wiesbaden 1951, S. 5.
81 Rainer Maria Rilke: *Sämtliche Werke*, Bd. 2, Frankfurt a. M. 1975, S. 529.
82 Karl J. Naef: *Hugo von Hofmannsthals Wesen und Werk*, Zürich und Leipzig 1938, S. 24.
83 Hugo von Hofmannsthal: *Gesammelte Werke in Einzelausgaben*. Hrsg. von H. Steiner, Bd. 1, Frankfurt a. M. 1946, S. 16.
84 ebd.; mehr dazu in: Ursula Wiegers (Heindrichs), S. 134–147.
85 Ursula Wiegers (Heindrichs), S. 147.
86 Christoph Meckel: *Das Brunnenbuch*, Frankfurt a. M. 1986, S. 171.
87 Heinz-Albert Heindrichs: *Zauber Märchen Gedichte*, Rheine 1997, S. 22.
88 Nelly Sachs, *Die Leiden Israels*, Frankfurt 1996, S. 127 f.
89 Hierzu: Ursula Heindrichs: »Die verborgene Anwesenheit des Märchens in der neueren Dichtung«. In: *Das Märchen und die Künste*, Wolfsegg 1996, S. 274–288.
90 Max Lüthi: *Das europäische Volksmärchen*, Tübingen und Basel 10. Aufl. 1997, S.97
91 Ebd.

Franz Vonessen

Zauber Spiegel

I Der Mensch als Spiegel des Menschen

Für das Motiv eines sprechenden und allwissenden Spiegels bietet die Grimmsche Märchensammlung drei Beispiele: »Sneewittchen«, »Das singende springende Löweneckerchen« und »Das Meerhäschen«. Jedoch das letztere haben die Brüder Grimm in einer siebenbürgischen Fassung benutzt, wo die Prinzessin durch zwölf offenbar den ganzen Kosmos überschauende Fenster schaut; nur im Kommentar werden Varianten erwähnt, die statt der Fenster einen allwissenden Spiegel kennen. Auch im Märchen vom Löweneckerchen kommt der Zauberspiegel bloß in einer Spielart vor, die die Brüder Grimm in den Anmerkungen zitieren, so daß wir also in der gedruckten Sammlung dem Zauberspiegel nur ein einziges Mal, eben in der Geschichte von Sneewittchen, begegnen. Das muß überraschen; denn das Motiv ist uralt und so einprägsam wie kaum ein anderes, über das die Volkserzählung verfügt. Immerhin handelt es sich bei »Sneewittchen« um eines der berühmtesten Märchen; aber ich möchte wohl, das Verhältnis umkehrend, behaupten, daß das Sneewittchenmärchen nur deshalb so berühmt werden konnte, weil es durchzogen ist vom Spiegelmotiv – einem Ursymbol, das uns viel stärker anrührt, als wir rational zu begreifen vermögen. Als ich ein kleiner Junge war, enthielt meine Märchenwelt drei unverzichtbare Dinge: jenen »Wald, wo Fuchs und Has' sich ›Gute Nacht‹ sagen«, sowie den Glasberg und den Zauberspiegel.

Was macht den Spiegel für das Märchen so wichtig? Die Antwort, die ich geben will, lautet: Nicht daß er zaubert, läßt den Spiegel so einzigartig erscheinen – denn zaubern lassen kann das Märchen bekanntlich auch Stiefel, Hüte, Ringe, Kämme, Gewehre und Taschenmesser –, sondern was ihn unter allen anderen Geräten hervorhebt, ist, daß er schon an sich, als Spiegel, zauberhaft ist und so rätselhafte Eigenschaften besitzt, wie kein anderer Gebrauchsgegenstand. Deshalb begrüße ich es sehr, daß dieser Band nicht dem *Zaubermärchen*, sondern dem *Zauber des Märchens* gewidmet ist, was ja nicht weniger, sondern viel mehr sagt; denn auch der Spiegel kann vom Märchen nur darum so glaubhaft als Zauberspiegel eingeführt werden, weil er schon seinem schlichtesten Wesen nach rätsel- und zauberhaft ist. Zu diesem »wunderbaren« Spiegel, wie er in den Kommentaren genannt wird, gehören nur solche Wunder, die ganz und gar in seinem natürlichen Wesen angelegt sind; und wenn man bedenkt, was das Märchen aus dem Motiv des Spiegels gemacht hat, so möchte man sagen, daß es allein das Wunderbare der Spiegelnatur voll ausgeschöpft hat. Zum Wesen des Spiegels haben unbeschränkt Zugang nur das Märchen und – die Philosophie; denn schon indem wir reflektieren über den Spiegel – re-flektieren! –, machen wir wohl oder übel, wollend oder nicht wollend, von den wunderbaren Eigenschaften des Spiegels Gebrauch.

Der Spiegel selbst ist also das Rätsel, das begrifflich nie voll ausgeschöpfte Gerät, das wunderlich wundervoll Wunderbare. Aber was für ein Wunder? Das Wunder der Welt. Das ist zu erklären. Ein Realenzyklopädist wird uns vermutlich erzählen, man habe zu dieser oder jener Zeit in dieser oder jener Kultur den Spiegel erfunden. Aber das ist nicht wahr. Niemand mußte jemals den Spiegel erfinden. Vielmehr gehört dieses Gerät – besser: dieses Organ – zum Wesen des Menschen. Nie hat der Mensch keinen Spiegel besessen, immer hat er mit Hilfe von Spiegeln gelebt. Damit meine ich nicht, daß er sich immer schon in stehendem Wasser zu spiegeln verstand. Wohl aber möchte ich sagen, daß das Wissen vom Urspiegel immer stärker verdeckt wurde, als der Mensch metallene und später auch gläserne Spiegel zu konstruieren begann; denn darin lag, recht gesehen, kein Fortschritt, sondern ein Verfall des Wissens um das, was der Spiegel an sich ist.

In den Spiegel, so sagte man früher und darf man auch heute noch sagen, falle der Schatten des Menschen. Aber längst ehe es den Glasspiegel gab, warf der Mensch einen Schatten; und wie gut der Schatten die Gestalt spiegelt, wissen wir aus jenen Schattenspielen, die heute wohl ganz aus der Mode gekommen sein mögen, aber noch in meiner Jugend zur winterlichen Unterhaltung gehörten. Auch Märchen konnte man bei einiger Geschicklichkeit (und die hatte man damals) hinter der von hinten beleuchteten Leinwand aufführen. Nicht minder die Scherenschnitte darf man hierher rechnen. Merken wir uns also: Auch der Erdboden und alle Wände sind Spiegel, in denen wir unserem Schatten begegnen.

Freilich reicht der Begriff des Schattens nicht aus, um zu erklären, was des Menschen Verhältnis zum Spiegel bedeutet. Schon in der Antike hat man die Tatsache wichtig genommen, daß wir uns winzig klein, aber gestochen deutlich im Auge eines Gegenüberstehenden abspiegeln. Bekanntlich von daher hat die Pupille ihren Namen erhalten, weil sie ein Figürchen ähnlich einem Püppchen – lat. *pupa, pupula, pupilla* – enthält.[1] Freilich so nahe, daß wir dieses Püppchen ausdrücklich wahrnähmen, dürfen wir nur selten an den Spiegel eines fremden Auges herantreten. Jedoch ist auch dies noch gar nicht der wahre Spiegel, um den es hier geht.

Der erste Spiegel des Menschen, den er besitzt und der diesen Namen verdient, ist die Mutter. Der Säugling gewinnt den ersten Eindruck von sich aus ihrem Gesicht. Er begreift – vielmehr: vor allem Begreifen ersieht er, daß er liebenswert ist. Die innige Zuwendung der Mutter, ihre Zärtlichkeit, bestätigt ihm seinen Wert. Natürlich sieht er die Mutter, aber in dieser erkennt er, erfährt er sich selbst. Der Ausdruck des mütterlichen Gesichtes sagt ihm etwas über ihn, etwas Wesentliches, sogar Unverzichtbares. Wen keine Mutter geliebt hat, der kann kein Selbstbewußtsein entwickeln; ihm fehlte der Spiegel, dessen er bedurft hätte, um sich als liebenswert kennenzulernen. Er wird zwar noch genug anderen Spiegeln begegnen; aber an keinem wird er diese erste, versäumte Erfahrung unverkürzt nachholen können; denn in den ersten Spiegeln, die ihm begegneten, fremden Pflegegesichtern, hat er sich als gleichgültig, unwichtig, lästig kennengelernt.

Von den Spiegeln fremder Gesichter wird der Mensch zeitlebens begleitet. Aus ihnen lernt er Jahr um Jahr mehr von sich selbst zu begreifen – nicht sofort begrifflich zu begreifen, aber so wie ein Kind greift: es hält sich fest an allem, was man ihm hinhält. Genau so hält der Säugling sich fest an dem Selbstbewußtsein, das ihm die Mutter vermittelt; er paßt sich den Antworten an, die sein erster Spiegel ihm gibt. Und was geschieht später? Man denke an ein nettes junges Mädchen, das aus den Blicken und erst recht aus den Mienen der Leute, die ihm begegnen, viel mehr und viel Beweiskräftigeres über sein Aussehen, seine Schönheit erfährt als aus jedem gläsernen Spiegel. Wenn es sich selbst, vielleicht nach gründlicher Befragung des Wandspiegels, der ihm zweifellos auch immer Antworten gibt, aber solche, denen man nicht völlig traut, für schön halten möchte, so kann es diese Überzeugung nur aufrechterhalten, falls die Umwelt, dieser verläßlichste aller Spiegel, sie ihm immer wieder bestätigt.

Insofern ist es richtig zu sagen, daß wir uns selbst beständig in den Gesichtern unserer Mitmenschen spiegeln. Aber nicht etwa bloß, was die leiblichen Züge betrifft, sondern viel mehr noch in bezug auf das, was die seelischen angeht. Das Gesicht eines Gegenüber, sein Blick vor allem, sagt zu uns und zu dem, was wir tun oder reden, kaum merklich, aber immer irgendwie Ja oder Nein. Es führt ein intimes

Gespräch mit uns, ist also, ganz wie auch das Märchen es sagt, ein *sprechender* Spiegel, viel wacher, lebendiger und auch beredter als der beste Spiegel aus Glas. Schon ein falsches Wort im Gespräch läßt den Spiegel uns gegenüber sich wie eine Wasserfläche, über die ein Windhauch streicht, leise unmutig kräuseln; und dann sagt uns der Blick eines höflichen Gesprächspartners vielleicht ganz andere Dinge als der Mund, der gerade zu dem schweigt, was der Gesichtsausdruck sagt.

Der Dichter Aischylos hat diese Erkenntnis vor zweieinhalbtausend Jahren in einer schönen Wendung zusammengefaßt. Er spricht vom *kátoptron homilías* – vom »Spiegel des Umgangs mit Menschen«.[2] Nun könnte man folgern, der Mensch sehe im Spiegel des anderen Menschen hauptsächlich sich selbst. Das mag gelegentlich stimmen. Unter den schon genannten »netten jungen Mädchen« gibt es natürlich welche, die ihre Umgebung nur insoweit eines Interesses für würdig halten, als sie prüfen müssen, ob man ihrem hübschen Gesicht die genügende Beachtung zuteil werden läßt, um daraus ein – freilich falsches – Selbstbewußtsein zu schlürfen. Aber im übrigen trifft das nicht einfach zu. Zwar sehen wir im andern auch uns, aber für gewöhnlich geschieht das doch nur »nebenbei«, sozusagen als Zugewinn des Interesses, das wir dem Gegenüber zuwenden. Doch hat auch diese Interessenrichtung mit dem Spiegel zu tun. In einem Aphorismus Arthur Schnitzlers heißt es: »Wenn zwei Menschen einander bis ins Tiefste verstehen wollen, so ist das geradeso, wie wenn zwei gegenübergestellte Spiegel sich ihre eigenen Bilder immer wieder und von immer weiter her wie in verzweifelter Neugier entgegenwerfen, bis sie sich endlich im Grauen einer hoffnungslosen Ferne verlieren.«[3]

Diese Schilderung gibt einen wichtigen Hinweis; denn solcher Art Spiegelungen, die sich in immer kleineren Reprisen bis ins Unendliche fortsetzen, sind ja nur möglich, wenn die Spiegel schräg zueinander gestellt sind. Und das ist zwischen Menschen ja wohl meistens der Fall. Einzig in der Liebe steht man nicht »quer zueinander«, sondern ist sich, wenn ich so sagen darf, frontal zugewandt. Und dann fließen Fremd- und Selbsterkenntnis in eines. So sieht ein Liebesgedicht der Annette von Droste-Hülshoff den Geliebten,

> »... als ob Natur mein Bild
> Mir aus dem Zauberspiegel vorgehalten«.

Und im zweiten Gedicht an Levin Schücking lesen wir die Erklärung:

»Blick in mein Auge – ist es nicht das deine,
Ist nicht mein Zürnen selber deinem gleich?
Du lächelst – und dein Lächeln ist das meine,
An gleicher Lust und gleichem Sinnen reich;
Worüber alle Lippen freundlich scherzen,
Wir fühlen heil'ger es im eignen Herzen.«[4]

II Die Spiegel spiegelnde Welt

Ich breche hier ab. Die Andeutungen müssen genügen; denn an ein Ende ist sowieso nicht zu kommen, die Spiegelungen sind zahllos. Also kann ich das Thema nur anreißen. Aber ich fasse das, was ich in der Kürze ausführen konnte, zusammen.

Die Umwelt des Menschen ist eine Art Spiegelkabinett. Er ist von Spiegeln der verschiedensten Arten umstellt, die ihm unaufhörlich und von allen Seiten, mit besseren oder schlechteren, klaren oder trüben Flächen, vielleicht sogar halbblinden, außerdem teils vergrößernd, teils verkleinernd, vielleicht auch in der Verzerrung schlechter Gesinnung, also als Zerrspiegel, sein Bild reflektieren. Jedenfalls erfahren wir aus ihnen viel mehr über uns, als der schönste vergoldete Standspiegel uns jemals mitteilen könnte: über unsere Begabungen, unsere Möglichkeiten, unsere Vorzüge und genau so über unsere abstoßenden Seiten, unsere Versagensformen und Schwächen. Wir müßten nur achtgeben; dann wäre dieses dem Menschen von Natur auferlegte Leben unter tausend unentrinnbaren Spiegeln die Quelle einer sich immer mehr vertiefenden Selbsterkenntnis – etwa so, wie Johann Georg Hamann es darstellt: »Um die Erkenntnis unserer Selbst zu erleichtern, ist in jedem Nächsten mein eigen Selbst als in einem Spiegel sichtbar. Wie das Bild meines Gesichts im Wasser widerscheint, so ist mein Ich in jedem Nebenmenschen zurückgeworfen ... Gott und mein Nächster gehören also zu meiner Selbsterkenntnis, zu meiner Selbstliebe.«[5]

Natürlich weiß Hamann, daß das Schauen in diese Art Spiegel nicht so einfach ist wie der Blick in den Spiegel des Wassers. Im Gegenteil ist es das Schwerste, sich selbst zu erkennen, sich über sich selbst nicht zu täuschen; das hat die Philosophie, an deren Anfang der delphische Spruch »Erkenne dich selbst!« steht, immer betont. In der Tat bietet die Vielzahl der Spiegel und ihre ganz unterschiedliche Qualität dem Menschen beliebig viele Möglichkeiten, sich über sich selbst in Irrtum zu wiegen, sofern er das will. Und da die Selbsttäuschung viel angenehmer als jene Selbsterkenntnis ist, die man sich unmöglich anders als herb, sogar schmerzlich und verletzend vorstellen kann, gibt es niemanden, der nicht geneigt wäre, die liebliche Täuschung zu wählen und alle Spiegel, die ihn ihm so zeigen könnten, wie er sich gar nicht zu sehen begehrt, zu meiden oder, wenn ihm plötzlich einer vor Augen steht, ihm blitzschnell den Rücken zu kehren.

Was aber ist das Wesen der Spiegelkraft, die dem Menschen eignet, und wie »funktioniert« sie? Die Antwort wurde schon in der Antike gegeben, und die Einsicht ist nie verlorengegangen. Der Verstand ist ein Spiegel, der schlechthin alles als Bild in sich aufnehmen kann. So steht es schon bei Platon, und so ist es durch die Jahrhunderte immer wieder gesagt worden, besonders schön von Meister Eckhart.

Dieser sagt zunächst scheinbar naiv: »Daz merket an dem spiegel: hebest dû den vür dich, sô erschînet in dem spiegel dîn bild.« Aber dann dreht er den Gedanken vollständig um und erklärt, daß wir selber der Spiegel sind, in dem sich die ganze Welt mit all ihren Inhalten darstellt: »Daz ouge und diu sêle ist ein solch spiegel, daz allez daz dar inne erschînet, daz dar gegen gehabet wirt – das vor ihn gehalten wird.«[6] Mit anderen Worten, nicht nur wir spiegeln uns in der Welt, nämlich mittels Augen, Seele und Geist bzw. Bewußtsein, sondern die Welt spiegelt sich genauso in uns, und das geschieht ebenfalls durch »das Auge und die Seele«. Demnach ist Spiegelung das Wesen der Realität. Und da alles von allem gespiegelt wird, die Welt vom Menschen und der Mensch zwar nicht von der Welt im ganzen, aber von allem, was ihm in ihr begegnet, haben wir hier das Modell der von Schnitzler erwähnten gegenübergestellten Spiegel vor Augen. Erkenntnis geschieht in dem unendlichen Hin und Her der Strahlungen. Wir reflektieren (re-flektieren!) die Welt, und diese reflektiert ohne Aufhören uns.[7] Der Zauber, der im Spiegel gründet und der in den Spiegelungen der Wirklichkeit endlos sein Wesen treibt, ist durch keinen Zauberspiegel zu überbieten.

Das beweist zum Beispiel das Auge. Bei Philo von Alexandrien heißt es von ihm, Gott habe es »mit höchster téchne (wörtlich: Kunstfertigkeit) geschaffen«, und es gebe »von der Seele, die selber ihrem Wesen nach unsichtbar ist, wie durch einen Spiegel ein deutliches (sichtbares) Bild«.[8] Das Auge ist also in mehreren Hinsichten eine Art Urspiegel; in ihm tritt das Unsichtbare, die Seele, in die Erscheinung – genau so, wie wir es aus Geistergeschichten kennen, wo der Geist, an ihm selber unsichtbar, im Spiegel erblickt werden kann. In der Tat, wenn wir einem ins Auge schauen, so sehen wir dort seine Seele; denn zwar ist die Seele unsichtbar, aber im Spiegel des Auges erblicken wir sie. Dieser Spiegel hebt sie aus der Unsichtbarkeit ans Licht. Doch diese, durch den Spiegel des Auges aus der Unsichtbarkeit ans Licht gehobene Seele ist selber wieder ein Spiegel. Der Geist, die Seele, unser Bewußtsein spiegeln die Welt. Aber damit ist die Reihe der Spiegel und Spiegelungen noch immer nicht ans Ende gelangt; denn auch die Welt ist ein Spiegel, nämlich, wie Philon an anderer Stelle erklärt, der sichtbare Spiegel des schlechthin Unsichtbaren, und das ist die göttliche Vernunft, die wir nur im Spiegel der Schöpfung wahrnehmen können.[9]

Von hier aus versteht sich, was der Apostelbrief sagt: »Jetzt sehen wir durch einen Spiegel in Rätselform, dann aber von Angesicht zu Angesicht« (1.Kor.13,12). Das heißt, heute sehen wir mit den sinnlichen Augen die sichtbare Welt; aber trotz aller Wissenschaft verstehen wir sie nicht, ergründen sie nicht, kommen ihr nicht auf den Grund. Einst aber, mit der unsichtbaren Seele direkt schauend, erreichen wir die unsichtbare Vernunft, die die Schöpfung hervorgebracht hat. Bei Salomo, Ode 13, heißt es: »Siehe, unser Spiegel ist der Herr. So öffnet die Augen, beschaut euch darin, ... erkennt, wie euer Antlitz aussieht ... und wischt den Schmutz aus eurem Gesicht!« Das heißt, so erklärt Reitzenstein: »Der Spiegel ist der kýrios und ist zugleich pneûma (Geist); man schaut in ihm sich selbst und zugleich Gott«.[10]

Jetzt allmählich läßt sich begreifen, warum die Welt als ein ganzes System von hintereinander gestaffelten Spiegeln gedacht worden ist. Nur deren allerletzter, allerunterster, allergeringster ist der Spiegel aus Glas. Das wird gemeinhin verkannt. Wir pflegen den Ausdruck »das Auge, ein Spiegel der Seele« für eine Metapher zu halten und bilden uns ein, der wahre Spiegel sei allein der an der Wand. Aber das Umgekehrte ist richtig. Der Spiegel, in dem wir unser Gesicht sehen können, verdient als letzter den Namen. Der wahre Spiegel ist die Natur – ja, wie wir sahen, geht die Welt sozusagen in der Spiegelung auf. Leibniz hat in der Monadenlehre den Satz aufgestellt, jede der Monaden, die das Weltall erfüllen, bringe die Gesamtheit der anderen zum Ausdruck und sei insofern – »un miroir perpétuel de l'univers«: ein lebendiger und immerwährender Spiegel des Universums (§ 56).

Demnach können wir sagen, die Wirklichkeit ist so absolut, so durch und durch spiegelnd, daß man nicht weiß, ob etwas außerhalb der Spiegelungen Stehendes gedacht werden kann, das dann so frei vor einen der Spiegel, die wir kennenlernten, hinträte, wie wir uns nach Laune vor unseren Wandspiegel stellen. Bekanntlich lautet Rilkes selbstgewählter Grabspruch: »Rose, du reiner Widerspruch, niemandes Schlaf unter so vielen Lidern.« Ähnlich könnten wir sagen, und vielleicht erklärt es sogar etwas von dem rätselhaften Bilde des

Dichters: Die Welt ist der reine Widerspruch, niemandes Selbstsein unter Myriaden von Spiegeln. Die Spiegel der Welt spiegeln keinen Betrachter, sondern spiegeln einander und ihre sich bis in die Unendlichkeit fortsetzenden und potenzierenden Spiegelungen. Spiegelung ist das Wesen des Seins. Wir leben, weben und denken in Spiegeln, *im* Spiegeln. Und das Re-flektieren ist die Form, in der der Mensch aktiv und lebendig, vivant, an dem Spiegelwesen der Wirklichkeit teilnimmt, sogar darin eingreift. Wenn wir das berücksichtigen, ist der Spiegel an der Wand nur ein winziger Auswuchs der Spiegel spiegelnden Welt.

Die Konsequenz, die daraus zu ziehen ist, lautet, daß der unreflektierte Mensch die Welt auf dem Kopf stehend sieht. Er hält den Spiegel an der Wand für den wahren und glaubt, das Reden von einem Spiegel der Seele sei metaphorisch zu nehmen. Das Gegenteil aber, so zeigt sich, ist richtig. Der Spiegel aus Glas hat ein abgeleitetes, übertragenes Wesen, von ihm zu reden, ist die wahre Metapher. Diesem zerbrechlichen Spiegel weit, weit voraus geht jener andere, den wir Bewußtsein nennen und der sich seinerseits den gläsernen Spiegel als letzte und unvollkommenste Wiederholung des Reflektierens erfand.

Dies ist der erste Spiegel, mit dem wir zu tun haben und mit dem auch bis heute das Märchen zu tun hat. Prüfen wir also nunmehr die Erzählung von jenem Spiegel, mit dem sich Sneewittchens böse Stiefmutter oder Mutter bespricht.

III Der Spiegel im Märchen

Wenn wir das Motiv des Spiegels im Märchen von Sneewittchen betrachten, so ist das erste, was auffällt, daß das Wort Zauberspiegel nicht vorkommt. Vom Zauberspiegel sprechen erstmals die Brüder Grimm in ihren Anmerkungen. Im Märchen dagegen heißt es: »Sie (die Königin) hatte einen wunderbaren Spiegel.« Und wenn sie ihn fragte, so gab er ihr Antwort. Aber das tut ja, wie wir gesehen haben und wie leicht zu verstehen ist, ausnahmslos jeder Spiegel, der sich auf dieser Erde auftreiben läßt. Nur sagt er eben nicht jedem, der hineinschaut, er sei der Schönste von allen. Zu mir, wenn ich hineinschaue, ist er sehr wortkarg und redet überhaupt nicht in Versen, sondern gibt ganz prosaische Auskünfte. Zum Beispiel sagt er kurz und entschieden: »Kämm dich!«

Nun wollen wir gerne glauben, was das Märchen erzählt: die böse Königin sei eitel und verbringe viel Zeit vor dem Spiegel, und dieser bestätige ihr unentwegt, was sie hören will – sie sei außerordentlich schön. Aber daß er ihr auch über anderer Frauen Schönheit etwas zu sagen hat, geht über die Fähigkeiten gläserner Spiegel hinaus. Das leisten nur andere Arten von Spiegeln. Ich erinnere: Das Auge, mit dem die Königin in ihren Wandspiegel schaut, ist selber ein Spiegel, nämlich der Seele; und wir haben verstanden, warum auch die Seele ihrerseits Spiegel genannt wird. Demnach geht folgendes vor sich. Indem die Königin vor den Wandspiegel tritt, tritt sie auch vor den inneren Spiegel; und der sagt ihr ganz andere Dinge als der Spiegel aus Glas. Zwar gibt auch er zu, daß sie körperlich schön ist; aber im übrigen sagt er ihr, sei sie ein Luder – eine Person, die kein Verbrechen und keine Hinterlist scheut.

Die Tatsache, daß der Mensch über sich selber nachdenken kann – ja, daß er oft gar nicht anders kann, als sich selbst zu kritisieren und sich, in Distanz zu sich selbst, mit anderen, die besser als er sind, zu vergleichen –, das ist allerdings wunderbar; und wenn wir es im allgemeinen nicht so empfinden, dann nur deshalb, weil es uns selbstverständlich ist und weil wir ziemlich »unreflektiert« reflektieren. Dennoch ist klar: Der Spiegel des Verstandes, des Bewußtseins, sagt der Königin, sie sei zwar schön, aber Sneewittchen sei schöner; denn diese sei nicht nur wie die Königin schön am Leib, sondern auch schön in der Unschuld ihres Herzens.

Daß die Seele ein Spiegel sei, und zwar ein außergewöhnlicher, hat man schon immer gewußt. Schon bei Platon ist von einem »wunderbaren Spiegel« die Rede, und damit ist das Bewußtsein gemeint[11]; aber da wir nicht glauben wollen, daß das Märchen platonischer Herkunft ist, dürfen wir um so mehr überzeugt sein, daß es die alte Wahrheit schöpferisch neu wiederholt. Die Varianten unseres Märchens bestätigen das.[12] In einem katalanischen Märchen ist es kein Spiegel, sondern ein böser Geist – *un espiritu malo* –, der die Antworten gibt. Und in einer sizilischen Fassung rät der Spiegel der Königin das, was sie doch selbst in ihrem schwarzen Herzen ausgekocht haben muß: nämlich wie sie die verhaßte Stieftochter aus dem Weg räumen kann. Und gar in der polnischen Fassung trägt die Königin den Spiegel am Busen, also an jener Herzstelle des Körpers, wo die Seele dem Volksglauben nach ihren Sitz hat. Das heißt, in vielen Formen des Märchentypus sind die Anspielungen auf das wahre Wesen des Spiegels nicht zu verkennen. Aber das geht noch weiter. Bei Musäus macht der Haß auf die Stieftochter den Spiegel am Ende unbrauchbar; er überzieht sich mehr und mehr mit Rost, ist also metallisch. Das ist ein schönes Bild für die Vorgänge, die sich in einem Menschen, wenn er vor Haß sich selbst nicht mehr kennt, abspielen müssen. Und wenn in einer ungarischen Variante die Königin vor Wut über das Mißlingen ihrer Anschläge am Ende den Spiegel zerschmettert, dann hat sie ihre Hinrichtung schon symbolisch vorweggenommen: Sie will gar nicht mehr kontrollieren, was sie weiterhin tut.

Eine einzige, besonders rätselhafte Variante, die die Brüder Grimm in ihren Anmerkungen erwähnen, bleibt übrig. Sie enthält in Bezug auf unser Thema eine wichtige Abweichung. Kein Spiegel hängt an der Wand, wohl aber trägt den Namen Spiegel ein Hund, der Sneewittchen gehört; und nachdem diese im Walde ausgesetzt ist, liegt er traurig im Schloß. Da fragt ihn die Königin in der bekannten lyrischen Reimform, die in diesem Fall zweifellos die Aufgabe hat, den feierlichen Beschwörungscharakter der Rede deutlich zu machen:

»Spiegel unter der Bank,
Sieh in dieses Land, sieh in jenes Land:
Wer ist die schönste in Engelland?«

Und Spiegel antwortet, aber nicht, wie es sich gehören würde, zeremoniell und in Versen, sondern abweisend, unwirsch und mürrisch in trockenster Prosa – man hört geradezu die Schadenfreude heraus: »Sneewittchen ist schöner bei seinen sieben Zwergen als die Frau Königin mit ihren drei Töchtern.«

Wer ist dieser Hund? Wir kennen »Spiegel, das Kätzchen«, das vor mehreren hundert Jahren in Seldwyla gelebt hat und das »wegen seines glatten und glänzenden Pelzes« so hieß. Von Spiegel, dem Hund, ist derartiges nicht überliefert. Aber da er ein Märchenhund ist, wird er seinen Namen nicht von ungefähr tragen.[13] Sneewittchen hat den Hund zurückgelassen, und ohne daß er versucht hätte, hinter ihr herzulaufen, steht er mit ihr in Verbindung, weiß Bescheid über sie. Vor allem aber ist er ihr treu, seine Trauer verrät es. Wie sollen wir das Rätsel auflösen, das darin liegt, daß der Hund zwar Sneewittchen gehört, aber trotzdem der Spiegel der Königin ist?

Ich sehe nur einen Weg der Erklärung: Hier sind mehrere Motive kontaminiert worden. Das Bewußtsein der Königin ist notwendig gespalten. Einerseits klagt es sie an, steht also, als Gewissen, auf seiten Sneewittchens, aber andererseits hilft es ihr, alle bösen Pläne auszuhecken. Aushecken heißt dasselbe wie ausbrüten; das Verbum hecken bedeutet »sich fortpflanzen«. Der Deutsche hört hier unvermeidlich das Wort Hecke mit, er denkt an Heimlichkeiten »hinter der Hecke«. Etliche Gegenbegriffe dazu sind gegeben; wenn das Schaf ein Lamm wirft, so sagt man, es lammt. Entsprechend »lammt«, in Jean Pauls »Flegeljahren«, Walt, der poetische Jüngling, hinter der Scheune auf einen Schlag drei Gedichte.[14] Aber wenn die Königin ihre bösen Pläne ausheckt, kommen natürlich keine Lämmer heraus; denn ihre Absichten sind hündisch-gemein.

Dieser Widerspruch, daß das Bewußtsein der Königin als Gewissen fest auf seiten Sneewittchens steht, aber im übrigen leidenschaftlich gegen sie arbeitet, wird durch das Bild des Hundes Spiegel nicht übel symbolisiert. Er mag die Königin nicht; dennoch dient er ihr.

Es gibt böse Menschen, die ihre eigene Bosheit nicht kennen, weil sie ihren Bewußtseinsspiegel so präpariert haben, daß er längst nicht mehr dazu taugt, die Wahrheit unverfälscht wiederzugeben. Sie halten, was sie auch unternehmen, immer für recht. Jedoch der Spiegel, den Sneewittchens Mutter besitzt, ist intakt. Er sagt ihr die Wahrheit. Nur tut diese jetzt das Schreckliche: Sie weigert sich, aus der Wahrheit, die ihr bewußt ist, zu lernen und versucht statt dessen, neue Tatsachen zu schaffen, um ihren Spiegel zu zwingen, neue Antwort zu geben. Sie will nicht sich ändern, sondern den Lauf der Dinge. Aber das kann nicht auf Dauer gelingen. Und als sie das begriff, zu spät natürlich, »da .. ward ihr so angst, so angst, daß sie sich nicht zu lassen wußte«, und da ihr Spiegel gerade *nicht* zaubern kann, sondern nur klüger als sie ist, kann er ihr mit seinem Wissen jetzt nicht mehr helfen.

Zuletzt muß ich noch auf einen Umstand zurückkommen, den ich bisher überging. Der Spiegel des Märchens kann weissagen und weiß Dinge, die noch unbekannt sind. Weissagung aus Spiegeln – Katoptromantie – war schon in ältesten Zeiten bekannt. Darüber wäre andernorts Auskunft zu geben.[15] Hier sage ich nur: Im Spiegel können wir Dinge wahrnehmen, die wir direkt nicht zu sehen vermögen. In KHM 197 »Die Kristallkugel« ist die verzauberte Königstochter mit allen Häßlichkeiten geschlagen. Sie sitzt grau und runzlig, mit Triefaugen und roten Haaren in ihrem Zimmer. Aber zu ihrem Retter sagt sie: »›Schau in den Spiegel, der läßt sich nicht irre machen, der zeigt dir mein Bild, wie es in Wahrheit ist.‹ Sie gab ihm den Spiegel in die Hand, und er sah darin das Abbild der schönsten Jungfrau, die auf der Welt war, und sah, wie ihr vor Traurigkeit die Tränen über die Wangen rollten.«

Dieses Zuges, daß der Spiegel Wahrheiten weiß, die unser Auge nicht sieht, hat sich schon die frühmittelalterliche Legende bedient. Die heilige Katharina von Alexandrien war die gelehrte Tochter des Königs von Zypern. Der Sohn des Kaisers bewarb sich um sie. Aber Katharina blickte in ihren Spiegel und erkannte, daß der Bewerber ihr weder an Adel, Schönheit und Reichtum noch auch an Weisheit entspreche. Darum wies sie ihn ab und schien für immer ledig bleiben zu müssen, da niemand denkbar war, der ihr an Vollkommenheit gleich käme. Aber ihre Sehnsucht, den besten von allen zu finden, den einzigen, der ihrer würdig sei, blieb wach und wurde endlich von einem Einsiedler gestillt, der ihr Christus wies, mit dem sie sich dann – es gibt kaum ein zweites Bildmotiv, das so berühmt ist – mystisch verlobte. Was sagt uns diese Geschichte? Mit ihren Augen sieht die Heilige dem Prinzen sein Wesen nicht an. Aber wenn sie in sich selbst schaut, sozusagen ihren Seelenspiegel hervorholt, begreift sie, daß er ihrer nicht wert ist. Der innere Spiegel enthüllt es ihr, er offenbart das Geheime.

Ich komme zum Schluß. Während im Lauf der Jahrhunderte die Wandspiegel immer feiner, genauer und besser wurden, haben sich unsere inneren Spiegel immer weiter verschlechtert. Heute sind sie durchweg trüb und beschlagen – rostig, wie das Märchen behauptet, in nicht wenigen Fällen sogar wie blind. So wären uns andere Spiegel vonnöten, auf die noch Verlaß ist. Ein solcher Spiegel ist uns das Märchen, wir müssen nur wirklich hineinblicken. Gab es in früheren Zeiten den »Fürstenspiegel«, den »Sachsenspiegel« und was noch alles für Bücher, die sich dem Menschen als Spiegel andienen konnten, so ist heute das Märchenbuch einer der besten. In ihm werden uns Wahrheiten erkennbar, die wir sonst nicht einsehen könnten. Darum sollten wir diesen Spiegel häufig befragen. Zwar ist auch er kein Zauberspiegel; aber seinem Zauber kann man sich schwerlich entziehen, sofern man überhaupt noch in Spiegel, die nicht aus Glas sind, mit Vernunft hineinschauen kann. Und was von allem das beste ist: dieser Spiegel hält stand, er wird nicht erblinden.

Anmerkungen

1 Für die Griechen vgl. Platon: *Alkibiades* I 133a.
2 Aischylos: *Agamemnon* 839.
3 Arthur Schnitzler: *Aphorismen und Betrachtungen*. Hrsg von Robert O. Weiss, Frankfurt a.M. 1967, S. 59.
4 Annette von Droste-Hülshoff: *Sämtliche Werke*. Hrsg. von Clemens Heselhaus, München 1966, S. 158 und 159. Vgl. auch aus dem gleichen Zeitraum »Das Spiegelbild«, S. 164. Daß die Liebe zu L. Schücking hoffnungslos war, gehört nicht hierher.
5 Johann Georg Hamann: »Brocken«. In: *Sämtliche Werke*. Hrsg. von Josef Nadler, Wien 1949, Bd. I, S. 302.
6 Meister Eckhart: »Predigt 69« (Quint). In: *Deutsche Werke*, Bd. III, S. 168.

7 In diesem Zusammenhang ist der tiefsinnige kleine Aufsatz Goethes mit dem Titel »Wiederholte Spiegelungen« zu lesen: *Goethes Werke*, Hamburger Ausgabe, Bd. XII, S. 322 f.
8 Philo von Alexandrien: *De Abrahamo* § 153.
9 *Legum allegoriarum* III § 100 ff.
10 Richard Reitzenstein: *Historia Monachorum*, Göttingen 1916, S. 262.
11 Platon: *Staat* 596 cd.
12 Das Folgende nach BP, Bd. I, S. 450 ff, und nach Ernst Böklen: »Sneewittchenstudien«. In: *Mythologische Bibliothek*, Bd. III/2, S. 1–168.
13 Die Rolle des Hundes in den Märchen ist sehr unbestimmt, z. B. verrät er die falsche Braut; junge Hunde werden der Gebärerin von einer Hexe untergeschoben; in der englischen Variante des »Löweneckerchens« ist es kein Löwe, sondern ein Hund, der die Lieblingstochter des Kaufmanns erwirbt; usw. (BP, Registerstellen).
14 Jean Paul: *Flegeljahre*, 1. Bändchen, Nr. 14.
15 Erste Hinweise bietet z. B. R. Reitzenstein (vgl. Anm. 10) in seinem »Exkurs zu Porphyrius und Paulus«, S. 242 ff, besonders ab S. 247.

Ulf Diederichs

Märchenmond – Mondmärchen

Es ist hellichter Tag, eine etwas ungewöhnliche Zeit für Mondmärchen. Scheherezade ist schon seit Stunden, von der Liebe und vom nächtlichen Erzählen ermattet, fest eingeschlafen, Die Kabylen der Berberei und die alten Prärieindianer, die nur des Nachts Geschichten erzählen dürfen, haben sich längst zur Ruhe begeben. Der Mond – das Gestirn der Verwandlung und damit wesenhaft *das* Märchengestirn – weilt jetzt an unbekanntem Ort. Nach mythischem Verständnis versteckt er sich vor seiner großen Schwester, oder er entgeht den Nachstellungen des Sonnengottes oder was auch immer. Ein ganzer Katalog phantastischer Mond-Möglichkeiten findet sich in Stith-Thompsons »Motif-Index of Folk-Literature«.[1]

Das Geschichtenerzählen, die Nacht und der Mond – das ergibt einen magischen Dreiklang, wie er schon in Ludwig Tiecks berühmten Verszeilen mitschwingt: »Mondbeglänzte Zaubernacht, / Die den Sinn gefangen hält, / Wundervolle Märchenwelt, / Steig auf in der alten Pracht!«[2] Hier wird, zu Beginn des 19. Jahrhunderts, ein Losungswort ausgegeben, das nachhaltig sollte. Bereits in der Anfangszeit der 1806 begonnenen brüderlichen Zusammenarbeit war Jacob Grimm expressis verbis einem Mondmärchen auf der Spur: einer Geschichte vom alleweil frierenden Mond, von seiner Mutter und vom Röckchen, mal zu eng, mal zu weit, das nie so recht passen will. Exzerpiert aus einer Anthologie altrömischer Fragmente[3], wurde jene »märchenhafte Erzählung vom Mond« der Erstausgabe Grimmscher Märchen beigegeben – allerdings versteckt in den Anmerkungen, und dies zu den »drei Raben« (aus denen später sieben wurden). Kanonisch wurde dieser Text nie, weil im Duktus allzu schlicht und in seiner aitiologischen Absicht, nämlich der Erklärung der Mondphasen, denn doch etwas dünn.

Aber der Mond blieb auf der Grimmschen Märchenwunschliste, und endlich, in der siebten und letzten Ausgabe der »Kinder- und Hausmärchen«, war es soweit. Dort wurde als Nr. 175 »Der Mond« eingerückt, und Wilhelm Grimm merkte befriedigt an: »Das Stück atmet den Geist der ältesten Zeit.« Tatsächlich hatte er es vor kurzem einem zeitgenössischen Märchenkollegen abgeluchst, nämlich Heinrich Pröhles »Märchen für die Jugend« (1854), in dem hübsch pfiffig vom »Mondenlicht« erzählt wird.[4]

»In der Landschaft Schnorrwitz sind die Leute zu spät gekommen« – so begann Pröhles Text – »als der liebe Gott die Sonne, den Mond und die Sterne vertheilte. Sie dachten: das Beste käme zuletzt, allein sie hatten sich geirrt, denn sie bekamen keinen Mondenschein…«

Dieser aufgeklärt-spielerische Umgang mit mythischem Material konnte Wilhelm Grimm indes nicht recht behagen, weder das Land Schnorrwitz noch das Balgen der Menschen um den Mondenschein mochte er stehenlassen. Tiefgründig setzte er so an:

»Vorzeiten gab es ein Land, wo die Nacht immer dunkel und der Himmel wie ein schwarzes Tuch darüber gebreitet war, denn es ging dort niemals der Mond auf, und kein Stern blinkte in der Finsternis. Bei Erschaffung der Welt hatte das nächtliche Licht ausgereicht.«

Nach diesem Vorspann – der sich auf Finsternis, mythologisch betrachtet, als einem Beginn der Schöpfung berufen konnte – beginnt nun erst, bei Grimm wie bei Pröhle, der eigentliche Plot. Vier Burschen auf Wanderschaft stehlen den Mond einem Schultheiß, den dieser als leuchtende Kugel an einer Eiche hatte anbringen lassen. Sie bringen ihn in ihr eigenes Land und hängen ihn dort als Lampe auf. Das geschieht ebenso fachmännisch wie die technische Wartung (Docht putzen, Öl gießen). Wöchentlich bekommen sie ihren Taler, heute würde man sagen, für Leasing und Service.

Aber alle vier werden älter und älter. Testamentarisch wird verfügt, daß jedem das eigene Mondviertel mit ins Grab gelegt werden soll. Der erste stirbt, und dem Mond wird ein Viertel abgeschnitten. So geht es weiter, bis wieder allgemeine Finsternis herrscht. Doch nun geht es bei den unterirdischen Toten, wo sich die Mondviertel wieder zu einem Ganzen vereinigt haben, auf einmal sehr lebendig zu – so lange, bis der Lärm bis zu Petrus am Himmelstor dringt. Als dessen Polizeimacht, die himmlischen Heerscharen, nichts gegen den vermeintlichen Feind ausrichtet, reitet Petrus selbst »hinab in die Unterwelt« und sorgt für Ruhe und Ordnung. Den Mond aber nimmt er mit fort und hängt ihn oben am Himmel auf.

Daß der Mond »stirbt«, daß infolgedessen eine Verbindung mit dem Totenreich existiert, diese alte Anschauung wird in Wilhelm Grimms Version vertieft. Den legendenhaften Beginn Pröhles, das heißt den »lieben Gott«, hatte er mit Rücksicht auf die mythischen Qualitäten ausgespart. Nun muß er am Schluß doch eine Legendenfigur einführen, nämlich den Petrus als eine Art *deus ex machina*, da es gilt, die alte Naturordnung wiederherzustellen. Ein antikisches Motiv wird beigemischt, der Besuch in der Unterwelt. Auch sagenhafte Zugaben, wie der Tanz der Wichtelmänner im Mondenschein, erscheinen Grimm unbedenklich. Dagegen hütet er sich, jenes »Mondenlicht« als Titel zu verwenden. Das war längst abgegriffen, war gängige Ware, seit Jean Paul das »selenitische Jahrzehnt« ausgerufen hatte – nachdem der Göttinger Hainbund sich im Mondschein gegründet, nachdem auch der junge Goethe »An Luna« und »An den Mond« gedichtet hatte, Poeme, die einen Wandel von anakreontischer zu naturphilosophischer Anschauung bezeugen. Und das Halbjahrhundert Märchenromantik, deren Programm Ludwig Tieck schrieb, hatte stets aufs neue suggestiv in die Tasten gegriffen …

Auch Grimms Zaubermärchen kommen nicht ganz ohne das Mondenlicht aus. Erinnern wir uns, wie für Hänsel »der Mond ganz helle schien«, die weißen Kieselsteine vor dem Haus wie lauter Batzen glänzten und der Mond zum ersten Wegweiser durch den nächtlichen Wald wird – erst beim zweiten Gang, als die Bröcklein aufgepickt sind, kann der Mond allein keine Orientierung mehr bieten. – Das Bild von den »kleinen weißen Kieseln« findet sich schon im Vorläufer des Hänsel, dem »Kleinen Däumling«, dort bezeichnenderweise ohne den Mond. Für Charles Perrault war es das Licht der Frühe, das Däumling die Kiesel erblicken läßt.

Das Mondmotiv wird bei »Hänsel und Gretel« nun nicht weiter durchgespielt. Wenn einer den Mond auch über dem Hexenhaus vermutet, dann hat das im Text keine Entsprechung – wohl aber in dem zugehörigen Bild des Malerbruders Emil Ludwig Grimm. Dort scheint, von links oben, ein Vollmond in das Verlies, in dem Hänsel kläglich sitzt, und eine dunkle Wolke dräut am rechten oberen Bildrand. Der Himmel spiegelt das dramatische Geschehen wider – und dies gewiß mit Zustimmung der älteren Märchenbrüder.

Mir scheint, daß die mythische Qualität solcher Märchen häufig erst durch die Illustration herausgehoben wird und daß gerade solche Bilder nachhaltig auf junge Gemüter einwirken. Ich denke dabei an Mondbilder aus eigener Kindheit – etwa an Kreidolfs blutroten Mond hinter den tanzenden »Wiesenzwergen« oder an die bedrohliche Figur des Mondmannes, die Hans Baluschek für »Peterchens Mondfahrt« schuf.

Bleiben wir noch einen Augenblick bei den »Kinder- und Hausmärchen«, vor allem bei der fünften Auflage (1843), in die erstmals zwei Märchen Eingang finden, bei denen der Mond zum beredt-stummen

Mitakteur wird. Es sind dies »Die Gänsehirtin am Brunnen« (KHM 179) und »Die Nixe im Teich« (KHM 181). In beiden Märchen verbindet sich das Mond- mit dem Wassermotiv, bei der zweiten deutlich auch mit dem Motiv der Widerspiegelung.

Die Gänsehirtin wäscht sich im hellen Mondenschein am Brunnen, das Goldhaar gelöst, die »alte« Haut abgelegt: sie läßt sie vom Mondschein bleichen und trocknen. In dem Moment, wo der Mond von einer schwarzen Wolke bedeckt wird, schlüpft sie in ihre alte Haut. – Der Mond ist es dann, der dem Grafen die Gänsehirtin zeigt, sie ihm buchstäblich »erhellt«. Beim nochmaligen Waschritual am Brunnen bedeckt sich der Mond, und im gleichen Moment springt die Gänsehirtin davon.

Umkehr und Verwandlung, im Zeichen des Mondes – das erweist sich auch beim Märchen von der Nixe im Teich. Auch dort geschieht Entscheidendes bei Vollmond, und es braucht seinen Schein, daß sich Schäfer und Schäferin wiedererkennen; ihr gelingt es ausdrücklich erst in dem Augenblick, als »der Mond auf sein Gesicht scheint«.

Der Mond ist hier sehr wohl stimmungsvoll eingesetzt, aber er wird nicht eigentlich zum Motiv. Den Mond als Movens finden wir eher in der Sage – so in einer aus der Oberpfalz[5], aufgezeichnet 25 Jahre später als die beiden Grimmschen Märchen. Und dort zeigt sich, zu welch magischer Kraft er noch fähig war. Da will ein Mädchen Brotteig ansetzen und holt sich dafür Wasser aus einem Brunnen, der vom Mond beschienen ist. Doch sowie sie gebacken und eingeschossen hat, da ist der Mühlbach aus seinem Bett getreten, ist durch den Backofen gedrungen und hat den Laib herausgerissen, in den der Mond hineingebacken war. Wie nun der Laib einige Zeit auf dem Wasser schwamm, erweichte er und der Mond schaute heraus. Sogleich entstand ein starker Nebel, und der hob das Gestirn wieder an den Himmel.

Dem »Handwörterbuch des deutschen Aberglaubens« zufolge ist dies eine Warngeschichte: Man solle sich hüten, den Mond zu fangen, und sei es aus Unachtsamkeit. Dabei steht gerade diese Geschichte durchaus für sich; sie bleibt ganz »Bild«. Anders die meisten Entrückungssagen, bei denen der erhobene Zeigefinger kaum zu übersehen ist. Bekanntestes Beispiel ist das von Ludwig Bechstein so benannte »Märchen vom Mann im Monde«: die mit Genugtuung erzählte Bestrafung eines Feiertagsschänders – wie man sie als Warngeschichte übrigens nicht nur im Christlichen, sondern auch anderswo finden kann, beispielsweise im buddhistischen Vietnam, wo ein Mann zur Buße dafür, daß seine Frau den Feigenbaum benetzt und er in Wut die Axt angelegt hat (an den Baum, wohlgemerkt), nun mitsamt dem Baum auf den Mond befördert wird.

Es lohnt sich durchaus, in den Mond zu gucken. In seine große weiße Scheibe, die schon immer – für alle Völker, zu allen Zeiten – eine wunderbare Projektionsfläche war. Kommen Sie mit auf eine irdische Mondreise. Im Grunde haben wir sie schon begonnen, in vertrauterem Gelände. Treten wir nun ostwärts die Mondmärchenwanderung an.

Im Kaukasus bei den Osseten begegnet uns ein ganz außerordentliches Zaubermärchen. Es heißt »Der Mond« und entspricht ganz und gar dem Märchentypus »Die menschenfresserische Schwester« (AT 315 A). Erst die Schlußpassage verrät, daß es sich um ein Himmelsdrama handelt.

Es geht um den jüngsten von sieben Brüdern, um seine jüngere, mit Hauern zur Welt gekommene Schwester, die ein halbes Pferd frißt, sich dann als menschenfressende Dämonin erweist – und um ein schwarzäugiges, wie Schnee leuchtendes Mädchen auf einem Turm. Ein Märchenmotiv fügt sich ans andre, die Liebe im Turm, die Brüdersuche, drei magische Geräte, welche eine magische Flucht begünstigen.

Am Ende des Zaubermärchens dann dies: Der von seiner Schwester verfolgte Bruder hat wieder den Turm erreicht, seine Frau (die Fluchthelferin) streckt von oben die Hand nach ihm aus, von unten ergreift ihn die herangeeilte Schwester am Fuß. »So begannen sie ihn zwischen Himmel und Erde zueinander zu ziehen.« Der Streit um den Mann endet gütlich: »Darauf kamen sie überein, daß er zwei Wochen vom Monat der Frau gehören sollte, zwei Wochen aber der Schwester.« Und nun erst folgt der Satz, der das Märchen ins Mythische hebt: »Von da ab bis jetzt steht der Mond am Himmel, und wenn er in der Hand der Schwester ist, so frißt sie ihn, und wenn er in der Hand seiner Frau ist, so macht diese ihn wieder ganz.«[6]

Eine Konflikt- und Partnerschaftsanalyse anhand dieses um 1880 aufgezeichneten ossetischen Märchens können Sie in Walter Scherfs »Märchenlexikon« nachlesen. Es ist meines Wissens nach das einzige Mondmärchen, das Scherf in seinem doppelbändigen Werk herausstellt – und mit einigem Recht, da es nicht nach Gesetzmäßigkeiten von Sage und Mythe verfährt, sondern genuin nach denen des Märchens – mit aitiologischer Schlußpointe. Scherf widmete sich vor allem diesem letzten Bild, dem vom abnehmenden und zunehmenden Mond, als einer Metapher und Sinngebung. Die astrale Form des

Märchens als Ganzes jedoch bleibt ihm, so mein Eindruck, verschlossen.

Dabei liegt es doch eigentlich nahe, die Gestirnszahl Sieben, dann die Eberhauer und die Verfolgungsjagd als Attribute der Sonne – und ebenso die Turmexistenz und die Schneeaura des Mädchens als zwei Mondzeichen – dem mythischen Befund, d.h. dem abschließenden Bild und der bedeutsamen Schlußaussage, zuzuordnen.

Nun gibt es, was auch Scherf erwähnt, eine noch ungedruckte Studie über die Astralform ebendieses Märchens. Der bedeutende Kaukasiologe Uko Masing, befreundet mit dem Herausgeber Isidor Levin, hat sie verfaßt; leider ist er bereits 1985 gestorben.

Märchen und Mythe, an sich Erzählgattungen eigener Prägung, können, wie wir an diesem Beispiel gesehen haben, durchaus ineinandergreifen. Mehr solcher Belege lassen sich auftun, wenn wir dem Mond in den Fernen Osten folgen und dort auf eine wahre Hochburg des Mondglaubens stoßen – das alte und neue China.

Seit Jahrtausenden ist den Chinesen das in Naturbeobachtung gewonnene »Yin und Yang« geläufig, d.h. die polaren Kräfte des Weiblichen und des Männlichen, die sich ständig in einem Wandel befinden. Als Urbild und Urbegriff der »Wandlung« galt ihnen der Wechsel von Vollmond und Neumond. Es läßt sich auch sprachgeschichtlich nachweisen, daß die weibliche Naturkraft für die Erde stand wie für den Mond, für Dunkles und Kaltes. »Yi yin, yi yang« (»hier das Beschattete, dort das Besonnte«), erläutern schon frühe Kommentare zum »I Ging«, zum »Buch der Wandlungen« – und erst kürzlich hat der Sinologe Frank Fiedeler[7] nachzuweisen vermocht, daß das Yin-Yang-Symbol die Darstellung des Mondwandels zeigt und daß die acht Trigramme, die Grundstruktur dieses ältesten Orakelbuchs, exakt den Mondzyklus nachbilden.

Springen wir in die Gegenwart und besuchen das Mondfest, das am Abend des 15. Tages des achten Monats überall in China stattfindet. Es ist ein Yin-Fest, ein Laternenfest, ein Thanksgivingday, alles in einem und sowohl Familienfete wie öffentliches Spektakel. In die Parks von Hongkong etwa kommen Hunderttausende, es gibt die berühmten Mondkuchen (bestehend aus Lotuskernen, Sesam, Kokosfleisch, mit dem Dotter eines Enteneis in der Mitte, geschichtet zu 13 Türmen), und beim Flanieren werden auch alte Geschichten aufgefrischt; so die vom Bogenschützen Hou I und seiner Frau Chang Ou, die sozusagen schwebend zur Mondgöttin wurde, nachdem sie von der Unsterblichkeitsdroge genossen hatte.

Eine sehr menschliche Göttin. »So wie wir Sterblichen Freude und Leid erleben, / Erlebst du, o Göttin, Licht und Dunkel / Bald bist du rund und voll und strahlend / Bald gekrümmt wie der Fingernagel meiner Geliebten / Was beweist, Vollkommenheit / Gibt es weder für Götter noch für Menschen« dichtete Li Tai-po vor 1300 Jahren, und ein jeder in China kennt das Gedicht. Zu Li Tai-pos Zeit, der Tang-Periode, wurde die erste märchenhafte »Reise nach dem Mond« schriftlich niedergelegt. Eine taoistisch-schamanistische Reise mittels Bambusstab oder Gürtel, die den großmächtigen Kaiser unter Führung eines Himmels- und eines Taoistenmeisters in den Himmel gelangen läßt – natürlich genau am 15. Tag des achten Monats, beim Mondfest also. Der Himmel ähnelt in manchem dem Kaiserpalast: ein mächtiges Eingangstor, soldatische Wächter vor dem Hauptpalast. Dessen Inschrift »Palast des weiten Frostes und der klaren Leere« zeigt das Mondprogramm. Zu ihm gehören noch zwölf Mondfeen auf weißen Luan-Vögeln, die dann im Schatten riesiger Zimtbäume tanzen. Eine herausragende Mondgöttin fehlt. Der Tanz der Mondfeen inspiriert den zurückgekehrten Kaiser zu einer berühmten Melodie, und so steht am Ende literarisch-huldigende Absicht.[8]

Richard Wilhelm gibt dieses Pseudomärchen unter dem Rubrum »Die Mondfee« wieder[9], nachdem er zunächst die Mythe vom Sonnenschützen und der auf den Mond entrückten Chang Ou erzählt hat. Interessanterweise hält er auch diese zweite Geschichte, die er sehr vereinfacht wiedergibt, für »mündliche Überlieferung« – was entweder bedeutet, daß er den alten phantastischen Reisebericht nicht kannte, oder daß dieser inzwischen zum allgemeinen Erzählgut gehörte.

Aber auch die literarisierte Mondgeschichte zeigt das naturbezogene Denken der Chinesen: Mond, Wasser, blauer Schein, klare Kälte, Schleier, Mondflecken, Monatszahl, Monatsregel – alle Phantasie bleibt naturstimmig. So ist auch der Hase, dem alten »Buch der Riten« (Li Gi) zufolge, einfach »Der, der den Mond anschaut« – weil er niemals die Augen schließt.

Besonders was dieses Mondtier angeht, aber auch das Ambiente, muß man unterscheiden zwischen taoistisch intendierten Geschichten, buddhistischen Geschichten und islamgeprägten; letztere z.B. lassen einen prächtigen Schafbock aus Richtung Mekka kommen, der dann mit dem Himmelsschaf anbandelt (»Das Himmelsschaf im Mondschein«, Hui-Volk im Nordosten).

Für Taoisten ist es eindeutig, daß kein anderes als ein Jade-Kaninchen unter dem Kassia- oder Zimtbaum mit dem Stößel eines marmornen Mörsers Kräuter stampft und das Lebenselixier zubereitet.

Für Buddhisten ist der Mondhase dagegen eine der vorgeburtlichen Existenzen Buddhas, und die Geschichte dazu findet sich als »Der freigebige Hase« in den »Buddhistischen Märchen«.[10] Der weise Hase Boddhisattva unterweist seine drei Freunde, den Affen, den Schakal und den Fischotter, in der reinen Lehre – nämlich Almosen geben, Gebote halten, die Fasttagsbräuche beachten. Eines Tages sieht er im Mond angezeigt, daß morgen Fasttag sei. Die drei Freunde verschaffen sich Vorrat, er selbst nicht. Sie kommen am Fasttag in den Konflikt, einem Bettler Almosen zu geben und doch das Speiseverbot zu achten. Einzig der Hase, auch er vom Brahmanen Sakka auf die Probe gestellt, bleibt lauter: »Nimm dir mein Fleisch, ich kann dir sonst nichts bieten.« Und es folgt eine berühmte Szene: Der Hase pult sich die kleinen Tierchen aus dem Pelz bzw. schüttelt sich dreimal, bevor er in den Kohlenhaufen springt – denn er darf sich opfern, aber den Tierchen das Leben zu nehmen, hat er kein Recht. Der Hase bleibt im Feuer jedoch unversehrt – und zum ewigen Ruhm seiner Tugend zerquetscht der Sakka einen Felsen »und zeichnet mit dem Saft des Felsens das Bild des Hasen in die Mondscheibe.« Seit diesem Vorfall gilt der Mond in der buddhistischen Welt als »der Hasengezeichnete«. Diese Hasenmythe, eingebettet in landeseigene Mythologie, findet sich z. B. auch bei den Khmer. Ein weiteres Mondtier nach buddhistischem Glauben ist die dreibeinige Kröte (Ch'an, mit dem Schriftzeichen »Acht« auf der Kehle): einmal die personifizierte Mondgöttin, dann wieder Mondverschlingerin, aber auch Symbol für langes Leben.

Das Mondpersonal ist damit noch nicht vollständig. Uns fehlt der »Alte unter dem Mond«, ein veritabler Heiratsvermittler, denn das Mondfest bedeutet auch: Hauptsaison für junge Pärchen. Und Ehe bedeutet vorherige Prüfung anhand der astrologischen »acht Zeichen«, ob denn die Verbindung auch Glück verheißt. Ein zentrales Sprichwort besagt: Ehen werden im Himmel geschlossen, aber im Mond vorbereitet.[11]

Wie sich allerdings an einer taiwanesischen Geschichte jüngeren Datums feststellen läßt (»Mond und Sonne«, 1972 erzählt von einem Hakka), funktioniert das mit dem Vermittler nicht immer. In diesem Fall ist es der Himmelsherrscher selbst, der sich um eine Ehe von Mondgöttin und Sonnengott bemüht. Leider stellt die Mondgöttin eine unmögliche Bedingung: Nur wenn der Sonnengott sie holen kommt, will sie seine Frau werden. Der gibt sich, ihr nachlaufend, zwar alle Mühe – aber aus der Heirat wird nichts.

Wieder andere Märchen aus heutiger Zeit stellen betont heraus, »Warum Sonne und Mond ein Paar sind« (in den 80er Jahren erzählt von einem älteren Mongolen im nordöstlichen China). Hier wird die alte Mondmythe von Held Hou Yi und der Chang Ou als die Geschichte eines Siedler-Paares aufs neue erzählt. Sie haben fünf Söhne und zwei Töchter. Die Frau nimmt sich eines kleinen verwundeten Hasen an, und dessen Sippschaft, als sie von seiner Rettung erfährt, geht auf Suche nach dem Lingzhi-Kraut (nebenbei ein wichtiges Pharmakon der traditionellen chinesischen Medizin); sie finden es, und während »die helle Scheibe des Mondes bereits hoch am Himmel steht«, spuckt der kleine Hase »das besonders frisch leuchtende, saftig-grüne Linghzi-Kraut in die Handfläche der Frau«. Sachte beginnt ihre Elevation, und die aufgeregten Kinder weinen und rufen: »Mama, komm schnell herunter!« Auch der Vater jammert, ganz unheldenhaft. Diesmal ist es Mitleid mit dem anscheinend sterbenselenden Alleinerzieher, was die Hasenfamilie bewegt, wieder nach einem Lingzhi-Kraut zu suchen. Endlich fährt auch der Mann in die Lüfte, nur schwebt er mangels eigener Körpersteuerung nicht dem Mond zu, sondern zur Sonne. »Männer dürfen den Mond nicht verehren, Frauen dürfen dem Küchengott nicht opfern«, heißt ein chinesisches Sprichwort.

Auch solche relativ jungen Texte stehen für eine Kombination der verschiedensten sozialen Interaktionen, dargeboten anhand der ältesten aller Partnerbeziehungen: Sonne und Mond. Mal ist Brüderhaß das Motiv, mal Brüderfreundschaft, mal innige Geschwisterliebe, mal ungewollter Inzest. Der Vorrat an Märchentypen wird schamlos geplündert. In einem koreanischen Märchen etwa ist die Astralmythe »Sonne und Mond« in einen Sieben-Geißlein-Typus geformt, unter Beibehaltung des alten Brunnen-Spiegelmotivs und des Motivs der Himmelsleiter. Am Ende stürzt der Tiger (alias der böse Wolf) vom schlechten Seil ab, während das Geschwisterpaar mittels gutem Seil in den Himmel gelangt. Das Mädchen wird Mond, fürchtet sich aber vor dem nächtlichen Umherziehen und tauscht mit dem Bruder die Plätze.

Manche Mondmärchen-Gegenden können wir nur streifen, so Australien, die Südsee, Malaysia, Philippinen, Papua-Neuguinea.[12] Einmal ist der Mond ein kleiner Junge, der immer älter und dicker wird, dann wieder ist er ein alter narbenübersäter Kämpfer, der als einziger dem Vermächtnis seines Widersachers entgeht, wonach kein Lebewesen nach dem Tod wieder aufersteht. Tjarapa der Mond rappelt sich jedesmal drei Tage nach seinem allmonatlichen Tod auf, schlingt sich den Bauch voll mit Mangrovenkrebsen – und wird davon binnen zweier Wochen so fett, daß er dahinsiecht.

Auf die immer wieder gestellte Frage, ist der Mond nun männlich, ist er weiblich, gibt es immer neue Antwort. Hina auf Hawaii, eine von Arbeit erschöpfte Frau, sehnt sich nach einem Erholungsort; der Regenbogen hört ihr Seufzen, hat Mitleid und schafft ihr einen Himmelspfad. Die Strahlen der Sonne hält sie nicht aus, und sie beschließt, beim zweiten Mal zum Mond zu gehen, denn »da ist es sehr ruhig«. Hina mit ihrem lahmen Fuß und der Kalebasse zur Seite ist fortan im Mond zu sehen, aber man unterschätze sie nicht: Sie entwickelt sich noch zur Göttin des Meeres und zur Mutter des Kulturbringers Maui.

Gern wird in diesen Breiten der Mond zum Mann genommen, weil er so gut und ruhig aussieht und nicht so heiß ist wie die Sonne: Daher wird der Mond zum Gatten, doch ist sein Gesicht durchaus weiblich. Ganz und gar männlich hat man sich den australischen Mond Balu vorzustellen, den mit drei Hunden, die in Wirklichkeit Mondtiere sind: Giftviper, Schwarze Schlange und Tigernatter. Kein Wunder, daß sich die Menschen davor fürchten und sich Balus Befehl widersetzen, seine Hunde über den Fluß zu tragen. Damit aber verscherzen sie sich ein Leben nach dem Tode. »Hättet ihr getan, was ich euch befahl, so könntet ihr ebenso oft sterben wie ich, und immer wie ich lebendig werden.« Also rächt man sich seitdem an Balu, indem man die Schlangen totschlägt.

Kommen wir nun in den Süden Afrikas, zu den Buschleuten und zu den Nama und Dama, einst von europäischen Kolonisatoren als Hottentotten beschimpft. Das eben angeklungene Thema – der Tod und die verlorene Unsterblichkeit – führt bei den Völkern der Steppe zu neuer Gestaltung. Die Frohbotschaft des Mondes an die Menschen, sie müßten zwar wie er sterben, würden aber auch wie er auferstehen, wird durch den Hasen, seinen Boten, zunichte. Mal verwechselt der Hase die Botschaft, mal lügt er den Menschen das Gegenteil vor, mal stößt er auf Unglauben und flucht »Von heute ab sollt ihr sterben und tot bleiben.« Dann gibt es noch die buddhistische Variante, wonach erst die Schildkröte, auch ein Mondtier und ebenfalls als Bote eingesetzt, die tröstliche Botschaft der Wiedergeburt überbringt.

Entweder wütende Menschen sind es, die mit einem Wurfholz dem Hasen die Lippe spalten, oder der zornige Mond tut dies mit krachender Faust.

Mythische Rede, das ist etwas anderes als die uns geläufige Märchensprache. Hören sie einen Buschmann[13]: »Wenn der Mond neu zum Leben zurückgekehrt ist und es hat uns jemand den Mond gezeigt, so blicken wir zu dem Ort hin, wo der andre uns den Mond gezeigt hat. Wenn wir dorthin schauen, sehen wir den Mond. Wir sehen ihn, wir bedecken die Augen mit den Händen und rufen laut: »Kabbi-a (Reiter), du da drüben! Nimm mein Gesicht zu dir, du da drüben! Gib mir dein Gesicht, mit dem du, wenn du gestorben bist und wir dich nicht mehr sehen, lebend zurückkehrst. Liegend kommst du wieder hervor. Ich möchte dir gleichen.« Und dann führt der Erzähler bewegte Klage, daß erst durch die Widerrede des Hasen, der um seine tote Mutter weinte und sie für endgültig tot ansah, der Mond alle Menschen mit verflucht habe.

In Angola, bei den Mbundu, stoßen wir auf eines der wohl schönsten und eigenwilligsten Sonne-Mond-Märchen. Es heißt »Mon'a Kimanaueze ni mon'a Kumbi ni Mbeji«, auf deutsch: »Der Sohn des Kimanaueze und die Tochter von Sonne und Mond«. Ein mannbarer Jüngling, der hoch hinauswill: Keine Irdische, nur die Tochter des Kumbi und der Mbeji, will er heiraten, er schreibt ihr einen Hochzeitsbrief und gibt ihn einem Frosch mit. Zwischen dem Brautwerber und dem Himmelspaar vermittelnd, reist der hilfreiche Bote fünfmal hin und her. Der Frosch als der eigentliche Akteur ist in der diesseitigen wie in der jenseitigen Welt des Wassers zu Hause. Die himmlische Wasservorratskammer und der irdische Brunnen sind gleichermaßen sein Element. Stets kriecht er in die Krüge der Wasserträgerinnen, die sich an einem Spinnenseil zur Erde hinab- und dann wieder hinauflassen. Man kann sich diese auch astral denken, nämlich als Sterne, die sich in Brunnen spiegeln. Jedenfalls kommt der Frosch, der der Himmelsbraut beide Augen wegnimmt und durch schlaue Wahrsagerei ihre Eltern bewegt, sie zur Heilung auf die Erde zu schicken, fast mühelos ans Ziel – und der Sohn des Kimanaueze zu dem seinen.

Der bedeutende Afrikanist Carl Meinhof hat dies Märchen (das auch Lisa Tetzner sehr liebte) 1917 nach der zweisprachigen Ausgabe Heli Chateleins ins Deutsche übertragen. Für uns fast unverständlich, machte er aus Herrn Kumbi eine weibliche Sonne und aus Mbeji einen männlichen Mond – wohl um die Denkgewohnheiten der Leser zu schonen. Daß der Bantu-Erzähler im Kontext dieses Märchens und auch in der Art der Aufzeichnung eine wichtige Rolle spielt, ist dem verdienten Sprachforscher leider entgangen.[14]

Ein beliebtes afrikanisches Motiv ist der Hader zwischen den Geschwistern Sonne und Mond wegen der Kinder (die Sterne). Der Mond ist dafür, sie alle ins Wasser zu werfen, aber als die Sonne zustimmt, trickst er und steckt statt ihrer weiße Kiesel in den Sack, täuscht dadurch die Sonne, die sich ihrer Kinder entledigt. Als der Mond nachts mit seinen Kindern ausgeht, will ihm die Sonne an den Kragen. Doch er überzeugt sie, daß die ertrunkenen Sonnenkinder nun den Menschen Nahrung geben (Wassermotiv wird zum Fischmotiv). In der Ewe-Sprache heißen die Sterne seit eh und je »Mondkinder«.

Als nächste Station auf unserer Mondwanderung kommen wir nach Mittel- und Südamerika und stoßen als erstes auf die alten Hochkulturen der Maya, der Azteken und Inkaperuaner. Für die yucatekischen Maya bedeutet das Wort »u« sowohl Mond wie Monat. Sie entwickelten einen komplexen Mondkalender, anhand dessen bis zu 32 Jahren im voraus, errechnet werden konnte, wann eine der gefürchteten Mond- oder Sonnenfinsternisse eintreten werde. Ihre Göttin »I« wird im sogenannten Codex Dresdensis mit der Finsternis in Verbindung gebracht, sie trägt dort ein Seil um den Hals.

Weitaus besser Bescheid weiß man über die aztekische Mondgöttin Coyolxauhqui. Beim Bau einer U-Bahn in Mexiko-City im Februar 1978 stießen Telefonarbeiter auf eine acht Tonnen schwere, beinahe runde Scheibe – die Skulptur der Mondgöttin, Bestandteil der legendären Aztekenstadt Tenochtitlán. Die alte Mondlegende war plötzlich in aller Munde. Sie besagt, daß Coyolxauhqui eines Tages feststellen muß, daß ihre Mutter, eine Witwe, schwanger ist. Diese verteidigt sich: Sie habe gerade den Tempel gefegt, als ein Bündel herrlicher Federn vom Himmel gefallen sei, das habe sie, um es zu schützen, zunächst in ihrem Schoß verborgen; als dann der Tempel gereinigt war und sie nach den Federn sehen wollte, seien diese verschwunden gewesen, aber plötzlich habe sie sich schwanger gefühlt. Ein Fall von magischer Empfängnis also, und das bei keiner gewöhnlichen Frau – denn die Mutter war Coatlicue, Göttin der Erde. Die Mondgöttin glaubt ihrer Mutter nicht. Um der Familienehre willen ruft sie ihre 400 Brüder (die Sterne) zusammen, um sie zu töten. Diese aber gebiert den Sonnengott, den Huitzilopochtli, der zur Strafe seine ältere Schwester enthauptet – er benutzt dazu eine »Feuerschlange« – und die Sternenbrüder in die Flucht treibt. Coyolxauhqui stürzt in den Abgrund, Arme und Beine brechen ihr weg.

So verstümmelt und verrenkt ist sie auf der steinernen Scheibe dargestellt. Die runde Scheibe ist das dem Mond Wesenhafte. Zugleich bedeutet sie den Abfall von Gliedmaßen, Reduktion auf das Essentielle. Das Haupt der enthaupteten Göttin zeigt auf seine Weise die Verbindung von Mond und Tod.

Eine andere, auch sehr wirkungsvolle Azteken-Legende handelt davon, daß zwei Götter erst verbrennen müssen, um zu den Lichtkörpern zu werden. Doch gehen sie zunächst fast nebeneinander (in der gleichen Reihenfolge, wie sie ins Feuer gesprungen) im Osten auf und leuchten im gleichen Glanz. Am Schluß der etwas komplizierten Mythe steht fest, daß der Mondgott Tezcatlipoca heißt und daß er imstande ist, aus Walfisch, Meerfrau und Schildkröte (seinen Attributen) eine Brücke zu bauen, und daß er auf Feste ihm zu Ehren besteht und dafür dem Sonnengott notfalls die Sänger und die Musik wegnimmt.

In einer Bruder-Zwillingsmythe der brasilianischen Bakairi finden wir diesen Mythos wieder. Anfangs haben die Brüder Keri und Kame tierische Gestalt; als Kame Feuer fängt und verbrennt, bläst Keri ihn an, formt ihm Nase, Hände und Füße, und als auch er verbrennt und stirbt, wird er von Kame lebendig geblasen und menschlich gestaltet. Die Himmelskörper sind (man denke an die magische Empfängnis der Erdmutter) vogelgefiederte, unbelebte Objekte, so besteht die Sonne aus Federn des Tukan und des roten Arara und der Mond aus gelben Japufedern. Die Brüder bringen beides in ihren Besitz. Keri, der kühnere und klügere, wird Herr der Sonne, der dumme Kame hingegen Herr des Mondes. Er ertrinkt in Wasserfluten, wird von einem Jahufisch verschluckt und als Toter vom Bruder angeblasen, bis er sich wieder erhebt. Er sagt, er habe gut geschlafen, doch der Retter klärt ihn auf. Noch ein zweites Mal wird Kame, der in eine Maus gegangen war, getötet, d. h. von einem Kampffuchs zermalmt und verschluckt. Der intelligente Bruder macht, daß sich der Fuchs erbrechen muß, er findet die Mäuseknochen, sammelt sie und bläst sie an. Wieder erhebt sich Kame und sagt »Ich habe gut geschlafen«, und wieder widerspricht ihm der andere.

Ich bringe dies deswegen etwas ausführlich, weil der ganze Vorgang, einmal Tod und Zerstückelung des Helden, dann der wiederholte Ausspruch nach erfolgter Wiederbelebung, einen frappanten Bezug zu russischen Zaubermärchen hat. So finden wir in dem berühmten »Märchen von Iwan Zarewitsch, dem Feuervogel und dem grauen Wolf« das Zerstückelungs- und Wiederbelebungsmotiv wieder und auch die Sprachformel »Ach, was habe ich doch lange geschlafen«. Und auch hier eine Zurechtweisung durch den Retter: »Ja, du hättest ewig geschlafen«, sagte der graue Wolf, »wenn ich nicht gewesen wäre. Deine Brüder haben dich in Stücke geschlagen.«[15]

Es erscheint mir interessant und lohnend, solchen Spurenelementen von Astralmythen auch in anderen Verwandlungsmärchen nachzuspüren.

»Tod und Auferstehung des Mondes«, ein Märchen der brasilianischen Boróro, variiert die Brudermythe. Dort pinkeln Ari, der Mond, und sein größerer Bruder Meri, die Sonne, den fischefangenden Indianern das Feuer aus. Wäre nicht die Kröte gewesen, die ein Stückchen Glut in ihrem Maul verwahrte, so hätten die Menschen kein Feuer mehr. Als die Sache bekannt wird, beschließen die Indianer, die Brüder mit Feuerbränden zu töten (auch hier spielt Vogelkopfgefieder eine Rolle). Meri, der auf einen hohen Baum von starkem Holz geklettert ist, entkommt dem Steppenbrand, Ari hingegen wird auf seinem niedrigen, morschen Baum geröstet. Was an Knochen von ihm übriggeblieben ist, frißt ein Okwa (Waldhund). Wie hilft nun diesmal der Bruder? Er schenkt dem Okwa einen Strick, veranlaßt ihn, den als Gürtel fest zuzubinden, so daß ihm der Bauch anschwillt. Und dann jagt er ihn. (In dieser Verfolgungsjagd steckt, daß die Sonne den anschwellenden Mond vor sich hertreibt: ein Bild für Mondphasen.) Aris Wiedererweckung erfolgt durch sorgfältiges Ritual mittels Holzpfählen, die den Körper nachbilden, mittels Kräutersud und Bedeckung des Leibes durch Heilpflanzen. Ganz nach Schamanenart wird die Heilung vollendet, Ari ist damit wieder lebendig.

Aber wo bleibt die Mondgöttin in den Erzählungen der Indios heute? Bei den Yucateken kommt es zu einer Verbindung zwischen dem Sonnengott und zwölf Mondmädchen. Sie sind seine Schwestern und sein Harem und dabei so heißblütig, daß er sie auf Schichtarbeit setzt, auch den Menschen zuliebe, die über nächtliche Finsternis klagen. Sechs Mondmädchen also bescheinen die Erde, sechs bleiben beim Sonnenmann. Jede der Heimkehrenden will aber zuerst auf sein Lager, es setzt Kratzer und Schläge, Blut fließt; seines fällt als Gold nieder, das der Mondmädchen als Silber. Jetzt kommt es zu der Regelung, daß künftig nur eine den Nachtdienst tut. Die ist jedesmal so erschöpft, daß sie schmal ist und kaum leuchten kann. Allmählich wird sie rund und prall, verzehrt sich dann in Sehnsucht und nimmt wieder ab. So geht es reihum jeder.

Die Mapuche-Indianer in den Anden-Kordilleren haben ihre eigene Mythologie. Die Mondfrau Küyén bekommt die Knöchelchen ihres Kindes, um dessen Leben sie sich so gemüht hat, an den Kopf geworfen, was viele Kratzer zur Folge hat. Die schlimme Tat gibt den Ausschlag für ihre Trennung vom Sonnenmann. Weitere Kinder sind nicht vorhanden, oder aber sie sind außer Haus und »grüßen ihre Eltern nur noch aus der Ferne«. Eindeutig ist die Mondfrau der Anden den Seen zugeordnet und der Sonnenmann den Bergen. Lokalmythen bezeugen ihren »Ort der Tränen«.[16]

Wir kommen nun zu einer der dämonisch eindringlichsten Mondmythen, die ihren Niederschlag in den Erzählungen beider Amerikas findet, also auch bei den nordamerikanischen Indianervölkern. Der Mond als rollender Kopf, als etwas Böses, Unaufhaltsames, Unwiderstehliches. Da faßt der geköpfte Krieger Marinaua tränenden Auges – all seine Leute wenden sich von ihm ab – den Entschluß, sich zu verwandeln: »Was soll ich also werden? – Mein Blut verwandele ich in den Weg der Feinde (Regenbogen). Meine Augen verwandele ich in Sterne. Und mein Kopf soll Mond werden.« Und er prophezeit seinen Leuten, daß ihre Frauen und Mädchen von diesem Regenbogen bluten werden – immer bei Vollmond. Er gelangt hinauf in den Himmel, indem er ein Garnknäuel auswirft; der himmlische Aasgeier nimmt es in seinen Schnabel und befestigt es oben. So erzählen es die westbrasilianischen Kaschinaua.

Selten wird in den Totenkopfgeschichten der Bezug zum Mond und dessen Beziehung zum weiblichen Geschlecht so deutlich. Die Verschlingungsabsicht des Kopfes, sein Kannibalismus bestimmen weitaus häufiger den Ablauf.

So erzählen sich die Indianer im Sacramento-Tal von Hitschinna (der Wildkatze oder eher: Wildkater), der träumt, wie er seine eigenen Glieder abwirft, was dann auch geschieht, als er auf dem Baum sitzt und seiner Frau Kiefernzapfen hinunterwirft. Als rollender Schädel wird er zur brüllenden Urgewalt, zu einem Hurrikan und zu einer Felsschleuder, die alle Menschen im Berg Wamarawi (dem mythischen Zentrum des Yana-Stammes) bedroht. Zur Strecke bringen kann ihn erst Metsi der Coyote, und dieser ist Trickster und – Sonnentier.[17]

Es gibt bei den Irokesen auch wieder Mondmärchen-Geschichten, die ihrerseits ganz ohne das Wort »Mond« auskommen und ihre mondbezogenen Spuren nur dem verraten, der sie zu »lesen« versteht. Also beispielsweise ein Vater als erster Toter, der insgeheim fortlebt; oder glänzende Schmucksachen, welche die Tochter von ihren Besuchen beim Toten mitbringt; oder ihr Wandern mit dem Korb auf dem

Rücken über den Himmel, und das Zusammentreffen mit einem »Feuerdrachen« (bedeutet die Konjunktion des Mondes mit Sternbildern).

Experte für die Dechiffrierung solcher Mythengeschichten war Paul Ehrenreich, von dessen Forschungen[18] alle späteren Märchenleute profitiert haben: Theodor Koch-Grünberg, Walter Krickeberg, Felix Karlinger.

Unsere Mondreise nähert sich dem Ende, aber wir müssen noch einen Blick in arktische Mondmärchen tun. So wie es bei den Chinesen eine exzeptionelle Mondfahrt gibt, so auch bei den Inuit auf Baffinland, und auch ihr »Flug zum Mond« ist im Grunde eine Schamanenreise. Eine weitere Ähnlichkeit, die auch etwas über das literarische Genre der »Mondreise« aussagt – das ja interessanterweise erst aufblühte, nachdem Galilei mittels Fernrohr die Mondlokalitäten genauer gesichtet hatte –, eine Analogie also zum chinesischen »Palast des weiten Frostes« ist der Befund des Inuit-Erzählers, das Mondhaus entspräche ganz dem gewohnten – mit einem langen Durchgang, welcher die Kälte abhält, mit seitlichen Anbauten und einer Schlafbank auf der Rückseite. Sein Mann im Mond ist ebenfalls nicht allein, eine seltsame Haushälterin ist um ihn besorgt. Für den Besucher ist dieser weibliche Dämon – der hinten hohl ist, Rückgrat und Eingeweide fehlen – ziemlich gefährlich. Das Mondpaar tanzt ihm etwas vor, und wehe, er lacht, dann schlitzt sie ihm mit dem halbmondförmigen »Weibermesser« den Bauch auf und entnimmt ihm die Eingeweide. Auch in Gestalt der alten Nalikateq tritt sie auf: Die sitzt in ihrem eigenen Haus und singt sirenenhaft. Dort muß jeder Mondreisende vorbei. Sollte ihn angesichts ihrer Tanzverrenkungen ein Lachen ankommen, so kostet es ihn beide Lungen.[19] – Aber auch die arktische Inuit-Mythologie kennt das wärmende Gestirn. Sonne und Mond können z. B. ein Bruder-Schwester-Paar sein. Es gibt da eine sehr bekannte Geschichte vom Tanzhaus im Dorf, wo, als die Lampen gelöscht sind, ein Unbekannter der jungen Frau Gewalt antut. Das nächste Mal schwärzt sie ihre Hände mit Lampenruß und kann den Vergewaltiger zumindest damit kennzeichnen. Als sie dann sieht, es ist ihr eigener Bruder, schneidet sie sich die Brüste ab, schleudert sie ihm nach, ergreift dann ein Holzscheit und rennt mit der Fackel ins Freie. Er ihr nach, stolpernd, fallend, nun mit schwach glimmender Fackel, und dann höher und höher, bis beide ihre Gestirnsplätze einnehmen.[20]

Ich habe mich öfters gefragt, warum geht sie denn zurück in das Tanzhaus – bis ich in einer Eskimo-Märchensammlung eine kanadische Variante fand, die mehr einleuchtet: Alle anderen Leute sind im Tanzhaus, nur sie nicht. Und es sind ihre Wohnlampen, die der Unbekannte löscht, bevor er sie zum Beilager nötigt. Da sie eingeschüchtert und ganz allein ist, kommt er nun jeden Abend.

Manches auf dieser Mondreise mußte unberücksichtigt bleiben: Der altnordische Mani etwa oder der Mythenkranz um die griechische Mondgöttin Selene und den Jüngling Endymion oder die baskische Großmutter Ilazki, die keltische Mondin – in der Gespenstergeschichte vom »begrabenen Mond« –, oder auch der baltische Menulis, den man sich als geschiedenen Mann vorzustellen hat, und anderes Mondumglänztes mehr.

Die improvisierte Reise hat nun ein Ende. Kommen wir zu einem vorläufigen Resümee:

1. Mondgeschichten lassen sich fast überall finden. Zusammen mit der Sonne ist der Mond eine unerschöpfliche Quelle des Erzählens. In der Konstellation der beiden steckt eine Vielzahl narrativer Impulse. Das Monddrama dominiert, es zeigt sich in Verschwinden, in phasenhafter Veränderung, kurz, in steter Verwandlung. Der Mond selbst steht für Wandel.
2. Die Affinität des Mondes zum Zaubermärchen ist augenscheinlich. Auch das Märchen evoziert Veränderung und Verwandlung. Auch das Märchen kennt Tod und Zerstückelung und Wiederbelebung als konstituierende Momente. Einzelnen Zaubermärchen sieht man nicht ohne weiteres an, daß sie mondmythologisch grundiert sind.
3. Im Gesamtbestand überwiegen ätiologische Motive, sie folgen dem alten Bedürfnis: »Erklär mir die Welt« – hier das Verschwinden des Mondes, die Wiederkehr, die Mondphasen, der Neumond, der Vollmond, die Sichel, die Flecken, die Gezeiten, die Wasserspiegelung, die Monatsblutung, der 13. Mond, die Sonnen- und die Mondfinsternis und so weiter.
4. Die Beziehungen zwischen Mondmythe und Mondmärchen sind enger als vermutet. Es sind Partnergeschichten, wie sie auch heute noch, zum Teil in neuer, zeitbezogener Motivik erzählt werden. Diese durchweg anthropomorphen Geschichten findet man in solchen Ländern an, in denen die Mondverehrung noch eine Rolle spielt.
5. Die Vorstellung eines weiblichen Mondes dominiert in alten Kulturvölkern und allgemein in der südlichen Hemisphäre. Die Intentionen wechseln je nach Geographie, Klima, Kultur, nach gesell-

schaftlichen, religiösen und auch erzählgeschichtlichen Zusammenhängen. Es gibt mehr und vielschichtigere Märchen, als uns die kursierenden Mondbücher[21] glauben machen.

Anmerkungen

Generell wird verwiesen auf die 178bändige Reihe »Die Märchen der Weltliteratur« (1912 ff.) und auch auf Ulf Diederichs' Sammelband »Die schönsten Märchen vom Mond«, der im Herbst 1998 im Eugen Diederichs Verlag, München, erscheint. Siehe auch »Der Mond« in Elisabeth Frenzel: »Motive der Weltliteratur«, 4. Aufl. 1992, S. 547–60 sowie die Artikel »Mond« und »Mondmythologie« in der »Enzyklopädie des Märchens« Bd. 8 (1998).

1 In Band I des fünfbändigen »Motif-Index«, 3. Aufl. Bd. I (1955), S. 146–55; Bd. IV (1958), S. 518 f.

2 Prolog zum Lustspiel »Kaiser Octavianus«, Jena 1804; später in Band I von Tiecks Schriften, Berlin 1828, S. 33.

3 Jacob Grimms Exzerpt aus »Menanders Fragmenten«, siehe : *Die älteste Märchensammlung der Brüder Grimm. Synopse der handschriftlichen Urfassung von 1810 und der Erstdrucke von 1812.* Hrsg. und erl. von Heinz Rölleke. Cologny Genève 1975. S. 207 und 374 f.

4 »Das Mondenlicht«, Nr. 39 der von Heinrich Pröhle gedichteten *Märchen für die Jugend*, Berlin 1854.

5 Franz Xaver von Schönwerth: *Aus der Oberpfalz. Sitten und Sagen*, Bd. 2. Augsburg 1869, S. 63.

6 Nr. 5 der *Märchen aus dem Kaukasus.* Hrsg. von Isidor Levin, Düsseldorf/Köln 1978. Anm. zur astralen Form siehe S. 306.

7 Frank Fiedeler: *Yijing. Das Buch der Wandlungen*, München 1996. Vgl. S. 11 f., 30 f.

8 Siehe »Der Kaiser von China besucht den Mond«. In: *Unter dem Märchenmond – Lieblingsmärchen aus aller Welt*. Hrsg. von Ulf Diederichs, München 1996, S. 12–14.

9 Siehe Nr. 19 der *Chinesischen Märchen*. Hrsg. und übertragen von Richard Wilhelm, Jena 1914. – In den Nachkriegsausgaben auf S. 45 f.

10 Nr. 53 der *Buddhistischen Märchen aus dem alten Indien*, ausgewählt und übersetzt von Else Lüders, Jena 1921. – In den Nachkriegsausgaben auf S. 333–37.

11 Juliet Bredon und Igor Mitrophanow: *Das Mondjahr – Chinesische Sitten, Bräuche und Feste*, Berlin – Wien – Leipzig 1937. Besonders S. 406–25.

12 Die Mondmärchen jener Breiten, stofflich und erzählerisch von hohem Reiz, sind in der neuen Sammlung *Die schönsten Märchen vom Mond* (1998) enthalten.

13 W.H.J. Bleck und Lucy L. Lloyds: *Das wahre Gesicht des Buschmannes in seinen Mythen und Märchen*. Übers. von Käthe Woldmann, Basel 1938, S. 29f.

14 Siehe »Der Sohn des Kimanaueze und die Tochter von Sonne und Mond«: In *Unter dem Märchenmond*, S. 66–73.

15 Siehe »Das Märchen von Iwan Zarewitsch, dem Feuervogel und dem grauen Wolf«. In: *Unter dem Märchenmond*, S. 85–97.

16 Siehe »Als Frau Mond sich von Herrn Sonne trennte«. In: *Unter dem Märchenmond*, S. 19–21.

17 Siehe »Hitschinna«. In: *Unter dem Märchenmond*, S. 283–90.

18 U.a. Paul Ehrenreich: *Die Mythen und Legenden der Südamerikanischen Urvölker und ihre Beziehungen zu denen Nordamerikas und denen der alten Welt*, Berlin 1905.

19 Siehe »Der Flug zum Mond«. In: *Unter dem Märchenmond*, S. 14–17, und Knud Rasmussen, »Nalikateq«. In: K.R.: *Grönland-Sagen*, Berlin 1922, S. 34–39.

20 Siehe Nr. 1 »Sonne und Mond«, in dem von Walter Krickeberg herausgegebenen Band *Indianermärchen aus Nordamerika*, Jena 1924, S. 1 und Anm. S. 367.

21 Beispielsweise Diana Brueton: *Der Mond – Mythos und Magie, Fakten und Fantasie über einen himmlischen Körper*, München 1995; Eva Rosenkranz: *Das Mondlicht – Alles über ein magisches Gestirn*, Bern/München 1996; Rose-Marie Graeger: *Mit blossen Füssen zum Mond – Mythen, Legenden, Märchen, Sagen der Völker vom Mond*, Mühlacker 1971.

Annemarie Schimmel

Der Mondbaum

Zaubermärchengedichte aus dem Orient

In Memoriam Anton Kenntemich

Es gibt ein arabisches Sprichwort, das aus sehr früher Zeit des Islams stammt. Es heißt: »Wahrlich, in der Eloquenz (oder: Redekunst) liegt Magie (oder Zauber)!« Und wir werden uns ein wenig mit diesem Gedanken beschäftigen; denn es ist schwierig, wirklich auf das Thema »Zaubermärchen« zu kommen. Wir müssen uns vor Augen halten, daß im Islam als einer streng monotheistischen, prophetischen Religion Zauber eigentlich nur in sehr beschränktem Maße positiv zu bewerten ist. Der Koran selbst lehrt uns in Sure 113 ein Gebet gegen die Zauberinnen, »die in Knoten blasen«, das heißt die Hexen, die den Menschen mit ihrem Wirken verwünschen, ihm Schaden zufügen können.

Die arabischen Philosophen haben von früher Zeit an bis ins Hochmittelalter gelehrte Werke geschrieben über die verschiedenen Arten des Zaubers, der Magie und was immer in dieses Gebiet gehört. Man unterscheidet die Weiße Magie, *sihr halál*, und die Schwarze Magie, die zu unerlaubten Praktiken führt; man unterscheidet auch noch Unterarten von täuschender Magie, die wir auf arabisch *scha'badha* nennen, nämlich das Vorspiegeln von Tatsachen, die wahr zu sein scheinen. Alle diese Dinge wirken zusammen; aber gegenüber dem Zauber und der Magie ist man in der klassischen islamischen Kultur sehr vorsichtig; denn dies ist ja etwas, das nicht von Gott gewirkt ist – und alles, was nicht direkt von Gott gewirkt, sondern menschlicher Versuch zum selbständigen Handeln ist, hat mit Unglauben zu tun, ist ein verwerflicher Versuch, seine Eigenmächtigkeit zu beweisen.

Es gibt aber, um die Magie, den Zauber und vor allen Dingen den Zauber des gesprochenen Wortes klarer zu machen, eine wunderbare persische Legende. Viele von Ihnen kennen Attars großes Epos »Mantiq at-tair«, wo der (1221 verstorbene) Dichter von der Reise der dreißig Vögel unter der Führung des Wiedehopfes, des *hudhud*, zum Simurgh erzählt, dem großen Gott-Vogel am Ende der Welt. In diesem Märchen – und wir müssen das »Mantiq at-tair« sicherlich als

Märchen bezeichnen –, in diesem mystischen Märchen also findet sich ganz am Anfang eine Stelle, wo der Wiedehopf versucht, den Vögeln klarzumachen, was es mit dem Simurgh auf sich hat. Es heißt da:

> Des Simurghs Werk begann – o höre, habe Acht:
> Er zog durch China einst glänzend zur Mitternacht.
> Inmitten Chinas fiel von ihm dann eine Feder,
> und voll Erregung ward im ganzen Lande jeder.
> Ein jeder hat ein Bild sich an die Brust genommen –
> wer solch ein Bild erblickt', hat viel sich vorgenommen.
> Die Feder, sie ist jetzt in Chinas Bildersaal –
> »Such Wissen selbst in China« – das kommt von diesem Strahl.
> Und würde offenkundig nicht dieser Feder Bild,
> so gäb' es in der Welt Erregung nicht so wild.
> Die Schöpfungen der Kunst sind dieser Feder Werke;
> Die ganze Welt bezeugt nur dieses Bildes Stärke.

Das heißt also, alle unsere »magischen« Kenntnisse, alles, was es an Schönem und Schöpferischem in der Welt gibt, ist dank der Feder des Simurgh zu uns gekommen; alle künstlerischen Erzeugnisse, so können wir sagen, sind dieser farbenreichen Feder zu verdanken. Deswegen hat man oft den Ausdruck »Die Feder des Simurgh« für das künstlerische Schaffen ganz allgemein benutzt.

Die Anspielung auf China zeigt, daß für die islamische Literatur und Kultur China das Land der Bilder ist. Der »chinesische Bildersaal« oder »Manis Bilderhalle« – das ist in der klassischen arabischen und noch mehr der persischen Literatur die bunte Welt, aus der alle Schöpfungen der Kunst entstammen, denn da den Muslimen die kostbaren manichäischen Handschriften Zentralasiens bekannt waren, wurde der Religionsstifter Mani zu dem Prototyp des Malers. Und wiederum: die Anspielung in Attars Epos auf das Wort: »Suchet Weisheit selbst in China« geht auf eine Weisung zurück, die dem Propheten Muhammad zugeschrieben wird und die dazu geführt hat, daß die Muslime Wissen und Kenntnisse in immer ferneren Gebieten suchten.

So ist es also die Feder des Simurgh, der wir uns für kurze Zeit widmen wollen. –

Was den Mond anbelangt, gibt es kaum eine Kultur, in der der Mond für die Zeitrechnung so absolut notwendig ist, wie das für die islamische Welt gilt. Denn das islamische Jahr ist ein reines Mondjahr von 354 Tagen, ohne Schalttage. Der Monat beginnt in dem Moment, wo zwei zuverlässige Zeugen die erste haardünne Mondsichel erblicken. Aus diesem Grunde gibt es auch manchmal Unstimmigkeiten, wenn es zur Berechnung der großen Feste kommt; denn der Neumond kann ja in Pakistan einen Tag früher gesehen werden als in Europa oder gar Amerika. Ohnehin ist es bei unserem meist wolkenverhangenen Himmel kaum möglich, den ganz neuen Mond zu erblicken. Deshalb hält man sich in der Regel an die Verkündigung des Monderscheinens in Mekka.

Der Mond, der den Monatsanfang ankündet, wird in der poetischen Sprache oft zum Dolch, dem Krummdolch, der den neuen Monat gewissermaßen jedesmal aus der Zeit herausschneidet.

Wenn ich den Neumond mit einem Krummdolch vergleiche, so stammt das Bild aus einem Urdu-Gedicht, in dem der Monat Muharram mit dem jungen Mond verbunden wird. Im Muharram des Jahres 680 wurde der Prophetenenkel Husain bei Kerbela getötet, und dieser Tragödie wird bis heute bei den Schiiten als Trauertag (vergleichbar unserem Karfreitag) gedacht. Es gibt eine Menge von poetischen Darstellungen der Tragödie von Kerbela – Legenden, Gedichte, Dramen –, in denen es häufig heißt: »Als der Neumond als Schwert, oder als Krummdolch, am Himmel erschien, begann das Leiden der Familie des Propheten.« Interessanterweise ist der Gedanke, daß der ganz neue Mond dem Fingernagel gleicht, in der islamischen Dichtung ebenfalls aufgenommen, vor allem in Iran und im muslimischen Indien, wo der Mond des Trauermonats Muharram einem Fingernagel verglichen werden kann, der die Herzen der Gläubigen zerkratzt ...

Hier, so glaube ich, können wir wirklich sagen: »Suchet Weisheit selbst in China«, denn das Bild ist sicherlich aus der chinesischen Tradition übernommen, genauso wie viele andere Gedanken, die mit dem Mond zusammenhängen.

Auch wenn es zum Vollmond kommt, ist wiederum eine seltsame Übereinstimmung mit Themen vorhanden, die in diesem Band schon erwähnt wurden. Denn einer der wichtigsten Festtage im Islam – zwar nicht offiziell festgeschrieben, aber mindestens seit dem 10. Jahrhundert unserer Zeitrechnung vorkommend – ist die *schab-e barát* (persisch) oder *lailat al-bará'a* (arabisch). Das ist die Nacht des Vollmondes im achten Mondmonat, dem *Scha'ban* – also wiederum die Acht, die mit dem Mond zusammenhängt! Diese Nacht wird in der islamischen Tradition, vor allem in den östlichen Gebieten, als der Augenblick gefeiert, in dem die Geschicke neu festgelegt werden. Es ist eine Art Neujahrsnacht, und ein frommer Mythos behauptet – zumindest in der mystischen und dichterischen Interpretation –, daß in dieser Nacht die Schreiberengel, die auf unseren Schultern sitzen, um unsere Taten, Worte und Gedanken aufzuschreiben (s. Koran, Sure

82, 11), das, was sie im Laufe eines Jahres aufgeschrieben haben, ad acta legen oder sogar abwaschen. Aus diesem Grunde wird die *berat gecesi*, wie es im Türkischen heißt, in den meisten Ländern mit supererogativen Gebeten gefeiert. Man betet um Vergebung, man betet auch um Freude und Glück in dem neuen Jahr, das mit diesem Mondtag beginnt, und wie überall, backt man Kuchen, verteilt Süßigkeiten und feiert, vor allem in Indo-Pakistan, mit Feuerwerk oder illuminiert die Moscheen.

Das ist die große Mondnacht, die allgemein im Islam als wichtig angesehen wird. Aber interessanterweise verstehen die Schiiten, die mehrheitlich in Iran regieren, eben diese Mondnacht als Geburtsnacht des zwölften Imams, des letzten in der Reihe der Nachkommen des Propheten durch seine Tochter Fatima. Der zwölfte Imam, der 874 als Kleinkind verschwunden war und nun im Jenseits, im Gebiet von Hurqalya jenseits der sieben Sphären weilt, regiert die Welt aus der Verborgenheit und sorgt dafür, daß die Ordnung, die der Islam verkündet, bewahrt wird – er ist am Vollmondtag des achten Monats geboren, wie die Legende sagt.

Damit kommen wir zum Vollmond als Symbol der Schönheit und Herrlichkeit eines Menschen, den man verehrt und liebt. Wer immer persische, türkische, arabische Gedichte gelesen hat, weiß, daß der oder die Geliebte (und hier sind wir freibleibend, denn das Persische und Türkische hat kein grammatisches Geschlecht) gern als Vollmond gepriesen wird. Wenn bei uns das Wort »mondgesichtig« einen merkwürdigen Anklang hat, so ist es in der islamischen Welt, vor allem wiederum in den unter persischem Einfluß stehenden Gebieten, das Zeichen größter Schönheit. Wir müssen uns dabei vor Augen halten, daß vom 10. Jahrhundert an viele zentralasiatische Kriegssklaven in die islamischen Heere aufgenommen wurden, und der Türke galt, im Gegensatz zum »schwarzen« Inder, als leuchtend hell, sein eher rundes Gesicht als »mondgleich«. So wird der schöne Türke zu einer Mondgestalt, die in Tausenden und Abertausenden von Versen erscheint. Auch in der arabischen Welt finden wir ähnliches – man braucht nur an den Mädchennamen Badr al-budúr zu denken »Vollmond der Vollmonde«, das heißt »leuchtende Schönheit«. Namen, die mit dem persischen *mah, meh* »Mond« oder dem türkischen *ay* »Mond« zusammengesetzt sind, werden bis zum heutigen Tage mit großer Vorliebe in der ganzen zentralen und östlichen Region den Mädchen gegeben.

Vom Mond zu träumen, bedeutet nach einer verbreiteten Auslegung, von einem geliebten Wesen zu träumen, wie auch Dschalaladdin Rumi, der große mystische Dichter, singt:

Gestern im Traum einen Mond sah ich klar,
meerartig, silbern, und ganz wunderbar.
Heute nun gehe von Tür ich zu Tür,
ob eine Kunde vom Freund da wohl war!

Denn der leuchtende Mond, ständig wandernd, läßt sich ebensowenig halten wie der/die Geliebte, die bestenfalls dem Liebenden als Traumbild die dunklen Trennungsnächte erhellt.

Echte Mythen aber, Legenden und Märchen in der Hochliteratur, gibt es meines Wissens kaum, denn der Islam ist keine Religion, in der Märchen, Legenden (es sei denn über Gottesfreunde) oder ähnliches Platz haben. Die Geschichten der »Tausendundeinen Nacht« oder das »Tutinama«, das »Papageienbuch«, sind auf ihren Wanderungen von Indien und Iran in die zentralen islamischen Lande eingeflossen, aber »Tausendundeine Nacht« hat niemals den Status eines anerkannten Literaturwerkes bekommen; denn die Geschichten sind einerseits viel zu grob und frivol, andererseits – und das ist wichtig – in zu unklassischem Arabisch erzählt. Und wenn ich anfangs das Wort zitierte: »In der Eloquenz (der schönen Rede) liegt wahrhaft Magie«, dann fallen nach arabischer Auffassung die Geschichten der »Tausendundeinen Nacht« durchaus nicht unter diese Kategorie; es sind populäre Geschichten, für die sich die Intelligentia niemals interessiert hat.

Es gibt auch – im Gegensatz zu vielen anderen Kulturen – sehr wenig echte märchenenthaltende Geschichten in der Hochliteratur der islamischen Welt. Wir könnten natürlich die großen Epen, vor allem die epischen Gedichte des 1209 verstorbenen Persers Nizami als Beispiele nehmen. Sein »Haft Paikar«, »Die sieben Prinzessinnen«, die von den Abenteuern des Königs Bahramgur mit sieben Prinzessinnen handeln, könnten vielleicht als eine Art Märchen angesehen werden, aber auch sie haben eine Sonderstellung. Balladen über den Mond, Mondmärchen und ähnliches gibt es in der klassischen Zeit der islamischen Literatur meines Wissens nicht.

Was mich beeinflußt hat, mich auf dieses Thema hin auszurichten, ist ein Gedicht, das in den vierziger oder fünfziger Jahren im Irak entstanden ist; es stammt von einer Dichterin, Nazik al-Malaika (Jahrgang 1923), die es zum erstenmal unternommen hat, die arabische Literatur mit modernem Geist zu erfüllen; sie hat freie Rhythmen verwendet, hat sich nicht mehr an die klassischen Formen gehalten:

Der Mond-Baum

I.

Auf einem Gipfel der Berge im Norden, den Pinien bedecken,
den Ambradüfte umlüften und Samthorizonte umstrecken,

Bei dessen Hügeln die Falter vor Anker gehen am Abend,
in dessen Quellen die Sterne am Himmel sich baden, sich labend,

Dort lebte einmal ein Jüngling voll Träumen und Sinnen ganz:
wenn ihn hungerte, aß er die Farbe der Berge, der Sterne Glanz,

Und er trank der Pinien Wohlruch und den des feuchten Jasmin,
und zitternder Lilien Düfte erfüllten ihm Denken und Sinn.

Es war ein Jüngling, versunken in Träume, Erinnerung fern,
er jagte die Düfte der Hügel, das Echo der Lieder gern,

Und all seine Träume, sie hofften, er werde erjagen den Mond,
damit er in einem Käfig von Düften und Blütentau thront.

Und jeglichen Abend verbracht' er , ein Netz zu knüpfen so schnell,
und träumte auf Graskissen, frischen, am zärtlich murmelnden Quell;

Dann starrte er schlaflos zum Tale des Abends, in Mondes Gesicht,
gespiegelt im Wasser des kühlen und duftreichen Teiches voll Licht.

Nicht schlummerte er, wenn das Licht nicht, mit seinem lieblichen Schein,
die Lippen ihm leise berührte und ihn berauschte wie Wein,

Und nicht trank er von der Quelle, wenn nicht des Neumondes Hand
geworfen drüber des Rauches, des duftenden, Schleiergewand.

II.

Und dann, eines Sommerabends schlich sich dieser Jüngling fort,
mit leisen Schritten und barfuß, mit pochendem Blute... nur fort...

Und ging ganz langsam ganz langsam zu einem ragenden Gipfel,
und barg seinen Körper unter eines riesigen Baumes Wipfel.

Wie zählte er da Sekunden! Es pochte und pochte sein Herz,
in Erwartung des lieblichen Mondes – und die Nacht war berauscht, süß, ein
Scherz...

In einem Moment erhob dann der Osten die dunkelnden Sterne,
und es glänzte die silberne Stirne und verführender Reiz von ferne,

Und er war schon nahe und sah nicht unsern Jäger lächelnd am Baum
auf dem Berg, und begann zu durchlaufen des Dunkels Länder im Traum.

Und der Liebende, er umschloß ihn, berührte die Stirn, ihn zu grüßen,
Und küßte ihm zärtlich die Wimpern, die schmolzen von Sanftheit und Süße...

Und er gab ihm zurück die Meere von Licht, und der Milde Pokal,
und jene Lippen, erfüllend seine Träume seit dazumal...

Er verbarg ihn in seiner Hütte und starrte in Stunden, langen:
War dies nur ein Traum? Oder hatte er wirklich den Mond hier gefangen?

Und er bettete ihn auf ein Lager mit ambraduftendem Glanz,
ihn krönend mit seinen Augen, mit Lieder- und Lilien-Kranz...

III.

Und in dem Dorfe am Berge, da rief ein jeder, der wohnt,
In Abendversammlung, in Feldern – da rief man »Wo ist der Mond?

Wo sind seine samtenen Strahlen auf unserem Wiesengrund?
Wo sind seine wolkigen Schleier in unserer Felder Rund?«

Und es riefen die Knaben, die Berge, sie alle: »Wir wollen den Mond!«
Und es tönten wider die Gipfel, die steilen: »Wir wollen den Mond!«

»Unser goldener Abendgespiele, der Schenke der Blüten so klar,
Der Düfte von Rosen und Nelken ausgießet in unserem Haar,

Der alle Wunden sanft küsset, der Rosenlippen beschenkt,
und der die Sehnsucht der Falter zu kühlenden Bronnen lenkt,

Der alle Wege erleuchtet, ruhlosen Träumen hold,
durch den unsre Locken wachsen, und der sie begießt mit Gold;

Wer soll unsre Wimpern kühlen, wenn wir den Mond nicht mehr haben?
Wer soll unsre Sänge erweichen? Wer unsre Gespräche erlaben?«

Und der Hirten Lied hallte wider in erschöpfender Einsamkeit,
und es bebten von seinem Echo die Hütten und Täler weit,

Und sie standen auf und sie liefen dorthin, zu des Jünglings Haus,
und sie klopften an seine Türe, voll Wut und voll Glut und voll Braus;

Sie tobten; da war auch kein Stein mehr der Treppe, wo jener wohnt,
da war kein Felsen, der nicht auch mit riefe »Wir wollen den Mond!«

Und das Echo hob seine Flügel, umkreiste die Berge und flog
Zu den Wagen der Sterne und dorthin, wo der Tag noch schlummernd verzog,

Und tränkte mit seinem Feuer jede Blüte Jasmin in der Au,
und erweckte seltsame Düfte und erweckte den Tropfen Tau,

Und aus der erregten Natur nun vereinte sich laut der Protest
an der Hecke des Jünglings tönend, und hallend in seinem Nest;

Das Schweigen erbebte, da schrie es: »Warum, sag, stahlst du den Mond?«
Der Abend ertobte und brüllte: »Und wo versteckst du den Mond?«

IV.

Und in der Hütte der Jüngling hat ihn in den Arm genommen,
Mit Tränen benetzend den Holden: »Nie werden sie dich bekommen!«

Jedoch das Schreien der Hirten riß grausam entzwei sein Schweigen,
in seiner Seele Verwirrung und hilflose Trauer zu zeigen,

Sänge leidenschaftlicher Liebe für den Freund ohne Ende erklungen…
Er vermischte mit salzigen Tränen die Hymnen, der Schönheit gesungen.

Doch der Ton der Stimme der Menge füllte ihn mit Erregung und Leide,
Und der Traum dieses Jünglings erreichte verzweifelt des Messers Schneide:

Wohin, ach, sollte er fliehen? Und wo diese Stirn verbergen,
und wo vor dem Ansturm der Sehnsucht der Augen der Jäger ihn bergen?

O Himmel, wie soll sein Strahlen einwickeln er, in welcher Ecke?
Die Glorie, ach, seines Leuchtens durchdringt ja alle Verstecke!

Erregte Minuten vergingen: und das Messer des Zweifels zerschnitt
Das Herz dieses liebenden Jünglings, der dunkel-verwirrt nun hier litt.

Voll Gram nahm er eine Axt, zu zerspalten die Erde, daß er
den schönen Gefang'nen begrabe – sonst gibt's keinen Ausweg mehr.

Und er preßte ihn tot im Abschied und wusch seine Farbe ab
mit seinen Tränen und fluchte dem Schicksal an diesem Grab…

V:

Und als die streitbaren Hirten die Mauer zerstört voller Glut,
und die Tür der Hütte verwüstet in ihrer verblendeten Wut,

Und sich ihr Strom nun ergossen voll Ärger am Rache-Tag;
Was sahen sie in der Hütte? O Jammer, o tragischer Schlag:

Da war nichts andres als Stille und Dunkelheit in dem Raum…
Der Jüngling schlummerte friedlich, ganz eingesunken im Traum,

Und seine rötlichen Locken auf seine Schultern gebreitet,
ein geisterhaftes, ein Lächeln, das um seine Lippen gleitet…

Ein Antlitz, als ob Apollo ihn selber mit Reinheit beglückt,
ein Schlummer, den das Geheimnis von Reinheit und Unschuld entzückt.

Erstaunten die Hirten: »Der Reine – wie hätt er gestohlen den Mond?
Ob sie sich in ihrem Verdachte nicht irren? Und... weiter... wo ist denn der
Mond?«

Und so gingen sie heim in die Hütten und fragten die Dunkelheit,
Ob der kluge Mond sich verirrte hinter Nebel und Wolken weit?

Oder ob die Dämonin ihn packte, ihn hinter dem Nebel zu scheren,
und ihn in Stückchen zerbrochen, um damit die Sterne zu nähren?

Oder hat das Meer seine zarte, seine Lilien-Stirne verschlungen?
Und hält ihn in einer Festung von weißen Perlen umschlungen?

Oder hat der Wind, dessen Schuhe vom langen Schweifen voll Sorgen
so dünn und verschlissen geworden, ihn in seiner Höhle verborgen,

Um sich ein Paar Schuhe zu machen aus seiner Haut, milchigweiß,
und Tressen aus seinem Glanze für seinen quecksilbernen Leib?

VI.

Und es kam der Morgen mit Schritten, noch feucht, und mondlicher Kühle,
Es krönte die Dämmerungsstirn ihm ein Kranz von Rosen so kühle,

Durchquerend die weiten Felder, einen Schönheitsschild in der Hand,
so stäubte er Tau und die Frische und Licht über Berg und Land,

Und ging an der Hütte vorüber des Jünglings, schlafend hinieden,
und streute über ihn Lichter und Tropfen von Tau und von Frieden,

Und vollendete seine Werke dort unten am Bergeshang,
die Farben verteilend, verschenkend Zufriedenheit, Klarheit im Gang.

Da erwachte der Jüngling vom Schlafe, zu neuem Leben bereit...
Was sah er dort? Himmel! O Düfte! O Tau! O du Traumeszeit!

Dort auf der moorigen Fläche, wo früher das Morgenlicht
sah anderes als vom Winde gerüttelte Gräser nicht,

Dort stand, seine Zweige nun breitend, ein herrlicher Lotosbaum,
so grün und satt-feucht seine Flechten, so hoch seine Äste im Raum;

Der Abend war's, der ihn weidet, der Mond ernährt ihn mit Duft,
und sein in der Erde verborgener Lichtglanz schenkt Düfte der Luft,

Er läßt seine zarten Zweige den Wein seines Wohlgeruchs trinken,
und läßt auf die Äste vom Silber aus seinem Schimmer auch sinken...

Und seine Früchte?`So seltsam, so ungewöhnlicher Art,
Daß Sternenlicht sie nicht kannte, der Tag drum verwundert ward.

Die üblichen starren Bäume, sie wurden völlig verwirrt,
da für Jahrhunderte keine solch Frucht man mehr sehen wird.

Von welchem phantastischen Boden ernährte er sich? Welche Erden
Tränkt ihn mit silberner Schönheit? Welch Bronnen läßt süß ihn werden?

Und welches Wunder, das niemals in eines Baums Traum gewohnt:
Von jedem frischgrünen Aste hängt lieblich herab ein Mond...
VII.

Jahrhunderte gingen: die Leute im Dorfe wußten nichts mehr
vom Leben des träumenden Jünglings, von seiner Besessenheit schwer,

Und selbst die Berge verschlossen's, vergaßen den Schritt seiner Füße,
Seine Monde und seine Hymnen, die leidenschaftliche Süße,

Und wie er den Dörflern voll Sehnsucht den Mond zurückgegeben,
und ihn in den Himmel gelassen, wo wieder er frei war zum Leben,

Die weite Welt nun durchwandernd, mit Kühle und Tau sie labend,
und nebelähnlichen Schleiern, die sinken vom fernen, vom Abend...

Und ein Murmeln wie das einer Quelle in tiefstem Höhlen-Raum
Sagt uns, daß des Jünglings Geschichte war nichts als ein Sommernachts-
traum...

Es ist also die Geschichte, daß der Mond begraben wird: Er geht in die Tiefe, und er muß sterben, ehe dann durch ein Wunder der neue Mondbaum mit immer frischen und immer schöneren Früchten ersteht. Das Märchen vom Hinabgehen und vom Sterben in der Tiefe und von einem Wiedererwachen in größerer Schönheit ist hier in einer modernen, etwas verfremdeten Form meiner Meinung nach wunderbar eingefangen. Und es ist eben dieses Motiv des Sinkens, des Untergehens und des erneuten Zurückkehrens, das in unserem Zusammenhang wichtig ist.

»Hast du das Sinken gesehen, sieh auf das Auferstehen!
Schadet es denn, wenn die Sonne, Sterne und Mond untergehen?«
mahnt Rumi in einem seiner tröstlichen Gedichte.

Bekannt ist das wunderbare Gedicht von Agnes Miegel – es ist eines meiner Lieblingsgedichte im Deutschen:

Das ist die Mär vom Ritter Manuel,
der auf des fremden Zauberers Geheiß
sein Haupt in eine Zauberschale bog,
und als er's wieder aus dem Wasser zog,
da seufzte er und sprach: »Mein Haupt ist weiß,
gebrochen meine Kraft -
oh allzulange qualvolle Wanderschaft...

Und dann spricht er von seinen Abenteuern in den fernen Bergen. Alles scheint nur ein flüchtiger Traum gewesen zu sein – doch am Ende, als er schon verstorben ist, erscheint ein Bote von der Frau, der Fee, die er in seinem Traum geliebt hat, die also »real« ist – und am Ende fragt der König:

»Erbarmer aller Welt, sprich: was ist Schein?«

Diese Geschichte vom Hinabsteigen in die Tiefe, in die Welt des Wassers, hat auch die islamische Kultur stark geprägt. Sie stammt ursprünglich aus Indien, wie Heinrich Zimmer in seinem wunderbaren Buch »Maya« gezeigt hat: Es ist die Frage, ob das Leben, das in einem Moment des Einsinkens ins Wasser durchlebt wird, Realität oder Schein ist. Die Geschichte ist auch im Islam von großer Wichtigkeit und dient dort dazu, ein theologisches Problem zu durchleuchten. Es wird nämlich erzählt, daß der mamlukische Sultan Qaitbay im Ägypten des 15. Jahrhunderts daran zweifelt, daß der Prophet Muhammad seine Reise durch den Himmel wirklich in einer ganz kurzen Zeit vollbracht hatte, wie es in der Tradition heißt. Am Anfang von Sure 17 sagt der Koran: »Subhánu man asrá bi-'abdihi...« (»Gepriesen sei Er, der da zur Nacht reiste mit Seinem Diener von der heiligsten Moschee zur fernsten Moschee...«). Daraus entwickelt sich die Vorstellung, daß der Prophet auf seinem Wunderpferd Buraq – hier können wir vielleicht auch Märchenelemente sehen – durch die Himmel ritt und schließlich in die Gegenwart Gottes gelangte. Und als er zurückkehrte, war der Krug, den er beim Aufstehen umgestoßen hatte, noch nicht ganz ausgelaufen. Er erlebte also die gleiche Zusammenfassung der Zeit, wie wir sie eben erwähnten. Die Debatte, ob es sich dabei um einen Traum oder um eine reale Reise handelte, wurde jahrhundertelang geführt, und Sultan Qaitbay, wie manch anderer Frommer, zweifelte an der Realität der Erfahrung. Dann wurde ihm von einem Sufi-Meister, Daschtuti, dessen Mausoleum noch heute in Kairo zu sehen ist, eine Schale mit Wasser gebracht, und das gleiche wie im Märchen geschah: er tauchte sein Gesicht hinein und durchlebte lange Jahre, in denen er Höhen und Tiefen, Armut und Reichtum, Ehe und Kinder, erlebte, um nach ein, zwei Minuten wieder in seine Residenz in Kairo zurückzukehren.

Dieses Motiv ist auch in Pakistan bekannt. In dem Band »Märchen aus Pakistan« gibt es die Geschichte vom »Zauberer Aflatun«. Nun, Aflatun gibt sich sehr leicht als Plato zu erkennen, der ja in der islamischen Volksüberlieferung nicht so sehr der große Weise ist, sondern der große Wundertäter, der Steppen in Meere verwandeln konnte und die verschiedensten Zaubertricks kannte. In diesem Märchen handelt es sich wieder um einen König, der einem Zauberer, nämlich Aflatun, die Rückgabe seines Gutes verweigert, das ihm einstmals von dem Vater des Königs geschenkt worden ist. Aflatun tut dasselbe wie alle anderen Zauberer: Er läßt den König tief ins Wasser eines Brunnens hinunter; dort erlebt er eine ganz lange Geschichte, in der er sich schließlich in eine Prinzessin verliebt, als Unsichtbarer zu ihr kommt, sie schwängert – und als ihr Vater das erfährt, weiß er nicht, was er tun soll; dann wird der König plötzlich in einen Hund verwandelt; man will den Hund töten, daraus werden zwei, vier, acht, sechzehn, ungezählte Hunde; und jetzt weiß der Vater überhaupt nicht mehr, mit wem er seine Tochter verheiraten soll. Kurz – es ist eine ganz verwirrende Zaubergeschichte. Währenddessen läßt der Zauberer den (irdischen) König ein Dokument unterzeichnen, das ihm das Recht auf seine Erbschaft gibt, und als sie nach wenigen Minuten wieder aus dem Brunnen nach oben kommen, zeigt er ihm das Dokument – und das ist echt, während alles andere ein Traum war.

Der Gedanke dieses »Nach-unten-Steigens«, der Gedanke, daß man durch die Berührung mit dem uralten Wasser, das ja auch zum Monde gehört, wieder erneuert wird, durchdringt die islamische Mystik in ihren verschiedensten Formen. Die Erfahrung ist im Grunde vergleichbar und verwandt mit dem Leben des Mondes, das ja oft nichts anderes als ein Symbol für die Seele und ihren Weg darstellt – den Weg, der einmal nach oben in die Höhen des Simurgh am Ende der Welt führen kann, wie ich anfangs erwähnte, und der zum anderen in die dunklen Tiefen der eigenen Seele führt – Wachsen zum Vollmond, Abnehmen zum Schwarzmond.

Wenn Attar, der uns das Bild vom Simurgh und von seiner wunderbaren Feder, von der Reise der dreißig Vögel geschenkt hat, im »Mantiq at-tair« die Reise des Menschen als Aufstieg durch die sieben Täler in die Gegenwart des Höchsten beschreibt, so hat er diese Reise in einem anderen Werk auch als Niedersteigen gesehen. Sein »Musibatnama« zeigt uns in vierzig Stationen (den Tagen in der Klausur entsprechend), wie der Sucher alles Geschaffene fragt: »Wo ist der Weg zu Gott?« Am Ende seines Weges aber, der in immer neuen Bildern und Geschichten geschildert wird, sagt der Prophet Muhammad zu ihm, er solle nun in »das Meer seiner eigenen Seele« tauchen, denn dort ist es, wo er seinen göttlichen Geliebten finden wird. Wir haben also wiederum das Eintauchen in die Wassertiefe, um das ersehnte Ziel zu finden. Der Zauber, der in solchem Niedersteigen, im Tod und der Auferstehung aus diesen Tiefen liegt, ist ein Thema, das in den

Werken der Mystiker aufgefächert wird. Man kann solche Geschichten und Hinweise freilich nicht als Märchen bezeichnen; es sind Legenden: es sind Gedichte, in denen das Suchen nach dem »Mond« und das Finden des göttlichen Geliebten in immer wechselnden Bildern angedeutet wird. Redet nicht auch Rumi seinen Geliebten an:

> Denn mein Herz ist wie Wasser, ganz ungetrübt und rein –
> und Mondes Spiegelträger ist Wasser in der Tat!

Wasser und Mond gehören in geheimnisvoller Weise zusammen.

Zum Abschluß ein modernes türkisches Gedicht. Es ist etwa zur gleichen Zeit entstanden wie Nazik al-Malaikas »Mondbaum« und es hat einen mehrfachen Bezug zu unserem Thema. Ich erwähnte schon, daß viele Mädchennamen mit »mah«, in türkischer Aussprache auch »meh« (»Mond«) gebildet sind. »Mehlika«, das ist die »Mondgesichtige«, und in diesem Gedicht des letzten türkischen Klassikers Yahya Kemal (gest. 1958) hören wir von der Suche nach der Mondgesichtigen, die genau den Weg einschlägt, den wir aus unseren Märchen aus Ost und West kennen, und die im Wasser ihr Ende findet.

> Sieben Knaben, die Mehlika liebten,
> zogen abends aus dem Stadttor fort.
> Sieben Knaben, die Mehlika liebten -
> Jeder liebte sie in Schwermut dort.
>
> Seit wie ein Phantom die Weltenschönheit
> sie bis in die tiefsten Träume traf,
> gingen sie, um diese Rätselschönheit
> zauberhaft, zu seh'n, bis zum Berg Qaf.
>
> Gingen sie, von Trennungsschmerz Erfüllte,
> auf dem Rücken tags des Mantels Tracht.
> Wenn die Nacht des Tages Rand umhüllte,
> Sprachen sie: »Vielleicht die letzte Nacht!«
>
> Dieses Hoffnungsfremdland hat kein Ende.
> Wege dehnen sich, das Herz wird matt.
> Lebenslang geht jeder. Im Elende
> stirbt er, eh' er noch erreicht die Statt.
>
> Die Mehlika voller Schwermut liebten,
> trafen einen Brunnen ohne Rad.
> Die Mehlika voller Schwermut liebten,
> scheuen Blickes sind sie ihm genaht.
>
> Sah'n im Spiegel eine Welt verloren,
> die umkränzt von Tod-Zypressen war -

Einen Hauch schien ihnen draus geboren
jene Fee mit langem Aug' und Haar.

Der betrübten Pilger Jüngster, Blasser,
blickte lang' in den verlass'nen Quell,
streifte ab sodann und warf ins Wasser
von der Hand den Ring aus Silber hell.

Als das Wasser wich, welch Traum erfüllt' sich!
Endlich ihrer Fahrten letzter Nu!
Eine Welt der Phantasie enthüllt' sich -
alle wandelten dem Zauber zu.

Sieben Knaben, die Mehlika liebten
kamen nicht, schon jahrelang ist's her.
Sieben Knaben, die Mehlika liebten,
kommen, sagte man, wohl nimmermehr.

Otto Betz

Im Zwischenreich

Über unheimliche Störenfriede und heimliche Helfer

»Es war ein schöner Tag mit Sonnenschein in der Mitte Juni, die Bienen flogen von ihren Körben summend aus und ein, die Vögel zwitscherten und hüpften in dem Gebüsch, und die Schmetterlinge schwärmten umher und ließen sich auf die Blumen nieder, und alles duftete so frisch und süß, und ich fühlte mich so glücklich, daß ich kaum wußte, wo ich war. Auf einmal hörte ich zwischen einigen Reihen Bohnen, die wir in der Ecke des Gartens hatten, ein Geräusch, das ging ticktack, ticktack, gerade als wenn ein Schuster den Absatz an einen Schuh anschlägt. ›Gott behüte uns!‹ sagte ich zu mir selbst, ›was in aller Welt kann das sein?‹ Ich legte mein Strickzeug nieder, stieg auf, schlich mich sachte zu den Bohnen hin, und glaubt mir nimmermehr, wenn ich nicht vor mir, mitten darin, ein altes Männchen sitzen sah, nicht den vierten Teil so groß als ein neugeborenes Kind, ein kleines aufgekremptes Hütchen auf dem Haupt, ein Pfeifenstümpfchen in dem Mund, aus dem es beständig rauchte [...]«

So beginnt eine alte irische Frau ihre Geschichte von der Begegnung mit einem Cluricaun, einem einzelgängerischen Erdwesen, von dem man annimmt, es verfüge über Kenntnisse von vergrabenen Schätzen. Und im weiteren Verlauf der Geschichte erfahren wir, daß es der Frau beinahe gelang, das Männlein zu zwingen, ihr einen geheimen Schatz zu zeigen. Durch einen Trick lenkte es aber die Frau einen Moment ab – und im gleichen Moment war es verschwunden. »Denn da ich so unglücklich gewesen war, ihn aus den Augen zu lassen, so entschlüpfte er aus meiner Hand wie ein Nebel oder Rauch, und mit keinem Tritte kam er je wieder meinem Garten nah.«[1]

Die irischen Märchensammlungen sind – ähnlich wie die schottischen – voll von Geschichten, in denen von Elfen und Cluricaunen die Rede ist, von seltsamen Wesen, die sich auch *Banshi* oder *Phuka* nennen. Das »stille Volk« scheint eine weitverbreitete Rasse seltsamer Wesen zu sein, man begegnet ihnen nur selten, aber an ihrer Existenz zweifeln nur wenige. Sie haben geheime Kräfte, können in Windeseile von einem Ort zum andern ziehen, nehmen wunderliche Gestalt an und lieben die Musik und den Tanz über alles. Ob es freundliche oder gefährliche Wesen sind, darüber gehen die Meinungen auseinander, manche scheinen hilfreich und zuvorkommend zu sein, andere tückisch und unberechenbar. In einem irischen Märchen allerdings heißt es lapidar: »Ohne Zweifel ist das stille Volk die schlimmste Gesellschaft, in die jemand geraten kann.«[2] So schlimm kann es andererseits auch wieder nicht sein, denn es wird berichtet: »Manchmal teilen sie den Menschen etwas von der Wissenschaft übernatürlicher Dinge mit, und erblickt man einen, der wie in halbem Wahnsinn mit Bewegung der Lippen einsam auf und ab geht, so ist eine Elfe unsichtbar bei ihm und belehrt ihn.«[3]

Sollen die Menschen nun eigentlich mit den geheimnisvollen Wesen Verbindung aufnehmen, oder sollen sie auf Distanz bedacht sein? Auch darüber gehen die Meinungen auseinander. Einerseits wird vor ihnen gewarnt, es scheint etwas Gefährliches darin zu liegen, in ihre Nähe zu kommen: man kann krank werden oder seine Kräfte völlig einbüßen. Stößt ein einsamer Wanderer auf eine Gruppe tanzender Elfen, dann soll er sich hüten, in ihren Kreis einzutreten und mitzutanzen: Er würde aus seiner Menschenzeit herausgerissen und hätte Schwierigkeit, wieder in die Menschenwelt zurückzukehren. Und wenn er die Elfe, mit der er getanzt hat, küßt, dann verschwindet im gleichen Augenblick die ganze Erscheinung. Aber viele andere Geschichten sprechen davon, daß die Elfen dem Menschen wohlgesinnt seien, ja, daß ihre Freundlichkeit und Hilfsbereitschaft sie dazu führe, die Menschen zu beschenken, ihnen Wünsche zu erfüllen und sie bei bestimmten Krankheiten zu heilen. Auf Schabernack allerdings muß man gefaßt sein, wie die beiden Wanderer im deutschen Märchen (KHM 182),[4] ein Goldschmied und ein Schneider, die den Klang einer fernen Musik hören. Sie klingt ungewöhnlich, aber anmutig, so daß sie davon magisch angezogen werden, bis sie zu einem Hügel gelangten, »auf dem sie eine Menge kleiner Männer und Frauen erblickten, die sich bei den Händen gefaßt hatten und mit größter Lust und Freudigkeit im Tanze herumwirbelten«. Sie wurden in den Kreis hineingenommen; als aber der Alte, offenbar der Anführer des ›kleinen Volkes‹, ein breites Messer nimmt und es wetzt, wird es den beiden doch etwas bänglich zumute. Er schor aber nur Haupthaar und Bart ab. Und weil Goldschmied und Schneider angstvoll stillhielten und alles geschehen ließen, wurden sie beim Abschied aufgefordert, ihre Taschen mit den herumliegenden Kohlen zu füllen. Erst am nächsten Morgen entdeckten die beiden, daß aus den Kohlen pures Gold geworden war.

Wir können in der Märchenüberlieferung keine Systematik erwarten, aber es gibt Übereinstimmungen: Elfen und andere Zwischenwesen scheinen am Guten und am Bösen Anteil zu haben. Ihre Bosheit kommt zum Vorschein, wenn sie den Müttern ihre Kinder stehlen und ihnen dafür häßliche oder krankhafte Wesen in die Wiege legen, die die Stimme eines uralten Mannes haben. Auch können sie den Familien Verderben bringen: Viehkrankheit, Hauseinsturz, verunglückte Unternehmungen. Sie wollen sich in den meisten Fällen nicht zeigen, aber ihre Gegenwart und Wirksamkeit stellen sie trotzdem unter Beweis. –

In vielen Geschichten ist aber auch von ihrer Güte die Rede und von der gegenseitigen Hilfestellung von menschlichen und elfischen Wesen. Ein schottisches Märchen beginnt folgendermaßen: »Eine junge Frau aus Nithdale saß einmal an der Wiege, wiegte ihr Kind und sang dazu, als eine schöne Frau ihre Hütte betrat, eingehüllt in einen Elfenmantel. Sie trug ein hübsches Kind auf dem Arm, das war in grüne Seide gewickelt. ›Laß mein liebes Kind ein wenig von deiner Milch trinken‹, sagte die Elfin. – Die junge Frau nahm das Kind freundlich in ihre Arme, und gleich darauf war die schöne Dame verschwunden, nachdem sie gesagt hatte: ›Pfleg es gut, und nie leidest du Not!‹ – Die junge Frau nährte also die beiden Kinder und war sehr überrascht, als sie am Morgen aufwachte und die kostbarsten Kleidungsstücke für beide vorfand, dazu Speisen von köstlichem Wohlgeschmack, wie Brot mit Wein und Honig gemischt, das seinen Geschmack bis zum siebenten Tag behielt.«[5] Als es Sommer wurde, kam eines Tages die Elfin wieder, freute sich über die Maßen, daß ihr Kind so gut gediehen war und forderte die junge Mutter auf, mit ihr zu gehen. Sie kamen in eine wunderbare Anderswelt, in ein heiteres und fruchtbares Land. »Die Pflegerin wurde belohnt mit Tuch von feinstem Gewebe und Speisen, die nie zu Ende gingen. Man gab ihr auch Büchsen mit verschiedenen Salben, um Menschen mit schweren Krankheiten wiederherzustellen und um tödliche Wunden und andere Gebresten zu heilen.« Darauf wurde sie wieder in ihre Heimat entlassen, sie hatte aber durch einen geheimnisvollen Balsam die Fähigkeit verliehen bekommen, auch Verborgenes zu sehen. »Sie lebte lange und hatte die Gabe, Geister, die die Erde besuchen, zu erkennen.«

Hilfreiche und höfliche Menschen scheinen mit den Elfen zurechtzukommen, habgierige und neidische dagegen nicht. Man muß sich an ihre Weisungen halten, sonst verliert man ihre Gunst. Aber auch Elfen scheinen manchmal hilfsbedürftig zu sein, dann sind sie auf Menschen und ihren Beistand angewiesen. Elfenwelt und Menschenwelt sind nicht völlig voneinander getrennt, sie bedürfen einander und können sich beistehen. In unserer Geschichte hilft die Menschenfrau dem Elfenkind zu seinem prachtvollen Gedeihen: sie muß etwas von sich hergeben, wird aber ihrerseits mit Kleidern und Speisen beschenkt und bekommt zusätzlich eine geheimnisvolle Heilfähigkeit und ein »schauendes Auge«. Alles in unserer Welt ist ein ständiges Nehmen und Geben, und auch die unserem Zugriff entzogene Welt scheint in dieses Gesetz des Hergebens und Wiederempfangens einbezogen zu sein. Vielleicht werden wir durch solche Geschichten auch darauf hingewiesen, wie wichtig es ist, sich mit dem »geheimen Volk« gut zu stellen. In ihnen nehmen die verborgenen Kräfte der Natur Gestalt an, sie bekommen Sprache und treten mit dem Menschen in Kontakt.

Im schottischen Märchen »Die Gowan-Schlucht«[6] wird von einer schrecklichen Dürre erzählt, die das ganze Land befiel, sodaß »all die grünen Wiesen und Berge so braun waren wie Leder und so trocken wie Staub«, sodaß die Bauern in die größte Not gerieten, weil ihnen die Kühe wegen des Futtermangels wegstarben. Nun heißt es in unserer Geschichte überraschenderweise: »Die Elfen, die guten Geschöpfe, taten alles, was in ihrer Macht stand, um den Bedrängten zu helfen.« Auch dem Sandy waren seine Kühe eingegangen, »der hatte sich die Elfen bei verschiedenen Gelegenheiten zu Dank verpflichtet; und sehr wohl weiß das Elfenvolk erwiesene Wohltaten zurückzuzahlen, so gut wie es erwiesene Kränkungen zu rächen weiß.« Also helfen sie dem Sandy, sich wieder Kühe zu kaufen, und weil er nicht wußte, wie er ihnen zu fressen geben könnte, sagten sie ihm, »er solle die Kühe in die Gowan-Schlucht treiben, in der aber damals nichts wuchs als Stechginster, Binsen und Dornen«. Als er aber nun mit seinen Kühen dorthinkam, »breitete sich ein üppiger Teppich von feinstem Gras aus«. So überstand Sandy die schlimme Hungerzeit und kam wieder zu Wohlstand und Ansehen. – Sandy hatte »im Einverständnis« mit der Natur – und den Elfen – gestanden, so wurde sein Instinkt angeregt, die ökologische Nische zu finden, wo noch nicht alles verdorrt war. Aber das sind ja viel zu rationale Aussagen, unsere Märchen erzählen es farbiger und lebendiger, sie finden Geschichten, die uns verstehbar machen, warum es so wichtig ist, mit der Natur einfühlsam umzugehen, wie man auf ihre Stimme hören muß, um gute und schwierige Zeiten überstehen zu können.[7]

Auch in vergangenen Zeiten haben die Menschen nicht immer im Einvernehmen mit der Natur gelebt, gab es Störungen und gefährliche Eingriffe in das Gleichgewicht der natürlichen Umwelt. Die Herrschsucht und der Besitzwille, die Raffgier und eine mangelnde Sensibilität führten deshalb auch schon früher zu Schäden und Gefährdungen. – In dem irischen Elfenmärchen »Das weiße Kalb«[8] heißt es: »Grund und Boden gehörte von alters her den Elfen«. Eine erstaunliche Hypothese: Land und Flur gehören gar nicht den Menschen, auch wenn sie dort siedeln, sondern dem stillen Volk. Wenn das so ist, versteht es sich von selbst, daß man mit ihm auf gutem Fuß leben muß. Nun wird aber erzählt, daß ein habgieriger Grundbesitzer seine Güter ausweitete und den Frieden der Elfen störte. Die Königin dieses Völkchens entschloß sich deshalb, den menschlichen Eindringling zu vertreiben. »Sie brüllte oder wieherte oder blökte oder heulte oder krächzte, wie bisher noch niemand auf der Welt hatte brüllen, wiehern, blöken, heulen oder krächzen hören. Der arme Hirte bedeckte sein Gesicht, aber was half ihm das! Sie hauchte ihn nur einmal an, und das Stück Mantel, das er mit aller Kraft vor die Augen drückte, war weggeblasen; nun stand er da, ohne sich zu rühren, nicht einmal seine Augen konnte er zuschließen: von unbekannter Macht gefesselt, mußte er diese schrecklichen Gesichte anstarren, bis sich sein Haar aufrecht erhob und die Zähne klapperten. Das Vieh aber riß wütend aus, als wäre es von Bremsen gestochen, und der Spuk dauerte, bis die Sonne über den Hügel schien.« Die Inszenierung des Horrorspektakels zeigt Wirkung: Kein Hirte will dort leben, so daß man das umstrittene Land wieder aufgibt. »So kam das stille Volk in großer Zahl zurück. Jetzt sprangen sie wieder so lustig wie sonst umher, berauschten sich an den Tautropfen der Eicheln und feierten ihre Feste unter den geräumigen Schirmen der Pilze.« – Irgendwann schickt der Großbauer aber doch wieder einen unerschrockenen Hirten zu dem Platz, den Lorenz, der seine Pfeife besser blasen konnte als irgendeiner in fünfzehn Kirchensprengeln. Der ließ sich auch durch die tollsten Kapriolen nicht aus seiner Ruhe bringen, so daß selbst die Elfenkönigin bereit war, seinen Mut anzuerkennen. »Du hast dich so unerschrocken gezeigt, daß, solange du die Herden hier auf diesem Berg hütest, du weder von mir noch einem der Meinigen sollst verjagt werden.« – War es nun der besondere Mut, war es die Flötenkunst oder der besonnene Umgang mit den Elfen: ihm jedenfalls gelang die Übereinkunft.

Es ist auffällig, daß die Märchen zwar dazu auffordern, die Welt der Elfen und der anderen Elementarwesen zu respektieren, aber nicht, sich vor ihnen zu ängstigen. Vielleicht müssen sie manchmal sogar hart angepackt werden, damit sie ihrerseits nicht den Menschen tyrannisieren. Lapidar beginnt ein irisches Märchen: »Wer nicht beständig in Furcht vor den Geistern lebt, der tut wohl, gewißlich haben sie dann weniger Gewalt über den Menschen: wer aber gar keine Rücksicht auf sie nimmt oder gar nicht an sie glaubt, der handelt sehr unklug, sei es Mann, Weib oder Kind.«[9] Nähe und Distanz müssen offenbar sehr genau ausbalanciert werden, damit die beiden Reiche sich nicht zu nahe kommen. – In einem schottischen Märchen[10] ist von einer tüchtigen Hausfrau die Rede, die nach ihrer langen Tagesarbeit immer noch am Spinnrocken und am Webstuhl saß, um zu nächtlicher Stunde das Wolltuch zu bereiten. In ihrer Müdigkeit und Not rief sie einmal: »Oh, daß doch irgendeiner käme, von Land oder Meer, von nah oder fern, mir bei der Arbeit zu helfen und mein Tuch zu machen.« – Da hörte sie plötzlich eine Stimme in einer seltsamen Sprache: »Große Inary, wackere Hausfrau, mach mir die Tür auf; denn solange ich etwas habe, sollst du auch etwas haben.« Kaum aber war die Elfenfrau im Haus und setzte sich ans Spinnrad, so klopfte es schon wieder, und es kamen immer mehr hilfsbereite Elfen, die stimmgewaltig, aber fleißig an die Arbeit gingen. Und weil sie allmählich Hunger bekamen, mußte die Hausfrau ihnen alle Eßvorräte herbeibringen, bis sie nichts mehr fand und sich keinen Rat mehr wußte, um den Aufruhr zu stillen. Sie versuchte ihren Mann zu wecken, der aber schien in einen magischen Tiefschlaf versetzt zu sein. Erst ein weiser Mann im Dorf konnte ihr einen Rat geben, damit sie ihre Gäste auch wieder los würde. Sie rief: »Burg Hill brennt! Burg Hill brennt!«, da lief das ganze Elfenvolk auf und davon, und die Frau war wieder allein. – Und der Hörer dieser Geschichte schüttelt den Kopf und fragt sich verwundert, ob er sich nun die Hilfe der Elfen wünschen soll oder nicht.

Ja, es finden sich sogar Märchen, in denen die Spökenkiekerei ironisch behandelt wird und die Sucht nach der Begegnung mit Elfen ins Lächerliche gezogen wird. »Mulligan glaubte steif und fest an Geister und ward bös, wenn jemand daran zweifelte. Er wußte mehr Geschichten davon, als in zwei Quartanten könnten gedruckt werden, und er versäumte nicht sie zu erzählen, sobald er einen Zuhörer finden konnte«, so heißt es in einem irischen Märchen von den »verwandten Elfen«.[11] Es wurmte ihn nur, daß er sich immer auf die Erzählungen anderer berufen mußte, denn er selbst hatte nie Elfen gesehen. Als er sich einmal mit jungen Besserwissern gestritten hatte und dann über Land geritten war, da bemerkte er in einer anmutigen Ebene bei mildem Mondlicht »eine allerliebste Gesellschaft kleiner, artiger Gestalten, die unter der Eiche in immerwährender, behender Bewegung tanzten«. Kaum hatte er dieses liebliche Völkchen gesehen, da ritt er auch schon wieder zurück, um den eingebildeten, überklugen jungen Herren sein Wunder zu erzählen und sie zu nötigen, mit eigenen Augen das Tanzspiel der Elfen wahrzunehmen. Als sie aber wieder zu dem geheimnisvollen Ort kommen, da fangen die jungen Leute zu lachen an: Es sind Schwämme, im Mondlicht leuchtende

Pilze, die er im Übereifer für Elfen gehalten hat. Schnurstracks ritt John Mulligan auf und davon, und es dauerte lange, bis er sich wieder unter Leute traute. Und der Beiname »Pilzenhans« blieb ihm sein ganzes Leben angehängt.

Es wird Zeit, daß wir uns die Frage stellen, was denn diese alte Tradition von Elfen und Feen, von Faunen und Gnomen, von Zwergen, Wichten und Schraten zu bedeuten haben mag, denn sie finden sich – in vielen Variationen – überall, sie tauchen schon in manchen Mythen auf, und dann wieder in den Märchen und Sagen der verschiedensten Völker. – Besonders die Nymphen der griechischen Mythologie haben eine deutliche Ähnlichkeit mit den Elfen: Man stellte sie sich als schöne junge Mädchen vor, die ihre Zeit mit Reigentanz, Gesang und Spiel verbringen, aber verehrt werden, weil sie Segen und Fruchtbarkeit schenken. Vor allem das Element Wasser ist ihnen zugeordnet, die Najaden sind die Quellwesen, die auch in Teichen und Seen wohnen, die Nereiden hausen im Meer. Aber es gibt auch Oreaden, die über die Berge und Wälder verfügen, die Dryaden schließlich sind die Baumwesen. Die antike Religion sah die ganze Natur nicht nur belebt, sondern bevölkert mit geheimnisvollen Wesen, die dafür sorgen, daß das Leben erhalten wird und weitergeht. – Und als man in der Spätantike nicht mehr damit zufrieden war, phantasievolle Mythen zu erzählen, weil man genauere Auskünfte haben wollte, da versuchte man die Elemente als die Baustoffe und Materialien der ganzen Welt zu systematisieren. Iamblichos spricht von Elementardämonen und Stoffdämonen, die in Mineralien, Pflanzen und Tieren wirksam werden, Proklos nimmt eine Gruppe von ›Unterirdischen‹ an. – Und in der Folgezeit wird immer wieder erneut der Versuch unternommen, die geheimnisvollen Wesen, die dem Leben und seinen Erscheinungsformen zugrunde liegen, ausfindig zu machen, ihnen Namen zu geben und sie in ein größeres Gesamtes einzuordnen. Vor allem Paracelsus hat in seinem »Liber de nymphis, sylphis, pygmaeis et salamandris« die These vertreten, in der Erde wohnten die Gnome, im Wasser die Nymphen, in der Luft die Sylphen oder Lemuren, im Feuer die Salamander und im Himmel die Penaten.[12] Diese Wesen sind die Hüter der Naturbereiche, sie haben ihren Wohnort in den Elementen und sind sogar mit Vernunft begabt. Die antiken Vorstellungen werden mit christlichen verknüpft, was darin zum Ausdruck kommt, daß die Wesen geliebt und zur Ehe genommen werden wollen. Dadurch bekommen sie eine unsterbliche Seele und können in eine erlöste und vollendete Welt eingehen. – Eine andere Version der verchristlichten Elementarwesen findet sich bei Agrippa von Nettesheim, der nicht nur den Winden, sondern auch den Elementen Engel zuweist: der Cherub ist der Engel der Luft, Tharsis der Engel des Wassers, Ariel der Engel der Erde und Seraph der Engel des Feuers.

Aber die Märchen und Sagen brauchen keine Systematik, ihnen genügt, daß alles belebt ist und überall geheimnisvolle Wesen wirksam sind, vor allem die Nixen und Undinen, Melusinen und Nymphen im Wasser und die Zwerge, Heinzel- und Wichtelmänner, die Gnomen und andere Berggeister in der Erdtiefe. – Man könnte immer noch sagen: Was gehen uns mythische Vorstellungen der Antike an, was die Lehren neuplatonischer Philosophen oder mittelalterlicher Denker, ja, was sollen die Träumereien der Märchenerzähler, wenn wir nicht annehmen dürften, daß sich in diesen Vorstellungen und Geschichten etwas von den elementaren Erfahrungen der Menschen niedergeschlagen hätte. Wie schnell geraten wir an die Grenze unserer unmittelbaren Erkenntnis. Aber da, wo unser Bewußtsein endet, mögen andere Wirklichkeiten angesiedelt sein, die wir nicht mehr genau beschreiben können. Wenn in Geschichten davon die Rede ist, unter dem Wasser, in der Tiefe des Sees, liege ein geheimnisvolles Land, das ›Land der Jugend‹, wo die Zeit keine Macht hat und wo man nicht altert, dann wissen wir sehr schnell, daß wir dieses Land nicht durch Tauchaktionen erreichen werden. Es gibt mehr Dimensionen der Wirklichkeit als unser gliedernder Verstand beschreiben kann. Auch das uns Entzogene wirkt noch auf uns ein und ruft uns an, mit einer Stimme und in einer Sprache, deren Bedeutung wir erst allmählich lernen müssen. Es sollte uns zu denken geben, wie häufig in den Märchen davon die Rede ist, daß Menschen in die Tiersprache eingeweiht werden, damit sie auch die Nöte der Tiere verstehen und ihnen zu Hilfe kommen können, aber auch von ihnen Beistand erfahren. In einem chinesischen Märchen wird sogar erzählt, daß Blumenelfen zu einem Gelehrten kommen, um ein wenig bei ihm zu rasten. »Sie waren hübsch und fein im Gesicht und schlank und zart von Gestalt. Wenn sie die Ärmel bewegten, so strömten sie einen lieblichen Duft aus. Es gab nicht ihresgleichen in der Menschenwelt.«[13] Die Blumenelfen haben ein Anliegen: Sie werden von den wilden Winden gezaust und gerupft, der Gelehrte, der ein Blumenfreund ist und einen großen Garten hat, soll ihnen gegen diese Mächte beistehen. Und weil er das tatsächlich tut, kommen die dankbaren Elfen wieder zu ihm, reichen ihm Blumen und fordern ihn auf, sie zu essen. »Der Gelehrte tat nach ihren Worten und aß die Blumen. Da verwandelte sich seine Gestalt, und er ward wieder jung wie ein zwanzigjähriger Jüngling. Im Laufe der Zeit erlangte er geheimen Sinn und ward unter die Unsterblichen versetzt.«

Erinnert uns diese Geschichte nicht daran, daß man heute erkannt hat: Die Pflanzen sind viel wahrnehmungsfähiger, als wir bisher angenommen haben? Offenbar reagieren Zimmerpflanzen auf freundliche oder gefühlskalte Behandlung, so daß ihr Blühen und Gedeihen nicht allein davon abhängt, ob sie gedüngte Erde und genügend Wasser haben, mindestens ebensoviel hängt vom Wohlwollen (oder der Indifferenz) der sie pflegenden Menschen ab. Nicht nur Menschen, auch Tiere und Pflanzen scheinen von einem Kraftfeld umgeben zu sein, von erstaunlichen Energiefeldern, die eine gegenseitige Einwirkung möglich machen. Die ›Sympathie‹ des Menschen für seine Pflanzen scheint nicht nur einseitig zu sein, es mag da ein Austausch der Kräfte vor sich gehen. Partizipiert die Pflanze an der Lebenskraft des Menschen? Kann auch der Mensch in den ›Schutzbereich‹ eines Baumes gelangen und von der Lebenskraft einer Pflanze gestärkt werden? Zum Leben gehört immer ein Nehmen und Geben, das Märchen weiß es seit eh und je, aber wir müssen es auch in unser Bewußtsein lassen und daraus lernen. Aber zunächst sollten wir dafür Sorge tragen, daß die Geschichten nicht in Vergessenheit geraten und immer wieder neu erzählt werden.

Von einem völlig andersartigen Ansatz her bekommen die Vorstellungen von Naturgeistern und Erdwesen eine unerwartete Aktualität. Die Biologen James Lovelock und Lynn Margulis entwickelten eine Theorie, die davon ausgeht, daß die Erde als großer Organismus verstanden werden müsse: ein geheimnisvolles Regelungssystem würde dafür Sorge tragen, daß die Erde in einem homöostatischen und gleichzeitig empfindlich ausbalancierten Zustand gehalten wird. Dieses sich selbst regelnde System erscheint wie ein Superorganismus (deshalb wird vom »Gaia-Prinzip« gesprochen)[14], man könnte von einem verborgenen »Erkenntnisvermögen« ausgehen. Die Erdatmosphäre ist zwar instabil, aber sie kann sich jeweils ausbalancieren und die aktuellen Gefahrenelemente – langfristig – ausschalten. Viel verträgt – und erträgt – die Erde, aber Gaia hat auch ihre eigenen Gesetze, die hart angewandt werden. Lovelock meint, wenn der Mensch allzu störend in das Regelwerk eingreift und die Erde krank macht, dann könnten die anderen Arten mit einer gewissen Zwangsläufigkeit das Klima so verändern, daß der Mensch seine Lebensbedingungen verlöre: Er müßte zugrunde gehen. Wer seiner Umwelt schadet und die Spielregeln des Zusammenlebens nicht respektiert, muß damit rechnen, nicht mehr überleben zu können.

Rupert Sheldrake, ein anderer englischer Biologe, hat eine korrespondierende Theorie aufgestellt.[15] Er macht auf unsichtbare Kraftzonen in unserer Welt aufmerksam, Organfelder, Gewebefelder, Zellenfelder. Alles Leben auf unserem Planeten hängt miteinander zusammen, aber auch voneinander ab, alles hat teil an dem großen evolutiven Prozeß. »Wir selbst sind mehr oder weniger eng mit allen anderen Menschen, mit allen Lebewesen verbunden, letztlich mit allem, was ist oder je war.«[16] Nehmen wir diese Thesen moderner Naturwissenschaftler ernst, dann hören wir plötzlich auch die Märchen mit anderen Ohren. Wir lächeln ja zunächst, wenn wir von Elfenhügeln hören, von Orten geheimnisvoller Kraft usw. Wenn wir aber nun erfahren, daß auch empirische Forscher von Feldern sprechen, die »Zonen des Krafteinflusses« sind, daß auch die Natur ihr ›Gedächtnisvermögen‹ hat, daß also früheres Geschehen gleichsam gespeichert ist und wieder neu erfahren werden kann, dann ist die Vorstellung ›heiliger Orte‹ und kraftspeichernder Erdpunkte gar nicht mehr abwegig. Die Chinesen hatten ja nicht zufällig eine jahrtausendealte immer weitergegebene Geomantie: Man muß achten auf die Kraftfelder der Erde, um in eine Harmonie mit seiner Umwelt zu kommen und die Mächte nicht zu stören, die im Untergrund wirksam sind. Überall können wir geheimnisvolle Baupläne entdecken, in den Pflanzen und in den Tieren, die dafür sorgen, daß sich ein Organismus seiner Art entsprechend entfaltet, daß Störungen beseitigt und Verletzungen geheilt werden. Die Schöpfung ist eine komplizierte und differenzierte Einheit, in der alles mit allem verbunden ist. Vielleicht werden wir nicht mehr in der Erde Gnomen entdecken, im Wasser die Nymphen, in der Luft Lemuren, im himmlischen Bereich Pennaten, wie es Paracelsus getan hat. Wenn wir diese Wesen aber als die Repräsentanten der Elemente verstehen, mit denen wir uns gut stellen müssen, um auf glückliche Art im Miteinander leben zu können, dann bekommen diese Namen durchaus eine Plausibilität. Der rechte Umgang mit den Naturkräften wurde von Paracelsus ›Magie‹ genannt, die aber keine teuflische Zauberei ist, sondern der Erkenntnis entspringt, der Mensch sei berechtigt und verpflichtet, die verborgenen Kräfte der Erde und ihre verborgenen Schätze zu finden und zu nutzen, freilich immer in der Haltung der Dankbarkeit und Ehrfurcht. Wenn er seine Möglichkeiten mißbraucht, wird aus der ›Magie‹ Zauberei – mit einer zerstörerischen Wirkung.

Und hier sind wir ganze nahe bei den Märchen und Sagen. Schon der antike Mythos kennt die Vorstellung, daß die Erde eine erneuernde Kraftquelle ist, von göttlicher Dynamik erfüllt, so daß sie heilen kann, wenn man wund, erschöpft und ausgelaugt ist. Antaios, der Sohn der Gaia, wirft sich auf die mütterliche Erde, um wieder zu Kräften zu kommen. Wer aber die Verbindung zur Erde einbüßt, seinen Wurzelbereich verliert, der muß verdorren und heillos werden. Und die Märchen kennen das Motiv, daß man in manchen Situationen nicht durch seine Intelligenz zur Lösung kommt, nicht durch seine Tüchtigkeit und logische Einsicht, sondern daß man von anderswoher seine Weisung bekommen kann, vom Vogel oder der Unke, vom Traum oder von einem plötzlich geschenkten Fingerzeig. – In dem schottischen Märchen »Der Geist von Eld«[17] wird von einem jungen Mann erzählt, der seine verschwundene Schwester Goldhaar sucht und dabei – als Hirte – eine Probe bestehen muß, indem er drei schwarzbraunen, hornlosen Kühen zu folgen hat. Es wird ihm gesagt: »Da hast du sie, gib auf sie acht, folge ihnen, weise ihnen nicht den Weg und hindere sie nicht; sie werden sich ihre Weide selber suchen. Laß sie gehen, wie sie wollen; halte dich hinter ihnen, und was immer dir in den Weg kommt, trenne dich nicht von ihnen. Behalte sie und nur sie im Auge.« Eine merkwürdige Aufgabe: er soll die Tiere nicht führen, sondern hinter ihnen hergehen, sie als Führer benützen, soll nicht selbst die Weiden bestimmen, sondern dem Instinkt der Tiere vertrauen. *Sie* sind plötzlich die Wegkundigen geworden, in ihre Schule muß man gehen. –

Das darf nicht als ein allgemeines Gesetz verstanden werden, denn schließlich kommt es ja oft genug auf die Entscheidungen des Menschen an, auf seine eigene Hellsicht, sein Vorausdenken. Aber es gibt eben auch Situationen, wo wir auf verborgene Stimmen zu achten haben, die sich in den Ordnungen der Natur bemerkbar machen. Wer Augen hat, zu sehen und Ohren, zu hören, der kann überall Zeichen und Winke empfangen: alles hat Sprache, gibt Kunde, fordert unsere Wahrnehmungsfähigkeit heraus. Wir müßten wieder die Sprache der Bäume verstehen, die Sprache der Erdtiefe und der Himmelshöhe, die klagende Sprache gequälter Tiere und den Jubelton der Vögel, all die Zwischentöne und Andeutungen. Ich glaube, wir sind noch nicht sehr weit gediehen bei diesem Lernprogramm.

In manchen Geschichten wird erzählt, daß die Elfen und Gnome die Nähe des Menschen suchen: Sie wollen erlöst werden und brauchen deshalb den Menschen. Wie aber kann das geschehen? – Da wir ja im Heinrich-Heine-Jahr stehen, soll Heine das letzte Wort haben, zumal er ein ganzes Buch über die Elementargeister geschrieben hat:

»Elfen und Nixen ... werden erlöst durch Liebe ... Sobald du deinen Widerwillen gegen das Häßliche überwindest und das Häßliche sogar lieb gewinnst, so verwandelt es sich in etwas Schönes. Keine Verwünschung widersteht der Liebe. Liebe ist ja selber der stärkste Zauber, jede andere Verzauberung muß ihr weichen.«[18]

Anmerkungen

1 »Der Schuhmacher«. In: *Irische Elfenmärchen*, übersetzt von den Brüdern Grimm, *Werke* Band 3, Zürich 1974, S. 185–87.
2 Ebd., S. 188.
3 T. Crofton Croker: »Die Elfen in Irland«. In: Brüder Grimm: *Werke* 3, S. 109.
4 »Die Geschenke des kleinen Volkes«.
5 Drei Wechselbalg-Geschichten aus Nithdale, in: *Schottische Volksmärchen*, herausgegeben von Hanna Aitken und Ruth Michaelis-Jena, Düsseldorf 1964, S. 196–98 (hier geht es um die dritte Geschichte).
6 Ebd., S. 203-06.
7 Die Bücher von Marko Pogačnik (z.B. *Elementarwesen. Die Gefühlsebene der Erde*, München 1995) werden gegenwärtig eifrig gelesen und diskutiert. So erfreulich es ist, daß die differenzierte und überall belebte Schöpfung wieder wahrgenommen wird, scheint mir doch dieser Ansatz über das Ziel hinauszuschießen. Wenn man in Geschichten von Blumenelfen und Fenchel-Devas erzählt, bin ich damit gerne einverstanden (manche Erfahrung läßt sich nur fabulierend und in einer Symbolsprache mitteilen), wenn aber daraus eine durchorganisierte und systematisierte Geisterwelt wird, dann scheint mir eine Grenze überschritten zu werden. Märchen und Geschichten können etwas ›sichtbar‹ machen, was sich der genaueren Definition entzieht, bei Pogačnik wird ein Detailwissen behauptet und daraus ein Lehrbuch gemacht; das scheint mir der Materie gegenüber unangemessen.
8 Brüder Grimm 3, S. 121–25.
9 »Die erzürnten Elfen«, ebd., S. 125.
10 »Die wackere Hausfrau und ihre nächtlichen Gäste«. In: *Schottische Volksmärchen*, S. 208–213.
11 »Die verwandelten Elfen«. In: Brüder Grimm 3, S. 173–77.
12 Noch im »Faust I« greift Goethe bei der Beschwörung des Pudels auf diese Vorstellungen zurück:
»Wer sie nicht kennte/Die Elemente,/Ihre Kraft/Und Eigenschaft,/Wäre kein Meister/Über die Geister./Verschwind in Flammen,/Salamander!/Rauschend fließe zusammen,/Undene!/Leucht in Meteorenschöne,/Sylphe!/Bring häusliche Hülfe,/Incubus! Incubus!/Tritt hervor und mache den Schluß!«
13 »Die Blumenelfen«. In: *Chinesische Märchen*, aus dem Chinesischen übertragen von Richard Wilhelm, Düsseldorf 1958, S. 123–27.
14 James Lovelock: *Das Gaia-Prinzip. – Die Biographie unseres Planeten*, Frankfurt a.M. 1993.
15 Rupert Sheldrake: *Die Wiedergeburt der Natur. -Wissenschaftliche Grundlagen eines neuen Verständnisses der Lebendigkeit und Heiligkeit der Natur*, Bern 1991.
16 Ebd., S. 148.
17 »Der Geist von Eld«. In: *Schottische Märchen*, herausgegeben von Christiane Agricola, Frankfurt a.M. 1991, S. 462–73.
18 Heinrich Heine: »Elementargeister« (1834). In: *Sämtliche Werke*, Achter Band, Stuttgart/Berlin o.J., S. 95.

Barbara Gobrecht

Die schöne Zauberin

Sind Märchen Liebesgeschichten?

1. Der Zauberspiegel oder: Die Königstochter mit dem magischen Blick (AaTh 329: Versteckwette)

»Es war einmal eine Königstochter, die hatte in ihrem Schloß hoch unter der Zinne einen Saal mit zwölf Fenstern, die gingen nach allen Himmelsgegenden, und wenn sie hinaufstieg und umherschaute, so konnte sie ihr ganzes Reich übersehen. Aus dem ersten sah sie schon schärfer als andere Menschen, in dem zweiten noch besser, in dem dritten noch deutlicher, und so immer weiter bis in dem zwölften, wo sie alles sah, was über und unter der Erde war, und ihr nichts verborgen bleiben konnte. Weil sie aber stolz war, sich niemand unterwerfen wollte und die Herrschaft allein behalten, so ließ sie bekanntmachen, es sollte niemand ihr Gemahl werden, der sich nicht so verstecken könnte, daß es ihr unmöglich wäre, ihn zu finden. Wer es aber versuchte und sie entdeckte ihn, so werde ihm das Haupt abgeschlagen und auf einen Pfahl gesteckt. Es standen schon siebenundneunzig Pfähle mit toten Häuptern vor dem Schloß, und in langer Zeit meldete sich niemand. Die Königstochter war vergnügt und dachte: ›Ich werde nun für mein Lebtag frei bleiben.‹«

So beginnt ein Märchen aus der Sammlung Grimm. Es trägt die Nummer 191 und den Titel »Das Meerhäschen«.

So selbstbewußt gibt sich eine Heldin in Grimms Märchen? Stolz sei sie, erfahren wir, wolle sich keinem Manne unterwerfen und die Herrschaft allein behalten. Und sie scheint das Sagen zu haben – höchst ungewöhnlich! Zudem machen jene zwölf Fenster, ihr »magischer Blick«, eine Art Zauberin aus ihr. Nichts über und unter der Erde kann ihr ja verborgen bleiben. Der Text freilich sagt nicht, daß sie eine Zauberin ist. In dem Märchen »Jorinde und Joringel« (KHM 69) wird das böse alte Weib eine »Erzzauberin« genannt, aber sonst bezeichnen die Grimms zauberkundige Frauen, wenn sie alt sind, lieber als Hexen, die jüngeren, schönen als Hexentöchter[1]. Ist diese Königstochter mit dem magischen Blick etwa eine Hexe? Wohl nicht, denn etwas an ihr oder um sie muß ausgesprochen attraktiv wirken. 97 tote Freier sind Beweis genug. Was wollten sie? Die Frau oder das Königreich?

Das Bild all der Köpfe erfolgloser Freier, auf Pfählen vor dem Schloß ausgestellt: erschreckt es uns? Eine solche Zurschaustellung gilt als »Bestrafung par excellence« für die vielen, nicht selten unberufenen Bewerber um die Hand einer Prinzessin, welche die gestellten Aufgaben nicht zu lösen vermögen.[2] Im Märchen wird das (übrigens zum Teil historisch belegte) Köpfen nur den ihr ebenbürtigen Freiern zuteil, kommt also einer – wenn auch tödlichen – Auszeichnung gleich. »Edles Geblüt«, so heißt es in einer Variante aus dem östlichen Banat, stirbt durch das Schwert, der Bewerber »niedriger Abkunft« am Galgen.[3] Ein gar so erschreckendes Bild seien die auf Pfählen aufgereihten Köpfe nicht – so urteilte einmal der Schweizer Märchenforscher Max Lüthi -: »Sie wirken fast ornamental. Pluralisierung bedeutet immer zugleich Entindividualisierung.«[4]

Nun kommen noch einmal drei Bewerber, drei Brüder, woher und welchen Standes, sagt das Grimmsche Märchen nicht. Den einen entdeckt die Königstochter im Kalkloch, den anderen im Schloßkeller. Die Älteren haben sich beim Verstecken anscheinend nicht viel Mühe gegeben. Beide erblickt sie nämlich schon aus dem ersten Fenster und läßt auch ihre Köpfe abschlagen. Das macht 99 tote Freier. Also kommt es wohl auf den hundertsten an.[5] Der ist jung, ausdrücklich schön und kann »so herzlich« bitten. Ihm nun gesteht sie Sonderkonditionen zu: einen Tag Bedenkzeit und drei Versuche. Wer ist dieser junge Mann? Dankbare Tiere helfen ihm bei seiner so schwierigen wie gefährlichen Aufgabe. Ein Rabe versteckt ihn im Ei, so gut, daß der Königstochter »bange« wird, denn erst im elften Fenster erblickt sie ihn. Ein Fisch verschluckt ihn, so geschickt, daß sie »bestürzt« ist, bis sie ihn »endlich« im zwölften Fenster entdeckt. Wirkliche Hilfe aber bringt dem Helden beim dritten und letzten Versuch, sich zu verstecken, ein dankbarer Fuchs. Er verzaubert den Jüngling in ein kleines Meerhäschen (gemeint ist ein Kaninchen[6]) und sorgt dafür, daß er genau dann, wenn die Königstochter ans Fenster geht, unter ihren Zopf kriechen kann. »Als sie ihn auch bei dem zwölften nicht sah, war sie voll Angst und Zorn und schlug es so gewaltig zu, daß das Glas in allen Fenstern in tausend Stücke zersprang und das ganze Schloß erzitterte.«

Der Jüngling ließ sich darauf vom Fuchs seine wahre Gestalt zurückgeben und ging zu ihr, die sich »ihrem Schicksal fügte«. Er wurde »König und Herr des ganzen Reiches«. Nie erzählte er ihr, wer ihm geholfen hatte, was ihm Respekt und Achtung einbrachte, denn »sie dachte bei sich: ›Der kann doch mehr als du!‹« Mit den Worten schließt dieses merkwürdige Zaubermärchen, als wäre es »nichts als« ein Schwank.[7] Eine Liebesgeschichte?

Ein Grimm-Märchen, wie gesagt. Aber ein typisch deutsches Märchen ist es nicht. Die Grimms erbaten es für die siebente Auflage der KHM von ihrem Korrespondenten Josef Haltrich aus Siebenbürgen. Bei Haltrich hieß das Märchen aus dem südosteuropäischen Raum noch »Von der Königstochter, die aus ihrem Schlosse alles in ihrem Reich sah«. Die beiden Texte ähneln sich sehr – bis auf ein paar interessante Details. Bei Haltrich erfahren wir, daß die Königstochter schön sei, bei den Grimms, sie sei stolz. Ihre Schönheit haben die Grimms uns verschwiegen, den Stolz dafür hinzugedichtet und auch, daß sie »sich niemand unterwerfen wollte«. Bei Haltrich heißt es nur: »[...] sie wollte ohne Mann bleiben«. Stolz bei einer Frau scheint ihrer Schönheit Abbruch zu tun – jedenfalls in den Augen der Brüder Grimm. Zum Ausgleich haben sie den Jüngling mit Schönheit ausgestattet und mit der Begabung, so herzlich zu bitten. Noch ein Detail aus der Vorlage Haltrich wurde verändert: Hier zerschmetterte die Königstochter sämtliche zwölf Fenster in ihrem Schloß einzeln, immer voll Angst und Zorn. Warum tat sie das überhaupt? Warum vernichtet sie den Gegenstand, der ihr zauberische Fähigkeiten verleiht?

Nicht in zwölf Fenster, sondern in ihr Zauberbuch schaut die einer Göttin gleiche Königstochter Elena die sehr Weise, die Titelheldin einer von vielen russischen Varianten[8] des Märchens von der Versteckwette, und wiederum scheint es nichts zu geben, was ihr verborgen bleibt. So erkennt sie mit einem Blick in ihr Buch, daß sie nicht geträumt hat, sie werde von einem Mann geküßt, sondern daß es dem kecken Soldaten, der als vermeintliches Rotkehlchen in einem goldenen Käfig in ihrem Schlafzimmer hockt und die entkleidete Schöne immerfort verliebt anschaut, »mächtig in den Fingern juckt« – so habe ich die Stelle in meinem Büchlein »Märchenfrauen« übersetzt.[9] Erotik, vielleicht auch Liebe spielen hier deutlich mehr eine Rolle als in Grimms Fassung. Aber auch diese Königstochter zerstört das Symbol ihrer Überlegenheit, schleudert das Zauberbuch zornig in den Ofen, nachdem der Held sie mit Hilfe des Teufels überlistet hat. In Gestalt einer Stecknadel in eben diesem Zauberbuch konnte sie ihn partout nicht entdecken. »Ich bin schlau«, sagt sie, »aber du bist noch schlauer.« Und das russische Märchen aus der Sammlung Afanas'ev beeilt sich zu versichern, daß sie von nun an »herrlich und in Freuden« lebten.

Elena die sehr Weise ist »so unbeschreiblich schön, daß man es weder ausdenken noch erraten noch im Märchen erzählen kann«, und in der Tat gehören große Schönheit und oft auch Klugheit neben dem eigenen oder alleinig zu erbenden Königreich zur Grundausstattung der Heldinnen in den Märchen vom Typ »Versteckwette«. Hinzu kommen ihre erklärte Abneigung gegen die Ehe oder Ehemänner und der Zauberspiegel. Viel häufiger nämlich als die Fenster à la Haltrich-Grimm und das Zauberbuch à la Afanas'ev sichert er der Königstochter die Freiheit – wenigstens, bis der Richtige, der Märchenheld, kommt. Ist er der Richtige? Jedenfalls gelingt es ihm, ihre Hand – manchmal sogar ihr Herz – zu gewinnen, und der Zauberspiegel geht in Scherben, meistens von ihr selbst zerstört[10], gelegentlich auch von ihm[11]. Muß das so sein? Hat man je gehört, daß männliche Helden (oder aber ihre Partnerinnen) am Ende eines Märchens ihre Siebenmeilenstiefel oder sonstige Zaubergaben vernichten?

Die »Antworten«, die ich gefunden habe, werfen eher neue Fragen auf. Ist die Vernichtung des Zauberspiegels, der Fenster, des Zauberbuches eine Konsequenz der zum Teil bis in unsere Tage vertretenen Meinung, daß Frauen, die zuviel, d.h. mehr als Männer, wissen, eine »negative Macht« haben sollen – um die Feministin Elke Liebs zu zitieren[12]? Dürfen wir vielleicht mit dem Brauchtumsforscher annehmen, unverheiratete Frauen vor einem Spiegel verlangten von diesem ein Eheorakel oder verwendeten ihn als Amulett vornehmlich gegen den bösen Blick[13]? Muß die »eiskalte Schöne«, wie Wolfdietrich Siegmund schreibt, durch ihren Bezwinger zu aufrichtiger Liebe »erlöst« werden[14]? Hat der Psychoanalytiker recht, der im Zerbrechen des Spiegels den »Bruch mit dem Narzißmus« diagnostiziert[15] oder gar jedes Zerbrechen von Gegenständen bei Hochzeiten als Analogiezauber, als eine »vorauseilende Symptomhandlung der Defloration«, deutet[16]? Vor zu weitgehender psychologischer Interpretation warnt Lutz Röhrich, der eine Variante der transsilvanischen Zigeuner zitiert, in der die Königstochter die erfolglosen Freier nicht köpfen, sondern entmannen läßt, weil sie den Turm in ihrem Hof »mit männlichen Gliedern ganz behängen will«; will sie etwa selbst ein Mann sein[17]? Die Philologin sucht Antworten in den Märchentexten, vergleicht die Varianten, fragt nach den Gewährspersonen, ihrem Geschlecht, ihren Intentionen.

Bei genauerer Betrachtung verschiedener Fassungen des Märchens von der Versteckwette lassen sich zwei Tendenzen ausmachen:

a) Je mehr Mühe ein Held – und sei er »nur« der Sohn eines Fischers oder ein Jäger – der schönen Königstochter mit dem Zauberspiegel bei ihrer Suche bereitet, je mehr sie staunt über die wunderbare Hilfe, die ihm von allerlei Tieren zuteil wird[18], je mehr die Ambivalenz ihrer Gefühle, das Schwanken zwischen Haß und Liebe, zur Sprache kommt, desto besser stehen die Chancen für einen Märchenschluß, der auch aus ihrer Sicht tragbar ist, der nicht allein den Verlust eines Teils ihrer Macht und das Ende ihrer Zauberkraft bedeutet. Solche Varianten von AaTh 329 könnten wenigstens ansatzweise (und auch aus weiblicher Sicht) als Liebesgeschichten verstanden werden[19].

b) Wenn ein armer Bursche aber, statt schön und freundlich zu sein und dazu mehr oder weniger verliebt in die reiche Zauberin, sich allzu deutlich als Materialist erweist (Kommentar: »Ihr Vermögen wurde sein«)[20], dann »fehlt« zu viel von seiner Seite; das Ungleichgewicht zwischen beiden wird übermächtig. Statt einer potentiellen Liebesgeschichte hören wir die Geschichte eines pfiffigen Mannes, der zu Königswürden kam – und gleich noch zu einer Ehefrau. Besonders männliche Erzähler sind versucht, Märchen des Typs »Versteckwette« schwankhaft, ja erotisch bis pornographisch auszuschlachten, indem sie für das dritte und letzte Versteck einen sehr intimen Ort wählen[21].

Wenn sich hinter dem vermeintlichen »Versteckspiel« ein einigermaßen fairer, auf beiden Seiten ernst gemeinter Kampf verbirgt, Kampf um Freiheit auf ihrer Seite, geführt mit ihren Zaubermitteln[22], Überlebenskampf auf seiner Seite, magisch unterstützt durch tierische oder dämonische Helfer, so kann in Märchen dieses Typs günstigenfalls Partnerschaft entstehen, kann Liebe reifen.

2. Das Federkleid oder: Die Schöne im Bade (AaTh 400: Schwanjungfrau)

Das ist ein ganz anderer Märchentyp und doch auch mit dem ersteren verwandt[23]. Wiederum begegnen wir einer wunderschönen und anscheinend mächtigen Heldin mit zauberischen Fähigkeiten. Sie hat Flügel oder ein Federkleid, ein nach alter Vorstellung willkürlich ablegbares Tiergewand[24]. Als sie nackt mit ihren Gespielinnen badet, stiehlt der – meist heftig in sie verliebte – Held ihre Flügel und zwingt sie so zur Ehe. Er ist sehr glücklich mit ihr, und das Paar bekommt oft auch Kinder[25], aber all ihr Trachten ist auf das entwendete Federkleid gerichtet. Mit List oder Betteln erhält sie es schließlich zurück und fliegt augenblicklich davon. Sagenfassungen enden so[26]. Im Märchen begibt sich der Mann auf eine lange, gefahrvolle Suchwanderung, denn ohne sie kann er nicht leben[27]. Wird er, wenn er sie endlich wiedergefunden hat, ihr Federkleid vernichten, verbrennen wie in dem italienischen Märchen »La ragazza colomba«[28], oder darf seine schöne Frau eine »Zauberin« bleiben?

In einer russischen Variante dieses weltweit verbreiteten Märchentyps hat der Oberst Ivan Elenas goldene Flügel seiner Mutter anvertraut, der Dienerin ihre silbernen zurückgegeben[29]. Während er den Zaren zur Hochzeit einladen geht, entweicht Elena, und er muß nun zu ihrem Palast reisen, der wie Feuer glänzt und bereits von elf Köpfen auf Pfählen umstanden ist. Diese Heldin hat außer ihren goldenen Flügeln einen Zauberspiegel, und sie gesteht auch diesem zwölften Bewerber drei Versteckversuche zu. Weder der Adler noch der Fisch können ihm helfen, wohl aber die dankbare Dienerin: Sie führt ihn hinter den Spiegel, wo Elena ihn nicht zu entdecken vermag. Wütend zerschlägt die schöne Zarentochter den Zauberspiegel und heiratet Ivan. Es wird klar, wo die besten Verstecke sind: an ihr selbst, z. B. als Rose in ihrem Haar oder an ihrer Brust[30], oder in bzw. hinter dem Zaubergegenstand, denn im Spiegel sieht sie alles, nur das Allernächste nicht[31].

Heldin einer höchst lesenswerten ungarischen Variante des Schwanjungfraumärchens ist die Wunderschöne Örzsebet, eine Fee[32]. Das Märchen interessiert u.a. deshalb, weil es den Übergang vom Spiel zum Ernst, von neckischer Erotik zu beiderseitiger Liebe zeigt, ja regelrecht erläutert. Als der Titelheld, Tauperlen-Janosch, die lang gesuchte Fee in der Donau baden sah, »fielen ihm fast die Augen aus dem Kopf, so schaute er«[33]. Dreimal versucht er, ihr Gewand zu stehlen, aber sie, um es wiederzubekommen, beginnt sogleich ihr »weltengroßes Flehen«: »Mein süßes Herz, mein schönes Lieb, Tauperlen-Janosch, kehre zurück auf ein Wort, eine Liebkosung! Schau nur, so herze ich dich, so küsse ich dich.« Da kann er sich nicht beherrschen, blickt zurück – und sie verwandelt ihn in einen Ball, mit dem sie und die anderen Feen »erbarmungslos« spielen; »fast wäre er geborsten«.

Nach vielen weiteren Peripetien kommt der Tag, an dem ihr Vater, der alte König, merkt, daß sie »anderswie war: vorn kürzer als hinten« (nämlich schwanger), und freiwillig ist sie jetzt bereit, ihren treuen Janosch, der »am liebsten immerfort an der Wunderschönen Örzsebet Rock gehangen« hätte, zum zweiten Mal zu heiraten. Er aber bittet sie zuvor um das Federkleid. Sie, »schier...zornig«: »Wie sollte ich das geben, liegt doch einzig darin meine Macht!«[34] So lange drückt Janosch auf die Tränendrüse (»Willst du mich denn auf immer betrüben, willst du mich verlassen?«), bis sie ihm ihr Federkleid gibt – und er wirft es ins Feuer. Als es »aufflammte, da donnerte es wie aus einer Kanone«. Negative Energie? Gefährliche (weibliche) Macht, die es zu brechen gilt? Tatsache ist: Sogar die Fee Örzsebet verliert das Symbol ihrer Überlegenheit, das Zaubermittel, das ihr die Freiheit – oder Freiheiten – gewährte.

Ein ungarischer Bauernbursche hat dieses lange, evident erotische Märchen erzählt. Aber: Örzsebet ist – oder war – eine Zauberin, nicht nur männlich-erotische Projektion. Das dreimalige Verstecken im deutschen »Meerhäschen«, der dreimalige Kleiderraub im ungarischen »Tauperlen-Janosch«, die drei Weltfragen der Rätselprinzessin: dahinter steckt mehr. Wir müssen tiefer schürfen; es geht um existentielle Fragen.

Also noch einmal: Müssen die Zauberspiegel, -kleider oder -flügel schöner Märchenheldinnen immer vernichtet werden? Sind sie entweder stolze Zauberinnen oder brave Ehefrauen? Gibt es kein Drittes?

Und noch einmal die Frage: Sind Märchen Liebesgeschichten?

3. Zauberbücher und das Zauberbildnis: Die Rätselprinzessin (AaTh 851A: Turandot)

Viele haben schon von der persischen Rätselprinzessin Turandot gehört, einer sehr schönen und reichen, aber ehefeindlichen Märchenheldin, die ihren Weg auch auf europäische Theater- und Opernbühnen gefunden hat. Man denke nur an die gleichnamigen Dramatisierungen von Carlo Gozzi (Uraufführung 1762) und Friedrich von Schiller (1802), an die Opern von Ferruccio Busoni (Uraufführung Zürich 1917) und Giacomo Puccini (sein letztes Werk, beendet von Alfano, Uraufführung Mailand 1926). Geschichten von Rätselprinzessinnen werden nicht den Zauber-, sondern den sogenannten Novellenmärchen zugerechnet, obwohl bereits in den ältesten, uns bekannten Fassungen Zauberbücher, ein Zauberbildnis, das Fernliebe zu erwecken vermag[35], Talismane und Zauberformeln, Köpfe auf Pfählen, Rätselfragen und ein Schutzmittel gegen den bösen Blick eine Rolle spielen.

Turandot ist die einzige Tochter eines Königs, wunderschön und auch an Verstand »ein wahres Weltwunder«, hat alle Künste und Wissenschaften mit Leichtigkeit gelernt und ist, da sie »das übliche Wissen auf die Dauer nicht befriedigen« kann, »auf die Magie verfallen«, hat »die Bücher über die verborgenen Kenntnisse alle studiert und auch den Zugang zu jenen Geheimnissen gefunden, welche diejenigen, die sie besitzen, den vielen Dummen nicht weitersagen«[36]. Die zahlreichen Freier, die ihr mit ihrem Gold oder ihrer Kraft zu imponieren suchen, verachtet sie. »Schon der Gedanke an die Ehe mit einem von ihnen erfüllt(e) sie mit Abscheu.« Um der Aufdringlichkeit ihrer Bewerber zu entgehen, zieht sie sich auf eine unzugängliche Bergfeste, ihr »Adlernest«, zurück, beobachtet die Planeten und wendet »den Sinn erst recht von den Mitmenschen ab«. »Wozu brauchte sie die? Und vor allem – wozu einen Mann? Sie, Turandot, die selbst einen so männlichen Geist in einem weiblichen Körper besaß!« Um sicher zu sein, daß sich ihr ja keiner nähern kann, verschanzt sie sich zusätzlich hinter einer Reihe von magischen Talismanen, die sie selbst aus Eisen und Stein geformt hat. Aber dann malt die Prinzessin, die auch eine begnadete Malerin ist, auf Seide ihr eigenes, lebensgroßes Bildnis. Sie schreibt darauf die vier Bedingungen, die ein Bewerber erfüllen muß, damit er sie zur Frau bekommen kann – schafft er es nicht, verliert er sein Leben –, und dieses einladende Bild läßt sie über dem Haupttor der Stadt aufhängen. Warum tut sie das? Muß ein so kluges Mädchen wie Turandot nicht damit rechnen, daß die Freier jetzt erst recht kommen? Das jedenfalls tritt ein, und »lauter edle und tapfere Männer« verlieren nun buchstäblich den Kopf: Sie rennen »blind und unwissend in ihr Verderben« – und ernten nichts als Schande, denn die kluge Schöne verachtet und verlacht sie zudem. Jedermann nennt sie die »grausame Prinzessin«.

Eine männermordende Amazone? Frühes Beispiel eines weiblichen Single? Eine persische Feministin? Diese Turandot des Märchendichters Nizami ist das Urbild der stolzen und geheimnisvollen Jungfrau[37] und ein Einfluß des Märchentyps auf AaTh 329 »Versteckwette« nicht von der Hand zu weisen. Dieser alte persische Text erzählt *die* Liebesgeschichte par excellence. Sie ist so schön, daß ich sie am liebsten Wort für Wort wiedergeben würde, aber ich kann hier nur ein paar Punkte anreißen.

Für unser Thema wichtig: Der kluge Prinz, der mit Geduld und Einfühlungsvermögen die Liebe der schönen Prinzessin erringen und ihre Scharfsinnsproben bzw. die Rätselprüfung in Bildersprache[38] lösen kann, zerstört am Ende nicht alles, was sie zur Zauberin machte, und auch sie selbst zerschlägt keine Fenster oder Spiegel. Hier werden keine Zauberbücher verbrannt. Ihr Bildnis holt der Prinz vom Tor, faltet es zusammen und gibt es zum Aufbewahren.

»Die Geschichte von den Rätseln der Turandocht« ist die vierte von den »Sieben Geschichten der sieben Prinzessinnen«, einer Liebesromanze in Versen[39], die der persische Dichter Nizami (1141–1202/3) 1197 vollendete. Sie ist die älteste nachweisbare Fassung des Turandot-Stoffs[40], in Persien selbst viele Male ab- und umgeschrieben und auch in andere Sprachen übersetzt worden. Im »West-östlichen

Divan« lobte Goethe, gewiß ein Kenner persischer Lyrik, Nizami als »zarten, hochbegabten Geist«[41]. Friedrich Rückert hat die »Rätsel der Turandot in symbolischer Fassung« »besonders poetisch« – so Annemarie Schimmel – ins Deutsche übertragen[42]. In verschiedener Hinsicht finde ich Nizamis Märchenerzählung bis heute unübertroffen. Hier ist bereits der komplexe Charakter der Prinzessin gegeben, die später Turandot, und des Prinzen, der später Kalaf heißen wird; der Weg, den beide aufeinander zugehen; der Bildzauber. Nizami läßt uns an der Ambivalenz ihrer Gefühle teilnehmen und verurteilt die stolze Schöne nicht, während seine Nachfolger die Königstochter fast immer nur von außen und deutlich negativ gesehen haben.

Die erste Prosaversion, um 1228 verfaßt (von 'Aufi Delhi), brachte eine wichtige Erweiterung des Stoffs, nämlich eine zweigipflige Spannung durch die Gegenfrage des Helden nach seinem Namen und Schicksal[43], ein langatmiger französischer Märchenroman[44], erschienen 1710–12, weitere Neuerungen, die seither fest mit dem Erzähltyp verbunden sind, nämlich Eigennamen für alle handelnden Personen und die märchenhaft-sinnvolle Reduktion der 30 oder gar 100 zu lösenden Rätsel auf drei Weltfragen, hier nach der Sonne, dem Meer, dem Jahr[45]. Diese »Geschichte des Prinzen Kalaf und der Prinzessin von China« steht in der Sammlung »1001 Tag« von Pétis de la Croix und wurde, ebenso wie »1001 Nacht«, umgehend in andere europäische Sprachen übersetzt. Erst von hier aus, erst im 18. Jahrhundert hielt das Turandot-Märchen Einzug ins Theater und in die Oper. François Pétis de la Croix (1653–1713) fühlte anscheinend mit seinem Helden Kalaf und lieferte der Nachwelt viel aggressives Wortfutter für die »barbarische« Schönheit, die »blutrünstige Tochter«, die stolze, »unmenschliche«, »grausame« Prinzessin, die bei der dritten Rätselfrage in böser Berechnung sogar ihren Schleier lüftet, um den bereits in das »gefährliche« Zauberbild verliebten Prinzen vollends zu verwirren, ihn, den allein ihr Bildnis wörtlich so »bezaubert«[46] hat wie das der Pamina den Tamino in Mozarts »Zauberflöte«.

Warum eigentlich stellt die Rätselprinzessin ihre Weltfragen? Die Gewinnung einer Braut, der Hand einer Prinzessin durch Rätsellösen ist ein altes, im Orient wie in Europa belegtes Motiv[47]. Das ist kein Wunder, denn »jeder steht vor dem Rätsel des Daseins. Die Sehnsucht, es zu lösen,« schrieb Max Lüthi, »spiegelt sich im Spiel der Rätselsteller. Das Rätsel ist als solches ein Bekenntnis zum Sinn«[48]. Als echte Märchenprinzessin braucht Turandot ihr Handeln nicht zu begründen[49], aber man spürt, daß sie aus innerer Notwendigkeit fragt, daß sie »leidenschaftlich gerade die Fragen« stellt, die »an Geheimnisse des Lebens und der eigenen Existenz rühren«[50]. Es geht ihr, meine ich, um das Erkennen und Erkanntsein. Das Geheimnis, das sie beschäftigt, ist nicht sie selbst (wie Psychologen und/oder Männer oft meinen[51]), sondern die Liebe. Gibt es den Partner, der in ihr den Menschen, das Individuum sieht – nicht nur einen erstrebenswerten Besitz, nämlich das Königreich mit angehefteter Thronerbin? Oder hat diese Welt etwa keine Geheimnisse für eine Rätselprinzessin? Ist sie von vornherein im Besitz des Wissens? Dann sagt, wer Turandots Rätsel löst, das Losungswort, das ihn als ebenfalls Wissenden, als Ebenbürtigen ausweist[52].

Was in ihr vorgehen mag, bemüht sich eher der Dichter zu ergründen als der Märchenerzähler. »Ich habe niemandes Ehe gesucht«, erklärt die Rätselprinzessin in einem gleichnamigen Märchen aus Kreta[53], »wenn er mir die drei Rätsel nicht löst, so lasse ich ihn köpfen.« In Carlo Gozzis »Turandot: Tragikomisches Märchen in 5 Akten« klingen ihre Worte weniger brutal: »Die Menschen alle lügen, die mich grausam nennen. / Doch fühl ich Abscheu vor dem männlichen Geschlecht [..]. / Wenn Bitten es verhindern kann, so will ich gern / Zum Bitten mich erniedrigen: steht ab, mein Prinz, / Von dieser Probe! Nehmt das Wagnis nicht auf Euch, / Mit Eurem Scharfsinn meinen zu versuchen, denn / Mein Scharfsinn ist es ganz allein, auf den ich stolz bin«. (II,5, Übertragung Paul Graf Thun-Hohenstein)[54]. Auch Friedrich von Schiller, der Gozzis Bühnenmärchen sehr frei ins Deutsche übersetzte, gibt seiner Titelheldin Gelegenheit, sich gegen den Vorwurf der Grausamkeit zu verteidigen: »Der Himmel weiß, daß jene Zungen lügen, / Die mich der Härte zeihn und Grausamkeit. / – Ich bin nicht grausam. Frei nur will ich leben. / Bloß keines andern will ich sein; dies Recht, / Das auch dem Allerniedrigsten der Menschen / Im Leib der Mutter anerschaffen ist, / Will ich behaupten, eine Kaisertochter [..]. *Muß* denn die Schönheit eine Beute sein / Für *einen*? Sie ist frei so wie die Sonne« (II,4, Hervorhebungen vom Autor). Hier klingt die Tragik der Rätselprinzessin an, die auch bei Nizami eine Rolle spielt, die Tragik einer schönen Frau, die um eben ihrer Schönheit willen leidet[55].

Und doch behaupte ich – anders als Elisabeth Frenzel, die Turandot eine »männerfeindliche [..] Zauberin«[56] nennt –, daß die Rätselprinzessin nicht vollkommen männer- bzw. ehefeindlich sein kann, denn sie selbst hat das Zauberbildnis gemalt[57], das ihr schließlich einen Ehemann zuführt. Sie selbst stellt die Scharfsinnsproben oder Rätselfragen, die ihrer unwürdige Bewerber scheitern lassen, dem einzig zu ihr Passenden aber Gelegenheit geben, sich zu bewähren. Ich meine, sie ist im besten Sinne anspruchsvoll. Der Vorwurf der Grausamkeit, den die Köpfe auf Pfählen so plastisch ins Bild setzen, trifft in vielen Märchen und in literarischen Fassungen ebenso wie sie ihren Vater, den König, der sie zur Ehe zwingen will, der von ihr erwartet, daß sie möglichst bald einen Thronerben produziert. Turandot befindet sich in der Zwickmühle von Liebessehnsucht und Selbstbehauptungswillen, und so darf man ihr Zauberbild mit dem herausfordernden Text durchaus als einen in der Kampfansage verborgenen »Hilferuf« verstehen[58]. Ihre vermeintliche »Grausamkeit« rührt auch – und vor allem wohl aus Sicht männlicher Erzähler – daher, daß der oder die Rätsel Stellende immer eine gewisse psychologische Macht über den hat, der sie lösen muß. Eine Frau, die Macht hat? Das wird als Aggression gegen Männer (sprich: Grausamkeit) beanstandet oder anderenfalls gern ins Lächerliche gezogen.

Was nun das Turandotmärchen vollends zu einer Liebesgeschichte macht, ist Kalafs Gegenfrage, denn auch er will (und kann) als der richtige Partner »erkannt« sein. In den literarischen Fassungen ist er ihr nicht nur geistig ebenbürtig, sondern, selbst einziger Sohn eines Königs, auch seiner Herkunft nach. Im Märchen, das den Kontrast liebt und die kürzere Form (ohne Gegenfrage) bevorzugt, findet meist ein armer junger Mann über das Rätsellösen den Weg zum Herzen der Prinzessin. In dem flämischen Märchen »Die drei Fragen der Königstochter«, das Harlinda Lox freundlicherweise für mich übersetzt hat, verbringt ein Schweinehüter, um sich auf die Fragen vorzubereiten, drei Jahre in der Wüste und denkt Tag und Nacht über Menschen und Dinge nach, klemmt sich Stäbchen zwischen die Augen, um nicht einzuschlafen. Die Prinzessin fragt ihn, ob er denn wisse, daß sein Leben auf dem Spiel stehe, worauf er antwortet: »Was soll mein Leben, wenn ich dich nicht zur Frau haben darf?« Diese Ehe, dürfen wir hoffen, wird gutgehen, weniger vielleicht die zwischen dem weisen Helden und der gelehrten Kaisertochter aus einer rumänischen Variante, in der der Mann, zwar ebenfalls arm, aber »aus gutem Geschlecht«, laut letztem Satz »die Oberhand über seine Frau« behielt und »nicht die Frau über den heldenhaften Mann«[59].

Sind Märchen Liebesgeschichten? Ja, Märchen vom Typ Turandot sind es, zumindest ihrer Anlage nach, denn sie thematisieren das gegenseitige Kennen- und Liebenlernen. Nicht nur das Zauberbildnis bietet dem jungen Mann Zeit und Gelegenheit, sich in seine Rätselprinzessin hineinzufühlen und -zudenken. Auch die drei Weltfragen der Turandot, schöne, klare Märchenbilder[60], und Kalafs Gegenfrage, die sie zum Nachdenken zwingt, auf den (noch heimlich-nächtlichen)

Weg zu ihm führt, bringen beide einander menschlich näher, viel mehr, als wir das sonst aus Zaubermärchen kennen.

Warum aber sind nur wenige Fassungen von diesem liebenswerten Erzähltyp AaTh 851 A greifbar? Warum finden wir in den einschlägigen Märchensammlungen immer wieder nur Varianten von AaTh 851: »Die Prinzessin, die das Rätsel nicht lösen kann«? Das Grimmsche Beispiel, KHM 22: »Das Rätsel«, ist doch wenig ansprechend und gewiß kein Zaubermärchen. Statt einer zauberischen Königstochter, die dem Helden kosmische, also Weltordnungsfragen vorlegt[61], begegnen wir einer »übermütigen« Königstochter, die behauptet, alle Rätsel lösen zu können, aber ihres Bewerbers eher witzig formuliertes als tiefes Gifträtsel (das eigentlich kein Rätsel ist, sondern eine erlebte Geschichte[62]) nicht zu lösen vermag und sich nächtens in seine Kammer schleicht, um ihm die Lösung abzuluchsen[63]. Und wenn die Erzählung nicht gerade in der asexuellen und anti-erotischen[64] Sammlung Grimm steht, wird allzu gern schadenfroh und für die Königstochter höchst peinlich berichtet, daß sie und ihre Dienerinnen bei der Gelegenheit ihre Jungfernschaft verloren haben. Schlimmer noch: In diesen anscheinend jüngeren und meiner Meinung nach degenerierten[65], auf jeden Fall frauenfeindlichen Fassungen ist der Held, ein bretonischer Edelmann zum Beispiel, strohdumm: Sein Helfer muß die Rätselfrage für ihn ausdenken und zwei Tage lang mit ihm einstudieren, bis er sie überhaupt hersagen kann[66]. Auch eine rumäniendeutsche Prinzessin, also die für ihre Klugheit so gerühmte Königstochter selbst, scheint nicht eben die Hellste zu sein, wenn sie bei Nacht, nur mit einem feinen Schlafhemd bekleidet, zum Diener des Prinzen schleicht mit der Begündung: »Besser einmal, als dann ein ganzes Leben lang verheiratet«[67].

Hier befinden wir uns wieder im Bereich der Schwankerzählung und der herrschenden Männererotik, wie Lutz Röhrich so treffend schreibt[68]. Vielleicht gibt es deswegen so viele Fassungen mit einer »Prinzessin, die das Rätsel nicht lösen kann«. Die Demütigung der stolzen Schönen, noch dazu im Bett, amüsiert männliche Hörer. Eine echte Rätselprinzessin, so wie Nizami sie gezeichnet hat, beunruhigt sie eher. Den notorischen Frauenfeind Gozzi hat sie so sehr beunruhigt, daß er seine Turandot in der letzten Szene des Stücks vor das venezianische Publikum treten ließ mit dem Bekenntnis, sie bereue alles und bitte das »liebe Volk der Männer« um Vergebung. Diese Peinlichkeit hat Schiller seiner Titelheldin erspart.

Für die Märchen gilt: Im Typ »Die Prinzessin, die das Rätsel nicht lösen kann« sehen wir Rätselprinzessinnen in einer vermutlich degenerierten Form und aus spezifisch männlichem Blickwinkel. Held ist eindeutig der Mann, der ihr »seine« eigene Rätselgeschichte in Kurzform vorlegt. Das Publikum erlebt während seiner Reise zu ihr Schritt für Schritt, wie dieses »Gifträtsel« entsteht, was die Identifikation mit ihm und die Opposition gegen sie noch verstärkt. Sie ist dann zwangsweise »grausam« – oder lächerlich. Im Typ »Turandot« aber darf die Rätselprinzessin viel eher sie selbst sein, findet weibliches Sehen hie und da Einlaß, werden ihre Motive faßbarer. Trotzdem kommt auch ihr Partner sehr wohl zu seinem Recht. Die schöne Zauberin kann »von Willensschwachen als hexenhaft tödlich« empfunden werden – so schreibt Lynn Snook über Nizamis Turandot –, von geistig Starken aber »als begehrenswert lebenserneuernd«[69]. Wenn zwei geistig starke, einander ebenbürtige Menschen zusammenkommen, können Märchen Lüthis Kategorie der »Flächenhaftigkeit«[70] durchaus überschreiten und sich zu echten Liebesgeschichten auswachsen.

Anmerkungen

1 Barbara Gobrecht: »Hexen im Märchen.« Erscheint im Jahrbuch der Brüder Grimm-Gesellschaft 6/1996.

2 Barbara Gobrecht: »Köpfe auf Pfählen«. In: EM 8, S. 260–264.

3 *Rumänische Volkserzählungen aus dem Banat. Märchen, Schwänke, Sagen.* Hrsg. von Rolf Wilhelm Brednich und Ion Talos, Bukarest 1973, num. 12; vgl. Lutz Röhrich: »Die Grausamkeit im deutschen Märchen«. In: *Rheinisches Jahrbuch für Volkskunde* 6 (1955), S. 176–224, hier S. 202.

4 Max Lüthi: *So leben sie noch heute. Betrachtungen zum Volksmärchen.* Göttingen 1976, S. 19.

5 Vgl. Lutz Röhrich: »Die Grausamkeit im deutschen Märchen«, hier S. 204: 99 als *epische Zahl*, die nach einer *Abrundung* drängt.

6 Siebenbürgisch-sächsisch: Mierhäsken: Brüder Grimm: *Kinder- und Hausmärchen.* Hrsg. von Hans-Jörg Uther, München 1996, Bd. 4, S. 351.

7 Vgl. Walter Scherf: *Das Märchen Lexikon,* München 1995, S. 861.

8 32 laut A. G. Barag und N.V. Novikov: *Narodnye russkie skazki A.N. Afanas'eva v trech tomach*, Moskau 1985. Bd. 2, S. 420.

9 Afanas'ev, num. 236; s. Barbara Gobrecht: *Märchenfrauen*, Freiburg – Basel – Wien 1996, S. 67.

10 Zahlen s. Ingrid Hartmann-Ströhm: *Das Meerhäschen. Eine vergleichende Märchenuntersuchung* (Diss.), Göttingen 1953, S. 78.

11 *Rumänische Volkserzählungen aus dem Banat*, num. 12.

12 Elke Liebs: »›Spieglein, Spieglein an der Wand‹. Mütter-Mythen / Märchen-Mütter / Tochter-Märchen«. In: *Mütter – Töchter – Frauen.* Hrsg. von Helga Kraft und Elke Liebs, Stuttgart – Weimar 1993. S. 115–147, hier S. 136.

13 S. Stichwort »Spiegel«. In: HDA 9, S. 547–577 (Bieler).
14 Wolfdietrich Siegmund: »Verliebt in ein Bildnis«. In: *Liebe und Eros im Märchen*. Hrsg. von Jürgen Janning und Luc Gobyn, Kassel 1988, S. 183–205, hier S. 189.
15 Géza Róheim: *Spiegelzauber*, Leipzig – Wien 1919, S. 152, Anm. 4.
16 Ebd., S. 188–189.
17 Lutz Röhrich: *Märchen und Wirklichkeit*, Wiesbaden 1974, S. 142–143; *Märchen und Sagen der transsilvanischen Zigeuner*. Hrsg. von Heinrich von Wlislocki, Berlin 1886, num. 47: »Der Spiegel, der alles sieht«.
18 Z.B. *Griechische Volksmärchen*. Hrsg. von Georgios A. Megas, Düsseldorf – Köln 1965, num. 25; *Griechische und albanische Märchen*. Gesammelt und übersetzt von J. G. von Hahn, München – Berlin 1918, num. 61.
19 Zur Versteckwette mit wirklichen Suchbräuchen bei Verlobung und Hochzeit v. Lutz Röhrich: »Die Märchenforschung seit dem Jahr 1945«. In: *Deutsches Jahrbuch für Volkskunde* 2 (1956), S. 286; einen Ansatz zur Interpretation v. Maria-Elisabeth Rosenbaum: *Liebe und Ehe im deutschen Volksmärchen* (Diss.), Jena 1929, gedruckt 1932, S. 14.
20 *Märchen aus Georgien*. Hrsg. von Heinz Fähnrich, München 1995, num 37.
21 *Awarische Texte*. Hrsg. von A. Schiefner, St. Petersburg 1873, num. 7; *Märchen aus Argentinien und Paraguay*. Hrsg. von Felix Karlinger und Johannes Pögl, Köln 1987, num. 2; vgl. Ulf Diederichs: *Who's who im Märchen*, München 1995, S. 227.
22 Vgl. Hartmann-Ströhm S. 134.
23 Vgl. BP 3, S. 366.
24 Lutz Röhrich: *Märchen und Wirklichkeit*, S. 98.
25 Z.B. *Bengalische Märchen*. Hrsg. von Heinz Mode und Arun Ray, Leipzig o.J., num. 1; *Deutsche Volksmärchen aus Schwaben*. Hrsg. von Ernst Meier, Hildesheim – New York 1971 (Nachdruck der Ausgabe Stuttgart 1852), num. 7.
26 Aber auch z.B. *Irische Volksmärchen*. Hrsg. von Käte Müller-Lisowski, Düsseldorf – Köln 1962, num. 29.
27 «Der arme Tauperlen-Janosch [..] meinte, das wäre sein Tod«. Zitiert nach: *Der Märchenpalast. Die schönsten Märchen Europas aus 52 Sprachen erzählt für 365 Tage und eine Nacht*. Hrsg. von Ulf Diederichs, München 1992, Bd.3, S. 279.
28 Italo Galvino: *Fiabe italiane*, Milano 1993, num. 164 (nach Pitré: »Dammi lu velu!«).
29 Afanas'ev, num. 237 (AaTh 400 und 329).
30 *Rumänische Volkserzählungen aus dem Banat*; *Ungarische Volksmärchen*. Hrsg. von Gyula Ortutay, Budapest 1966, num. 12.
31 Vgl. Lutz Röhrich: »Märchenspiegel – Spiegelmärchen.« In: *Märchenspiegel*. Jubiläumsausgabe, April 1995, S. 5–8, hier S. 7.
32 *Ungarische Volksmärchen*. Hrsg. von Agnes Kovács, Düsseldorf – Köln 1966, num. 24 (auch abgedruckt bei Diederichs: *Märchenpalast*).
33 S. dagegen Luth Röhrich: »Erotik, Sexualität: ›Die Beobachtung der badenden Schwanjungfrau [..] erfolgt ohne exhibitionistisches Engagement‹«. In: EM 4. S. 234–278, hier S. 242.
34 Ähnlich bei Hahn (wie Anm. 18) num. 15: »Der Prinz und die Schwanenjung-

frau«: »Ihre ganze Kraft steckt aber in den Kleidern, und wenn man ihnen die wegnimmt, so sind sie machtlos.«

35 Vgl. Elisabeth Frenzel: »Fernliebe«. In: EM 4, S. 1021–1025.

36 Übersetzung: Rudolf Gelpke.

37 Ingrid Hartmann-Ströhm (wie Anm. 10) S. 98.

38 Albert Wesselski: »Quellen und Nachwirkungen der *Haft paikar*«. In: *Der Islam* 22 (1935), S. 106–119, hier S. 115.

39 «Haft paikar«. In: *Kindlers Literatur Lexikon in 25 Bänden*, Zürich 1974, Bd. 10, S. 4228.

40 Vgl. Ulrich Marzolph: *Die Vierzig Papageien. Cehel Tuti. Das persische Volksbuch. Ein Beitrag zur Geschichte des Papageienbuches*, Walldorf 1979, S. 25.

41 Zitiert nach: »Nachwort«. In: Nizami: *Die sieben Geschichten der sieben Prinzessinnen.* Hrsg. von Rudolf Gelpke, Zürich 1959, S. 285.

42 Friedrich Rückert: *Übersetzungen persischer Poesie*. Hrsg. von Annemarie Schimmel, Wiesbaden 1966, S. 30–32 und S. 10.

43 Fritz Meier: »Turandot in Persien«. In: *Zeitschrift der Deutschen Morgenländischen Gesellschaft* 95 (NF 20), Leipzig 1941, S. 1–27. Nachtrag S. 415–421, hier S. 6–7.

44 «Le Prince Calaf et la Princesse de Chine«. In: *Les mille et un jours.*

45 Ettore Rossi: »La leggenda di Turandot«. In: *Studi orientalistici in onore di Giorgio Levi della Vida*, Rom 1956, S. 457–476, hier S. 471.

46 *Erzählungen aus Tausendundein Tag*. Hrsg. von Paul Ernst, übersetzt von Felix Paul Greve, Frankfurt a.M. 1987, S. 251.

47 Mathilde Hain: *Rätsel*, Stuttgart 1966, S. 41.

48 Max Lüthi: »Das Paradox in der Volksdichtung«. In: *Festschrift für Max Wehrli*, Zürich – Freiburg i. B. 1969, S. 469–489, hier S. 472.

49 Max Lüthi: *Es war einmal. Vom Wesen des Volksmärchens*, Göttingen 1962, S. 95.

50 Lynn Snook: »Auf den Spuren der Rätselprinzessin Turandot.« In: *Vom Menschenbild im Märchen.* Hrsg. von Jürgen Janning, Heino Gehrts und Herbert Ossowski, Kassel 1980, S. 121–145, hier S. 126.

51 S. Lynn Snook, S. 132: sie »muß zum Weib-Sein erlöst werden«; vgl. Lutz Röhrichs Nachvollzug, daß Prinzessinnen, die »sich mit Rätseln verbarrikadieren, nichts fehlt, als eben nur ein Mann« (in EM 4, S. 253).

52 Vgl. Mathilde Hain, S. 48 (nach Jolles).

53 *Neugriechische Märchen.* Hrsg. von P. Kretschmer, Jena 1919, num 25.

54 Vgl. Joseph Freiherr von Hammer-Purgstall: *Rosenöl*, Hildesheim – New York 1971 (Nachdruck der Ausgabe Stuttgart und Tübingen 1813) S. 287, wo die Prinzessin den Bewerber anredet: »Junger Mensch, hast du nicht gesehen, wie die Zinnen des Palastes von Prinzenköpfen starren, und die Türschwelle meines Harems von Blut träuft?«

55 Fritz Meier, S. 5.

56 Elisabeth Frenzel: *Stoffe der Weltliteratur*, Stuttgart 1976, S. 753.

57 Nizami, S. 135–136.

58 Lynn Snook, S. 132.

59 *Rumänische Volksmärchen.* Hrsg. von Felix Karlinger und Ovidiu Bîrlea, Düsseldorf-Köln 1969, num. 1.

60 Max Lüthi: »Die Rätselprinzessin. List, Scherz und Klugheit«. In: ders.: *Es war einmal*, Göttingen 1983, S. 90–102, hier S. 96.
61 Elisabeth Frenzel, S. 753; Christine Goldberg: *Turandot's Sisters. A Study of the Folktale AT 851* (Diss.) New York – London 1993, S. 40.
62 Christine Goldberg, S. 77: »Except for subtype A, the riddles are all non-riddles«.
63 Generell zum Problem AaTh 851 und 851A s. meine Kritik an Goldbergs Diss. In: *Fabula* 35 (Besprechungen).
64 Lutz Röhrich: »Erotik und Sexualität im Volksmärchen«. In: *Liebe und Eros im Märchen*. Hrsg. von Jürgen Janning und Luc Gobyn, Rheine 1988, S. 20–48, hier S. 31.
65 Walter Scherf, S. 962 legt sich nicht fest, welche Form älter ist.
66 «Petit-Jean und die Rätselprinzessin«. In: *Europäische Volksmärchen*. Hrsg. von Max Lüthi, Zürich 1951, S. 170–190.
67 *Märchen der Rumäniendeutschen*. Hrsg. von Claus Stephani, München 1991, num. 11. Dieses Märchen spielt in einem geradezu kleinbürgerlichen Milieu. Waldemar Liungman nennt AaTh 851 das »Turandotmärchen in bäuerlicher Version«: *Die schwedischen Volksmärchen. Herkunft und Geschichte*, Berlin 1961, S. 224.
68 Lutz Röhrich: *Erotik und Sexualität*, S. 47.
69 Lynn Snook, S. 133.
70 Vgl. Max Lüthi: *Das europäische Volksmärchen. Form und Wesen*, München 1974, S. 13–24.

Mein besonderer Dank geht an Harlinda Lox für die Übersetzung der flämischen Variante und an Ulrich Marzolph von der »Enzyklopädie des Märchens« für hilfreiche Auskünfte.

Lutz Röhrich

»Wer sind die Zwei mit zehn Füssen, drei Augen und einem Schwanz?«

Erzählfunktionen des Rätsels in Mythos, Märchen und Witz

In einem südfranzösischen Märchen aus der berühmten Sammlung von Jean François Bladé (»Contes populaires de la Gascogne«, Paris 1886) ist von einem jungen Mann die Rede, der Vater und Mutter verloren hat und sehr arm ist, der sich nun aber unglücklicherweise in ein sehr vornehmes adliges Fräulein verliebt hat, für das er natürlich nicht standesgemäß ist; und es entsteht nun die Frage, wie er zu Geld kommen kann. Da gibt es in derselben Gegend im Gebirge eine Höhle voll Gold, die jedoch von einer »Bestie mit Menschenkopf« bewacht wird. Und diese Bestie mit Menschenkopf hat demjenigen die Hälfte ihres Goldes versprochen, der ihr drei Fragen beantwortet. Mehr als hundert Leute sind schon dort gewesen, aber sie haben alle die Rätselfragen des Monstrums nicht beantworten können und sind lebendig gefressen worden. Der junge Mann, der über beide Ohren verliebt ist, unterzieht sich tatsächlich der Rätselprobe. Die erste Frage lautet: »Es geht schneller als die Vögel, schneller als der Wind, schneller als ein Blitz.« Die Antwort fällt unserem Helden nicht schwer: »Das Auge geht schneller als die Vögel, schneller als der Wind, schneller als ein Blitz.« Zweites Rätsel: »Der Bruder ist weiß und die Schwester ist schwarz. Jeden Morgen tötet der Bruder die Schwester. Jeden Abend tötet die Schwester den Bruder. Dennoch sterben sie nie.« Die Antwort lautet: »Der Tag ist weiß. Er ist der Bruder der schwarzen Nacht. Jeden Morgen bei Sonnenuntergang tötet der Tag die Nacht, seine Schwester. Jeden Abend bei Sonnenaufgang tötet die Nacht den Tag, ihren Bruder. Dennoch sterben Tag und Nacht nie.« Dritte Frage: »Es kriecht bei Sonnenaufgang wie Schlangen und Gewürm. Es geht um Mittag auf zwei Beinen wie die Vögel. Es entschwindet bei Sonnenuntergang auf drei Beinen.« Der Held gibt die richtige Antwort: »Wenn der Mensch klein ist, kann er noch nicht gehen. Er kriecht auf dem Boden wie Schlangen und Gewürm. Wenn er groß ist, geht er auf zwei Beinen wie die Vögel. Wenn er alt ist, hilft er sich mit einem Stock, der sein drittes Bein ist.« Da sagte die große Bestie mit dem Menschenkopf: »Nimm die Hälfte meines Goldes!« Aber mit einem gefährlichen Dämon teilt man nicht brüderlich. Von fast mythischer Blutrünstigkeit und Brutalität ist darum der Schluß unseres Märchens aus der Gascogne geprägt. Der Held packt die Bestie mit dem Menschenkopf bei den Haaren und schlachtet sie ab. »Die große Bestie mit dem Menschenkopf starb. Da schnitt ihr der Jüngling den Kopf ab, und er trank ihr Blut. Er sog ihre Augen und ihr Hirn aus. Er riß ihr das Herz aus, um es seiner Liebsten zu bringen.«

Das große Untier mit dem Menschenkopf – »la grande bête à tête d'homme« – erinnert an die Sphinx der Ödipussage. Die thebanische Sphinx ist anders als die ägyptische. Die ägyptischen Sphingen sind grundsätzlich männlich; sie repräsentieren den regierenden Pharao. Die Sphinxgestalt hob den König über die menschliche Sphäre hinaus. Die berühmte Sphinx von Gizeh wurde als ein Kultbild des Sonnengottes verehrt. Die Griechen haben die Gestalt ikonographisch aus Ägypten übernommen, aber sie haben etwas ganz anderes aus ihr gemacht. Abgesehen davon, daß die ägyptischen Sphingen meist liegend dargestellt werden, die griechischen eher sitzend, betonen die Griechen den negativen Aspekt. Ihren Namen erklärten sie schon in der Antike – im Anklang an das griechische Verbum *sphingein* = würgen, erdrosseln – als eine würgende Todesdämonin. Sie ist halb Flügelweib mit verführerisch nacktem Busen, halb ein scheußliches und gefährliches Untier mit gierigen Krallen – verwandt mit Greif und Sirene oder dem übernatürlichen Wesen auf dem Signet der Europäischen Märchengesellschaft. Das ist nicht unwesentlich für das Rätselmärchen. Denn im Ödipus-Mythos wie auch noch in den entsprechenden Rätselmärchen geht es auch um ein männlich-weibliches Wechselspiel.

Aber nicht nur das Äußere des Untiers gleicht der Sphinx; sondern auch das Rätsel, das es dem Helden aufgibt, ist schon das antike Rätsel der Sphinx: »Welches Wesen geht morgens auf vier, mittags auf zwei und abends auf drei Füßen?« Es ist schon bemerkenswert – um nicht zu sagen aufregend –, daß sich die antike Ödipussage und das Rätsel der Sphinx noch in den modernen europäischen Volksüberlieferungen finden. So schlägt die neuzeitliche Volksdichtung eine Brücke zu Bereichen, in denen das Rätsel ein ernsthafter Gegenstand und nicht einfach nur ein unterhaltendes Quiz ist, vielmehr ein Tun, bei dem es um Kopf und Kragen geht, noch kein Spiel oder bloße Unterhaltung, sondern mythischer Vorzeitbericht. Vielleicht als Nachwirkung griechischer Siedler in Marseille spielt im südfranzösischen Märchen die Sphinx diese Rolle als »große Bestie mit dem Menschenkopf«. Rätsel-

Berthold Löffler, Ex Libris Sigmund Freud. Um 1910

wetten mit dem berühmten Rätsel der Sphinx sind in der neuzeitlichen griechischen Volksüberlieferung kein Einzelfall; es gibt sie mehrfach (z. B. bei Bernhard Schmidt, Nr. 12 mit dem Titel »Die Rätselwette«).

Ödipus vor der Sphinx, attische Schale, 470/460 v. Chr.

Rätsel dieser Art sind scheinbar leicht zu raten, wenn sie – wie hier – ganz direkt und konkret von Morgen, Mittag und Abend und vom Gehen auf zwei, drei und vier Beinen sprechen. Gleichwohl war dieses Rätsel unlösbar für die Vielen, die vor Ödipus der Sphinx zum Opfer gefallen waren, weil sie gebannt waren von Angst vor dem Unmenschlich-Nichtmenschlichen. Das eben ist das Tückische dieses Rätsels, daß es einen Gegenstand zu erraten gibt, der so nahe liegt, daß der Ratende ihn nicht sieht (vgl. Schittek, S. 32 f.). Wie in keinem anderen Rätsel ist in diesem das Erfragte nichts anderes als der Gefragte selbst; um ihn selbst geht es. Ödipus muß, bevor er König von Theben werden kann, sich selber erkennen als ein Mensch, als ein Ich, das seinen vorgezeichneten Weg geht (vgl. Schittek, S. 224).

Eine Reihe von Erkenntnissen oder auch nur Hypothesen ergeben sich bereits jetzt:

1. Die Geschichte des Rätselmärchens hat offensichtlich ihren Anfang im Mythos. Zumindest die Struktur der zeitgenössischen Rätselmärchen ist mit der Ödipusmythe verwandt: Ödipus löst das Rätsel und erhält das Reich und die Königin zur Gemahlin – im Grunde ein rätselratender Held, der zur Belohnung des Rätselratens die Prinzessin bekommt, wie noch in neuzeitlichen Rätselmärchen. Auch etwas anderes ist schon deutlich geworden, nämlich:
2. Rätsel sind ursprünglich nicht beliebige Unterhaltungsspielereien. Sie sind mehr als nur die Antwort auf irgendeine Frage, sondern sie haben einen ernsten Bezug sowohl hinsichtlich ihres Inhalts wie vor allem
3. hinsichtlich ihrer lebensgeschichtlichen Funktion und Bedeutung für den Rätselsteller wie natürlich für den ratenden Helden. Es ist ein Rätselraten auf Leben und Tod, in dem gewöhnlich nur einer, entweder Fragender oder Gefragter, überleben kann.
4. Solche lebensentscheidenden Rätsel werden dem Helden von übernatürlichen Wesen aufgegeben. Insofern gehören sie nach unseren heutigen Kategorien zur Gruppe der Zaubermärchen; auch insofern als sie mit dem Untergang des Dämons enden und zur Heirat des Helden führen. Die Rätsel stellen die jenseitigen Mächte; oft sind sie übrigens auch nur mit deren Hilfe zu lösen. Diese Erkenntnisse haben wir nun vor der Folie anderer Rätselmärchen zu hinterfragen.

Bleiben wir zunächst einmal bei diesem letzten Aspekt: Rätselaufgeben durch übernatürliche Wesen und Rätselraten als Inhalte von mythischen Überlieferungen. Was wir am Beispiel griechischer Mythen gesehen haben, kann auch im germanischen Raum beobachtet werden. Für das nordgermanische Altertum ist die wichtigste Rätselquelle die sogenannte Hervarar-Saga, ein mittelalterlicher isländischer Heldenroman (um 1250). Die Rahmenhandlung erzählt von einem sagenhaften König namens Heidrek. König Heidrek hatte am Julabend ein Gelübde abgelegt: Jeden, der sich gegen ihn vergangen, straffrei ausgehen zu lassen, wenn er ihm Rätsel aufzugeben vermöge, die er nicht lösen könne. Noch nie hatte man ihm Rätsel vorgelegt, die er nicht erriet. Nun fiel einmal ein reicher Mann namens Gestumblindi – das heißt wörtlich »der blinde Gast« – beim König in Ungnade. Der König lud ihn vor sich. Gestumblindi war sich schwerer Schuld bewußt, traute sich aber nicht zu, sich mit Rätseln aus der Schlinge zu ziehen. In seiner Verzweiflung opferte er deshalb dem

Odin und bat den Gott um Hilfe. Darauf zog Odin in Gestalt und Kleidung Gestumblindis an den Hof König Heidreks und erklärte sich bereit, die Rätsel zu stellen. Der König, der nicht wußte, wen er vor sich hatte, war mit dem Rätselwettstreit einverstanden. Dieser Episode verdanken wir die Bewahrung einer größeren Zahl von altnordischen Rätseln. Sie sind in diesem erzählerischen Rahmen sogenannte »Halslöserätsel« par excellence. Das Charakteristische an den Verbrecher- oder Halslöserätseln ist, daß sie Scheinrätsel sind, d.h., sie sind im Grunde unratbar. Sie verrätseln nicht etwas allgemein Bekanntes, sondern man kann sie gar nicht raten, wenn man nicht die näheren Umstände kennt, die mit der Bildung des Rätsels zusammenhängen. Der oberste Gott Odin gibt die Rätsel auf. Der König löst sie alle. Zum Schluß aber fragt ihn Gestumblindi: »Was hat Odin dem toten Balder ins Ohr geflüstert, ehe er auf den Scheiterhaufen gelegt ward?« Da erkennt König Heidrek, wer ihm gegenübersteht. Er schlägt mit dem Schwert nach dem Gott, der jedoch in Habichtsgestalt davonfliegt. König Heidrek aber wird noch in derselben Nacht erschlagen. Odin als Rätsellöser und Rätselsteller gehört durchaus auch sonst in den Rahmen altgermanischer Anschauung. In einem Edda-Gedicht wird Odin als »Raterfürst« bezeichnet. Die mythologische Schlußfrage ist natürlich kein Rätsel. Es ist die traditionell unlösbare Wissensprobe, die Überfragung Heidreks und die Entlarvung Odins. Das Thema »Odins Worte an den toten Balder« kommt auch sonst in der altnordischen Dichtung vor. Es ist *die* unlösbare Frage par excellence. Der Höhepunkt liegt darin, daß der irdische König von dem unbekannten Gott überfragt wird, sich an ihm vergreift und dafür einem Fluch verfällt. Es gibt einige ausgesprochen altnordische Eigenzüge in diesen Rätseln, z.B. dort, wo der Gott Odin mit seinem sagenhaften achtbeinigen Götterpferd Sleipnir verrätselt wird. Odin hat bekanntlich nur ein Auge (das zweite hat er den Riesen verkauft), und nun kommt folgende Verrätselung zustande:

Wer sind die zwei
mit zehn Füssen,
drei Augen
und einem Schwanz?

Die gemeinsame Verrätselung von Reiter und Pferd entspricht durchaus dem Volksrätsel. So gibt es z.B. ein niederdeutsches Rätsel mit der Lösung »Reiter und Pferd«, wo es heißt:

Keem'n Dier ut Nuurden
hadd vier Uhren,
hadd söss Fööt,
hadd'n langen Start,
rad, rade wat is dat?

In den Heidreksrätseln der Hervararsaga steht dieses Rätsel noch in einem mythologischen Bezugsrahmen. Es wird nämlich nicht nur ein gewöhnlicher Reiter auf seinem Pferd verrätselt, sondern der Reiter ist Odin selbst, und sein Pferd ist Sleipnir, das sagenhafte achtfüßige Götterpferd. So spiegelt sich im Rätsel immer auch etwas vom Kulturhintergrund seiner Entstehungszeit.

Die mythologischen Fragen und die Beteiligung Odins an diesem Rätselwettkampf zeigen uns wiederum die Zusammenhänge des Rätsels mit mythischen Bereichen. Die Heidreksrätsel sind nämlich nicht die einzigen dichterischen Zeugnisse für Odin als Partner in Rätselwettkämpfen. Es gibt noch mindestens zwei bedeutende Gedichte der Edda, in denen Götter sich an Rätselwettkämpfen beteiligen. Aber ihr Partner ist nicht ein Mensch wie der König Heidrek der Saga, sondern die Rätselpartner der Götter sind Zwerge und Riesen. Im sogenannten Wafthrudnirlied taucht wieder die Frage nach Odins letzten Worten an den toten Balder auf. Diese Frage war für die altgermanische Religiosität das Unwissbare schlechthin. Auch der Riese weiß um den Ursprung der Welt, auch der Riese weiß um den zukünftigen Untergang der Götter; aber er kennt nicht dieses eine Geheimnis des höchsten Gottes. Am Schluß muß sich Wafthrudnir für überwunden erklären, weil er keine Antwort auf diese Frage weiß. Daß er sein Leben verwirkt hat, ist ihm wohl bewußt. Wie er den Tod findet, schildert der Dichter nicht mehr, dem es nur um den Rätselwettkampf selbst ging. Daß der Riese Wafthrudnir mit Odin selbst gekämpft hat, erkennt der Besiegte an dem Inhalt der letzten Frage, die ein Geheimnis betrifft, von dem kein anderer Kunde haben kann. Immer wieder erweist sich der Gott dadurch, daß er mehr weiß. Seine Macht besteht im Wissen. Wissen ist Macht. Dies ist zunächst eine religiöse Vorstellung. Es gibt noch ein zweites Eddalied, das sogenannte Alwislied, in dem ein Gott einen Rätselwettkampf, diesmal mit einem Zwerg, austrägt. Das Alwislied steht in der Nähe des Wafthrudnirliedes. So wie Wafthrudnir der altkluge Riese ist, so ist Alwis – wie sein Name schon andeutet – der allwissende Zwerg. Beide sind in geheimen Kunden aus der Urwelt bewandert. Beide Rahmenhandlungen der Rätselfragen sind Wettgespräche auf Tod und Leben; der Kopf des Verlierers ist verfallen.

Als Zwischenergebnis halten wir fest: Auch im altgermanischen Bereich begegnet das Rätsel im Gewand der mythologischen Erzählung. Aus den Rätselliedern der Edda geht hervor, daß übernatürliche Wesen, Götter, Riesen und Zwerge Rätselpartner sind, und wiederum geht es bei diesen Rätseln nicht um Gesellschaftsspiele, sondern um einen Entscheid zwischen Leben und Tod.

In einer christlichen Welt sind die Götter und Dämonen des vorangegangenen Heidentums diabolisiert worden. So verwundert es nicht, daß wir in unseren Märchen und Sagen den Teufel als Rätselpartner finden.

Zu den nicht gerade bekanntesten Stücken der Grimm-Sammlung gehört das Märchen vom »Teufel und seiner Großmutter« (KHM 125). Hauptpersonen der Erzählung sind drei Soldaten, die den Krieg gründlich satt haben; und so beschließen sie zu desertieren. Sie geraten in große Not, weil sie sich überall verstecken müssen und nichts mehr zu essen haben. In dieser Situation stößt der Teufel zu ihnen, der ihnen alle Reichtümer der Welt verspricht. Es kommt zum Abschluß eines Pakts: Zum Lohn für seine Bemühungen soll der Teufel nach sieben Jahren die drei Soldaten holen dürfen, es sei denn, sie errieten ein Rätsel, das er ihnen aufgeben wird. Auf ihrer Wanderschaft kommen die Drei in das Haus von des Teufels Großmutter, die ihnen zu der begehrten Lösung verhilft. Es ist eine Lösung, die übernatürliches Wissen voraussetzt und mit menschlichem Witz allein nicht erraten werden könnte.

Des Teufels Großmutter als Helferin des Helden beim Lösen der Teufelsgeheimnisse kennen wir auch aus anderen Erzählungen. Mit rätselhaften, unlösbaren Fragen wird der Held bekanntlich auch im Märchen von des »Teufels drei goldenen Haaren« (KHM 29) und ebenso in dem verwandten schweizerischen vom »Vogel Gryf« (KHM 165) konfrontiert. Der Held nimmt die Lebensfragen der ihm begegnenden Menschen sozusagen in Kommission und trägt sie in die jenseitige Welt, wo sie von einem übernatürlichen Wesen richtig und gültig beantwortet werden. Das kann der Teufel sein, der Vogel Gryf (oder in anderen Varianten der Vogel Phönix). Auf seiner Suchwanderung nach dem Vogel Gryf wird der Held gebeten, sich nach der Ursache verschiedener Mißstände zu erkundigen. Beim Vogel Gryf erfährt er die Lösung der Fragen. Die Erklärungen für die Übelstände der Welt sind also im Jenseits zu finden, nicht bei Gott oder im Himmel, sondern bei einem dämonischen Jenseitswesen oder gar dem Teufel, der sie zum Teil selbst verursacht hat und der darum auch allein nur weiß, wie man die Mißstände wieder zurechtrücken oder korrigieren kann. Die Übel sitzen im wörtlichen wie übertragenen Sinne »an der Wurzel«: Die Wurzel des Baumes ist bedroht, der Brunnen ist in der Tiefe verstopft oder vergiftet. Die Wurzeln eines Baumes sind beschädigt, weil eine Schlange, Maus oder Ratte daran nagt. Der Brunnen ist verunreinigt von einem Frosch, einer Kröte, oder er ist einfach nur verschmutzt. Eine kranke Prinzessin braucht ein bestimmtes Heilmittel usw. Durch die richtige Beantwortung der rätselhaften Fragen werden die natürlichen und gesunden Verhältnisse wieder hergestellt.

Der Märchenpreisträger 1997 der Stiftung Kahn, Herr Jurjen van der Kooi, hat aus seinen Feldforschungen ein friesisches Märchen unter dem Titel »Die drei Rätsel des Teufels« veröffentlicht (»Friesische Märchen«, MdW. Nr. 30, S. 103 f.):

Es waren einmal ein Mann und eine Frau. Die waren sehr, sehr arm. Die Frau weinte oftmals, so wenig Geld hatten sie. Sie hatten einen Sohn, für den sie kaum genug zu essen und zu trinken hatten.
Eines Tages kam ein Herr zu der Frau. Das war der Teufel. »Weshalb weinen Sie?« fragte er.
Da erzählte sie ihm, daß sie so wenig Geld hätten, daß sie kaum den Kopf über Wasser halten könnten.
Darauf sagte der Teufel: »Das ginge auch anders.«
»Wie denn?« fragte sie.
»Wenn ich Ihren kleinen Jungen bekomme, werden Sie viel Geld haben.«
Der Mutter grauste, aber schließlich sagte sie:
»So soll es geschehen.«
Sobald das Kind von der Brust entwöhnt wäre, sollte der Teufel es holen, so wurde es vereinbart.
Nach einigen Jahren kam der Teufel, um den Jungen zu holen.
»Ach bitte, ich möchte ihn behalten«, sagte die Frau und weinte bitterlich.
Der Teufel sagte:
»Ich werde dem Jungen drei Fragen vorlegen. Wenn er die beantworten kann, behalten Sie ihn. Wenn aber auch nur eine Frage dabei ist, die er nicht beantworten kann, nehme ich ihn mit.«
Der Teufel dachte: »Auf die Fragen, die ich mir ausdenke, weiß er bestimmt keine richtige Antwort.«
»Wie tief ist das Meer?«
»Einen Steinwurf«, sagte der Junge.
Das war richtig.
»Was ist süßer als süß?«
»Die Brust meiner Mutter«, sagte der Junge. Denn mit Muttermilch war er immer ernährt worden.
Auch das war richtig.
Dann kam die dritte Frage des Teufels: »Was ist härter als hart?«

»Das Herz meiner Mutter«, sagte der Junge, »denn sie wollte mich an den Teufel verkaufen.«
Die Antworten waren alle drei richtig, und so hatte der Teufel die Wette verloren. Er ging weg, aber danach bekamen sie auch kein Geld mehr von ihm.

Die Erzählung gehört zur Märchengruppe »Kind dem Teufel verkauft« (vgl. EM VII, 1247–1253). An diesem Text, der alle Merkmale von Mündlichkeit aufweist, vor allem Knappheit, ist verschiedenes bemerkenswert:

1. Der Teufel ist ein Rätselsteller.
2. Seine Rätselfragen sind Varianten bekannter Volksrätsel.
3. Rätsellöser ist ein naives und unwissendes Kind.
4. Es geht um eine typische Halslösung: Die richtige Antwort befreit den dem Teufel zu eigen Gegebenen.

Daß der Teufel Rätsel aufgibt, schlägt eine Brücke zur Sage (z. B. Wilibald von Schulenburg: »Wendische Volkssagen und Gebräuche aus dem Spreewald«, Leipzig 1880, S. 182).

Erfolgreiches Rätsellösen garantiert einen Preis. Im Fall der Halslöserätsel ist es das geschenkte Leben. In anderen Fällen ist es der Gewinn einer Frau. Im Grimmschen Märchen 122 (»Das Rätsel«) tritt eine Königstochter auf, »die hatte bekannt machen lassen, wer ihr ein Rätsel vorlegte, das sie nicht erraten könne, der sollte ihr Gemahl werden; erriete sie es aber, so müßte er sich das Haupt abschlagen lassen.« Wiederum eine Halslöse-Situation. Natürlich gibt es kein bekanntes Rätsel, das die kluge Prinzessin nicht erraten könnte, und deshalb nimmt der Held Zuflucht zum Typus der unratbaren Halslöserätsel und verrätselt ein Abenteuer, um das nur er ganz allein weiß: Auf seiner Wanderschaft geriet er nämlich einmal unter die Räuber, die er aber durch eine Suppe von vergiftetem Rabenfleisch ins Jenseits beförderte. Das wird dann verrätselt in der Form:

»Was ist das? Einer schlug keinen und schlug doch zwölfe.«

Das kann die Prinzessin nicht erraten, und es bleibt ihr nichts anderes übrig, als den Rätselsteller zu heiraten.

Es ist sicher nicht zufällig, wie oft das Märchen die erfolgreiche Lösung eines oder mehrerer Rätsel gerade als Voraussetzung der Heirat nennt. »Hochzeitsrätsel« könnte man sie nennen. In einigen Märchen muß der Held die Muttermale des Mädchens erraten: Nur wer herausbringt, daß die Tochter des reichen Zigeuners auf der einen Brust einen Stern, auf der anderen einen Mond hat, soll sie kaufen dürfen und bekommt sie zur Frau. Im Grimmschen Märchen »Die Laus«

(KHM 212) muß der Held raten, woraus das Kleid der Königstochter hergestellt ist. Nur durch eine List erfährt er, daß es aus dem Leder einer Laus gefertigt ist, die bis zur Größe eines Schafes gefüttert und schließlich geschlachtet worden war. In den Varianten zum »Eisenofen« (KHM 127) kann die falsche Braut die Rätsel nicht lösen; aber die Königstochter weiß die rechten Antworten. Alle diese Beispiele sprechen für eine alte Verbindung von Rätselraten und wirklichen Hochzeitsbräuchen.

Daß die kluge Prinzessin vom Turandot-Typ unbedingt einen Mann heiraten will, der klüger ist als sie, ist weder ein Beweis ihrer tatsächlichen Klugheit noch ein Merkmal ihrer vermeintlichen Emanzipation, denn sie will ja partout einen Mann. Nur sollte er klüger sein als sie. Oft ist es dann ihr Pech, daß sie just an einen Dummling gerät.

Daß schöne und gescheite Frauen Männern Rätsel aufgeben, von deren Lösung sie ihre Gunst abhängig machen, liegt sozusagen in der Natur der Sache bzw. des Menschen begründet. Doch drängt sich die Frage auf: Müssen denn nur Männer solche Rätselproben bestehen, bevor sie ihre Prinzessin kriegen? Nein; es gibt auch umgekehrte Geschlechterverhältnisse, z. B. in gesungenen Rätselliedern, in denen es ebenfalls um die Funktion der Heiratsprobe geht. Von dem Lied »Mädchen, ich will dir was zu raten aufgeben« sind an die 100 Varianten aus praktisch allen deutschen Mundartgebieten aufgezeichnet worden:

Es handelt sich um ein Dialoglied, um einen Wechselgesang. Rätselstellender Mann und ratendes Mädchen sprechen abwechselnd:

Welcher Schütz zielt immer und trifft nie?
Und was lernt ein Mädchen ohne Müh?

Herr Ritter, euer Rätsel
soll bald erraten werden,
Der Bogenschütz am Himmel zielt immer und trifft nie;
Und lieben lernt ein Mädchen ohne Müh.

Die Heiratsprobe hat soziale Gegensätze zu überbrücken: Nicht selten ist der Rätselsteller ein Ritter oder Reiter, die Rätselraterin ein einfaches Mädchen. In einigen Fällen will das Lied aber auch die geistige Überlegenheit eines einfachen Mädchens über manchen gebildeten oder hochgestellten Mann hervorheben:

Es hat mich schon mancher Ritter gefragt
und manchem hab ich die Wahrheit gesagt.

Die Heiratsprobe ist immer der Rahmen dieses Liedtypus. Sie steht am Anfang und Ende:

Wenn du dies erratest, so heirate ich dich.

Wenn du's tust erraten,
sollst du mein Weiblein sein.

Die Wiederkehr der Heiratsprobe in englischen Balladen scheint diesen Rätselliedern ein höheres Alter zuzusichern. In etwa entspricht unserem deutschen Liedtypus die englische Ballade »Riddles wisely expounded«: Ein Ritter wirbt um die jüngste von drei Schwestern, macht aber die Heirat abhängig von der Beantwortung einer Reihe von Fragen:

If thou canst answer me questions three,
This very day I will marry thee.

Die erfolgreiche Lösung bringt dem Rater die Liebeserfüllung und ein happy ending:

And after, at it is verifi'd,
He made of her his lovely bride.

Das Motiv der Liebeserfüllung als Lohn für das erratene Rätsel hat sich auch im selbstständigen Rätselspruch formelhaft erhalten, wenn es da heißt:

De dat rödt, sell bi mi slapen

oder vornehmer:

> Wer dies kann erdenken,
> dem will ich mein Herz schenken.

Schließlich kennen wir aber auch Rätsel und Rätsellieder bei der Hochzeit selbst. Und sicher hat diese kontinuierliche gemeinsame Thematik einen realen kulturgeschichtlichen Hintergrund. Wir kennen mehrere Brauchbeschreibungen, wonach ein dialogischer Rätselkampf, das sogenannte Brautbegehren, während der Hochzeit stattfand und Voraussetzung der Übergabe der Braut war. Das Rätsellösen beim Brautbegehren gehört z.B. zu den Realgehalten des schon erwähnten eddischen Alwisliedes.

Noch ein letztes an das Märchen erinnerndes Rätsellied ist hier zu erwähnen. Wir nennen es »Loskauf vom Militär«, und es hat auch etwas mit dem Heiraten zu tun. Als Prototyp des Liedes mag eine junge, im Feld erhobene Aufzeichnung aus dem Jahre 1963 vom Bregenzer Wald gelten:

Ei, blauauchets Madl, geh z'Haus mit dim Göld!
Dei Franzerl muss streiten für Franz Joseph auf der Wölt.
Ich will dir a Rätsel, a Rätsel aufgebn:
Wenns mer's du erroten konnst, so wüll i der'n geben.

Und nun kommen die Rätselfragen gleich zu vieren gebündelt:

Geh rot, wos dös is – a Wosser ohni Fisch!
Geh rot, wos dös is – a Haiserl ohne Tisch!
Geh rot, wos dös is – a Muatter ohne Kind!
Geh rot, wos dös is – viel schnöller als der Wind!

Und dann folgen in der nächsten Strophe die Antworten:

Das Wosser in der Küche – das hot koan Fisch,
Der Schneck in sein Haiselein – der hot koan Tisch.
Die Muatter an dem Wagen – die hot kaa Kind,
Dem Menschen sein Gedanke is viel schnöller als der Wind.

Geh rot, wos dös is – a Keinich ohne Lond!
Geh rot, wos dös is – a Wosser ohni Sond!
Geh rot, wos dös is – vül bitterer als der Tod!
Geh rot wos dös is – vül siasser als das Brot!

Der Keinich auf d'r Korten – der hot kaa Land.
Das Wasser in dem Aigelein – das hot koan Sand.
A b'suffner Mann im Ehstand is bitterer als der Tod,
An schlofendes Kindelein ist sieaser als das Brot.

Die bekannt gewordenen Varianten stammen alle aus den Ländern der ehemaligen Donaumonarchie. Und zur zeitlichen Festlegung des Liedes mag dienen, daß in den Varianten des öfteren der Kaiser Franz Joseph von Österreich (1830–1916) erwähnt wird. Die Militärverhältnisse in der damaligen Donaumonarchie liefern auch den kulturhistorischen Hintergrund des Liedes: Man konnte sich tatsächlich vom Militärdienst freikaufen. So erfüllt der Loskauf vom Militär durch erfolgreiches Rätselraten im Grund noch immer die altartige Funktion des Halslöserätsels.

Die Liedtexte selbst gehen zwar nicht über das 19. Jahrhundert zurück. Doch die darin vorkommenden Rätselfragen verlaufen nach einer altartigen Struktur: Wasser ohne Fisch – Haus ohne Tisch – Mutter ohne Kind – König ohne Land etc. erinnern an formal gleichartige Rätsel wie z.B. an das vom Vogel Federlos, das älteste Rätsel auf deutschem Boden, das in einer Handschrift des 9. oder 10. Jahrhunderts von der Insel Reichenau festgehalten wird. Viele halten es auch für das schönste altdeutsche Rätsel:

Rot, es flog ein vogel federlos
uff ein baum blattlos.
Kam die fraw mundlos,
fing ihn handlos
frass den vogel federlos,

So schließt sich auch hier wieder der Bogen von der Neuzeit zu den ältesten Überlieferungen.

Ein kluger Rätsellöser ist auch das Grimmsche »Hirtenbüblein« (KHM 152), von dem es heißt, daß es »wegen seiner weisen Antworten, die es auf alle Fragen gab, weit und breit berühmt war«. Das Grimm-Märchen gehört bekanntlich zu dem internationalen Erzähltyp »Kaiser und Abt« (AaTh 922). Er ist benannt nach der berühmten Ballade von Gottfried August Bürger, die ihn inhaltlich am treffendsten wiedergibt. In diesem Rätselgedicht wird vom Neid eines Kaisers auf den Abt eines Klosters berichtet. Um seinen Ärger loszuwerden, gibt der Kaiser dem Abt drei Rätsel auf,

Und könnt Ihr mir diese drei Fragen nicht lösen,
So seid Ihr die längste Zeit Abt hier gewesen;
So lass' ich Euch führen zu Esel durchs Land,
Verkehrt, statt des Zaumes den Schwanz in der Hand.

Der Abt fühlt sich völlig außerstande, diese Rätsel zu lösen, und er macht sich darum für seine Zukunft beträchtliche Sorgen. In der Not bietet sich ihm sein Schäfer Hans Bendix an. Dieser traut sich so viel Mutterwitz zu, daß er sich als Abt einkleiden und anstelle seines Herrn an den Hof schicken läßt, um statt des Abtes die Rätsel zu lösen.

Die Erzählung ist praktisch bei allen europäischen Völkern bekannt und läßt sich historisch bis ins 9. Jahrhundert zurückverfolgen. Vermutlich geht sie auf frühe jüdische oder arabische Weisheitserzählungen zurück. Im »Pfaffen Amis« des Stricker, den man auch den ersten deutschen Schwankroman genannt hat, stellt der Bischof dem listigen Pfaffen eine Reihe von spitzfindigen Wissensfragen, die dieser auf witzige und überraschende Weise beantwortet: Wieviel Wasser gibt es im Meer? Wieviel Zeit ist seit Adams Tagen verstrichen? Was ist der Mittelpunkt der Erde? – und schließlich: Wie hoch ist der Himmel? Die listigen Rätsellöser im Schwanktyp von »Kaiser und Abt« geben nicht eine naturwissenschaftlich exakte oder philosophisch-theologische, sondern eben eine schwankhafte Antwort: Der Himmel ist ganz nah, denn man kann hinaufrufen, oder: Die Entfernung beträgt eine Tagreise, denn der gekreuzigte Jesus sprach zum Schächer: »Heute noch wirst du mit mir im Himmel sein«, oder schließlich: Der Himmel ist nicht hoch; wenn es oben donnert, ist es hier unten zu hören.

Dieselbe Rätselfrage gibt es auch noch im neuzeitlichen Witz: Der berühmte Astronom wird von seiner Tischdame gefragt: »Ach, Herr Professor, Sie sind Astronom, da können Sie mir gewiß sagen, wie weit der Himmel von der Erde entfernt ist.« – »Gewiß, meine Gnädigste«, antwortete er. »Ein gefallener Engel braucht neun Monate, um niederzukommen.« (Oder auch: »Ein Engel fällt in einer schwachen Stunde«).

Die schlagfertige Antwort des Gegenwartswitzes scheint sich im Prinzip nicht allzusehr vom älteren Schwank zu unterscheiden, außer daß es sich um einen Wortwitz handelt, während die listige Antwort des Schwankes im Sachwitz bleibt. Aber auch der gesellschaftliche Stellenwert des Schwankes ist ein anderer: Der Astronomieprofessor ist nur schlagfertig; der Pfaffe Amis aber schlägt auf die Wissensaggression seines geistlichen Vorgesetzten, des Bischofs, zurück. Als Repräsentant des niederen Klerus ist er ein Vertreter des gesunden Menschenverstandes und des Mutterwitzes, der die theologische Schulweisheit des Bischofs ad absurdum führt. In der Auseinandersetzung des Pfaffen Amis mit seinem Bischof sind die Fragen des Bischofs nämlich ernster Natur. Daraus, daß es auf mehrere dieser Fragen tatsächlich wirkliche theologische Antworten gab, sehen wir, daß das Rätselexamen von seiten des Bischofs durchaus ernst gemeint war. So hatte Beda Venerabilis ausgerechnet, wie weit es von der Erde zum Himmel sei, und ein Manuskript des Trinity-College gibt uns eine Berechnung in englischen Versen: siebentausendsiebenhundert Jahre, wenn man täglich vierzig Meilen zurücklegt.

Verrätselungstechniken – inhaltlich wie formal – gehen durch die Jahrhunderte, und sie leben sogar, wie wir schon gesehen haben, noch im Witz der Gegenwart weiter. Rätsel und Witz sind nah miteinander verwandt: nicht nur, daß »Witz« – was ja primär »Verstand« bedeutet – zur Lösung von Rätseln notwendig ist. Auffälliger ist, daß viele Witze in der Form einer Rätselfrage eingeleitet werden. Bestimmte einleitende Fragestellungen schaffen automatisch eine Witzerwartung, wie z. B. »Kennen Sie den Unterschied?«, »Was ist das Gegenteil von...?«, »Was ist paradox?« Sehr oft nimmt der Witz die Form einer Scherzfrage, eines unlösbaren Rätsels an. Dann muß der Rätselsteller selber die Antwort geben, weil die Rätsel eben unratbar sind. Der Witzerzähler überrascht und verblüfft den Hörer und darf sich als der Überlegene fühlen, wenn nur er die Antwort weiß.

Wieviel Mann brauchen die Ostfriesen, um eine Glühbirne einzuschrauben? – Fünf: Einer steht auf dem Stuhl und hält die Birne fest und die anderen vier drehen den Stuhl im Kreis herum.

Gerade in der Gegenwart haben sich Rätsel und Witz auf weite Strecken angenähert. Jedenfalls gibt es zahlreiche Witze, die sich in die Form eines Rätsels kleiden – nicht nur Ostfriesenwitze, sondern auch Elefanten-, Türken-, Schwaben-, Ossi-Wessi-Witze, Radio Eriwan- oder Autofahrer- wie Trabi- oder Mantafahrerwitze oder zuletzt noch die blöden Blondinen-Witze arbeiten mit der Frageform:

Warum werfen Blondinen am Strand von Bremerhaven Steine ins Meer? – Antwort: Weil da ein Schild steht mit der Aufschrift: »Deutsche Werft«.

Rätselwitze zeichnen sich vor allem durch ihre Kürze aus: Eine Frage in einem Satz, und auch die Antwort besteht nur in einem Satz oder auch nur in einem Wort.

Zusammenfassung:
Was wir »Rätselmärchen« nennen, muß nicht notwendigerweise zum größeren Bereich der »Zaubermärchen« gehören. Erzählungen wie die von der klugen Bauerntochter (KHM 94) gehören durchaus zu den nicht zauberhaften Novellenmärchen. Aber zumeist sind Rätselmärchen doch auch Zaubermärchen, und zwar aufgrund folgender Merkmale: Entweder stellt ein übernatürlich-dämonisches oder teuflisches Wesen die Rätsel, die der Held bzw. die Heldin zu lösen hat. Oder aber er löst die sonst unratbaren Rätsel nur mit übernatürlicher Hilfe. So spielt das Rätselmärchen im Koordinatensystem der Zaubermärchen eine mehrfache Rolle.

Sicherlich sind Rätsel – wie auch noch Rätselwitze – aus einem Spieltrieb des Menschen hervorgewachsen. Die Wissensprüfung ist eine der elementarsten Rätselfunktionen – übrigens nicht nur historisch, sondern auch phylogenetisch. Wer einmal Kinder, die »Lehrer und Schule« spielen, beobachtet, wie diese Kinder mit ihrem angeeigneten Wissen vor ihren jüngeren, noch nicht schulpflichtigen Geschwistern prahlen und renommieren, der hat schon eine Ur-Situation des Rätsels vor Augen. Oder man könnte am Ostereier-Verstecken dasselbe zeigen. Ähnlich wie das Versteckspiel in der kindlichen Welt bestimmte seelische Bedürfnisse befriedigt, so haben auch Erwachsene das geistige Vergnügen, das Bekannte und Öffentliche so zu verstecken, daß es gesucht werden muß. Bei der Auffindung des Versteckten gibt es die Befriedigung über ein erfolgreiches Bemühen, im Grunde wie noch beim Kreuzworträtsel. Im Rätselaufgeben und im

Rätsellösen steckt also eine nicht zu unterschätzende unterhaltende Funktion. Aber Unterhaltung ist noch nicht alles. Was die Rätsel hat überleben lassen, was sie in ihrem Innern treibt, ist das Suchen nach Erkenntnis (vgl. Schittek, S. 9 und 39). Die thebanische Sphinx galt, ungeachtet ihrer monströsen und grausamen Natur, wegen ihrer Rätsel als Repräsentantin alter Weisheit. Schon früh ist sie als ein Symbol eines tiefgründigen und exklusiven Wissens verstanden worden. Man hat einerseits die vernichtende Kraft des Ungeheuers, andererseits seine geistige Überlegenheit als Kernpunkt seines Wesens herausgestellt. Der Gegenstand des Ratens hat darüber hinaus auch noch etwas mit Selbsterkenntnis zu tun: Das Lösungswort des Rätsels, das Ödipus von der Sphinx aufgegeben wird, ist der Mensch schlechthin. Das Rätsel, das König Heidrek raten muß, verrätselt den göttlichen Rätselsteller selbst: Odin mit seinem Götterpferd. Als Rumpelstilzchen erkennen muß, daß sein Name erraten wurde, daß seine Identität nicht länger sein Geheimnis ist, zerstört es sich selbst.

Das Rätsel führt uns in eine magische Vergangenheit unserer Geistesgeschichte zurück. In seinen Ursprüngen gehört es in einen religiös-kultischen Bereich hinein. Das ist jedenfalls auch eine seiner Wurzeln: das Rätsel als Frage nach religiösen Dingen und kultischen Geheimnissen. So tritt uns das Rätsel im altindischen Rigveda oder in den Götterliedern der Edda entgegen. Man könnte z.B. auch die Traumdeutung als eine Primärform des Rätsels und seiner Lösung annehmen, ebenfalls eine Form magisch-mythischer Erkenntnis. Man denke etwa an die biblische Erzählung von den Träumen des Pharao, an Nebukadnezars Träume, die als Rätselfragen vorgelegt und beantwortet werden durch die Traumdeutungen des Joseph und des Daniel. In der jüdischen Geschichte kommt die Königin von Saba mit großem Pomp zu einem Staatsbesuch nach Jerusalem, um den Scharfsinn und die Gelehrsamkeit des Königs Salomo durch Rätsel auf die Probe zu stellen. Und ein ausgesprochenes Rätsel stellt auch der biblische Simson den Philistern. Man könnte auch an die rätselhaften Sprüche der Pythia, der Priesterin im Orakel von Delphi, denken. Überall, wo das Rätsel uns in frühen Kulturen entgegentritt, hat es eine geradezu weltgeschichtliche Bedeutung: Ödipus errettete das thebanische Land vom Untergang, indem er das Rätsel der Sphinx erriet. Dies ist die ernste Seite des Rätselratens. Die großen altindischen Epen vermitteln das Wissen von Gott und Welt in der Form von Rätselfragen und Antworten. In der altgermanischen Edda und in der isländischen Saga finden Rätselwettkämpfe zwischen Göttern und Dämonen, zwischen Göttern und menschlichen Herrschern statt. Dies sind Rätsel aus religiösen und geschichtlichen Dokumenten. Die elementaren und ursprünglich sinnvollen Funktionen des Rätsels leben im Märchen fort. Somit kann das Märchen zur Erhellung der Geschichte des Rätsels beitragen. Es ist schon ein ganz eigenartiges kulturgeschichtliches Phänomen, daß das Rätsel, das wir in allen frühen Hochkulturen finden, als mündliche Volksstradition die Jahrhunderte, zum Teil Jahrtausende überdauert und als Spiel des Geistes auch heute noch seinen Reiz besitzt und bis in die modernen Formen der Massenunterhaltung und Vergnügungsindustrie hinein fortgewirkt hat.

Die Wurzel des Wortes »Raten« steckt auch in dem lateinischen Wort *ratio* und weist auf eine gesammelte geistige Tätigkeit hin. Im Althochdeutschen hatte man für den Begriff Rätsel noch die Bezeichnung *tunkal*, d.h. etwas Dunkles, schwer Verständliches, das durch scharfsinniges Nachdenken aufgehellt werden muß. Auch dieses Wort ist kein Zufall, denn das nicht lösbare, das dunkel bleibende Rätsel ist wahrscheinlich älter als das lösbare Rätsel. *Tunkal* kennzeichnet auch die Art der Verrätselung und damit das Wesen des Rätsels. Was Rätsel mitteilen, ist keine Information, eher das Gegenteil davon, nämlich Irreführung und Paradox. Was die Rätsel meinen, sagen sie nicht; was sie sagen, gibt keinen Sinn, und man versteht es nicht. Was sie suggerieren und was man verstehen könnte, ist falsch oder man darf es nicht aussprechen (vgl. Schittek, S. 11). Wahrscheinlich ist es kein Zufall, daß man in manchen Mundarten und Sprachen die Märchen selbst als Rätsel bezeichnet. Dies hat vermutlich etwas damit zu tun, daß uns die Märchen oft genug Rätsel aufgeben, nicht nur die eigentlichen Rätselmärchen. Wenn »Zauber – Märchen« im Sinne von »Faszination – Märchen« zu verstehen sind, dann haben Rätsel und Märchen eine fast synonyme Bedeutung: Das Märchen bleibt ein rätselhaftes Phänomen.

Quellen, Texte

Bladé, Jean-François: *Contes populaires de la Gascogne*, Paris 1886, S. 13 ff. (»Le jeune homme et la grand' bête à tête d'homme«); dt. Übersetzung bei Ernst Tegethoff: *Französische Volksmärchen* (MdW), Bd. 2, Jena 1923, Nr. 55, S. 289–295 (»Der Jüngling und die große Bestie mit dem Menschenkopf«).

Schmidt, Bernhard: *Griechische Märchen, Sagen und Volkslieder*, Leipzig 1877, Ndr. Hildesheim 1978, S. 143 f., Nr. 12 (»Die Rätselwette«).

Edda, Bd 2, Götterdichtung und Spruchdichtung, übertr. von Felix Genzmer, Jena 1922, S. 154–164 (Die Heidreksrätsel).

Kooi, Jurjen van der (Hrsg.): *Friesische Märchen* (MdW), München 1990, Nr. 3, S. 103 f. (»Die drei Rätsel des Teufels«).
Röhrich, Lutz: *Erzählungen des späten Mittelalters und ihr Weiterleben in Literatur und Volksdichtung bis zur Gegenwart*, Bd. 1, Bern und München 1962, Nr. VIII, S. 146 – 172 und S. 281 – 288 (»Der Kaiser und der Abt«).

Literatur

Aarne, Antti: *Vergleichende Rätselforschungen* (FFC 26 –28), Helsinki 1918 – 1920.
Demisch, Heinz: *Die Sphinx. Geschichte ihrer Darstellung von den Anfängen bis zur Gegenwart*, Stuttgart 1977, S. 96 ff.
Goldberg, Christine: *Turandot's Sisters*, New York/London 1993.
Laistner, Ludwig: *Das Rätsel der Sphinx. Grundzüge einer Mythengeschichte*, 2 Bde., Berlin 1889.
Meyer, Hansjörg: *Das Halslösungsrätsel*, Diss. Würzburg 1967.
Schittek, Claudia: *Flog ein Vogel federlos. Was uns die Rätsel sagen*, München u. Wien 1989.
Spencer, P. (ed.): *Anthropology and the Riddle of the Sphinx*, London 1990.
Steinbauer, Maria Anna: *Das Märchen vom Volksmärchen. Jean-François Bladé und die Contes populaires de la Gascogne. Problematik einer Märchensammlung des 19. Jahrhunderts*, Frankfurt 1988.
Vries, Jan de: *Die Märchen von klugen Rätsellösern* (FFC 73), Helsinki 1928.

Heino Gehrts

Zauberkunde – Aberglauben

Als Antti Aarne vor fast hundert Jahren sein Verzeichnis der Märchentypen[1] entwarf, hat er die Tiermärchen an den Anfang gestellt. Als letzte, als dritte Gruppe setzte er die Schwänke ein. Dazwischen erhielten die »eigentlichen Märchen« ihren Ort, und diese sind ebenfalls noch einmal unterteilt. Zu ihnen zählen die legendenartigen, die novellenartigen und die Märchen vom dummen Teufel oder Riesen. Die ganz eigentlichen Märchen aber stellen die größte, die erste Untergruppe dar, und das sind die Zaubermärchen. Zu ihrer Unterteilung hat Aarne noch einen Begriff eingeführt, der schon die Schwierigkeit im Problem des Zaubers anklingen läßt: übernatürlich. Übernatürlich sind in den bestimmten Untertypen die Gatten oder sonstige Angehörige, die Aufgaben, die Helfer, die Gegenstände, Können und Wissen und weitere, unbenannte übernatürliche Momente. Aber im zwölfbändigen Brockhaus jener Zeit kommt das Wort übernatürlich gar nicht vor. In der fünfzig Jahre späteren Ausgabe ist nur das Substantiv Übernatur als ein Stichwort der katholischen Glaubenslehre vertreten. Erst der Sprachbrockhaus von 1984 stellte seine Gegenwart zufrieden mit den Worten: daß übernatürlich dasjenige meine, was nicht durch die Naturgesetze erklärbar sei. Dementsprechend bestimmt er das Wort Aberglaube als abwertende Bezeichnung des Glaubens an magisches Verhalten und an Übernatürliches.

In den Zaubermärchen ist also ein Zusammenstoß gegeben mit den Naturgesetzen, einem Gesetzeswerk also, das heutzutage unbedingten Glauben verlangt; ihm werden wir mit unserer Liebe zum eigentlichen Märchen abtrünnig. Fragen wir also nach den Gesetzesbrüchen in einigen unserer Märchen. Beginnen wir mit AT 400.[2] Dort ist eine Prinzessin verzaubert, etwa in ein Kätzchen. Ihre Erlösung erlangt der Jungmann, indem er ohne einen Klagelaut drei Nächte lang von gespenstischen Wesen sich peinigen läßt – bis hin zur Tötung. Doch die Erlöste vermag den Toten wieder ins Leben zurückzurufen. Es folgt dann jedoch nicht etwa eine gemeinsame Reise in ihre Heimat zur Vermählung, sondern der Mann muß dies Heimatland in einer Weltwanderung allein auffinden – was immer nur mit Hilfe etwa der

Gestirnsmütter oder von Tierherren und wunderbaren, wegekundigen Tieren gelingt. Hier ist demnach alles unserer Naturkunde und der Vernunft zuwider. Schon die Verwunschenheit der Prinzessin, dann das Erlösungswerk durch drei Qualennächte, ferner das Wiederaufleben des Toten, schließlich der unbegründete Aufbruch der Erlösten ohne den Erlöser, am Ende dessen weltweite Fahrt mit helfenden Tieren. Wir machen uns das Geschehen ein wenig verständlicher, wenn wir bedenken, daß das Wort Prinzessin im Märchen oftmals ein spätzeitlicher Deckname ist für ein weibliches Jenseitswesen, im französischen Sprachgebrauch und auch bei uns seit dem 18. Jahrhundert, für eine Fee.

Mit dem Worte Fee haben wir uns nun allerdings schon in eine andere Weltregion begeben, in der die barbarischen Gesetze unseres Weltteiles nicht mehr gelten. Das Märchen 400 als Ganzes bedeutet eine schamanische Einweihung, und die Fee ist der weibliche Hilfsgeist, dessen der Schamane für sein heilerisches und gegebenenfalls auch zaubrisches Wirken bedarf. Dem Verlangen der Vernunft haben wir mit den Worten Schamane und Hilfsgeist Genüge getan; aber da der Schamane auch ein Zauberer ist, so haben wir uns des barbarischen Gesetzes nicht vollends entledigt. Wir müssen uns daher den zaubrischen Personen unserer Zeit zuwenden, den Hexen. Darüber wird in unseren Tagen viel geredet und geschrieben; hier wollen wir versuchen, von diesem Menschentypus Wesentliches zu ergründen.

Zunächst die Vieldeutigkeit des Wortes. Es hat keinen Sinn gegen die Brüder Grimm zu wüten, weil sie schildern, wie Gretel die Hexe verbrennt.[3] Sie ist ja eine Menschenfresserin, und es wäre nur zu wünschen, daß Kinder sich solcher Verbrechertypen zu erwehren wissen. Der Brand im Backofen ist in keiner Weise zu vergleichen mit den Bränden, in denen eine grausame Epoche aus wirklichem Irrglauben unschuldige Frauen hingemordet hat. Die Brüder Grimm haben den Wortschatz der volkstümlichen Erzähler übernehmen müssen. Wäre das eine wissenschaftliche Volkskunde gewesen, wenn sie die überlieferten Erzählungen einem spätmoralischen sprachlichen Purismus unterworfen hätten? Auch in dem Grimmschen Zweibrüdermärchen (KHM 60) kommt ein gefährliches altes Weib vor, das Hexe genannt wird.[4] Sie versteinert den ersten Bruder, läßt ihn also in seiner Lebendigkeit erstarren. Wenn man den Sinn dieses Typs, AT 303, durchschaut, dann erkennt man, daß diese Alte keineswegs ein Zauberweib ist, sondern daß sie das notwendige Schicksal des vorauslaufenden Bruders darstellt, und ich habe sie daher mit einem Wort der süddeutschen Sage »die Tödin« genannt; in älterer Auffassung und Benennung ist sie die Todesgöttin. Hier ist mithin das Wort Hexe ganz fehlerhaft verwendet. Daß sie mehr ist als ein böswilliges Weib, das geht schon daraus hervor, wie sich die Entmächtigung dieser Alten auf die Umwelt auswirkt: Gegen die Bleikugeln des zweiten Bruders ist sie fest; als aber die Brüder sie ins Feuer legen, da tat sich der Wald, der zuvor Zauberwald genannt wird, »von selbst auf und war licht und hell, und man konnte das königliche Schloß auf drei Stunden Weges sehen«.

Wie sich von selbst versteht, gibt es auch in den Grimmschen Märchen bösartige Menschen, und wenn man die Sprachgeschichte berücksichtigt, dann ist es nicht zu verwundern, wenn eine bösartige Alte benannt wird als Hexe. Dafür noch ein Beispiel: Das Märchen von der weißen und der schwarzen Braut, AT 403, KHM 135. Zur Verdeutlichung nehmen wir auch Motive aus anderen Fassungen hier mit herein.[5] Die Weiße ist zauberhaft schön, und ihr Bruder hat ein Bild von ihr mitgenommen in seinen Dienst beim König. Der verliebt sich in die Schöne, und der Diener ist bereit, sie ihm zuzuführen. Zu der Fahrt an den Hof drängt sich aber die Stiefmutter der Geschwister mit ihrer häßlichen, schwärzlichen Tochter hinzu. Die Alte benutzt die Gelegenheit, bei einer Annäherung ans Meer die weiße Braut ins Wasser zu stürzen und sie in eine weiße Ente zu verwandeln. Der Anblick der schwarzen Braut gibt dem König den Verdacht ein, daß der Bruder, sein Diener, ihn betrügen wollte. Er wird eingesperrt oder auch zum Tode verurteilt, etwa in der Schlangengrube. Aber die Ente offenbart dem Küchenjungen das Geschehene. Indessen steckt die Hexe dem Jungen, sobald er den König aufklären will, ein Stück Käsebrot mit einem Vergessenheitszauber zu. Beim drittenmal mißlingt ihr das – die Ente wird entzaubert, der Bruder befreit oder wieder ins Leben gerufen; die Alte und die schwarze Braut werden mit dem Tode bestraft. – Hier verläuft also alles ohne Jenseitige. Doch gibt es Fassungen, in denen die weiße Braut einer Meeresnixe anheimfällt, die sie jedoch für bemessene Zeiten, mit goldenen Ketten gezügelt, ans Land steigen läßt. Am Ende erhält sie dann von der Nixe auch eine Salbe, mit der sie den toten Bruder wiederbelebt. Die Hexe aber ist ganz diesseitig, sie versucht mit verbrecherischen Untaten, ihre schwarze Tochter an die Stelle der weißen Braut zu setzen.

Die Märchen führen nicht nur Hexen vor, sondern auch Zauberer. Eines der bekanntesten ist das vom Zauberlehrling, AT 325, KHM 68. Dort lernt der Knabe heimlich aus den Zauberbüchern des Hexenmeisters die Kunst der Tierverwandlung, läßt sich von seinem Vater wiederholt als Haustier verkaufen, bis er als solches dem Zauberer, der als Käufer auftritt, in die Hände fällt. Es folgt ein Wettkampf im

Verwandeln, der damit schließt, daß der Lehrling als Fuchs den Meister als Hahn totbeißt. Ein Ablauf, der ganz wider die Naturgesetze ist, der im Märchen aber ganz wunderbar folgerecht erscheint. Es gibt auch Völkerkundler, die derlei Gestaltwandel beobachtet haben. Ein Amerikaner[6] sah in Afrika, wie die in einen Schakal verwandelte Frau von einem natürlich-tierischen Schakal gedeckt wurde.

Bisher haben wir »Unnatürliches« in folgenden Formen hervorgehoben: Menschen verzaubert und erlöst, Weltwanderung mit Hilfe von Gestirns- und Tiergöttern, von Tieren, Versteinerung des Menschen und Wiederaufleben, Vergessenheitszauber, Fortleben der im Meer Versunkenen, Aufwecken des Toten, Zweikampf von Menschen in Tiergestalt.

Wenden wir uns kurz noch den schrecklichen Schicksalen der verfolgten Hexen zu. Die berühmteste unter ihnen ist wohl Jeanne d'Arc, Johanna von Orleans,[7] die aus politischen Gründen, belastet mit theologisch begründeten Vorwürfen, verbrannt wurde. Zu meiner Überraschung fand ich, daß solche politischen Verfolgungen auch in Afrika vorgekommen sind.[8] Ein Stamm empörte sich gegen die Kolonialmacht, erlebte eine Niederlage und mußte sich, um nicht ausgerottet zu werden, der Fremdherrschaft unterwerfen. Aber da gibt es gegen diese Demütigung eine Opposition, und der Häuptling, der einer drohenden Ausrottung vorbeugen will, entschließt sich, jene Oppositionellen als Hexen zu benennen und gegen sie als solche vorzugehen, was aus rein politischen Gründen nicht zu seinem Ziel, sie zu entmächtigen, geführt hätte.

Wir machen uns im allgemeinen keine konkrete Vorstellung von den schaudervollen Abläufen der Hexenverfolgung. Es sei hier ein Fall erwähnt, der der Katharina von Henot, einer jungen schönen Adligen,[9] die des Schadenzaubers bezichtigt wurde, anfangs von den Schwester eines Klosters, dann auch von zwei Pfarrern. Sie wird gewaltsam aus dem Hause ihres Bruders, eines Geistlichen und kaiserlichen Geheimrates, geschleppt, sie bestreitet die Beschuldigungen, auch unter der Folter. Aber der Widerspruch unter der Tortur führte in den Hexenprozessen nicht zum Freispruch, weil der Teufel, wie man meinte, seine Hexen unter den Martern stählte. Auf dem Wege zur Hinrichtung, auf dem Karren liegend, wird sie von Freunden erwartet, die einen kaiserlichen Notar dabei haben, der einen Protest gegen das Verfahren aufgesetzt hat. Die Verurteilte soll unterschreiben, greift mit der linken Hand nach der Feder; doch das gilt den begleitenden Jesuiten abermals als ein Zeichen ihrer Hexenart. Sie gibt das unterschriebene Papier an den Notar zurück, löst den Verband von der Rechten und zeigt, wie ihr die von den Folterknechten zerschmettert worden ist. »Grauen und Entsetzen ergriff das Volk; Entrüstung zeigte sich in der Menge, in der bereits harte Worte gegen die Hexenrichter laut wurden. Da winkten die Jesuiten, stimmten einen Psalm an und geleiteten den Karren ... durch die Stadt zum Scheiterhaufen.« Eines der schrecklichen Beispiele vom Aberwitz, vom Wahnsinn der Verantwortlichen, die als intelligent galten. Brauchen Menschen die Ketzer, die Hexen, um ihr Vernunfturteil als *die* Wahrheit bestätigt zu sehen?

In einem niederländischen Märchen[10] finden wir die Zauberkundigen ganz anders beurteilt als von seiten der Machthaber. Ein Prinz erhält von einer hochmütigen Königstochter, um die er wirbt, den Bescheid, daß sie nur den erhören werde, der ihr als Mitgift einen glänzenden Stern, einen silbernen Mond und eine glühende Sonne biete. Der also Abgewiesene macht sich auf eine weite Wanderung, um das Geforderte zu gewinnen. »Aber die reichen Menschen besaßen keine Weisheit, und die Armen hatten keine Einsicht. Darum wandte er sich an die Vagabunden, Zauberinnen und Zauberer, die verachtet ... durch die Welt zogen. Der Königssohn fing an, einzusehen, daß viele von ihnen die Wahrheit und die Weisheit des Alltags besaßen.« In der Tat erhält er von einer Zauberhexe, die im Sterben liegt und nur auf ihn wartet, drei Spiegel, aus denen die verlangten Himmelslichter strahlen.

Es folge noch aus einer schottischen Sage[11] die Kunde vom Tod einer »Hexe«. Die Schilderung erscheint allerdings gar nicht sagenhaft, sondern sehr realistisch. Die Nachricht sei hier kurz wiedergegeben, weil sie auch das Entsetzen der miterlebenden Angehörigen bezeugt. Das Geschehen beginnt mit dem fröhlichen Hinausschauen des alten Vaters und seiner schönen Tochter vom Schloß ins weite Land, wo allerlei Pflüge über die Felder ziehen. Die junge Frau fragt den Vater, ob sie die alle mal anhalten solle, als wären die Zugochsen versteinert. Der Vater stimmt verwundert zu; die Tochter hebt die Hand, murmelt etwas Unverständliches, und die Pflüge halten stockstill bis auf einen. Das erklärt die Zauberkundige damit, daß der betreffende Ochse im Joch einen Stift aus Ebereschenholz haben müsse; damit sei er gegen den Zauber abgeschirmt. Nun ist der Vater entsetzt über dieses Können und Wissen der Tochter; er berät sich mit Freunden, und sie meinen alle, daß die junge Frau unwiderruflich für alles Gute in dieser Welt verloren sei. Sich selbst und ihren Verwandten werde sie nur ewig Schmach und Not bringen; darum müsse eine geheime Hinrichtung ihrem Leben sofort ein Ende setzen. Sie bestimmen den armen, gepeinigten Vater zu seiner Einwilligung, und in einem abgelegenen Gemach soll ein Arzt das Mädchen verbluten lassen. Die Ahnungslose weint, der Vater bricht in Tränen aus; aber die Freunde greifen ein, legen sie in einen Bottich. Der Arzt öffnet ihr die Adern an den Schläfen, und während sie im Verbluten nach dem Vater ruft, sinkt er besinnungslos zu Boden und stirbt. Die alte Kinderfrau, die dem Kind das Hexen beigebracht hat, wird verbrannt. – In dieser hier stark gekürzten Fassung geht einiges von dem entsetzlichen Leid der beiden Betroffenen verloren; aber es erinnert diese Überlieferung doch an all den Jammer, den die Eltern, die Kinder, die Ehemänner erlebten, wenn die unschuldigen, der Hexerei bezichtigten Frauen umgebracht wurden.

Daß sie unschuldig waren, folgt nicht etwa daraus, daß es keinen Zauber gibt oder gab, sondern weil sie dem Wahn geopfert wurden, daß aller Zauber böse sei, daß er nur mit Hilfe des Satans oder seiner Höllengeister vollführt werde. Die Hexen galten darum nicht nur als Bösewichter, sondern auch als Ketzer. Wenn sie ihren Zauber verrichteten mit Hilfe von Jenseitswesen – das war ja eben auch schamanisches Wirken –, womöglich gar von Gottheiten, die seit der Bekehrungszeit verworfen und verboten waren, dann mußten sie auch als Ketzer verfolgt werden.

Eine Hexe unserer Tage, Lois Bourne, auf die wir noch näher zu sprechen kommen, schreibt: »Mit der fortschreitenden Christianisierung wurden die Naturgeister aus dem Alltag in die dunkleren Bereiche der Welt und des Bewußtseins verwiesen. So wurden sie mit dem Hexenkult und der Anbetung der Waldgöttin Diana in Verbindung gebracht und somit zum Greuel aller gläubigen Christen erklärt. Nur in der Welt der Märchen und Sagen ist ihr Andenken lebendig geblieben. Wenn wir einsichtig genug sind, sollten wir es bewahren und pflegen, wie manch einer es tut, so auch ich, wenn ich zuweilen mit den Feen von Fairy Bridge auf der Isle of Man spreche und ihnen einen guten Morgen wünsche.« [12]

Wenden wir uns zauberhaften Vorgängen unmittelbar zu. Zahllose Bekundungen über wunderbar Bewirktes gibt es aus dem gegenwärtigen Indien, von einem Mann, der Sai Baba heißt und den man, der indischen Glaubensüberzeugung entsprechend, für die auf Erden eingeborene Gottheit hält.[13] Schon das wäre bei uns »ungesetzlich« – für diejenigen nämlich, denen dergleichen als »unnatürlich« gilt. Von einer Fernwirkung berichtet eine Frau,[14] die in Egling, also in Bayern lebt und ein sehr schmerzhaftes Hüftleiden hatte. Sie träumt, daß sie in Indien sei, daß ein Mann mit schwarzen Locken, in orangefarbigem

Kleid mit ihr spricht und sich Sai Baba nennt. Von ihm hat sie bis dahin nichts gewußt. Er legt seine Hände auf ihre Hüften, und fortan ist sie von ihrem Leiden befreit. Sie reist dann mit ihrem Sohn nach Indien und sucht Sai Baba auf. Er kennt sie, weiß vieles aus ihrem Leben und warnt sie vor allerlei Künftigem. Daß er für Besucher Geschenke »aus dem Nichts« materialisiert, haben viele erlebt; sie wird ebenfalls Zeuge von mehreren Ereignissen dieser Art, unter anderem erhält ihr Sohn auf diese Weise einen Ring. In ihrem Haus daheim stellt sich ein Bild von Sai Baba ein – auch dies ist von anderen ebenso erlebt worden.

Das Erlebnis der Frau in Egling hat sich in unseren Tagen abgespielt. Es folge ein Geschehnis aus langvergangener Zeit, berichtet im 13. Jahrhundert im Werke eines mittelalterlichen Philosophen, des Nikolaus von Beauvais, zitiert von Jakob Grimm in seiner »Deutschen Mythologie«.[15] Eine alte Vettel prahlt vor ihrem Geistlichen, daß sie ihn vorm Tode bewahrt habe. Mit den »guten Wesen« wandelnd, sei sie um Mitternacht in seinem Hause gewesen; er habe schlafend, nackend dagelegen, und sie habe ihn bedeckt. Sonst hätten die Herrinnen der Nachtfahrerinnen ihn zu Tode geprügelt. Der Priester behauptet, sie hätte gar nicht zu ihm in die verriegelte Behausung kommen können. Worauf die Alte antwortet, sie hätten das Haus durch die verschlossenen Türen betreten. Der Priester holt sie hinter die Altars-Schranken und beginnt sie zu verprügeln: Geht hinaus, Dame Wahrsagerin! – Sie kam aber nicht da hinaus, worauf er die spätzeitlich klugen Worte spricht: »Da seht ihr nun, wie einfältig ihr seid, die ihr an die Eitelkeiten der Träume glaubt!« – Dazu Jakob Grimm: »Dieser Priester geht recht vernünftig mit der Zauberin um und ist fern davon, sie peinlich zu hetzen.« – Wir aber sagen: der Priester wußte nichts von Ekstasis und Seelenfahrt, von seelischer Fernwirkung, er war geistlicher Ignorant. Auch Sai Baba hat in Egling nicht am Hause geklingelt und doch eine bemerkenswerte leibliche, heilende Wirkung dort auszuüben vermocht.

Daß man auch zur Zeit der Verfolgung nichts wußte von dem wunderbaren Vermögen der Seele, hat manche Frau in schlimmen Verdacht gesetzt, einen Verdacht, den sie selbst auf Grund ihrer Erlebnisse womöglich bestätigen mußte. Es gibt seltsame Schweizer Sagen, die erzählen, wie »Hexen« Lawinen in Gang gesetzt haben sollen, Vorkommnisse, bei denen es sogar Augenzeugen gegeben hat.[16] So heißt es in mehreren Sagen, daß man die »Hexe« vorn auf der niederbrechenden Lawine mit dem Spinnrad habe sitzen sehen, und sie war eifrig am Spinnen. »So haben es die Alten erzählt, ich selber habe sie nie gesehen.« So hat man auch auf Wildbächen solche Frauen, »auf den Wellen sitzend«, daherreiten sehen. Daß dergleichen *leibhaft* nicht möglich ist, leuchtet ein. Diese Frauen, von lebhaftem elementarischem Empfinden, sind einfach vom Naturvorgang mitgerissen worden, und es ist sehr verständlich, daß dieses Erlebnis sein plötzliches Ende fand, wenn die Kirchenglocke geläutet wurde. Einer der Beobachtung entsprechenden Beschuldigung hat sich die »Hexe« nicht zu erwehren vermocht, denn sie hatte das ihr Vorgeworfene ja *erlebt*, und derlei gewaltiges Erleben war ihr womöglich sogar erwünscht, und zwar ohne kriminelle Absicht. Wobei es nur auf den Charakter ankommt, ob die Erlebende derlei als erwünschte Untat dem eigenen Wollen zuschreibt.

Solche Begebenheiten erwarten wir als vernünftige und naturgesetzestreue Menschen heute kaum noch. Aber das Wunderbare und des Wunderbaren mächtige Menschen sind aus der Welt nicht vollends entschwunden. Zu verwundern ist, daß es nach der grausamen Ausrottung der Hexen heute noch Hexen gibt, die sich zu ihrem Hexentum bekennen, wobei sie freilich nicht mehr unter der gesetzlichen Todesandrohung stehen. Bekannt ist, daß es in England seit der Jahrhundertwende eine Wiederbelebung solcher Entwicklungen und Bekenntnisse gegeben hat. Aleister Crowley war ein bekannter Pionier dieser Erneuerung. Eine der gegenwärtig lebenden Hexen ist Lois Bourne, eine hochintelligente Frau, die in zwei Büchern von ihrem Erleben und Wirken berichtet hat.[17] Nach ihrer Darstellung sei nun ein Fall von schwarzer Magie in Südamerika wiedergegeben, in den sie helfend eingegriffen hat – zugunsten der Verzauberten.

Frau Bourne erhält aus Brasilien von einer Freundin die Anfrage, ob sie einem verhexten Paar helfen könne. Die Eheleute waren beide Juristen, seit zwei Jahren verheiratet; aber kurz nach ihrer Heirat hatten sie begonnen, miteinander zu streiten. Dann wurden beide krank, die Frau im Genitalbereich; die Ärzte wußten ihnen nicht zu helfen. Die Diener hätten den Verdacht auf eine Verzauberung geäußert. Nun erhält Frau Bourne jene Bitte um Hilfe. Sie meditiert über die Situation und empfängt ein Gesicht von einem schwarzen Federkreuz und einem kleinen schwarzen Federball. Sie hört dazu eine Stimme und erfährt, daß das Kreuz beide töten, der Ball einen Unterleibskrebs bei der Frau auslösen solle; beides wäre im Bett des Paares zu finden. Sie meldet dies nach Brasilien und führt zugleich ein Ritual durch, um den Fluch, der über dem Paare schwebt, aufzuheben. Man teilt ihr alsbald mit, daß die Zauberdinge gefunden und verbrannt worden seien, daß die beiden Bezauberten sich zu erholen begännen.

Ein dort heimisches Medium war inzwischen konsultiert worden und hatte angesichts eines Fotos des Paares bestätigt, daß ihnen ein schrecklicher Fluch auferlegt worden war, daß aber »eine Dame aus einem anderen Lande ihn schon aufgehoben habe«. Trotzdem wird noch ein Exorzismus durchgeführt, bei dem nacheinander die Eheleute durch das Haus gehen müssen – mit einem Glase, das eine farblose Flüssigkeit enthält –, und diese färbt sich an bestimmten Stellen im Hause schwarz. Das Medium hatte verkündet, daß sechs böse Geister im Hause gewesen seien; aber alle Gefahr sei nun behoben. Der schwarzmagische Angriff war von ehemaligen Liebhaberinnen des Gatten nach seiner Heirat angezettelt worden.

Jene alte Vettel vor tausend Jahren brauchte nicht des Priesters Schlafzimmertüre aufzubrechen, um seinen nackten Bauch bedecken zu können. Sai Baba brauchte nicht nach Bayern zu reisen, um eine an Hüftweh Leidende zu heilen. Lois Bourne brauchte nicht nach Südamerika zu fliegen, um einer Krebskranken Heilung zu bringen. Sie brauchten nicht leibhaft dazusein, um leibhaft zu wirken. Sie haben wirkungsmächtige Seelen, und für Seelen sind Mauern und Türen, ist die räumliche Ferne kein Hindernis. Die rationalen Überzeugungen unserer Zeit sind am Räumlichen und am Stofflichen orientiert, und was die Seele vermag, das ist von den Gesetzeskundigen, den Kennern von Raum und Stoff, von den um Seelisches nicht Bemühten zum Aberglauben erklärt worden.

Im Bereich des Seelischen ist nun aber noch etwas möglich, was zeitweilig für abergläubisch erklärt worden ist, für das es aber Beweise gegeben hat, die auch von den Rationalisten hingenommen werden mußten: die Besessenheit.[18] Es handelt sich dabei um eine rätselvolle Erscheinung, die allerdings zu wirklich abergläubischen Vorstellungen Anlaß gegeben hat, deren Tatsächlichkeit aber nicht zu bezweifeln ist. In unseren Tagen hat es in Klingenberg am Main den Fall der Anneliese Michel gegeben, die leider darüber zu Tode gekommen ist, und zwar infolge eines arzneilichen Behandlungsfehlers, der zunächst jedoch nicht zu erkennen war. Doch sind unter diesen undurchsichtigen Umständen die Eltern und die beiden geistlichen Exorzisten wegen fahrlässiger Tötung verurteilt worden.

Besessene geben den Eindruck, daß fremde Geister in sie eingedrungen sind, die mit der ihnen eigentümlichen Stimme aus dem überfallenen Menschen sprechen. Sie geben sich als Totengeister aus und in der älteren Zeit als Dämonen, etwa auch als verdammte Geister oder sogar als der Teufel selber. Wenn der Besessene parapsychische Erscheinungen, spukhafte Vorfälle hervorzurufen scheint, so lag es in alter Zeit nahe, anzunehmen, daß wirklich dämonische Wesen gegenwärtig seien, die einen Zauber ausübten. Dies sind seelisch bedingte Vorgänge, seelische Wirkungen in der Welt der Dinge und der Leiber, und sie erscheinen tatsächlich zauberhaft, indem keine dinghafte Ursachenkette zu erkennen ist.

Das Unternehmen, einen Besessenen von dem besitzenden Geist zu befreien, nennt man ja Exorzismus, und dabei hat es seltsame Erscheinungen gegeben. Dazu seien aus der Überlieferung drei Beispiele angeführt. Johann Wilhelm Wolf[19] berichtet von einem Mädchen, bei dem die Leute ein so wunderbares Können beobachteten, daß sie die Meinung gewannen, sie sei eine Hexe. Sie konnte aus Blättern Mäuse machen, verstand alle Sprachen, sang wie ein Engel, war die beste Tänzerin, tanzte einmal in allen Schenken zugleich, wo nur Musik war, lag aber unterdessen daheim im Schlafe. Der Pfarrer unternimmt am Sonntag nachmittag in der Kirche den Exorzismus, zwingt wirklich den Teufel auszufahren; aber zuvor wirft der Satan das Mädchen »zu vielen Malen auf bis ans Gewölbe und wieder nieder auf den Boden, aber das that ihr keinen Schaden, und sie wurde von ihm befreit«. Eine Verwandte von Wolfs Erzählerin war bei diesem Geschehen zugegen.

Aus Tirol wird etwas Ähnliches von einem Wildschützen berichtet, der zugleich, wie die Sage erklärt, ein Teufelsbündner und Zauberer war.[20] Er bereute eines Tages seine Vergehen und legte sich, auf geistlichen Rat, in einer Wallfahrtskirche auf einer Totenbahre unter das ewige Licht. Nachdem er einige Stunden gebetet hat, wird er um Mitternacht »plötzlich von unsichtbaren Händen dreimal bis zum Kirchengewölbe emporgehoben und wieder auf den Boden gesenkt«. Stimmen ertönen, Getöse dröhnt, aber zu dem furchtbar Erschrockenen tritt der fromme Wallfahrtspriester und löst ihn von seinem Teufelsbündnis.

Von einem solchen Geschehnis besitzen wir auch den Bericht eines Augenzeugen,[21] von einem Ereignis, das sich in Nordschleswig, in der Gegend von Apenrade, dänisch Åbenrå, zugetragen hat. Diese Überlieferung erschiene uns wohl ganz unglaublich, besäßen wir nicht verwandte Nachrichten, unter anderen die aus Tirol und den Niederlanden. Der Berichterstatter namens Matz Paisen sagt in seinen »Historiolis« das Folgende aus:

Ich war im Jahre 1645 Hauslehrer bei dem hochadligen Herrn Jasper von Buchwald auf Schonbulgarde, und kann nicht unterlassen, hier eine durchaus wahrhaftige Geschichte zu erzählen, die sich damals zugetragen. Der edele Herr hatte auf Schonbulgarde einmal etliche Tage lang eine abscheuliche

Hexe in Haft, welche bestimmt war, lebendig verbrannt zu werden. Sie wurde verwahrt über unserm Schlafzimmer, wo ich und fünf Adelige des Nachts schliefen. Diese giftige Vettel nahm der Teufel am hellen Mittage und führte sie mit allen ihren Ketten durch den Schornstein fort. Dann warf er sie nieder auf die Hängebrücke vor dem Hofe, unserm Herrn, der an so Etwas nicht im Geringsten dachte, gerade in den Weg, ohne daß sie doch am Leibe verletzt worden wäre. Da lachte der gestrenge alte Herr Jasper zu solcher Kraftanstrengung des Bösen, und sagte auf Holsteinisch: »Wultu Düvel sülvest Bödel sin? Darf ick Meister Viet to Flensborg neen Geld geven?« Diese Worte konnte der Belialsknecht nicht verdauen. Er hob seine Alte, deren Ketten er auf die Brücke herabschüttelte, sachte mit sich in die Luft, und während die ganze Nachbarschaft zusammenlief, stellte der Gottseibeiuns wie im Rade wirbelnd mit der vermaledeiten Hexe die wunderlichsten Drehungen und Windungen an. Als er sie lange genug so gerädert hatte, zerbrach er ihr den Hals und warf den Leichnam weit fort auf die Gründe des Herrn Friedrich von Alefeld zu Seegard. Der schrieb alsbald meinem gnädigen Herrn: »Jasper, hael din Aaß van minem Lande.« Aber mein Herr gab ihm ganz vernünftig zur Antwort: »Heft di de Düvel enen Braden gebrocht, den vertheer alleen.« Auf diese Weise ist denn der Leichnam von den Hunden und Vögeln gefressen worden, da sich von beiden Herren keiner um des Teufels Krimskrams und Anschläge gekümmert hat.

Nehmen wir diese von Matz Paisen wiedergegebene »durchaus wahrhaftige Geschichte« als Zeugnis hin, dann haben wir damit einen Beleg für die Flugfähigkeit der sogenannten Hexe, und zwar für einen leibhaftigen Flug, wenn auch mit unglücklichem Ausgang. Sagen wie die von der auf der Lawine oder der auf dem Wildbach reitenden Hexe, wenn sie Beobachtetes wiedergeben, belegen ja scheinbar nur das Vermögen einer Raumfahrt als Seele. Doch haben wir von der schwerelosen Beweglichkeit der Leiber auch sonst allerlei Zeugnisse, nicht von Hexen, sondern sogar von Heiligen. Wir sprechen in dem Falle von der Levitation, der Erhebung. Es ist bemerkenswert, daß wir auch allgemein von *erhebenden* Erlebnissen sprechen. Wir meinen damit Gefühle, in denen wir uns schwerelos vorkommen und wie aufgehoben über den Fußpunkt unseres haftenden Verharrens. Von solchen Gefühlen ist es kein allzu weiter Schritt bis dahin, wo die Leibes-, wo die Erdenschwere wirklich überwunden wird in der Kraft der entbundenen Seele.

Derlei ist nicht von vornherein unglaublich. Sogenannte Zauberkunststücke führen uns ja Bewegungen von Dingen vor ohne Anstöße durch einen eingeleibten Menschen: Bewegungen, die wir nur auffassen können als von seelischer Energie bewirkt. Von den Medien des Spiritismus wird ja ein derartiges Vermögen bezeugt.[22] Ein solches Medium, namens Home »liebte es, ein Akkordeon im Raum schweben zu lassen, das sich im Walzertakt bewegte und die Melodie ›Home Sweet Home‹ spielte«. Der Physiker Sir William Crookes »kaufte ein Akkordeon und schloß es in einen Drahtkäfig ein. Trotzdem brachte Home es aus der Entfernung zum Schweben und Spielen.«

Von den materialistisch gefesselten Zweiflern wird dergleichen immer wieder als Täuschung der Zeugen oder als Betrug der Medien hingestellt. Aber wenn Heilige die Schwere ihres Leibes überwinden können bis zur Levitation, ja bis zu ekstatischen Flügen, warum sollen dann die mit frei wirksamer seelischer Kraft begabten Medien Betrüger sein! Die heilige Therese[23] bezeugt solche Erlebnisse in ihrer Autobiographie, sie versuchte ihnen sogar »mit allen Kräften zu widerstehen. Zuweilen konnte ich einigen Widerstand entgegensetzen; ... Zu anderen Malen waren alle meine Anstrengungen vergebens, und ich fühlte unter meinen Füßen erstaunliche Kräfte, die mich forttrugen.« Justinus Kerner berichtet von der Seherin von Prevorst, »daß sie im magnetischen Zustand in kein Bad gebracht werden konnte, weil sie wie ein Kork nach oben strebte, also leichter als Wasser war.«[24] – Welch ein furchtbarer Fehlschluß, daß ein derartiges Nicht-Untergehen zur Zeit der Hexen-Prozesse als Zeichen einer satanischen Hilfe galt: der *Aberglaube* rechtskundiger Rationalisten. – Wir aber halten uns an die Ratio der Märchen und Sagen, in denen nicht allein die naturgesetzlichen Tatsachen für den Blick daliegen, sondern die Wesenheiten des Geheimnisvollen, des Wunderbaren, des Zauberhaften sich als ebenso wichtig zeigen – als Wahrzeichen des einen großen, uns allseitig umfangenden Geheimnisses.

Anmerkungen

1 Antti Aarne: *Verzeichnis der Märchentypen* (FF Communications Nr. 3), Helsinki 1910.

2 Dazu: Heino Gehrts: »Schamanenweihe in einem niedersächsischen Volksmärchen.« In: *Vom Menschenbild im Märchen*, VEM Bd. 1, Kassel 1980, S. 72 – 90. Dort S. 78 – 82 die Fassung aus Schambach und Müller, *Niedersächsische Sagen und Märchen:* »Die Prinzessin hinter dem rothen, weißen und schwarzen Meere«.

3 Solche unsinnigen Ausfälle gegen die Brüder Grimm bei: Gernot L. Geise: *Die Hexen*. Mit unbegründeter Mäkelei andere Grimmsche Werke betreffend.

4 Heino Gehrts: *Das Märchen und das Opfer. Untersuchungen zum Europäischen Zweibrüdermärchen*, Bonn 2. Aufl. 1994 (1967).

5 S. Aarne-Thompson 1964, AaTh 403; die Varianten S. 133 f. und bei Kurt Ranke: *Schleswig-Holsteinische Volksmärchen*, Bd. 2, Kiel 1957, S. 8 – 17.
6 Harry B. Wright: *Zauberer und Medizinmänner*, Zürich 1958, S. 145 f.
7 *Jeanne d'Arc*. Dargestellt von Herbert Nette (rowohlts monographien), Reinbek 1977.
8 Geoffrey Parrinder: *Witchcraft*, Harmondsworth 1958.
9 Soldan-Heppe: *Geschichte der Hexenprozesse*. Neudruck Hanau o.J. Bd. 2, S. 52 f.; Karl-Jürgen Miesen: *Friedrich Spee: Pater, Dichter, Hexen-Anwalt*, Düsseldorf o.J., S. 162 ff. – Das Zitat Soldan-Heppe S. 53
10 *Märchen der Niederlande*, MdW, Düsseldorf 1977, Nr. 8.
11 *Schottische Sagen von Elben und Zauber*. Hrsg. von Christiane Agricola, Wiesbaden 1988, S. 264 – 266.
12 Lois Bourne: *Erfahrungen einer Hexe*, München 1990, S. 173.
13 Erlendur Haraldsson: *Sai Baba – ein modernes Wunder*, Freiburg im Breisgau 2. Aufl. 1988; Dr. Sigrid Lechner-Knecht: *Sai Baba Gottmensch-Wundermann*, Göttingen 1987.
14 In: *Esotera* 9/93, S. 90 f.
15 Jacob Grimm: *Deutsche Mythologie*. Nachdruck der 4. Ausgabe, Tübingen 1953, II. Band, S. 885 f.
16 *Sagen aus Uri*. Gesammelt von Josef Müller, Basel 1978, Band I, S. 128 ff., »auf den Wellen« S. 128, Nr. 177,2.
17 S. Anm. 12. Der Fall aus Südamerika: Lois Bourne: *Witch amongst us. The Autobiography of a Witch*, London 1996, S. 132 ff.
18 Aus der Fülle der Literatur nur die folgende Auswahl. *Ergriffenheit und Besessenheit. Ein interdisziplinäres Gespräch*. Hrsg. von Jürg Zutt, Bern 1972; Adolf Rodewyk S.J.: *Die dämonische Besessenheit aus der Sicht des Rituale romanum*, Aschaffenburg 1963. – Felicitas D. Goodman: *Anneliese Michel und ihre Dämonen*, Stein am Rhein 1980. – Heino Gehrts: *Das Mädchen von Orlach. Erlebnisse einer Besessenen*, Stuttgart 1966.
19 Johann Wilhelm Wolf: *Niederländische Sagen*, Leipzig 1843, S. 487 f.
20 Ignaz Vinzenz Zingerle: *Sagen aus Tirol*. Ausgewählt von Leander Petzoldt, Graz 1976, S. 31.
21 *Jahrbücher für die Landeskunde der Herzogthümer Schleswig, Holstein und Lauenburg, 1861*, Bd. IV, H. 2.
22 Viktor Farkas: *Unerklärliche Phänomene*, Frankfurt a. M. 1988, S. 76.
23 Fanny Moser: *Der Okkultismus. Täuschungen und Tatsachen*, München 1935, S. 875.
24 Ebd., S. 800.

Zum ABERGLAUBEN allgemein sei hingewiesen auf das *Handwörterbuch des deutschen Aberglaubens*. Hrsg. von Hanns Bächtold-Stäubli und Eduard Hoffmann-Krayer, Berlin 1927 /1986. Darin Bd. I, Sp. 64 – 87 das Stichwort selbst. Neuerdings: *Glaube im Abseits. Beiträge zur Erforschung des Aberglaubens*. Hrsg. von Dietz-Rüdiger Moser, Darmstadt 1992.

Renate Zelger

Teufelsverträge im Märchen:
»Der Müller ist des Teufels Lust«

Warum wohl, mag sich mancher fragen, berichten uns Märchen und Sagen so oft von verlassenen und verfallenen Mühlen? Ist es wirklich die Lust an der Wanderschaft, die den Müller in die Ferne treibt? Hat er vom Wasser und dem ruhelos treibenden Rad die Freude an steter Bewegung gelernt, wie es das Lied »Das Wandern ist des Müllers Lust« – nach der Weise von Karl Friedrich Zöllner – behauptet? Und führt uns vielleicht Schubert, der das Rauschen von Wind und Wasser, Rad und Flügel so unnachahmlich zu einem Lautgemälde komponiert hat, auf eine Fährte, die zwar zu einem Nachempfinden jener Mühlenromantik, nicht aber zu dem führt, was den spätmittelalterlichen Menschen des 15. und 16. Jahrhunderts bewegte?

Allenfalls nur der Teufel, so meinte man damals, habe die Macht, einen Müller gewaltsam aus der Mühle zu vertreiben. Und vielleicht könne es nicht einmal der Fürst der Finsternis mit einem Müller aufnehmen, der doch ein Betrüger, Dieb und Mörder, vielleicht gar ein Zauberer sei, der die Bauern beim Abmessen des Korns übers Ohr haue, der Wanderer, die um Herberge nachsuchten, ermorde, um sie zu berauben, der Prostitution und Ehebruch unter seinem Dach dulde. Um diesen Bösewicht der gerechten Höllenstrafe zuzuführen, bedürfe es doch wohl eines rechtsgültigen Vertrages.

Aber was war das denn eigentlich, so ein Pakt mit dem Teufel? Zur Beantwortung dieser Frage müssen wir den Müller für eine Weile verlassen. Mußte man gegenüber dem Satan überhaupt seine vertraglichen Versprechungen einhalten? Oder war man mit göttlicher Billigung geradezu verpflichtet, den Bösen zu betrügen? In einer friesischen Sage erklärt der Teufel am Bett eines Sterbenden den Angehörigen, er allein habe das Recht, die Seele in Empfang zu nehmen und in die Hölle zu führen, »drehte dem Hilflosen den Nacken um, zog ihm die Seele aus dem Hals und flog damit der Küste zu, wo das Höllenschiff schon zur Abfahrt bereit lag«.[1]

Mit diesem Rechtsanspruch auf die Seelen der Menschen befindet sich der Teufel im Einklang mit den bedeutendsten Kirchenlehrern der ersten christlichen Jahrhunderte: durch die Erbsünde hätten sich nämlich die Menschen freiwillig in den Herrschaftsbereich des Teufels begeben. Andererseits allerdings habe Gott dem Teufel das Menschengeschlecht rechtsgültig entwunden, weil doch die Erbsünde durch Betrug erzwungen und Gott zudem seinen Sohn als Erlöser geopfert habe. Das hört sich ziemlich kompliziert an, erscheint gar als fragwürdiges Tauschgeschäft und wird von den frühen Kirchenlehrern als *pia fraus*, nämlich Betrug, wenn auch als ein frommer bezeichnet. Wie ein listiger Fischer habe Gott seine Angel ausgeworfen. Der Teufel aber habe unter der menschlichen Hülle nicht das göttliche Wesen erkannt, und es gelang ihm nicht, Christus in der Hölle festzuhalten.[2]

Vergeblich hatte der Teufel versucht, durch einen Prozeß vor dem Weltgericht seinen Anspruch durchzusetzen. Der Teufel als Kläger vor Gericht begegnet uns schon im Alten Testament bei Sacharja. Von den mittelalterlichen Fassungen der Satansprozesse erlangte in Deutschland vor allem die Darstellung in Ulrich Tennglers »Layenspiegel« einen weitverbreiteten Bekanntheitsgrad. Sie sollte jungen Juristen als Lehrbeispiel dienen, wie man nämlich einen auf persönliche Dienstbarkeit Beklagten in bester Weise vertreten könne.[3]

Die Klage des Teufels wird jedoch in allen Punkten durch göttlichen, unanfechtbaren Richtspruch abgewiesen, und zwar nicht zuletzt deshalb, weil sich die Jungfrau Maria als geschickte Verteidigerin erweist. Sei es, daß Maria die Sündenwaage zugunsten des Sünders herabdrückt oder daß Gott ihren Bitten und Tränen nicht widerstehen kann. Da hilft dem Teufel auch nicht sein berechtigter Protest, daß eine Frau, und noch dazu die Gottesmutter, eine nahe Verwandte des Richters, als Anwältin nicht zugelassen sei. Daß die Jungfrau Maria jedoch im römischen Zivil- und Kirchenrecht beschlagen ist, hat schon der Philosoph und Theologe Albertus Magnus im 13. Jahrhundert bezeugt.[4] Unwiderlegbar führt Maria nun an, daß bei der Verteidigung »pro miserabilibus personis«, das heißt für beklagenswerte, armselige Personen, eine Ausnahme zulässig sei, und als solche ließen sich doch wohl die Menschen in des Teufels Macht bezeichnen. Diese Rechtsgrundlage wird später durch Ulrich Tenngler in seinem »Layenspiegel« bestätigt: »wiewol die weiber ordentlich zu reden/ zum ampt der postulation nitt zu gelassen/ so mögen sy doch erpermlich person/ vertretten und verantworten.« So führt auch des Teufels weinerliche Klage: »Maria, Ihr tut Unrecht, so Ihr nicht wollt, daß die Menschen um ihrer Sünden willen gestraft werden«[5] zu keinem Erfolg vor dem göttlichen Richter. Der Richtspruch Gottes kommt auch in jenem Märchen zum Ausdruck, in dem der Teufel, in der Gestalt eines Huhns, von einem Fuchs zerrissen wird, in den sich ein zauberkundiger Junge verwandelt hatte. »Seit der Zeit ist der Teufel tot und aus der Welt«, heißt es dort triumphierend.[6] Welch ein Irrtum!

Woher also nimmt nun der Teufel in unseren Märchen und Sagen das Recht, einen Menschen in die Hölle zu entführen und ihn dort zu peinigen? Hat etwa der göttliche Richtspruch der Satansprozesse keinen Widerhall in unseren Märchen gefunden? Doch, das hat er! Da nämlich der Teufel das Recht auf das Menschengeschlecht *in complexu*, also in seiner Gesamtheit, verloren hat, ist er gezwungen, jede einzelne Seele für sich zu gewinnen, und das versucht er mit Hilfe eines Paktes, der durchaus mit göttlicher Billigung geschlossen wird. Denn dem Menschen soll durch die Verlockung des Teufels Gelegenheit gegeben werden, sich als gut zu erweisen und dem Bösen zu trotzen. Die Höllenstrafe, die der Sünder erleidet, ist also keine teuflische, sondern eine göttliche Strafe. »Durch göttliche Zulassung erhielt nun der Satan Gewalt über des Sünders Seele sowie über seinen Leib, die er auch an ihm geltend machte«, heißt es in einer Geschichte.[7] Und zu Recht spricht Luhmann davon, daß der Teufel »im Namen der Gerechtigkeit den Sünder für die Hölle reklamiert«, wobei letztendlich die »Dramatisierung der Sündhaftigkeit« dazu führt, »daß der Teufel sich als Vertreter der gerechten Ordnung und der dazu gehörigen Bestrafung aufführen kann«.[8]

Wie aber kommt es überhaupt zu einem Teufelsvertrag? Die von Augustinus vertretene Auffassung einer doppelten Prädestination des Menschen, sich entweder zum Heil oder zum Verderben zu entscheiden, zeigt in Märchen und Sagen insofern eine Entsprechung, als der Teufel niemanden zum Vertrag drängt. Im Gegenteil fühlt sich der Teufel durch ein Vertragsangebot der Menschen in eine Zwangssituation versetzt. »Ich schade keinem, tue keinem Leides, wenn man mich nicht dazu zwingt«, sagt der Teufel und läßt jenen Knecht ungeschoren, der deutlich seinen Unwillen kundtut: »I hab nit g'schickt um di.«[9] Der Vertrag muß also stets wissentlich und willentlich geschlossen werden, und für die erbrachte Leistung erhebt der Teufel seine Forderung, die nicht immer im Verlust der Seele besteht, sondern zuweilen auf einem gewissen Preis-Leistungs-Verhältnis beruht. Diese kühne Behauptung bedarf wohl einer näheren Erläuterung.

Das Märchen sei eine welthaltige Abenteurererzählung, sagt Lüthi, und an seiner geschichtlichen Wirklichkeit sei nicht zu zweifeln, meint Panzer, und Lutz Röhrich fügt überzeugend hinzu, daß man sich im Märchen keineswegs fern der Wirklichkeit befinde.[10] Diese Aussagen erhalten ihre Bestätigung in den Leistungen und Forderungen des Teufels.

Das sogenannte *iustum pretium*, der gerechte Preis, verlangt die Abwägung von Nutzen und Schaden, und die ausgetauschten Gegenstände oder Dienstleistungen sollen auf beiden Seiten den gleichen Wert haben. Das ist der Fall, wenn der Teufel für seine Leistung an den Früchten des Feldes Anteil haben möchte (KHM 189). Ein gerechter Preis ist wohl auch die Freilassung, wenn man den Teufel gefangengesetzt hat, wie es in dem Märchen »Der Geist im Glas« (KHM 99) vorkommt. Und als *iustum pretium* könnte man auch den Wunsch des Teufels ansehen, ein Instrument zu lernen.[11] Gerecht ist wohl auch die Forderung des Teufels, im sechzehnten Mahlgang der Mühle Pferdeäpfel mahlen zu dürfen, ohne daß ihn jemand dabei stören dürfe.[12]

Ob die Seele des Baumeisters, als Gegenleistung für die hervorragende Planzeichnung des Teufels zum Bau des Kölner Doms, zu den gerechten Preisen zählen kann, mag als Grenzfall betrachtet werden. »Da wäre ich wohl ein Tor, wenn ich einen solchen Plan, mit dem man unsterblichen Namen sich erwirbt, so für nichts und wieder nichts da herzeichnen wollte«, meint der Teufel wohl zu Recht.[13] Für Werkverträge dieser Art behält sich der Teufel ein Pfandrecht vor, welches er dergestalt in Anspruch nimmt, daß er bei Nichterfüllung der Forderung seine Bauten mit Steinen und Felsbrocken wieder zerstört. Hier ließe sich ein Relikt aus dem römischen Recht vermuten: nämlich das Werfen eines Steines als Zeichen des Einspruches gegen Neubauten.

Als unsittliche Forderung gilt jedoch eine vage Formulierung des Teufels, sobald der Vertragspartner etwas geben soll, wovon er keine Kenntnis hat. »Wenn ihr mir versprecht, was ihr nicht wißt, dann fülle ich euch eure eiserne Kiste mit Gold«, bietet der Teufel seinem Vertragspartner an, der nicht weiß, daß seine Frau ein Kind erwartet.[14]

Wird der Teufel gerufen, geschieht das fast immer aus materiellen Erwägungen, die bei der ländlichen Bevölkerung, nach der großen Agrarkrise des 14. Jahrhunderts, zumeist in der Armut begründet sind. Mit dem Teufelsvertrag versucht der Bauer, seine oft kaum mehr erträgliche Lage zu verbessern. Daß er aber vertragsgemäß vom Teufel Scheunen und Stallungen erbauen läßt, deutet doch, trotz Fortbestand von Hörigkeit und Diensten, auf eine gewisse Selbständigkeit und die Bewirtschaftung von Einzelhöfen hin. Gerade am Umgang mit dem Teufel zeigt sich das erwachende Selbstbewußtsein und der Stolz darauf, daß die anderen Stände von der bäuerlichen Arbeit abhängen. In KHM 189 wird von einer Vertragsklausel erzählt, aufgrund derer ein Bauer, gegen teuflische Hilfe, zwei Jahre lang die

Hälfte seines Ertrages abgeben soll. Der Teufel wählt im ersten Jahr das, was über der Erde wächst. Aber der schlaue Bauer hatte Rüben gepflanzt. Als der Teufel im zweiten Jahr dasjenige wählt, was unter Erde wächst, sät der Bauer Weizen. So rettet der listige Vertragspartner seine lebensnotwendige Ernte.

Weniger gut ergeht es Richtern und der Geistlichkeit. Auch hier läßt sich an der historischen Realität ablesen, warum das so ist. »Ein abgeribner Jurist, aber wol ein böser Christ.« Diese Beurteilung durch Mauritius Nattenhusanus, mittelalterlicher Verfasser von Predigtmärlein, trifft die Volksmeinung. Aufgrund der zunehmenden Verwissenschaftlichung der Rechtsprechung war die Rechtsanwendung dem Volke entwachsen. Für die ordnungsgemäße Führung eines Zivilprozesses bedurfte es eines Anwaltes. Deutlich schildert die Geschichte »Der Teufel ein Fürsprech« die Zustände bei Gericht:[15] Ein Richter verweigert dem als Fürsprecher auftretenden Teufel, der durch Sprache und Kleidung landfremd erscheint, die Vorladung eines diebischen Wirtes. Der Teufel aber erklärt dem parteiischen Richter, daß die Zeit der Untertanengerichte vorüber sei. Offensichtlich bezieht sich der Teufel hier auf die Auflösung grundherrlicher Gerichte. »Du richtest nach dem Geld. Drum wirst du auch gerichtet in einer anderen Welt«, droht der Teufel. Und daß er unter fürchterlichem Geheul Seelen und Leiber eines Richters und eines Wucherers gemeinsam in die Hölle schleppt, drückt seine Geringschätzung des Richterstandes aus.[16]

Auch der in Bologna ausgebildete Jurist Hugo von Trimberg führt bewegte Klage über den Verfall des Rechts: »Swie gereht des armen sache si, doch muoz sin silber werden bli, und kupfer werden sin rotez golt, ist der rihter im niht holt.«[17]

Nur auf den ersten Blick mag es verwunderlich erscheinen, daß die Geistlichkeit für einen Teufelspakt besonders anfällig war. Die Verwahrlosung der Sitten unter den Klerikalen, das ehrgeizige Streben nach einem Amt, sogar dem höchsten, der päpstlichen Würde, lieferten hinreichenden Grund für den Verdacht, daß sich die Geistlichkeit mit dem Teufel verbündete. In der Geschichte »Der Teufelspapst« verhilft Satan einem ehrgeizigen Kleriker zur Papstwürde unter der Bedingung, daß dessen Seele der Hölle verfalle, wenn er zu Jerusalem die Messe singe. »Wie soll ich jemals nach Jerusalem kommen?« fragte sich der Teufelsbündner. Aber als der Papst von Teufels Gnaden eines Tages in der römischen Kirche mit dem Namen »Jerusalem« ahnungslos eine Messe zelebriert, kommt es mit ihm zu einem schlimmen Ende, er wird in die Hölle verschleppt.[18]

Ein Priester mit Namen Theophilos ist es auch, der im Jahre 1276 gegen das teuflische Versprechen, zum Bischof gewählt zu werden, seine Seele verpfändet und die erste Blutunterschrift leisten muß. Das Blut gilt hierbei als *pars pro toto*, nämlich als Teil für die Gesamtheit von Leib und Seele. Beide sind dem Teufel vollständig verfallen. Während der Vertragszeremonien soll er dem Teufel, wie einem orientalischen Potentaten, die Füße geküßt und eine mit Wachs gesiegelte Urkunde überreicht haben, die im Mittelalter als beweiskräftig galt. Trotzdem gelangt der Teufel nicht zu seinem Recht, da die Jungfrau Maria persönlich zur Hölle fährt und die Schuldverschreibung zerreißt.[19] Damit gilt der Vertrag gemäß dem geltenden Recht als hinfällig. Auch in dem Märchen von Bechstein »Schab den Rüssel« zerreißt der Teufelsbündner den Vertrag, als der Teufel dessen Seele einfordert. Aber nun ist der Vertrag in allen seinen Teilen nichtig, und der Teufel triumphiert: »Der Pakt ist nichtig, und die Raspel ist wieder mein«, nämlich die Zauberraspel, die beim Gebrauch Goldstücke hervorbrachte.

Nicht immer verlangt der Teufel eine Blutunterschrift, die »verschärfte Schriftform«, wie der Jurist sagt. Oftmals genügt sogar der Wunsch, mit dem Teufel in Verbindung zu treten. Als Vertragsangebot an den Teufel gilt schon der Stoßseufzer eines »Mauerblümchens«, das keinen Tänzer findet: »Selbst der Teufel käme mir jetzt recht.« Wenn es dann sogar Gefallen an den wilden Sprüngen des Teufels findet, muß es mit diesem bis in die Hölle tanzen. Daß der Tanz allein schon sündhaft sei, weil er mit dem Tanz um das Goldene Kalb seinen Anfang genommen habe, betont im Sinne der mittelalterlichen Kirchenlehrer auch Sebastian Brant in seinem »Narrenschiff« mit den Worten: »So kann ich merken und betrachte, daß ihn der Teufel wohl aufbrachte.«

Meist genügt für den Teufelspakt das einfache Versprechen oder auch das Geloben gemäß dem Sachsenspiegel: »Swer icht borget oder gelobt, der sal iz gelden.«[20] Erst die Übernahme des Schriftwesens aus dem römischen Verkehrsrecht erweist sich als Einbruch in das altgermanische System der Rechtsgeschäfte. Nun heißt es im Teufelsvertrag »verschreibt sich, Schrift unterschreiben, Seele verschreiben, Schuldbrief«. Um 1390 wird in Nürnberg erstmalig Papier produziert, das durch Vermittlung der arabischen Kulturwelt nach Europa gelangt und das teurere Pergament verdrängt. Auch der Teufel bedient sich nun des Papiers als Beschreibmaterial für den Vertrag. In besonderen Fällen muß der Vertragspartner jedoch das Papier zwischen Haut und Fleisch tragen, und in einem Märchen bei Bechstein heißt es, daß die

Schreibfeder des Teufels »frisch, aber verkehrt geschnitten« sein müsse.[21] Als der Teufel einmal in der Kirche die gottlosen Schwätzer notiert, tut er das allerdings noch auf einer Kuhhaut.[22] Und daher stammt das Sprichwort, daß die Verfehlungen der Sünder auf keine Kuhhaut gehen.

Über die Handwerker, die es mit dem Teufel aufnehmen, erzählen Märchen und Sagen vor allem vom Schmied. Daß der Schmied immer obsiegt, beruht auf der angesehenen Stellung des Schmiedes im mittelalterlichen Gemeindeleben. Seine Rolle im sozialen Umfeld erstreckt sich nicht nur darauf, Waffenschmied und Hersteller wichtiger häuslicher Geräte zu sein, sondern erlaubt ihm zudem, Angelegenheiten der Wehrhaftigkeit, des Kultes und des Liebeslebens zu regeln. Die Schmiede bildete den Mittelpunkt der Männerunterhaltungen – bei Homer und bei Tiefkulturvölkern ist sie Ersatz des Männerhauses –, kam aber gerade deswegen in Verruf. Es könnte dieser etwas zweifelhafte Ruf sein, der den Teufel immer wieder anlockt. In vielerlei Versionen wird das Märchen vom Schmied erzählt, der den Teufel auf einen Baum, in einen Sessel, in die Schmiedetasche oder einen Geldbeutel bannt. Aber statt die Leistung aus dem Vertrag zu erhalten, wird der Teufel auf dem Amboß windelweich geschlagen, »bis der Teufel alle seine Rechte drangab«, wie es in einem Märchen aus dem Rheinland heißt.[23] Der Teufel geht sogar beim Schmied in die Lehre und zahlt dafür gutes Silbergeld. Aber er versagt beim Gesellenstück, als er auf dem Amboß eine Kinderlocke geradeschlagen soll.

Die Forderung des Teufels erstreckt sich oft nicht nur auf die Seele, sondern auch auf den Leib des Menschen, den er zerstückelt und zerreißt, »so daß die Eingeweide bald sämtlich aus dem Leib herausgerissen.« Diese furchterregende Darstellung ist in einer Sage zu lesen.[24] Auch in der Geschichte von dem Fuhrmann, dem der Teufel hilft, seinen Wagen aus dem Morast zu befreien, verlangt der Teufel ein Stück seines Leibes.[25] Daß diesem eine Verstümmelung erspart bleibt, beruht auf dem listigen Einfall, seine überlangen Fingernägel hinzureichen. Wir kennen die Geschichte vom Fleischpfand aus Shakespeares »Kaufmann von Venedig«. Hier scheitert die Vertragserfüllung am Rechtsgefühl des Richters, der das Fleischpfand als etwas beurteilt, was außerhalb des Rechts steht. Die Gesetzgebung verbot Verträge dieser Art nicht. Auch gab es, einmal abgesehen von orientalischen Varianten, in fast allen europäischen Ländern Gesetze, durch die Glieder taxiert werden konnten, um ihren Wert als Buße und Zahlungsmittel festzusetzen. Jakob Grimm weist auf das germanische »Kaiser-Karls-Recht« hin, das einem Gläubiger die Verstümmelung eines insolventen Schuldners erlaube.[26] In Märchen und Sagen gilt es jedoch als sittenwidrig, wenn der Teufel ein Stück der göttlichen Schöpfung beansprucht.

Es ist unschwer zu erkennen, daß jeder Stand im Rahmen der hierarchischen Gesellschaftsordnung zum Opfer teuflischer Fallstricke werden kann. Allen Ständen gemeinsam gelten die Gegensätze, für die der damalige Mensch keine Lösung findet: Grausamkeit und Weichheit, Geborgenheit im Familienkreis und Furcht vor den jenseits der Grenzen drohenden Geistern, heidnische Relikte und christliche Frömmigkeit, Vertrauen in Gottes Güte und doch Angst vor dem Weltgericht. In diesen nicht auflösbaren Zwiespalt schlüpft der Teufel hinein.

Nach dem Exkurs über die Strukturen der Teufelsverträge kehren wir zum Müller zurück. Warum ist unter all den vorgenannten potentiellen Vertragspartnern gerade der Müller ein bevorzugtes Zielobjekt des Teufels? War nicht etwa der Müller neben dem Schmied ältester handwerklicher Spezialist? Heißt es nicht schon im Gesetz der Westgoten, der Lex Visigothorum, daß ein gewaltsamer Schaden an der Mühle und ihren Wasserschleusen binnen 20 Tagen wieder gutgemacht werden müsse und mit 20 Schillingen Strafe geahndet werde? Falls aber die Zerstörung in der festgesetzten Zeit nicht wiederhergestellt sei, müsse der Verursacher weitere 20 Schillinge zahlen und erhalte zudem 100 Peitschenhiebe.[27]

Gilt doch nach christlicher Lehrmeinung die Mühle als Symbol für die Kirche als Gotteshaus. Versinnbildlicht doch der Mahlgang, aus dem das Brot des Lebens kommt, den Eucharistiegedanken. Dient doch das Mühlwerk als Werkzeug zur Reinigung der Seelen und des Glaubens. Werden doch Mühlsteine sogar zu Altären und Weihwasserbecken verarbeitet und gelten als *petra sancta*, als heiliger Stein, sogar als Symbol für Christus. Und gerade hier sollte sich der Teufel breitmachen?

Doch »welche Gestalt ist so heilig und schön, ja so abscheulich und erschrecklich, daß nicht längstens der Teufel in selbiger erschienen ist!« ruft mahnend Ignatius Ertl, mittelalterlicher Verfasser und Erzähler von Predigtmärlein.[28] Diese Travestiebegabung ermöglicht es dem Teufel, die spezielle Situation des Müllers für seine Zwecke auszunutzen.

Da die Mühlen sich, meist in einer geheimnisumwitterten Aura dunkler Wälder, außerhalb der Dorfgemeinschaften befanden, kehrte dort allerlei fahrendes Volk ein, das in den umfriedeten Dörfern nicht gerne gesehen wurde: Spielleute, Gaukler, Bärenführer, Angehörige unehrlicher Berufe wie etwa Abdecker, Bader, Leineweber und Marktschreier, aber auch gesuchte Verbrecher, denen die Mühle als sogenannte Freistätte, nämlich als Asyl offenstand. Zu denen, die einem verfemten, zunftunfähigen Gewerbe nachgingen, gehörte auch der Müller, verfemt deswegen, da sich auch sein Gewerbe, wie das des Henkers und Abdeckers, in der Nähe des Todes befand. Er hatte nämlich bei Hinrichtungen die Galgenleiter zu liefern und mußte bei der Aufstellung des Galgens helfen. Hierzu kam noch, daß man ihm anlastete, das heilige Element des Wassers zu versklaven und aufs Rad zu flechten und das von Gott geschenkte Korn zwischen zwei Steinen zu zerquetschen. Der schlechte Ruf begleitete von Geburt an auch die Kinder des Müllers. »Müllers Kind macht, wenn es geboren, schon krumme Finger«, sagt ein Sprichwort.[29]

Für den Teufel war es ein leichtes, sich unter diese schillernde Gesellschaft zu mischen. Als höflicher Mahlbursche bat er um Arbeit, und aufgrund der Travestiebegabung des Teufels konnte der Müller nicht die satanischen Insignien erkennen. Der Pferdefuß zeigte sich erst später. Das Märchen kennt jedoch den gewitzten Müllersburschen, dem es gelingt, den Teufel aus der Mühle zu vertreiben, wenn er etwa dem Teufel statt der erbetenen Nüsse Steine in den Mund steckt oder von den Mühlenkatzen behauptet, diese seien gefährliche Bären.

Gerät aber der Müller in Not, wie es im 14. Jahrhundert aufgrund fallender Getreidepreise und Verschuldung des Bauernstandes geschah, zeigt der teuflische Mahlbursch sein wahres Gesicht und zwingt den Müller zum Vertrag, der ihn vor der Armut retten soll.

»Ein Müller war nach und nach in Armut geraten.« So beginnt KHM 31 »Das Mädchen ohne Hände«. In diesem Märchen verspricht der Müller unwissend seine Tochter dem Teufel, der von ihm verlangt, daß er seinem Kind die von den vielen Tränen reinen Hände abhaue, weil er sonst über das Mädchen keine Macht habe. Dem Müller, der sich entsetzt weigert, droht der Teufel: »Wo du es nicht tust, so bist du mein, und ich hole dich selber.« Die Tochter läßt sich nach folgender Rede die Hände abschlagen: »Lieber Vater, macht mit mir, was ihr wollt, ich bin Euer Kind.« Wer hierin eine schlechte Tat des Müllers sieht, sollte allerdings bedenken, daß im Mittelalter die Munt des Vaters galt. Dem Vater stehen Züchtigung und Verkauf des Kindes zu, jedoch heißt es einschränkend im Schwabenspiegel: »Und ist das ein man sein kind verkaufft durch ehaft nott das tuet er wol mit recht, er sol es aber in die haidenschaft nicht geben noch anders zu chainem Vnglauben noch in den tod noch in das hurhaws ob es ein maget ist.«[30]

In diesem Sinne kennt auch das Märchen eine vom Sittencodex gesetzte Schranke: Das zu Unrecht verkaufte Kind endet nicht im Elend, sondern zumeist im Glück.

Auch das Märchen KHM 55 »Rumpelstilzchen« beginnt mit dem Hinweis auf die Armut des Müllers. Aber nicht die Armut, sondern der Ehrgeiz, sich beim König beliebt zu machen, gibt ihm die Lüge ein, seine Tochter könne Stroh zu Gold spinnen. Goldmacher standen nämlich bei den Landesherren in hoher Gunst. Man hätte meinen können, daß nun der Teufel, der sich, wie man weiß, darauf verstand, Gold in der Mühle zu mahlen, dem verzweifelten Mädchen einen Vertrag angeboten hätte. Aber nicht der Teufel, sondern ein kleines Männchen fordert gegen seine Hilfe das erste Kind der späteren Königin. »Das hat dir der Teufel gesagt!« schreit Rumpelstilzchen, als die Königin seinen Namen zu nennen weiß. Hier wird der Teufel als Helfer des sündenfreien Mädchens vermutet. Das unschuldig in Not geratene Mädchen unterliegt keinem Strafgericht.

Nicht immer also treibt Armut den Müller zum Teufelspakt. Oft ist es reine Habgier. In einem Märchen bei Bechstein erlaubt der Müller einer Sägemühle dem Teufel, jede Nacht eine Seele zu zersägen.[31] Der Müller dachte: »Säge doch meinetwegen Seelen oder Kieselsteine. Wenn ich nur ein Wehr habe, das meiner Mühle zu meinen zwei Gängen genug Wasser zuführt.« Nur das Eingreifen der Müllersfrau, die von einem Steinfelsen aus wie ein Hahn kräht, so daß alle Hähne im Dorf antworten und der Teufel nicht vertragsgemäß den Bau vor dem ersten Hahnenschrei fertigstellen kann, rettet den Müller davor, daß wohl auch seine eigene Seele zersägt wird. Ein verbrecherischer Müller jedoch, der sich mit Hilfe des Teufels von seinem zänkischen Eheweib befreit hatte, muß zur Strafe nun selber um jede Mitternachtsstunde einen Sack voller Menschenschädel als »Teufelsfutter« mahlen.[32]

In manchen Märchen und Sagen werden jedoch auch die Tugenden des Müllers gepriesen: Fleiß, Klugheit und vor allem Mitleid. So nehmen im Märchen »Das Mühlbachkind« die Müllersleute ein Kind auf, das in einer Schachtel den Mühlbach herabgeschwommen kam.[33] »Du, wir haben ein kleines Kind«, ruft der Müller freudig seiner kinderlosen Frau zu, und fügt hinzu, als er in der Schachtel auch Geld findet: »Das hätten wir gar nicht gebraucht.«

Dennoch überwiegen die Geschichten vom unehrlichen, habgierigen Müller. Das beweisen zahlreiche Sprichwörter, zum Beispiel: »Müllers Hand nimmt jeden Morgen einen Dieb beim Kragen.«[34] Und schon in der Straßburger Rätselsammlung von 1505 heißt es:

»Warum baut der Storch nicht auf eine Mühle?« Antwort: »Weil er Angst hat, daß ihm der Müller die Eier stiehlt.« Dem Müller, der möglichst schnell zu Geld und Gut kommen will, genügen solche kleine Diebereien nicht. Man sagt ihm nach, daß er mit der Hilfe des Teufels heimlich Gold mahle. Dieser Verdacht könnte allerdings auf einer Sinnestäuschung beruhen. Denn: »Das Mühlrad stäubt Diamanten« heißt es in einem Gedicht bei Heinrich Heine.[35] Auch läßt sich der Müller vom Teufel zur Falschmünzerei anstiften, da die Wasserkraft das Schlagen von Münzen begünstigt. Oft geschah dieses Delikt sogar mit Duldung und Beteiligung der Landesherren. Dennoch war dieses einträgliche Geschäft nicht ungefährlich. Denn Münzfälscher wurden bis ins 13. Jahrhundert mit dem Verlust der Hand, seit dem 14. Jahrhundert, im Zuge der allgemeinen Entwicklung der peinlichen Strafe, mit Hinrichtung durch Sieden oder Verbrennen bestraft. Daß sich der Teufel vor dem Zugriff des Büttels aus dem Staube machte, versteht sich von selbst.

Noch ein Schlupfloch gab es, durch das sich der Teufel Eingang zur Mühle verschaffte: die Mühlenprostitution. Denn die Mühle galt als Brutstätte von Ehebruch und Prostitution. Noch 1573 droht eine Braunschweiger Polizeiordnung mit Strafen, wenn »ein Ehemann oder eine Ehefrouwe in unseren rats mühlen, wenn sie dar malen liesten, Ehebruch treiben«.[36] Und gewiß nicht zufällig ist Santa Verena, hinter der sich eine germanische Liebes- und Ehegöttin verbirgt, die Beschützerin der Müller.

In dieser Atmosphäre führt sich der Teufel als wahrer Moralapostel auf, und es bietet sich die Gelegenheit, sich als Vollzieher göttlicher Strafgerichtsbarkeit an den Frauen zu rächen, die ihn durch List so oft um seine berechtigte Forderung gebracht haben. So reißt er der Braut, die neun Kinder geboren und getötet hatte, den grünen Kranz ab und führt sie mit sich in die Hölle.[37] »Schickt sie ihr Maid zum Buhlen aus, so zog er's (der Teufel) beim Haar wieder ins Haus.« So steht es auch in der Geschichte von Hans Sachs: »Der Teufel hüt' einer Buhlerin«.

Schon in der Antike war die Mühle mit den darin beschäftigten Sklaven ein bevorzugter Ort von Sinnenlust und Prostitution. Sexualriten, die ihren Ursprung in den antiken Mühlen mit den darin beschäftigten Sklaven haben, setzen sich fort in den Mühlendirnen, Freudenhausmühlen und Mühlenliedern erotischen Inhalts bei allen Völkern des Abendlandes. Nicht nur galt Mahlen als uralte Metapher für den Geschlechtsakt, sondern Müllerin und Ehebruch sind oft verkoppelte Motive. So heißt es im Bergliederbüchlein aus dem Jahr 1740 (Nr. 127):

> Hast du die Nacht gemahlen, sprach sich der Müller stolz,
> die Mühl will ich verstellen, das Kammrad und die Wellen,
> daß du nicht mahlen kannst.

Und fährt fort, als sich die untreue Ehefrau unbeeindruckt zeigt:

> Die Mühl will ich verkaufen, das Geld will ich versaufen,
> bei schönen Jungfräulein.[38]

Auch so kann es zu einer verlassenen Mühle kommen.

Hat sich der Teufel mit göttlicher Billigung aber erst einmal zum Herrn der Mühle gemacht, bleibt dem Müller nichts anderes übrig, als das schwere Leben eines heimatlosen Landfahrers zu wählen, falls er nicht schon vorher als Dieb und Betrüger vom Teufel unter das Kammrad geworfen, zur Hölle entführt oder wegen Münzfälschung und anderer strafwürdiger Delikte Leben und Freiheit eingebüßt hatte.

Fahrendes Volk nannte man im Mittelalter jene bunte Gesellschaft von Gauklern, Tierbändigern, Taschenspielern, Seiltänzern und Musikanten, die ihr Gewerbe auf den Jahrmärkten betrieben. Dazu gesellten sich herrenlose Landsknechte, Bettler, Schnorrer und Strolche. Doch sollte man auch nicht die magisch-sakrale Unterströmung vergessen, die Kunst der Zauberer und Taschenspieler. Noch im 14. Jahrhundert stellte man die Spielleute auf eine Stufe mit Dämonen, denn selbst dem gebildeten mittelalterlichen Menschen erschien das Tönezaubern als dämonisch. Diese Einstellung kommt auch in den Märchen zum Ausdruck. In KHM 100 zieht ein abgedankter Soldat nach der Rückkehr aus der Hölle, wo er dem Teufel sieben Jahre lang gedient hatte, durch die Dörfer und macht Musik. »Denn das hatte er bei dem Teufel in der Hölle gelernt.«

Der soziale Wandel, zu denen auch die Verarmung der Müller gehörte, hatte zu Veränderungen geführt, in deren Gefolge sich mit der Randgruppe der schädlichen Leute erstmals in der deutschen Geschichte ein ausgesprochenes Verbrechertum zeigte. Vor allem Bauern hatten unter dem herumstreunenden Gesindel zu leiden, während in den Städten eine wirksamere Bekämpfung möglich war. Unter diesem Gesindel findet der Teufel seine Opfer, nicht seine Gefolgschaft. Die Märchen und Sagen berichten nämlich von Kontakten des Teufels zu den Landfahrern anders, als es gemäß dem schlechten Leumund des Teufels zu erwarten wäre. Er ist ihr Widersacher. Betrüger und Bettler sind a priori für die Hölle bestimmt. Das Strafgericht des Teufels stimmt mit der weltlichen Gerichtsbarkeit überein. Landschädliche Leute sind für ihn Personen, von denen man, wie es die Carolina, die Peinliche Gerichtsordnung Karls V. aus dem Jahre 1532, in Artikel 176 sagt: »auß ertzeygeten ursachen, übels und missethatt warten muß.«

Nach allem Vorhergesagten kann man eigentlich nicht verstehen, warum denn der Teufel letztendlich fast immer um seine Forderung betrogen wird. Märchen und Sagen sprechen treffender nicht vom betrogenen, sondern vom geprellten Teufel. Das Prellen ist eher rohe Belustigung als ein Betrugsdelikt und knüpft an die Jägersitte an, einen Fuchs mit dem Prellnetz hochzuwerfen. Aber warum trifft den Teufel diese üble Behandlung, ihn, der doch mit der Billigung Gottes den Menschen verführt, der sich als Vollzieher göttlichen Strafgerichts in die göttliche Rechtsordnung eingebunden fühlt, der versprochene Fristen einhält, Körper und Seelen niemals vor dem vereinbarten Termin einfordert, der in einem Eidbruch gemäß mittelalterlicher Rechtsauffassung ein Religionsverbrechen sieht, indem er sagt: »Ich muß mein Eid halten, darumb so far ich davon.«[39]

Die Ursache des Motivs »Betrogener Teufel« fußt sowohl auf einer theologischen als auch auf einer weltlichen Wurzel. Die theologische findet in den Teufelsverträgen ihren Niederschlag im Sinne der patristischen Betrachtungsweise, daß der Teufel durch schuldhafte Gier die Lockspeise Gottes angenommen und dadurch nicht nur das Recht auf die menschlichen Seelen verloren habe, sondern auch auf ewig in die Hölle verbannt sei. Die Erlösungstheorie des Origenes,[40] die dem Teufel die Möglichkeit gibt, in einer anderen Weltzeit einen anderen Rang einzunehmen, und »daß im Jüngsten Gericht die Gerechtigkeit Gottes auch für den Teufel offenbar werde«,[41] findet im Märchen keinen Widerhall. Dazu kommt noch die nicht zu übersehende Abhängigkeit des Teufels von der kanonischen Rechtslehre im Hinblick auf das Einhalten eidlicher oder auch uneidlicher Versprechungen. Denn das kirchlich-römische Recht sagt, daß ein eidliches Versprechen nur dann gehalten werden müsse, wenn durch die Bewirkung der versprochenen Leistung das Seelenheil nicht gefährdet werde. »Ein Pakt, der zur Sünde führt, gilt nicht«, entscheidet die höchste Instanz, nämlich Gregor IX. in seinen Dekretalen.[42] Das macht sich der menschliche Vertragspartner zunutze.

Die weltliche Ursache ist im Wandel des Erscheinungsbildes der mittelalterlichen Bevölkerung zu suchen. Der zunehmende Wissenserwerb und das hieraus resultierende Überlegenheitsgefühl gegenüber dem Teufel gibt den Menschen Mut, sich mit List und sogenannten »gelüppeten« Eiden aus vertraglichen Zwängen zu lösen. List beruht nämlich auf dem germanischen Wortstamm *lis* = Wissen, und ein »gelüppeter«, nach dem Grimmschen Wörterbuch »vergifteter« Eid, beruht auf einer zu weit gefaßten Eidesformel, wie wir sie aus den Baumeistergeschichten kennen, wenn nach fertiggestelltem Brückenbau des Teufels als erstes Lebewesen ein Tier über die Brücke gejagt wird, so daß der Teufel um die menschliche Seele geprellt wird.

Und nicht zuletzt liegt der Anlaß zum Betrug am Teufel in der Rechtfertigung, daß doch auch Gott sich der List bedient habe. Gott wendet nämlich in den dualistischen Märchen[43] nicht immer rechtlich unbedenkliche Mittel an. Als seßhafter Landmann trachtet Gott nach den Kühen des teuflischen Hirten, der ja sowieso keine Ställe besitze. So erschafft er die Bremse, die des Teufels Kühe in die göttlichen Ställe treibt. Oder Gott verspricht Schadenersatz, weil seine Wolfshunde des Teufels Ziegen zerrissen haben. »Ich zahle dir es, sobald das Eichenlaub fällt, dann komm, dein Geld ist schon gezählt.« (KHM 148) Der Teufel aber kann seinen Anspruch nicht durchsetzen, da die Eiche bis zum neuen Trieb ihr Laub behält. Nur vom heutigen Standpunkt aus erscheint es bedenklich, wenn Gott den Menschen rät, des Teufels Tiere zu stehlen. »Sei unbesorgt«, beruhigt er den Teufel. »Die Menschen werden nur mit meinen Tieren ihre Felder bestellen.«, verändert die Farbe der Rinder und spaltet ihnen die Hufe, so daß der Teufel seine Tiere nicht mehr erkennen kann. Gott packt den Teufel beim Kragen, so wie der Henker einen Delinquenten, und wirft ihn hinaus. Jedoch der betrogene Teufel lamentiert nicht, sondern ist nur »sehr traurig«. Nicht allein für den mittelalterlichen Menschen, sondern auch für den Teufel, der sich in die göttliche Rechtsordnung eingebunden fühlt, gilt das, was im Landrecht des Sachsenspiegels zu lesen ist: »Got ist selber recht«[44], wobei Recht im damaligen Sprachgebrauch »ordo« im Sinne von »gotes ordenunge« bedeutet.

Im Mittelpunkt aller Teufelsverträge steht jedoch der wandelbare Mensch. Während sich der Mensch aufgrund des sozialen und rechtlichen Wandels verändert und an Wissen zunimmt, bleibt der Teufel trotz seiner Travestiebegabung der ewig gleiche Satanas und ist nicht imstande, seine jahrhundertealte Erfahrung für sich nutzbar zu machen. So zeigen sich auch die vertraglichen Strukturen, obwohl in der Hülle verschiedener Sagen und Märchen, immer als die gleichen.

Aber vielleicht ergeht es gar manchem, der besonders laut über den Teufel lacht, welcher trotz eines rechtsgültigen Vertrages, trotz Einhaltung von Fristen und Eiden, trotz der Billigung Gottes bei der Ausübung von Strafgerichten, letztendlich geprellt und vertrieben wird, wie dem furchtsamen Kind, das bei der Durchquerung eines finsteren Waldes besonders fröhlich pfeift.

Anmerkungen

1 Hermann Lübbing: *Friesische Sagen* (Stammeskunde deutscher Landschaften). Hrsg. von P. Zaunert, Jena 1928, S.204.
2 Leo der Große: *Sermones* XXII,4; Gregor von Nyssa: *Große Katechese* c.23; Gregor der Große: *Moralia* 33,7.
3 Ulrich Tenngler: »Der Teufelsprozeß vor dem Weltgericht«. In: *Neuer Layenspiegel von 1511,* Ausgabe von 1512. Hrsg. von W. Schmitz, Köln 1980.
4 Summa de laudibus christiferae virginis, quaestio 23,5.
5 *Layenspiegel*, Folio 149.
6 Ninon Hesse (Hrsg.): *Deutsche Märchen vor und nach Grimm*, Zürich 1956, Nachdruck Frankfurt a. M. 1979, S.142 ff.
7 Gustav Neckel (Hrsg.): *Vom Altertum zum Mittelalter* (Reihe Deutsche Sagen Bd. 2), Darmstadt 1964, S.137.
8 Niklas Luhmann: *Die Ausdifferenzierung der Religion*, Opladen 2. Aufl. 1983, S.293.
9 Gustav Neckel: *Vom Altertum zum Mittelalter*, S.141;148.
10 Max Lüthi: *Das europäische Volksmärchen*, Bern 7. Aufl. 1981, S.77; Friedrich Panzer: *Märchen*, Darmstadt 1973, S.85; Lutz Röhrich: *Sage und Märchen* (Erzählforschung heute), Freiburg 1976, S.171.
11 Paul Zaunert (Hrsg.): *Deutsche Märchen seit Grimm*, Düsseldorf/Köln 1964, S.80 ff.
12 HDA 6, Sp.605.
13 Gustav Neckel (Hrsg.): *Vermischte Sagen* (Reihe Deutsche Sagen Bd. 3), Darmstadt 1964, S.221ff.
14 Johann Wilhelm Wolf: *Verschollene Märchen*, Nördlingen 1988, S.149ff.
15 Ludwig Bechstein: *Deutsche Märchen und Sagen*, Berlin 1959, S.401ff; vgl. auch Brüder Grimm: *Deutsche Sagen*, Darmstadt 1956, S.222f.; Otto Ludwig: *Richter und Gericht im deutschen Märchen*, Bühl-Baden 1935, S.30; *Constitutio Criminalis Carolina von 1532*, Art. 88, 89, 90.
16 Joseph Klapper: *Erzählungen des Mittelalters* (Wort und Brauch Heft 12), Breslau 1914, S.401 ff.
17 Hugo von Trimberg: *Der Renner*. Hrsg. von G. Ehrismann, Tübingen 1908, Z.8703.
18 Lutz Röhrich: *Sage und Märchen. Erzählforschung heute,* Freiburg 1976, S.259.
19 Die Theophiloslegende ist in zahlreichen Versionen von Rhosvitha von Gandersheim über das spätmittelalterliche Passional bis zum Jesuitendrama des 17. Jhdts. überliefert.
20 Eike von Repgow: *Sachsenspiegel.* Hrsg. von Karl August Eckhardt, MGH Font. ins. Germ. antiqui i.u.s., Hannover 1993, 1. Buch, Art. 7.
21 Ludwig Bechstein: *Märchen und Sagen*. Hrsg. von E. Jelde, München 1954, S.122.
22 Robert Wildhaber: *Das Sündenregister auf der Kuhhaut* (FFC 163), Helsinki 1955, S.9ff.
23 Gottfried Henssen (Hrsg.): *Volksmärchen aus Rheinland und Westfalen*, Elberfeld 1932, S.18.

24 Gustav Neckel: *Vermischte Sagen*, S.241.
25 Josef Guggemos (Hrsg.): *Deutsche Sagen und Schwänke*, München 1979, S.112.
26 Eleonore Schamschula: »Das Fleischpfand«. In: *Fabula* Bd. 25, Berlin New York 1984, S.277–295.
27 *Lex Visigothorum VIII*, 4,30. Hrsg. von K. Zeumer, MGH LL Nat. Germ.I,1, Hannover 1902.
28 Elfriede Moser-Rath: *Predigtmärlein der Barockzeit*, Berlin 1964, S.51.
29 *Deutsches Sprichwörter Lexikon*. Hrsg. von Karl Friedrich Wander, Darmstadt 1964, Bd.3 Nr.61, S.762.
30 Schwabenspiegel Langform Fassung Xg, Nr. 357/CC) LXXXXVIII. »Der sein kind verkaufft«.
31 In: *Alte Mühlen in Mythen, Märchen und Erzählungen*. Hrsg. von Timur Schlender, München 1988, S.286.
32 Johannes Mager: *Die Kulturgeschichte der Mühlen*, Leipzig 1988, S.158.
33 *Österreichische Märchen*. Hrsg. von I. Reiffenstein (MdW), Düsseldorf/Köln 1979, S.30ff.
34 Werner Dankert: *Unehrliche Leute*, Bern/München 1963, S.128.
35 Heinrich Heine: »Mein Herz, mein Herz«, Zyklus: Die Heimkehr, *Buch der Lieder*. In: Heinrich Heine: *Werke*. Hrsg. von Paul Stapf, München/Wiesbaden, S. 83 f.
36 Werner Danckert: *Unehrliche Leute*, S.143.
37 Elsbeth Goez: *Der Schuldbegriff in der deutschen Volkssage*, Frankfurt a.M. 1928, S.70.
38 zit. nach Werner Danckert: *Unehrliche Leute*, S. 133.
39 Pauli, Johannes: *Schwanksammlung Schimpff und Ernst* (1522). Hrsg. von J. Bolte, Berlin 1925, c.93.
40 Origenes: *Geist und Feuer, ein Aufbau aus seinen Schriften*. Hrsg. von H. U. v. Balthasar, Freiburg 1991.
41 Wolfgang Schild: *Alte Gerichtsbarkeit. Vom Gottesurteil bis zum Beginn der modernen Rechtsprechung*, 2. Aufl. 1985, S.10f.
42 *Liber* IX 1,35,8.
43 Hannsjost Lixfeld (Hrsg.): *Gott und Teufel als Weltschöpfer*, München 1971.
44 *Sachsenspiegel*, Landrecht, Prolog Z.10.

Andreas Möhlenkamp

Die Mühle in Märchen und Recht

In den alten Zeiten, da hatte jeder Klang noch Sinn und Bedeutung. [...] Fing das Räderwerk der Mühle an zu klappern, so sprach es: »Help, Herr Gott! Help, Herr Gott!«, und war der Müller ein Betrüger und ließ er die Mühle an, so sprach sie hochdeutsch und fragte erst langsam: »Wer ist da? Wer ist da?«, dann antwortete sie schnell: »Der Müller! Der Müller« und endlich ganz geschwind: »stiehlt tapfer, stiehlt tapfer vom Achtel drei Sechter.«

So beginnt das Märchen »Der Zaunkönig« (KHM 171). Zu der Zeit, als die Brüder Grimm dieses Märchen niederschrieben, sah das Preußische Allgemeine Landrecht vor, daß ein Müller mit hohen Strafen rechnen mußte, wenn er den Mahlgast schlecht bediente.[1] Und: »Was vom untüchtigen Mahlen verordnet ist – also die hohen Strafen –, findet auch statt, wenn der Müller die Mahlpflichtigen betrügt.«[2] Sowohl im Märchen als auch im Recht wird der betrügerische Müller erwähnt.

Unterschiede zwischen Märchen und Recht

Trotz dieser ersten Gemeinsamkeit zwischen Mühlenmärchen und Mühlenrecht erstaunt die Verknüpfung. Denn Märchen und Recht haben auf den ersten Blick nichts miteinander gemein. Schon die Sprache der Märchen unterscheidet sich von der des Rechts. Das Märchen ist in einer einfachen Sprache geschrieben, und die erzählte Geschichte ist meist leicht verständlich. Deswegen hören Kinder wohl auch die Märchen so gern. Das Recht versteckt sich dagegen oft hinter schrecklichem Fachvokabular und bedient sich komplizierter Satzmuster.[3]

Das liegt vor allem daran, daß das Märchen viel länger mündlich weitergetragen wurde als das Recht. Wer nach dem Recht fragt, fragt zunächst: »Wo steht das geschrieben?« Das Recht scheint fest in der Schrift verankert zu sein. Märchen dagegen erwachen erst durch die Kunst des gesprochenen Wortes.

Aber Märchen und Recht sind sich nicht nur in der sprachlichen Form fremd. Es ist auch schwer, konkrete Rechtssätze dem Märchen zu entnehmen.[4] Das Märchen beschäftigt sich vielleicht mit der Ordnung der Welt, damit, wie die Dinge zueinander stehen. Um das Recht des einzelnen geht es jedoch zunächst nicht. Daher ist es besonders interessant, den gleichwohl bestehenden Verbindungen zwischen Märchen und Recht nachzuspüren. Die Mühle dient dabei als Beispiel.

Bevor aber Mühlenmärchen und Mühlenrecht in Beziehung gesetzt werden, sind noch weitere Zusammenhänge interessant. Die bekanntesten deutschen Märchensammler, die Brüder Grimm, waren nicht nur die Begründer der Germanistik, sondern nach ihrer Ausbildung Juristen. Sie waren Schüler von Friedrich Carl von Savigny, einem bedeutenden Rechtsgelehrten seiner Zeit.[5] Das hat sich auf die Märchen, auf die Märchenkonzeption und den Märchenstil der Brüder Grimm niedergeschlagen. Der Streit der Brüder um den »richtigen« Märchenstil hat eine wichtige Wurzel in den Lehrjahren bei von Savigny.[6]

Ferner ist noch einmal die Sprache von Bedeutung, diesmal aus einem anderen Blickwinkel. Denn sosehr sich die Sprache in Märchen und Recht auch unterscheidet, sosehr haben beide in der Sprache auch eine Gemeinsamkeit. Beide, Märchen und Recht, sind von ihr abhängig, sind Diener der Sprache.[7] Ob in Wort oder Schrift – weder das Märchen noch das Recht können über die Grenzen, die ihnen die Sprache zieht, hinaus. Die Grenzen der Sprache sind auch die Grenzen ihrer Welt. Für denjenigen, der Märchen und Recht verstehen will, stellt sich daher auch gleichermaßen das Problem des richtigen Verständnisses.[8] Das Verständnis beginnt immer beim gesprochenen oder geschriebenen Wort. Hat der Gesetzgeber des Bürgerlichen Gesetzbuches, das von 1900 stammt, wirklich alle Sachverhalte so erfassen wollen, wie wir sie heute noch ins Gesetz hineinlesen? Und in bezug auf das Märchen: Haben die Märchenerzähler das gemeint, was wir heute in ihnen hören? Mit den Lebensumständen, mit einem anderen Erfahrungshorizont, verändert sich die Bedeutung eines Textes grundlegend.

Wichtig ist das Märchen schließlich für die Rechtssozialisation. Im Märchen »Aschenputtel« (KHM 21) heißt es deutlich: »Die guten in's Töpfchen, die schlechten in's Kröpfchen«. Gut und Böse werden im Märchen voneinander getrennt. Zwar sind die Unterscheidungskriterien in der Regel noch grob, aber der Unterschied wird deutlich. Der Ordnungsentwurf der Märchen prägt die Entwicklung des Rechtsempfindens der Kinder mit. Bevor das Recht in die Form der Schrift gebannt wurde, erzählten sich die Menschen Märchen, auch um grundlegende Rechtsvorstellungen darzulegen.[9]

Mühlen im Märchen und in Sprichwörtern

Wie steht es nun aber mit inhaltlichen Gemeinsamkeiten zwischen Märchen und Recht? Die Mühle soll als Beispiel für diese Gemeinsamkeiten dienen. Das hat seinen Grund vor allem darin, daß die Mühle im Märchen oft Schauplatz des Geschehens ist. Überall stoßen wir auf Mühlen. Kaum ein Beruf wird in den Märchen der Brüder Grimm so oft erwähnt wie der des Müllers. Einige Beispiele belegen das:

Im Märchen »Tischchendeckdich« (KHM 36) hatte der Vater seine drei Söhne verstoßen, weil die Ziege zwar über's Gräbelein sprang, dabei aber angeblich kein einziges Blättelein fand. Einer der drei Söhne ging zu einem Schreiner, ein anderer bei einem Drechsler in die Lehre. Ein dritter lernte bei einem Müller. Die anderen erhielten das »Tischchendeckdich« und den »Knüppel aus dem Sack«; dem Müllerslehrling aber schenkte sein Meister zum Abschluß einen Esel, der Gold speien konnte. Wohlgemerkt: vom Müller einen Goldesel. Nicht vom Schreiner oder vom Drechsler.

Auch die Müllerin wird im Märchen erwähnt. Bekannt ist sie vor allem als die »schöne Müllerin«. Franz Schubert hat einen Liederzyklus für sie verfaßt. Und so ist es auch im Märchen. Es gibt wohl keines, in dem der Müller eine Tochter hat und diese nicht von besonderer Schönheit ist.

Schließlich erstaunt das Märchen »Der süße Brei« (KHM 103). Dort kocht ein Töpfchen Brei für die ganze Stadt, weil niemand es zum Stehen bringen kann, weil niemand das Zauberwort kennt. Das hat zunächst nichts mit einer Mühle zu tun. Dasselbe Motiv aber, das ja auch im Zauberlehrling wiederkehrt, finden wir bereits in der Edda, der nordischen Dichtung. Dort ist es gerade eine Mühle, nämlich die Mühle des Frodi, die alles mahlt, was man von ihr verlangt.[10] Bekannt ist das Bild auch von der Salzmühle, die ins Meer fällt und bis zum heutigen Tag weitermahlt. Darum sind die Weltmeere salzig – sagt das Märchen. Ist also das Märchen »Der süße Brei« in diesem Sinne auch ein Mühlenmärchen?

Es ist deutlich geworden, daß die Mühle im Märchen in verschiedenen Zusammenhängen erscheint. Das läßt bereits erahnen, daß die Bedeutung der Mühle groß gewesen sein muß, daß sie in aller Munde war.[11] Und so finden wir Mühlen auch in Sprichwörtern.

»Das ist Wasser auf seine Mühle« bedeutet, daß etwas geschehen ist, das positiv für jemanden ist, das jemandem Vorschub leistet. Und das nun wieder wörtlich: Nur wenn Wasser auf die Mühle kommt, kann sich das Mühlrad drehen. Oder das Sprichwort: »Gottes

Mühlen mahlen langsam«. Eigentlich heißt es: »Gottes Mühlen mahlen langsam, mahlen aber trefflich klein.« Es dauert zwar lange, bis beim lieben Gott etwas fertig gestellt ist, dann aber kommt ein wunderbares Werk heraus – feinstes Mehl.

Es erstaunt, daß in Märchen und Sprichwörtern, die bis heute erhalten sind, noch Mühlen vorkommen, obwohl Mühlen aus unserer Lebenswirklichkeit verdrängt sind. Daher soll, bevor die Brücke zum Recht geschlagen wird, ein Stück dieser vergangenen Lebenswirklichkeit zurückgeholt werden. Warum war die Mühle so bedeutsam?

Technik- und Sozialgeschichte

Die Technik- und Sozialgeschichte der Mühle reicht bis in die früheste Zeit zurück. Die ersten Mühlen waren Handmühlen und sind etwa 5 000 v. Chr. nachgewiesen. Die Mühle als Maschine entwickelte sich sehr viel später. Von Wassermühlen wissen wir, seit sie der römische Architekt Vitruv 25 v. Chr. beschrieben hat. Sie verbreiteten sich aber erst, als die Klöster im Frühmittelalter begannen, das mühsame Mahlen zu rationalisieren. Bis dahin war der Bau einer Mühle den einen nicht möglich, den anderen nicht nötig gewesen. Für die größte Zahl der Menschen war die Mühle viel zu teuer – andere, die doch größere Reichtümer erworben hatten, bedienten sich zum Mahlen eigener Diener und Mägde, oft auch eigener Mühlensklaven.[12]

Sofort aber mit ihrer Verbreitung bemächtigte sich die Obrigkeit der bedeutenden Energiezentren. Die Mühle war nicht nur Versorgungsquelle, sondern Einnahmequelle zugleich. Schon früh erdachten die Landesherren den Mahlzins.[13] Jeder Mahlgast mußte entweder einen Geldbetrag oder einen Teil des Mahlgutes an den Müller abgeben. Und daher verwundert es auch nicht, daß sich bald die Mahlgäste vom Müller übervorteilt fühlten.

Auch das Sprichwort sagt es deutlich: »Der Müller mit der Metze, der Weber mit der Kretze, der Schneider mit der Scher, wo kommen die drei Diebe her?« Oder noch deutlicher: »Neben jeder Mühle steht ein Sandberg.« Dem Müller wurde unterstellt, daß er das gemahlene Mehl für sich abzweigt und behält. Er wurde als unehrlich angesehen. Die Mahlgäste neideten ihm schnell seinen guten Verdienst. Im Märchen heißt es dazu: »Wär's Geld bei dem, der's meiste tut, gehörte die Mühle dem Esel.«

Selbst wenn der Müller arm war – und auch das kam vor, insbesondere dann, wenn er als abhängiger Müller mahlen mußte –, haftete ihm dennoch die Unehrlichkeit an. Schon der Umstand, daß der Müller half, die Mahlsteuer einzutreiben, brachte ihn in den Verruf, unehrlich zu sein. Diese sprichwörtliche Unehrlichkeit des Müllers hat also ihre Wurzeln vor allem im Zugriff der Obrigkeit auf die Mühle. Ein erster Bezug zum Recht wird deutlich: das Steuerwesen des Mittelalters prägt das Bild des Müllers mit.

Dieses Bild hat noch andere Seiten. So lag die Mühle als Wassermühle oft weit vom Dorf oder von der Stadt entfernt, nämlich »in einem kühlen Grunde geht das Mühlenrad«. Diese Abgeschiedenheit machte sie unheimlich. Mysteriöse Mehlstaubexplosionen ließen nicht selten Mühlen in Flammen aufgehen. Die Menschen vermuteten, der Teufel habe seine Finger im Spiel.

»Teufelsmühlen«, an einsamen Flußläufen gelegen, waren verbreitet. Otfried Preußler hat sie auf der Grundlage alter Sagen in seinem Kinderbuch »Krabat« beschrieben.

Die Mühle als Ort des Vergnügens

Aber weit ab vom Dorf kamen dennoch Menschen zusammen. Die Mühle wurde ein Ort für Märkte und Volksfeste. Und wo so viele Mahlgäste zusammenkamen, ging nicht nur der Müller, sondern gingen auch die Dirnen ihrem Handwerk nach. Das »Mahlen« festigte sich dadurch als ein Bild für den Geschlechtsakt. Wenn die Gäste zum Mahlen kamen, gingen sie oft auch zu den Mädchen an der Mühle.

In einem deutschen Volkslied aus dem 14. Jahrhundert heißt es: »Ich weiß mir eine Müllerin, ein wunderschönes Weib, wollt Gott, ich sollt bei ihr malen, mein Körnlein zu ihr tragen, das wär' der Wille mein.«

Ein spanisches Volkslied wird noch deutlicher: »Ich komm' vom mahlen, Du Schwarzbraune, von den Mühlen dort drüben, Ich hofiere der Müllerin, y olé – Sie erläßt mir das Mahlgeld, weil ich zum Mahlen komme, Du Schwarzbraune.«

Die Wurzel dieses Bildes liegt bereits in den Zeiten, als noch in der Handmühle das Korn zum Mahlen vorbereitet wurde. In einem Bodenstein liegend, wurde das Korn fortwährend mit einem Stößel gestoßen, bis es von den Hülsen getrennt war. Dieses Bild übertrug sich später auf Wind- und Wassermühlen, die – jedenfalls auch – zum Ort für Lustbarkeiten geworden waren. In diesen Zusammenhang gehört auch das Pariser Varieté »Moulin rouge«. Es ist aber nicht nur dieses erotische Flair, das die Müllerstochter so schön gemacht hat. Hinzu kommt wohl auch, daß der Müller in der Regel wohlhabend war. Die Müllerstochter war oft »eine gute Partie«.

Mühlen im Recht

Dieses Lebensbild der Mühle finden wir im Recht wieder.[14] Noch heute erwähnt das Bürgerliche Gesetzbuch – es stammt von 1900 – in § 98 die Mühle als Grundtypus des gewerblichen Betriebes. Die Gerätschaften der Mühle sind Zubehör. Das wissen wir auch aus dem Reim-Sprichwort: »Mühle ohne Gang, Glocke ohne Klang, Hand ohne Gaben, Schule ohne Knaben will niemand haben.« In den Kommentierungen zu § 98 BGB findet man freilich nichts mehr zur Mühle – weil es die Mühle als gewerblichen Betrieb nicht mehr gibt. Die Mühle hat nichts mehr mit unserer Zeit zu tun, aber wir wenden die Mühlenvorschrift entsprechend auf die hochtechnisierten Betriebe unserer Zeit an. Ob der Gesetzgeber das gewollt hat?

Bemerkenswert ist auch § 7 der Gewerbeordnung: »Der Mahlzwang ist aufgehoben.« Das ist heute selbstverständlich angesichts der errungenen Gewerbefreiheit. Aber das Gesetz stammt aus dem letzten Jahrhundert! Damals war die Vorschrift revolutionär – heute würde unsere Gewerbefreiheit wohl auch ohne § 7 GewO auskommen.

Anschaulicher werden die Zusammenhänge daher auch mit einem Blick auf das Recht der Zeit, zu der sich die Menschen noch Märchen erzählten. Wie zeigte sich damals der alltägliche Umgang mit der heute so romantisierten Maschine im Recht?

Das wohl erste Mühlenrecht finden wir im Alten Testament. Im 5. Buch Mose heißt es: »Du sollst nicht den Mühlstein zum Pfande nehmen.« Das Alte Testament enthält damit ein Pfändungsverbot. Und es liefert die Begründung gleich mit: »Du sollst nicht den Mühlstein zum Pfande nehmen, denn damit hättest Du das Leben genommen!« (5. Buch Mose 24,6). Die Mühle, damals noch die Handmühle, war lebenswichtig!

Aber wir finden dort auch Mühlenstrafrecht: Der biblische Abimelech (2. Buch Samuel 11, 21) wird mit einem Mühlstein erschlagen. Ebenso »Herr Korbes« im gleichnamigen Märchen (KHM 41). Ähnlich endet das Märchen »Von dem Machandelboom« (KHM 47). Der Tod durch den Mühlstein ist ein uraltes Motiv und rechtsgeschichtlich-literarisches Zeugnis zugleich.

Als die Wassermühlen sich verbreiteten, bemächtigte sich die Obrigkeit der Mühle. Sie tat dies durch die im ganzen Mittelalter äußerst bedeutungsvollen Rechtsinstitute des »Zwing und Bann« und der Regalien.[15] Die Obrigkeit zwang die Mahlgäste, in ihren Energiezentren zu mahlen, und bannte alle anderen Mühlen. Das war etwa ab dem

12. Jahrhundert. Und erst im letzten Jahrhundert hatte der Gesetzgeber ein Einsehen: »Der Mahlzwang ist aufgehoben.« In der Zwischenzeit haben sich die Menschen Märchen erzählt. Und so heißt es ganz nebenbei in einem plattdeutschen Märchen: »De Muhle, de hoerde bie dat Schlott«, die Mühle gehörte zur Obrigkeit (»De beiden Künigeskinner« KHM 113).

Das Preußische Allgemeine Landrecht sagt es ähnlich: »Das Recht, Wasser- und Schiffsmühlen an öffentlichen Flüssen anzulegen, ist ein Vorbehalt des Staates.«[16] Das ist das Mühlenregal Preußens. Dieser Zugriff auf die Wassermühle weitete sich zwangsläufig auf die Windmühlen aus: »Der Wind gehört der Herrschaft.«

Der Mahlzins wurde bereits erwähnt. Interessant ist in diesem Zusammenhang aber der Übergang vom mittelalterlichen Abgaben- zum modernen Steuerstaat. Im Jahr 1810 erließ Preußen das »Edikt wegen der Mühlengerechtigkeit und der Aufhebung des Mahlzwanges«[17]. Der Mahlzwang war in Preußen – früher als in anderen deutschen Staaten – zunächst also aufgehoben. Verzichten wollte Preußen jedoch auf die gute Einnahmequelle nicht. Die sich direkt anschließende Konsumptions- und später die Mahl- und Schlachtsteuer griffen daher den Mahlgästen erneut in die Taschen. Am Anfang des modernen Steuerrechts stand der Mahlzins.

Auswirkungen im Recht hatte schließlich die Auffassung, Müller seien unehrliche Leute. Grausamer Höhepunkt war, daß man noch im 17. Jahrhundert im Herzogtum Braunschweig den Kindern eines Müllers die Unehrlichkeit in die Taufbescheinigung (!) eintrug.[18]

Noch etwas früher in der Reichspolizeiordnung von 1577 heißt es, daß der gesamte Berufsstand der Müller als unehrenhaft gilt. Kollektiver Wahn wurde zur Erbsünde eines Berufsstandes.

Auch das Bild der schönen Müllerin wird vom Recht mitgetragen. Denn zur Bedeutung der Mühle als Energiezentrum, als ein für die Dorfgemeinschaft lebensnotwendiger Ort, gehörte auch, daß sie befriedet war. Niemand durfte die Mühle stürmen. Auch der betrogene Ehemann nicht. Einige Gebiete legten eine Bannmeile, eine Tabuzone, um die Mühle herum fest. Über den Mühlenfrieden lesen wir bereits im Sachsenspiegel, dem Rechtsbuch des frühen Mittelalters. »Frieden haben sollen Mühlen alle Zeit.« Es trug wohl zum erotischen Flair der Mühle bei, daß man mit der Müllerin und den Mädchen an der Mühle ungestört ein »Schäferstündchen« genießen konnte.

Im angelsächsischen Gesetzbuch des Ethelbert aus dem 6. Jahrhundert heißt es schließlich: »Wenn einer des Königs Magd belästigt, muß er 50 Schillinge zahlen.« Doch wenn sie in der Mühle mahlt, nur die

Hälfte. Die Müllerin, damals wohl noch das Mädchen, das an der Handmühle schuftete, war weniger geschützt als andere Frauen.

Über das Leben an der Mühle gibt uns letztlich das Sprichwort Auskunft »Wer zuerst kommt, mahlt zuerst«. Seine Wurzel liegt im frühen Mittelalter. Der Sachsenspiegel regelte damit die Ordnung an der Mühle: »Di uk erst to der muhlen kumt, di sall erst mahlen.« Das Rechtsverhältnis zwischen dem Müller und seinen Mahlgästen war im Mittelalter genau geregelt. Jacob Grimm hat diese Regeln in den von ihm gesammelten Weistümern[19], den lokalen Ordnungen des Mittelalters, immer wieder gefunden. Das Rechtsverhältnis zwischen dem Müller und seinen Mahlgästen gehörte zum unmittelbaren Erfahrungsschatz der Menschen damals. Was mögen die Menschen also empfunden haben, wenn sie hörten: »Es war einmal ein Müller...«? Diesen Erfahrungsschatz, diese Bildwelt, müssen wir versuchen mitzudenken, wenn wir heute alte Märchen hören.

Einige der dargestellten Ordnungsvorstellungen prägen unser Recht bis heute. Den Satz des Sachsenspiegels »Wer zuerst kommt, mahlt zuerst« hat der Bundesgerichtshof in einer frühen Entscheidung als das sogenannte »Prioritätsprinzip« bestätigt[20]. Auch unser Grundbuchrecht und das Zwangsvollstreckungsrecht sind davon wesentlich geprägt.

Die Mühle als ergiebiges Energiezentrum, der betrügerische Müller, die schöne Müllerin und auch das Klipp-klapp des technischen Betriebes – alles das finden wir im Märchen. Das Bild der Mühle im Märchen wird entscheidend durch die Erfahrungswelt der Menschen mitgeprägt und hat Wurzeln bis in älteste Zeiten. Es sind nicht die großen Ideen, jedenfalls nicht nur die Tagträume der Menschen, die den Stoff liefern für die Märchen. Aus den Märchen erfahren wir auch, wie Menschen in vergangener Zeit gelebt haben. Einen besseren Zugriff darauf, wie die Menschen ihr Leben geordnet haben, ermöglicht das Recht.

Ein interessierter Blick zurück, Aufmerksamkeit für das, was uns heute alltäglich beschäftigt, und die Phantasie, beides miteinander zu verknüpfen, sind wertvolle Begleiter für denjenigen, der sich für Märchen interessiert. Für Juristen ist wichtig, daß unser Recht immer auch kulturell mitgeprägt ist. Ein bedrückend-mahnendes Beispiel war die Eintragung der Unehrlichkeit in die Taufbescheinigung eines Müllerkindes. Fröhlicher stimmt, daß die Befriedung der Mühle – fast wörtlich – den Weg zur schönen Müllerin bahnte.

Solche Wechselwirkungen zwischen Märchen und Recht, zwischen Kultur und Wirtschaft, sie mögen die Märchen ein wenig entzaubern.

Wer andererseits versucht, die Erfahrungswelt der Menschen, die früher gelebt haben, mit in die Märchen hineinzuhören, wird vielleicht noch stärker in sie hineingezogen. Das verzaubert auf eine andere Art.

Anmerkungen

1 *Preußisches Allgemeines Landrecht* I 23, § 36.
2 *Preußisches Allgemeines Landrecht* I 23, § 45.
3 Vgl. Großfeld: *Sprache, Recht, Demokratie.* In: *Neue Juristische Wochenschrift* 1985, S. 1 ff.
4 Vgl. aber Jessen: *Das Recht in den Kinder- und Hausmärchen der Gebrüder Grimm*, 1979.
5 Vgl. Schoof: *Briefe der Brüder Grimm an Savigny*, 1953.
6 Schoof: »Zur Geschichte des Grimmschen Märchenstils«. In: *Deutschunterricht* 2/1963, S. 90.
7 Großfeld: *Unsere Sprache: Die Sicht des Juristen, Vorträge der Rheinisch-Westfälischen Akademie der Wissenschaften*, 1990.
8 Bleich: »Die literarische und die juristische Hermeneutik – ein Vergleich«, *Neue Juristische Wochenschrft*, 1989, S. 3197 ff.
9 Vgl. Scholler: »Märchen, Recht und Rechtsentwicklung«. In: *Festschrift für Maunz*, 1981, S. 317.
10 Von der Leyen: *Die Märchen in den Göttersagen der Edda*, 1899, S. 58.
11 Zahlreiche Beispiele bei Mager/Meißner/Orf: *Die Kulturgeschichte der Mühlen*, 1989.
12 Wacke: »Mühlen und Müllerbäcker im römischen Reich und Recht«. In: *Festschrift Börner*, 1992, S. 651.
13 Großfeld/Möhlenkamp: »Die Mühle in Märchen und Recht«. In: *Neue Juristische Wochenschrift* 1996, S. 1109.
14 Ausführlich: Ebd., S. 1103 ff.
15 Koehne: *Das Recht der Mühlen bis zum Ende der Karolingerzeit*, 1904.
16 *Preußisches Allgemeines Landrecht* II 15 § 229.
17 Vgl. *Gesetz-Sammlung für die Königlich Preußischen Staaten*, 1810, S. 95.
18 Danckert: *Unehrliche Leute*, 1979, S. 138.
19 Jacob Grimm: *Weistümer*, 1840–1878; ders.: *Deutsche Rechtsaltertümer*, 1828.
20 Vgl. BGHZ (Entscheidungen des Bundesgerichtshofes in Zivilsachen) 30, 149; *Neue Juristische Wochenschrift* 1959, 1533.

Nino Campagna

Die »Orchi« bei Basile

Menschenfresser oder wilde Männer, die »häßlich von Ansehen, aber schön von Herzen sind«?

Es ist nicht einfach, phantastische Geschichten schwarz auf weiß wiederzugeben, die, an einem Feuer oder vor einem Kamin bei schummrigem Licht und geradezu religiöser Stille erzählt, eine unnachahmliche Faszination verbreiten. Diese Stimmung wiederzugeben und dabei die gleichen Emotionen hervorzurufen ist unmöglich. Der Schriftsteller muß in diesen Fällen ganz auf seine Vorstellungskraft und vor allem auf seine Kunst setzen. Er muß übertragen, was er gehört hat und dabei versuchen, so nah wie möglich an dem Erzählten zu bleiben und die phantastischen Ereignisse zum Leben zu erwecken, indem er sie nicht nur als möglich, sondern als realistisch darstellt. Die Erzählung muß mithin im alltäglichen Leben spielen, bekannte oder wenigstens wiedererkennbare Umfelder darstellen und Personen beschreiben, die uns irgendwie ähnlich erscheinen. Daher müssen diese Figuren die Tugenden und Laster des durchschnittlichen Sterblichen besitzen.

Zu den vielen Verdiensten Giambattista Basiles, eines Märchensammlers des 17. Jahrhunderts aus Neapel, den die Natur besonders ausgestattet hat, zählt, daß er eine Welt geschaffen hat, in der das Reale und das Irreale nebeneinander bestehen und in der Träume und Wünsche in Erfüllung gehen. Diese Verdienste wurden sofort von den Brüdern Grimm anerkannt: »Basile hat ganz im Geiste eines lebhaften, witzigen und scherzhaften Volks erzählt, mit beständigen Anspielungen auf Sitten und Gebräuche, selbst auf alte Geschichte und Mythologie, deren Kenntnis bei den Italienern überhaupt ziemlich verbreitet ist. Darin erscheint der Gegensatz zu dem ruhigen und einfachen Stil deutscher Märchen. Er ist überreich an bildlichen und sprichwörtlichen Lebensarten und witzigen Wendungen, die ihm jeden Augenblick zur Hand sind und meist den Nagel auf den Kopf treffen; nicht selten ist auch der Ausdruck nach des Landes Art, keck, frei und unverhüllt und in so weit für unser Gefühl anstößig...« Alte Geschichte und vor allem Mythologie, dies waren die Quellen, aus denen Basile großzügig geschöpft hat. Aber am besten gelang ihm, bestimmten Figuren der kollektiven Vorstellungskraft Körper und Seele zu geben. Dazu gehören zweifellos die »Orchi«, sagenhafte Gestalten von schrecklichem Aussehen. Diese Sagenfigur, die in der italienischen Volkstradition häufig wiederkehrt, ständig auf der Suche nach Kindern, um sie in den auf den Schultern mitgeführten, riesigen Sack zu stecken, hat unauslöschliche Spuren bei vielen Erwachsenen hinterlassen und gehört daher zu Recht zum phantastischen Schatz der italienischen Märchen. Bei den Kindern meiner Generation gab es nur ein Zauberwort, das sofort zu vollkommener Stille führte: den Orco. Und zu ihm griffen Mütter und Großmütter gerne und oft, wenn sie ihre sonst nicht zu bremsenden Kinder zähmen wollten...

Giambattista Basile blieb nicht unberührt von dem Faszinosum der Orchi und hat sie in zahlreichen Erzählungen seines berühmten »Pentamerone« eingebaut. Die Orchi Basiles haben aber besondere Züge. Felix Liebrecht, dessen Übersetzung ins Deutsche aus dem Jahre 1846 bis heute unübertroffen ist, hatte seine Probleme, für sie einen passenden Begriff zu finden. Obwohl er ihre kannibalische Natur nicht verleugnete, spricht er nie von Menschenfressern – wie Laura Gonzenbach das in ihren »Sicilianischen Märchen« getan hat –, sondern bevorzugt den Begriff »wilde Männer«. Er unterstreicht damit die wilde Natur der einsamen Wesen, die häufig gezwungen sind, in schwierig zugänglichen Höhlen und Grotten zu leben. Clemens Brentano, der das Pentamerone kannte und Basile besonders schätzte, spricht in seinen nach Basiles Vorbild gefaßten »Italienischen Märchen« von Ungeheuern oder gar Riesen und betont damit deren ungewöhnliche, gigantische Größe. Brentano hat aber vor allem die »neapolitanische« Art der Beschreibung der Orchi Basiles erkannt und genau wiedergegeben. Gemeint sind damit jene zutiefst menschlichen Charakterzüge, die nur von einem echten Menschenkenner verstanden und niedergeschrieben werden konnten. Und Basile war einer. Er schöpft reichlich aus seiner eigenen Lebenserfahrung und bringt in sein Werk die Menschenkenntnisse ein, die er bei seinen Aufenthalten in Venedig, Kreta, Mantua und an zahlreichen Höfen, vor allem in der Nähe von Neapel, gewonnen hatte. Auf diese Weise kann das »Pentamerone« gleichzeitig als ein Spiegel der neapolitanischen Gesellschaft im 17. Jahrhundert gelesen werden. Die Sprache, reich an Metaphern, Sprichwörtern und Volkssprüchen, stammt direkt vom »Mund des Volks«. Diese unvergleichliche Sprache, in Dialekt geschrieben, stellt das Wesen selbst des Buches dar. Leider lassen sich nicht alle Besonderheiten und verborgenen Nuancen dieses Dialektes beschreiben, der häufig nicht zu übersetzen ist und mit den Worten Imbrianis »dem Buch zugleich naive und witzige, ja ironische Töne verleiht!«

Die Brüder Grimm, die dank Brentano unter den ersten waren, die die Bedeutung der Sammlung Basiles erkannten, sprechen sich im Kommentar zu den »Kinder- und Hausmärchen« so aus: »Allein diese Märchensammlung war lange Zeit unter allen, die bei irgendeinem Volk veranstaltet wurden, die beste und reichhaltigste... Man kann demnach diese Sammlung von 50 Märchen (Die Einleitung und den Schluß mitgerechnet) bei ihrem reichen Inhalt als eine Grundlage betrachten...«

In demselben Kommentar ist auch ein leises Bedauern zu spüren, kein Neapolitaner zu sein und deshalb die Ausdruckskraft Basiles nicht in ihrer ganzen Fülle genießen zu können: »Der Inhalt ist fast ohne Lücke, und der Ton, wenigstens für die Neapolitaner, vollkommen getroffen...« Kein Wunder also, wenn es, leider erst fast 300 Jahre später, gerade einem Neapolitaner, dem berühmten Gelehrten Benedetto Croce, mit seiner Übersetzung ins Italienische gelang, das Pentamerone, das er als »das älteste, reichste und künstlerisch beste aller Volksmärchen-Bücher« bezeichnete, wenigstens den Italienern zugänglich zu machen.

Unter den vielen Figuren, die das Pentamerone beleben, ist den Orchi eine besondere Rolle eingeräumt worden. Diese »wilden« Männer sind meistens häßlich, aber, wie Walter Boehlich in seinem Nachwort zur Ausgabe des Insel-Verlags von 1991 ganz treffend sagt, »die Technik Basiles besteht darin, das Häßliche etwa mit einer Leidenschaftlichkeit zu schildern, daß es dem Schönen in nichts nachsteht«. Ihrer Natur getreu sind die Orchi auch »Menschenfresser« und insofern keine »freundlichen« Kreaturen. Sie besitzen außerdem »magische« Gaben und zaubern. Es ist Basile gelungen, eine breite Palette von Typen anzubieten, die das gewöhnliche Bild eines Orco übertreffen und nicht selten den Leser verblüffen.

Richtig zornig ist der Orco in »Die sieben Tauben« (IV, 8), dem seine Frau im Schlafe die Augen ausgestochen hatte und der daher »ein solcher Feind der Weiber geworden war, daß er deren alle auffraß, die er bekommen konnte«. Aber auch mit diesem Orco läßt sich reden und verhandeln... Er gibt den sieben Brüdern, die müde von der Reise und ausgehungert waren, zu essen und zu trinken und bietet ihnen eine Unterkunft im Austausch gegen einen kleinen Dienst an. Angesichts seiner vollkommenen Blindheit mußte der Riese geführt werden, und dies sollte abwechselnd die Aufgabe der Brüder sein. Aber die unerwartete Anwesenheit von Cianna, die die Empfehlungen ihrer Brüder mißachtet und zugelassen hatte, daß der Orco sie entdeckte, weckt bei dem wilden Mann die vergessenen Instinkte den

Frauen gegenüber. Der Orco – und dieser hat eindeutig Züge des Odysseus-Polyphem – hört eine weibliche Stimme und ist fest entschlossen, Cianna zu fressen. Die von Basile beschriebenen Vorbereitungen lassen daran keinen Zweifel: »Er ergriff einen Schleifstein, bestrich ihn mit Öl und fing an, seine Hauer zu wetzen.« Wie zu erwarten, gelingt es aber den sieben Brüdern, die Schwester zu retten und diesen frauenfeindlichen Orco zu töten.

Der Orco, der an dem vom König von Hochberg ausgeschriebenen Wettbewerb teilnimmt und dabei die Königstochter gewinnt, schien »das mißgeschaffenste Wesen auf der ganzen Welt, so daß schon der bloße Anblick desselben auch den Unerschrockensten in Zittern und Beben und Angst und Schrecken hätte versetzen können« (»Der Floh«, I, 5). Nachdem er, dank seiner magischen Kunst, das unerfahrene und ungläubige Mädchen zur Frau erhalten hatte, versucht er freundlich zu ihr zu sein und bringt ihr als aufmerksamer Ehemann regelmäßig gräßliche Jagdtrophäen, so zum Beispiel gevierteilte Menschen mit. Er tut das aus Zuneigung und hofft, ihr damit eine Freude zu bereiten – »Du kannst dich nun nicht mehr beklagen, daß ich dich nicht gehörig füttere; hier hast du einen gehörigen Vorrat an Lebensmitteln, nimm und schmause und habe mich lieb; denn eher soll der Himmel auf die Erde fallen, ehe ich es dir an Speise und Trank fehlen lasse«. Ein Orco also, der in der Hoffnung, wiedergeliebt zu werden, sich nach Kräften bemüht, es seiner Frau an nichts fehlen zu lassen.

Nicht einmal der Orco, den Canneloro verfolgt, weil er ihn für das hält, was er zu sein scheint, nämlich eine Hirschkuh, kann seine kannibalische Natur verleugnen (»Die bezauberte Hirschkuh«, I,9). Aber in Wirklichkeit erleben wir in den »Cunti« nie, wie ein Orco einen Menschen frißt. Basile macht kein Geheimnis um die Natur dieser »wilden Männer« und spielt deutlich auf ihre Gewohnheiten an, ohne aber weiterzugehen. In allen Stücken gibt es eine klare Rollenverteilung: Die Orchi fangen ihre Beute und sperren sie in der Speisekammer ein, wo diese darauf warten, irgendwie befreit zu werden. So leisten sie ihren Beitrag zum glücklichen Ausgang des Märchens. Die Orchi bedienen sich bei Basile häufig ihrer angeborenen Zauberkraft, mit Hilfe derer sie sich nicht nur in verschiedene Tiere verwandeln, sondern auch Einfluß auf atmosphärische Bedingungen nehmen können. Es handelt sich also um Orchi, die alles oder fast alles können, insofern sind sie dem Teufel mehr als verwandt.

Auch der Orco in »Die fünf Söhne« (V, 8) hat übernatürliche Gaben. Er wurde in einem Augenblick überrascht, wo das Menschliche an ihm überwiegt. Er war nämlich »mit dem Kopf im Schoße der

Prinzessin, welche Cianna hieß, eingeschlafen«. Als er aber aufwacht und sich allein und betrogen sieht, will er die Prinzessin und ihre Befreier übers Meer verfolgen und verwandelt sich zu diesem Zweck in eine schwarze Wolke. Genauso wandlungsfähig zeigt sich der Orco in »Cannetella« (III, 1). In diesem Märchen hat der Orco enge Beziehungen zu Teufeln, denen er sogar den Befehl erteilt, »ihm sogleich einen goldenen Kopf und Zähne zu machen«. Dies waren die Bedingungen, die Cannetella erfüllt haben will, um einen Ehemann zu akzeptieren und ihrem betrübten Erzeuger, dem König von Schönhügel, Nachwuchs zu bescheren. Dieser Orco hat aber nichts Blutrünstiges an sich. Er ist nur unbarmherzig und läßt in den sieben Jahren, in denen er auf Reisen ist, Cannetella in schlimmster Not zurück: »Der Hafer, den die Pferde hinterlassen, wird für Dich hinreichen.« Auf seine Menschenfressernatur besinnt er sich erst, als er sieht, daß sie ihm nicht gehorcht. Als er erfährt, daß Cannetella sich seinem Befehl, den Stall während seiner Abwesenheit nicht zu verlassen und sich nicht ans Tageslicht zu begeben, widersetzte und, ausgehungert eine Traube aus dem Garten stahl, entschließt er sich, sie zu töten. Aber auch er ist ein Orco *sui generis,* der sich von den flehentlichen Bitten Cannetellas erweichen läßt und ihr Leben schont.

Der grausamste aller Orchi in Basiles Märchen treibt aber sein Unwesen nicht in Neapel oder Umgebung, ja nicht einmal in Italien – »Zehn Meilen von Schottland nämlich, woselbst der Wohnsitz jenes Königs sich befand, wohnte ein wilder Mann, der grimmigste und scheußlichste aller, die je aus dem Lande der Wilden Männer gekommen« (»Corvetto«, III, 7). Auch in dieser Geschichte wird der als besonders tyrannisch und mörderisch beschriebene Orco am Ende Opfer von Ereignissen, die stärker sind als er. Dieser nordische Orco hatte sich auf der Flucht vor dem König in einen einsamen Wald gerettet, »der so dicht war, daß selbst nicht einmal die Vögel darin nisteten und die festverschlungenen Zweige auch nicht einen einzigen Blick der Sonne durchließen«. Hier hatte er sich auf einem Berggipfel ein Schloß gebaut und gehofft, mit seiner geliebten Frau in Frieden leben zu können. In seinem freiwilligen Exil aber kann dieser verfolgte Orco keinen Frieden genießen, da er ein schönes Pferd, eine unvergleichliche Ausstattung und ein imponierendes Schloß besitzt, die Ziel der Begierde des Königs sind. Daher befiehlt der König Corvetto immer wieder, sich zum Schloß des Orco aufzumachen und die königliche Begierde zu befriedigen. Natürlich schafft es Corvetto, der seinerseits über Zauber verfügt, alle von ihm verlangten Aufgaben zu meistern. Allerdings beunruhigt aber dabei sehr das fatale Schicksal des Orco und seiner Frau. Sie wird gerade in dem für eine Mutter seligsten Augenblick getötet. Sie hatte nämlich soeben einem niedlichen »Orchiciello« das Leben geschenkt. Der Vater Orco war, wie es sich gehört, weggegangen, »um seine Vettern zu einem großen Geburtstagsfest einzuladen«. Die frische Mutter, allein zu Hause, traf, »aus dem Bette aufgestanden, voller Geschäftigkeit alle Anstalten zu dem Schmause«. Eine hübsche Szene tut sich da auf, wie die Frau ein prächtiges Bankett vorzubereiten im Begriff ist, um die Geburt ihres Sohnes angemessen zu feiern. Ihr gewalttätiges Ende hinterläßt allerdings einen ziemlich bitteren Beigeschmack. Hier gibt es sogar einen echten Rollenwechsel. Wie ein »Orco«, rücksichtslos und unbarmherzig, benimmt sich Corvetto mit seinen falschen Versprechungen, die der Orca schmeichelten und von ihr gern angenommen werden: »So seid mir vielmal willkommen, und da ihr mir so freundlich eure Dienste anbietet, so helfet mir diese paar Stücke Holz zu spalten.« Abstoßend wirkt die Brutalität, mit welcher Corvetto, statt das Holz zu spalten, zuerst die Frau mit der Axt umbringt und anschließend den Orco und seine Verwandten, die zum Feste am Schloße eintrafen, zu Tode steinigt.

Ein ähnliches Ende wartet auf das Paar, dem Nella auf ihrer Suche nach einer Medizin für ihren verzauberten Prinzen begegnet (»Verdeprato«, II, 2). Der Prinz dieses Märchens war oft und gern durch einen kristallenen unterirdischen Gang, den er zwischen seinem Palast und dem Schlafzimmer seiner geliebten Nella gebaut hatte, hin- und zurückgelaufen. Aber dieser für die beiden Geliebten so erfreulichen Gewohnheit wird eines Tages von den eifersüchtigen Schwestern Nellas ein Ende gesetzt, die den Gang zerstören und somit todbringende Verletzungen des Prinzen – der es beim Durchlaufen des Tunnels immer besonders eilig hatte – verursachen.

Auch in diesem Märchen werden die Orchi unfreiwillig zum Instrument für das Glück Nellas und ihres Prinzen. An der Darstellung dieser beiden Orchi beeindruckt vor allem ihr Verhältnis zueinander. Basile zeigt sie wie ein ganz normales Paar, das sich bei Tisch unterhält. Sie ist Hausfrau und möchte von ihrem Mann alles über die Geschehnisse des Tages hören, ein Wunsch, dem er gerne nachkommt. Diese durchaus normale Konversation verrät nicht nur eine detaillierte Kenntnis des Alltagslebens, sondern zeugt auch von dem bemerkenswert kritischen Geist Basiles. Der Orco ist überhaupt nicht mit der Gesellschaft, in der er leben muß, zufrieden. Einfach wunderbar, wie er mit wenigen Pinselstrichen ein zutreffendes Bild, ja ein getreues Spiegelbild des Lebens im 17. Jahrhundert zeichnet. Da er im

Wald und weit weg von allen urbanen Ansammlungen lebt, vermag er die Geschehnisse der Welt mit einer gewissen Distanz zu betrachten. Aber wenn es um deren Schilderung geht, ist die Antwort hoffnungslos: »Nicht viel Gutes, liebe Frau, alles geht drüber und drunter und nichts, wie es soll.« Der Orco scheint sogar beeindruckt »von all dem Wirrwarr in der Welt, denn man vernimmt Dinge, daß man außer sich geraten möchte, wie Possenreißer herrlich beschenkt, Schelme hochgeehrt, Schurken belohnt, Räuber beschützt und Mörder verteidigt, redliche Männer aber geringgeschätzt oder vielmehr gar nicht geschätzt werden«. Die präzise gesellschaftliche Analyse, die auch heute noch mitgetragen werden könnte, stammt ja nicht von einem Experten oder einem Wissenschaftler, sondern von einem Orco, der zu den Menschen einen ganz anderen Bezug hat oder doch haben sollte. Seit jeher pflegten er und seinesgleichen schließlich die Menschen zu fressen und nicht zu beurteilen.

Aber auch für einen Orco überschreitet das, was sich die Menschen gegenseitig antun, jedes Maß; seine Feststellung, die so alt ist wie die Welt, daß es nämlich keine Gerechtigkeit auf Erden gebe und die wahren Werte kaum anerkannt und geschätzt würden, findet leider auch heute noch ihre Bestätigung. Dieser Orco weiß von dem traurigen Schicksal des Prinzen und auch, wie er zu retten wäre. Sein Wissen ist aber eingeschränkt, sonst hätte er sich sicher nicht so sehr dafür eingesetzt, um seine Frau zu überzeugen, die »arme« Nella ins Haus zu lassen. Die Frau war nämlich dagegen. Dank ihrer weiblichen Intuition merkte sie, daß etwas nicht stimmte, und wollte Nella lieber »ein halbes Brötchen zuwerfen und sie fortschicken.« Wir haben hier eine Orca, die sich nicht beunruhigen läßt. Erst einige Jahrzehnte später mit dem »kleinen Däumling« von Perrault taucht eine andere Figur von Frau Orca auf, die sich rühren läßt und sich sogar für die angeblichen Opfer ihres Mannes einsetzt. Bei Basile dagegen muß der Orco sein Bestes geben, um seine Frau zu erweichen. Die Argumente aber, die er dafür nutzt, verraten die typische List der Leute, die anders scheinen wollen, als sie eigentlich sind: »Laß doch das arme Ding hereinkommen; denn wenn sie unter freiem Himmel schläft, könnte sie leicht von Wölfen überfallen werden.« Vom Wolf und von seiner vermeintlichen Grausamkeit zu reden, wo ihm angesichts des jungen Geschöpfes schon das Wasser im Munde zusammenlief, ist schon grotesk... Für dieses »hinterlistige Mitleid« wird aber der Orco bitter büßen. Nella, die in einem nahen Baum versteckt die Konversation belauscht hatte, umschmeichelt die beiden Orchi, tötet sie im Schlaf und gewinnt dann aus deren Blut die »Wundersalbe« für ihren Prinzen.

Neben diesen Orchi, die letzten Endes stets für das Glück anderer geopfert werden, gibt es in einigen Erzählungen Basiles auch solche, die durch die ihnen verliehenen Charakterzüge einfach sympathisch wirken. Als einen gutmütigen Weisen kann man den Orco aus dem Märchen »Der wilde Mann« (I, 1) bezeichnen, mit dem das »Pentamerone« beginnt. Es handelt sich dabei um ein grausig anzusehendes, haarsträubend häßliches Männlein, das selbst die Erzählerin zu erschrecken scheint. Bevor sie, die lahme Zeza, ihn nämlich genauer beschreibt, kann sie sich nicht eines erschreckten Ausrufes enthalten: »Oh steh mir bei! wie häßlich sah der aus!« Dann spricht sie von einem Knirps mit einem riesigen Kopf, pockennarbiger Stirn, zusammengewachsenen Augenbrauen, verdrehten Augen und einer platten Nase »mit zwei Nasenlöchern, die wie zwei Kloaken schienen«. Aus dem immensen Mund ragen zwei Hauer, die ihm bis zu den Fußspitzen reichen. Diesem Orco sieht sich eines schönen Tages Anton gegenüber, ein Nichtsnutz, der von seiner verzweifelten Mutter wegen seiner dummen und unbeholfenen Streiche aus dem Hause gejagt worden war. Da Anton offenbar keine Angst vor ihm hat, empfindet der Orco eine gewisse Sympathie für diesen wehrlosen Jüngling, der auf der Suche nach einem Dach und einem Stück Brot war. Von der respektlosen, teilweise gar unverschämten Art, wie er ihn anspricht, fühlte er sich fast angezogen: »Gott grüß euch, Herr; wie geht es euch, was macht ihr? Kann ich euch womit dienen?« Der Orco, der gewohnt war, daß jeder, der ihn sah, davonlief, ist angenehm überrascht von dieser Reaktion Antons, der sich, gerade weil er etwas beschränkt ist, nicht darüber im klaren ist, mit wem er es da zu tun hat, und den Orco deshalb wie seinesgleichen behandelt. Dieser weiß natürlich, mit was für einem er sich unterhält, und bietet ihm sofort eine Arbeit an: »Willst du in meinen Dienst treten?« Darauf antwortet Anton, ganz seiner Rolle als Tölpel treu: »Was wollt ihr den Monat?« Nach dieser seltsamen Konversation wird Anton der Form halber als Diener, tatsächlich aber wie ein Sohn aufgenommen. »Als der Handel auf diese Weise geschlossen war, trat Anton in den Dienst des wilden Mannes, wo es Essen in Hülle und Fülle gab und mit der Arbeit auch nicht weit her war.« Der Orco, der Anton einmalige Bedingungen bot – Essen, soviel er wollte, und wenig Arbeit –, kannte sich jedoch in der menschlichen Natur aus. Er wußte, daß selbst der einfältigste Mensch auf Dauer nicht von seinen Lieben getrennt leben kann. Vielleicht ist es sogar das graue Einerlei immer gleicher Tage voller schmählicher, wenn auch opulenter Langeweile, das in dem jungen Mann diese Sehnsucht immer stärker werden ließ, bis sie nach zwei

Jahren regelrecht zu einem Leiden wurde. Anton wagt aber nicht davon zu sprechen, denn er möchte seinem »väterlichen« Orco keinen Schmerz zufügen. So leidet er still vor sich hin. Das aber kostet ihn einiges, denn in kürzester Zeit verliert er all die Kilos, die er sich dank des großzügigen Essens zugelegt hatte; vor allem aber wird er immer trauriger. Der Orco, der in seinen Gedanken liest, eröffnet dem abgemagerten und ausgemergelten Anton, er kenne den Grund für seinen Kummer und läßt ihn zu seinen Verwandten reisen. Besonders angenehm berührt dabei die Zuneigung, die der Orco, dieses schrecklich anzusehende Wesen, Anton gegenüber zum Ausdruck bringt. Bis zu diesem Zeitpunkt hatte sich der Orco ihm gegenüber korrekt verhalten; er ließ es ihm an nichts fehlen und verlangte nur wenig von ihm. Nun aber muß er ihm einfach in aller Klarheit sagen, wie gern er ihn hat – »da ich dich so herzlich liebe wie mich selbst«. Er läßt ihn deshalb nicht nur reisen, sondern gibt ihm auch einen Esel mit, damit ihm die Reise leichter werde. Dieses Geschenk wird von einem klaren und bindenden Verbot begleitet: Anton dürfe zu dem Esel nie das magische Wort »arre cacaure« sagen. Natürlich weiß der Orco, daß Anton nie imstande ist, dieses Verbot zu beachten. Es nimmt daher nicht wunder, daß er ihn schon nach kurzer Zeit belämmert und völlig verzweifelt wiedersah, denn der Esel war ihm gestohlen worden und er hatte die Erwartungen seiner Mutter schrecklich enttäuscht.

Der Orco braucht nicht zu fragen, er weiß ja bereits, was seinem Pflegesohn widerfahren war; dennoch nimmt er ihn wieder auf und verzeiht ihm, nicht ohne ihm seine Charakterschwäche vorgeworfen und ihm deutlich gemacht zu haben, daß er sich von dem Wirt hat verhöhnen und betrügen lassen. Es vergeht nur ein Jahr, bis der unter der Einsamkeit leidende Anton erneut um Erlaubnis bittet, seine Lieben wiedersehen zu dürfen. Er hofft auch diesmal auf das Verständnis des Orco, der natürlich zustimmt, denn er war »häßlich von Ansehen, aber schön von Herzen«. Er gibt ihm obendrein eine Serviette als Geschenk für seine Mutter mit und ermahnt ihn: »Sieh dich aber vor, daß du nicht wieder solch ein Rindvieh bist und es machst wie mit dem Esel, und ehe du nicht zu Hause anlangst, sage nicht: Tu dich auf und tu dich zu, Serviette.« Aber trotz aller guten Vorsätze und Versprechungen kann Anton der Versuchung auch dieses Mal nicht widerstehen und wird so erneut zum Opfer seiner eigenen Schwäche. Nach dem bereits bekannten Weg über das Gasthaus, in dem er vom Wirt übertölpelt wird, zum Haus, wo ihn die Mutter verflucht, kehrt er wieder zum Orco zurück, der nunmehr seine einzige Zuflucht ist. Dieser aber beläßt es diesmal nicht bei Vorwürfen, sondern droht Anton regelrecht. Er tut so, als müsse er sich beherrschen, um dem Tölpel keine Gewalt anzutun: »Ich weiß nicht, was mich davon abhält, dir eine Laterne anzustecken!« Er hält ihm vor, schon wieder das Glück verspielt zu haben, das er ihm zugedacht hatte. Aber die Abenteuer sind noch nicht vorbei. Wie in einem Märchen nicht anders zu erwarten, muß Anton auf seinem Weg zur Reife insgesamt drei Proben bestehen. Diesmal gibt ihm der Orco einen sehr schön gearbeiteten Stock nebst den üblichen Ermahnungen mit auf den Weg. Nun aber spürt Anton am eigenen Leib, wie dieser Stock reagiert, denn auf das Wort »Steh auf, Prügel!« schlägt dieser ihn windelweich. Daraufhin verpaßt Anton dem unersättlichen Wirt mit Hilfe dieses Stockes seine gerechte Strafe und holt sich von ihm wieder, was dieser ihm widerrechtlich genommen hatte, einschließlich des Esels und der Serviette. So erobert er sich die Zuneigung und Anerkennung seiner Mutter und seiner Schwestern zurück. Kein Wort mehr über den Orco, der seine gute Tat vollbracht hat und aus dem Leben Antons einfach verschwindet. Er braucht auch gar keinen Dank, denn er kann sicher sein, aus Anton einen wahren Mann gemacht zu haben, und das ist sogar für einen Orco Lohn genug.

Ganz ähnliche Charakterzüge hat auch der Orco in die »Drei Feen« (III,10). Dort ist er eine Nebenfigur, dessen Rolle als Gärtner der Feen für die gesamte Geschichte als solche recht bescheiden ist. Er ist ein abscheuliches Geschöpf, ein »schwarzes Ungeheuer«, den Basile gar nicht plastisch genug beschreiben kann: »Dieser war nämlich ein wilder Mann, der Haare hatte, pechschwarz wie Schweinborsten, welche ihm bis auf die Ferse reichten, eine runzelige Stirn, von der jede Falte eine mit dem Pfluge gemachte Furche schien, gewölbte und buschige Brauen, schielende und tiefeingesunkene Augen voll Butter, die zwei schmutzigen Läden unter großen Regendächern von Wimpern glichen, ein schiefes, geiferndes Maul, aus welchem, wie bei einem wilden Schweine, ein paar Hauer hervorragten, eine blattrige, mit Haaren bewaldete Brust, mit denen man eine Matratze hätte anfüllen können, und außerdem noch einen hohen Buckel, einen dicken Wanst, dünne Beine und krumme Füße, so daß ein anderer vor Furcht in Ohnmacht gefallen wäre.« Vor dieser schreckerregenden Figur empfindet aber die gute Cecella keinen Abscheu. Sie überwindet ihre Abneigung und spricht ihn mit »mein lieber Mann« an und wünscht ihm sogar »eine recht reiche Frau«, wenn er ihren in eine tiefe Abfallgrube gefallenen Korb heraufbringe. Der Orco ist natürlich beeindruckt von diesem liebenswürdigen Ton. Als Beweis für die Zuneigung, die er zu ihr gefaßt hat, erlaubt er ihr sogar, selbst hinabzusteigen und den Korb zu holen.

Die Sympathie, die die Orchi in diesen Geschichten erwecken, wird noch übertroffen von der Zärtlichkeit, die der Orco in »Viola« (II,3) an den Tag legt. Dieser Orco, Vasall des Königs, ist zwar nicht von Grund auf gut, aber gutgläubig und gewissermaßen unbewußtes Opfer seiner eigenen Vertrauensseligkeit. Er hatte einmal davon gehört, »daß die Stuten in Spanien durch den bloßen Wind trächtig werden«, und als er nun in seinem Garten, wo sonst kein anderes Wesen Zutritt hatte, ein reizendes Mädchen sah, und zwar kurz nachdem er einen »Wind« hatte streichen lassen, da dachte er, »daß auch der Wind seines Leibes irgendeinen Baum geschwängert und dieser das reizende Geschöpf geboren hätte«. Der Orco traut seinen Augen nicht; da er diese »Erscheinung« aber nicht anders erklären kann, ist sie für ihn das Zeichen für eine wundersame Vaterschaft, mit der er schon seit langem geliebäugelt hatte. Dieser Mann reagiert, von der Erscheinung des Mädchens milde gestimmt und entzückt, auf die natürlichste Weise. Er umarmt das Mädchen und sagt ihr mit großer Herzlichkeit: »Geliebte Tochter, Teil meines Körpers, Atem meines Hauches, wer hätte es mir jemals gesagt, daß ich durch eine abgegangene Blähung ein so holdseliges Angesicht ins Leben rufen, wer hätte es mir jemals gesagt, daß die Wirkung einer Erkältung dieses Liebesfeuer erzeugen könnte?« Diese Szene voller Zärtlichkeit und väterlicher Liebe wird durch eine Liebeserklärung gekrönt, die bei einem Orco eigentlich undenkbar ist. Aber es gibt eben auch solch einen Orco, der glaubt, der Vater dieses Geschöpfes zu sein, und sich nicht nur darin gefällt, ihr das Leben geschenkt zu haben, sondern auch noch sein Glück in Worte zu fassen sucht. Als der erste Rausch der Glückseligkeit vorüber ist, will er die auf ihn zukommenden Aufgaben aber so gut wie möglich erfüllen. Da er sich darüber im klaren ist, daß er selbst nicht für die Erziehung des Mädchens Sorge tragen kann, übergibt er sie drei Feen, die sie erziehen sollen, wie es sich für ein Mädchen aus großem Haus gehört. Dieser »gezähmte« Orco spielt die Rolle des eifrigen und aufmerksamen Vaters auch weiterhin, wo immer es geht. Als der Prinz, voller Schmerz über das Verschwinden Violas, endlich erfährt, wo sie sich aufhält und um die Erlaubnis bittet, für eine Nacht in ihrer Nähe zu verweilen, stimmt der Orco nicht nur zu, sondern stellt ihm sein ganzes Haus zur Verfügung. Der Prinz aber begnügt sich mit einem Zimmer, das sich allerdings unmittelbar neben dem des Orco befindet, der dort im selben Bett wie Viola schläft. Diese Szene verrät eine echte zärtliche Beziehung. Viola ist des Orco Ein und Alles; sie hat sein Leben verändert. Und da schöne und unerwartete Dinge mit der Zeit immer teurer werden, hat er instinktiv Angst, das

Mädchen wieder zu verlieren, vor allem während der Nacht, wenn das Dunkel alles möglich macht. Deshalb erscheint es ihm völlig normal, ja zwangsläufig, daß er in ihrem Bett schläft, um sie besser beschützen zu können. Er lebt ja nur für sie. Als Viola nun in jener Nacht glaubt, von einem Floh gebissen worden zu sein – da sie nicht erkennt, daß es der Prinz war, der sich während einer kurzen Abwesenheit des Orco ins Zimmer geschlichen und sie gebissen hatte –, da tut der arme Orco alles, um dem Mädchen Ruhe und sicheren Schlaf zu garantieren. Er bleibt die ganze Nacht wach, bringt Viola in ein anderes Zimmer und tauscht, als das »Phänomen« sich wiederholt, Leintuch und Matratze aus. Er erweist sich als liebevoller und aufmerksamer Vater zugleich, der seiner Tochter nichts verweigern kann und will.

Der Traum des Orco ist aber nicht von langer Dauer, denn am Morgen erfährt er, »Viola sei die Tochter Colaniellos, er aber wäre in einem großen Irrtum befangen gewesen«. Da tritt er freiwillig zurück, ruft nach dem wahren Vater, der als einziger das Recht habe, der unvermeidlichen Hochzeit zuzustimmen. Von Klagen hält er gar nichts. Die Illusion von der unverhofften, aber gleichwohl herbeigesehnten Vaterschaft hatte ihm Augenblicke intensiven Glücks beschert, vergängliche Augenblicke, die er ergreifen konnte. Dafür bleibt er ewig dankbar.

Mit diesem Orco komme ich zum Schluß. Es wäre schön, wenn dieser Aufsatz dazu beitragen könnte, die wenigen, die es noch nicht getan haben, zur Lektüre des »Pentamerone« anzuregen. Gerade in diesen 50 Märchen läßt sich mehr über die Italiener erfahren. Jakob Grimm hat in seiner Einführung zu Liebrechts Übersetzung von 1849 dies so formuliert:

> »Sie sind, wie sich immer unzweifelhafter herausstellt, die wunderbaren letzten nachklänge uralter mythen, die über ganz Europa hin wurzel geschlagen haben und geben reichhaltigen, um so unerwarteteren aufschluß über verschüttet geglaubte gänge und verwandschaften der fabel insgemein. Denn was könnte der mythologischen betrachtung mehr zusagen, als eben die zarte unschuld dieser, auf allen wiesen und gründen der abgelegensten volkspoesie, duftigen kräutern und blumen gleich sprießenden märchen, die von reiner hand noch allenthalben gepflückt werden mögen.«

Und da über die Reinheit unserer Hände kein Zweifel besteht, bleiben wir alle aufgefordert, diese neapolitanischen Märchenblumen auch weiter zu pflücken.

Erika Taube

Zaubermärchen und Zauber im Märchen der Tuwiner

Es wird erzählt: Als der Recke Er Dungsaj seine Braut gewonnen hatte und mit ihr von deren Eltern fortzog in seine Heimat, folgte ihnen das ganze Volk des fürstlichen Brautvaters nach, und als einziges blieb die Palastjurte des Chaans groß und rund zurück. »Ach, meine Tochter, meine Tochter, winke doch einmal mit deiner Hand!«, riefen der Chaan, seine Pferdefangstange in der Hand, und die Chaanin, ihre kupferne Schöpfkelle in der Hand, und liefen beschwörend ihrer Tochter hinterher. Als diese einmal mit ihrer Hand winkte, blieb ein Teil des Volkes zurück. Aber wieder liefen ihnen der Alte und die Alte schreiend nach: »Winke doch noch einmal mit deiner anderen Hand!«... Daher sprach Er Dungsaj zu ihr: »Nun winke noch einmal kräftig mit deiner Hand!« Als sie nun abermals mit der Hand winkte, da löste sich das Volk mit den leichten Lasten und blieb zurück.[1]

Was in diesem tuwinischen Märchen aus dem Altai geschildert wird, ist der Aufbruch eines Brautzuges aus einem Nomadenlager. Der Bräutigam führt die Braut mit ihrer Mitgift, die im allgemeinen aus einem Teil des elterlichen Viehs und Volks besteht, zu seinen eigenen Weidegebieten. So jedenfalls wäre es im alltäglichen Leben gewesen. Was aber hier geschieht, geht nicht mit rechten Dingen zu, denn der scheidenden Chaanstochter zog *alles* elterliche Vieh und Volk nach, und hätte sie nicht mit ihren Händen gewinkt, wären ihre Eltern bar aller Lebensgrundlagen im Elend zurückgeblieben.

Daß es kein einfaches Winken war, sondern eines voll magischer Kraft, läßt sich denken. Und daß wider alles Herkommen der gesamte bewegliche Besitz des Chaans mit fortzog, lag wohl an der Zauberkraft zweier Gegenstände[2], die sich die Tochter als einziges ausgebeten hatte, und die die Eltern ihr auch gaben – schweren Herzens, nämlich: hierhin blickend und weinend, dahin blickend und lachend. Aber der fortziehenden Tochter konnten sie ihren Wunsch nicht abschlagen.

Damit wollte ich zunächst hineinführen in die Lebenswelt und in die Märchenwelt der Tuwiner, die eng miteinander verbunden sind.

Die Tuwiner leben zum weitaus größten Teil in Südsibirien auf russischem Gebiet in der Republik Tyva (allgemein bekannt als Tuwa –

nicht zuletzt wegen seiner Obertonsänger), teils aber auch – auf mongolischem und chinesischem Gebiet – im Altai. Sie haben bis weit in unser Jahrhundert hinein ein nomadisches Leben geführt, und Teile von ihnen tun das heute noch, vor allem im Sommerhalbjahr. Nach der Oktoberrevolution 1917 in Rußland haben sich die Lebensverhältnisse in Tuwa völlig verändert. Ein großer Teil der Bevölkerung ist hier heute seßhaft und führt ein von der europäischen Zivilisation und Kultur im materiellen wie im geistigen Sinne beeinflußtes und geprägtes Leben. Unter ländlichen Bedingungen aber – und das betrifft insbesondere auch die tuwinischen Gruppen im Altai – wird weitgehend auf traditionelle Weise gelebt und gearbeitet, und die Veränderungen sind noch vergleichsweise gering.[3] Allerdings wird auch im mongolischen Gebiet in den letzten Jahren durch die perestroikaähnlichen Veränderungen im Lande und das damit verbundene Eindringen marktwirtschaftlicher Elemente – leider oft eher mit ihren negativen als mit ihren positiven Aspekten – das einstige in sich ruhende und für unsere Begriffe harmonische gemeinschaftliche Leben, wie ich es am Ende der sechziger Jahre während meiner ersten Feldforschungen noch kennenlernen konnte, beeinträchtigt und auf Dauer vermutlich gestört.[4]

Die Märchen der Tuwiner wissen davon noch nichts und spiegeln sehr genau das traditionelle Leben und die alte Glaubenswelt – die so alt noch gar nicht ist. Wie die Menschen leben, miteinander leben (und obwohl ich die Gegenwartsform gebrauche, meine ich den Zeitraum zwischen 1966 und 1982, aus dem ich tuwinisches Leben aus eigener Anschauung kenne), wie sie sich zueinander und zur sie umgebenden Natur verhalten, das geschieht nach stark verbindlichen ungeschriebenen Gesetzen. Viele davon beziehen sich auf das Übernatürliche – auf numinose Wesen, Elementargeister, Naturgottheiten, von denen die Menschen sich in ihren Lebensnotwendigkeiten abhängig, aber zugleich auch beschützt wissen. Deshalb beachten sie vielerlei Verhaltensregeln, um diese nicht zu erzürnen, und bringen ihnen Opfer und Verehrung dar. Gegen die verschiedenen Gefahren und Bedrohungen, hervorgerufen durch böse dämonische Wesen, schützt man sich durch abwehrzauberische Mittel und Maßnahmen bis hin zu sprachlichem Tabu.[5]

Von dem, was uns in den Märchen begegnet, läßt sich daher im alltäglichen Leben noch viel mehr beobachten, als das bei unseren Märchen heute der Fall ist, und der Begriff »alltägliches Leben« bezieht alles, auch Rituelles, ein, weil dies schon mit dem ersten Teekochen am Morgen präsent ist. Das Übernatürliche wie der Zauber sind noch wesentliche Elemente im Leben des einzelnen und der Gemeinschaft.

Damit hat es wohl zu tun, daß die Zaubermärchen den bei weitem größten Teil der Märchen ausmachen – in meinem eigenen Material aus dem mongolischen Teil des Altai etwa 65 Prozent.[6]

Die Märchen der südsibirischen und der altaischen Tuwiner haben sehr große Gemeinsamkeiten. In den in der Vergangenheit publizierten Märchen aus Tuwa sind allerdings gewisse bearbeitende Eingriffe unverkennbar, wenngleich auch Erzähler selbst auf die erwähnten Veränderungen in unserem Jahrhundert reagierten – Veränderungen, die ihrerseits die Bedeutung des Erzählens im gemeinschaftlichen Leben allmählich einschränkten. Auch sind gelegentlich Einflüsse russischer Märchen zu finden – eine normale Erscheinung angesichts eines schon etwa zweieinhalb Jahrhunderte währenden Zusammenlebens mit russischer Bevölkerung (es gibt ja umgekehrt auch eine spezifische Folklore der Russen in Sibirien, in der ihrerseits einheimische Wirkung zu spüren ist[7]). Im Altai war dagegen das Erzählen im Rahmen einer allgemein ziemlich stabilen Tradition noch Ende der sechziger Jahre sehr lebendig und praktisch unbeeinflußt von Kino, Theater, kaum von Rundfunk, Büchern und Fremden. Deshalb stütze ich mich vor allem auf das Material aus dieser Gruppe, für dessen Authentizität ich bürgen kann, zumal mir diese Märchen samt dem Milieu, in dem ich sie vorfand, am vertrautesten sind.

Die Tuwiner – wie viele der ihnen verwandten und benachbarten Völker in Zentralasien – leben noch in engem Zusammenhang mit der Natur. Was sie in der Natur umgibt, ist nicht nur lebende Materie, sondern es sind Lebewesen, unter denen eines der Mensch ist. Vieles, was ein Mitteleuropäer heute im allgemeinen für Phantasie hält und was, auf die Märchen bezogen, in den Bereich der Zaubermärchen gehört, war für die Tuwiner bis weit in unser Jahrhundert hinein Realität und ist es wohl oft auch noch heute. (Vergleichbar wäre nach meinem Empfinden das christliche »Ich weiß, daß mein Erlöser lebt«, das Gewißheit ausdrückt, das heißt Realität, und das »So-sein« bedeutet, nicht nur ein »Für-möglich-halten«.) So ist denn auch der Blick auf die Märchen ein anderer, wenn man sie von der Lebenswirklichkeit ihrer Trägergemeinschaft her betrachtet.

Natürlich kannten die Tuwiner viele Termini der Folkloristik gar nicht. Jenen im Altai ist sogar ein Begriff wie »mündliche Überlieferung« oder »Volksdichtung« fremd. Bis vor wenigen Jahren ohne Schrift, hatten sie dennoch ihre Dichtung, ihre Überlieferungen – Verse, Gesänge und Geschichten, die ausschließlich auf Mündlichkeit beruhten – diese Selbstverständlichkeit mußte nicht benannt werden.

Die heute in der Märchenforschung gebrauchten Begriffe sind ja zum großen Teil wissenschaftlicher Natur. So kennen die Tuwiner ursprünglich auch das Wort »Zaubermärchen« nicht, sondern nur das Wort »Märchen«, *tōl*, und dieser Begriff umfaßt, was wir oft als »eigentliche Märchen« bezeichnen.[8]

Alltagsmärchen (samt Schwankmärchen) sind für sie »Beispielerzählungen« (*üleger*), und die im wesentlichen aitiologischen Tiermärchen werden als »Geschichte« (*tǖkü/tōgü*) im doppelten Sinne gebraucht, sind also eine Art Historie. Als ich mich mit den Funktionen der verschiedenen Genres ihrer mündlichen Überlieferung beschäftigte, kam ich zu dem Ergebnis, daß sie sich teilen lassen in solche, die Wissen im Sinne von Kenntnissen weitergeben, die für die praktische Lebensbewältigung und das Traditionsbewußtsein notwendig sind, sowie in solche, die das andere, das glaubensmäßige Wissen vermitteln.[9] Das heißt, daß ihre mündliche Überlieferung (wohlgemerkt unter den Bedingungen der Schriftlosigkeit) all das abdeckt, was wir den Bereichen der Wissenschaften im weitesten Sinne und der Religion, dem Glauben zuordnen.

Die Zaubermärchen gehören in diesen letztgenannten Bereich. Sie hatten daher für die Tuwiner – zu meiner Zeit dort – eine andere Bedeutung als etwa für einen hiesigen Märchenfreund. Erzählt man sie dort, werden sie anders aufgenommen, als wenn wir Märchen hören. Was da in den Märchen geschieht, ist nicht so weit von den Menschen und ihrem Heute entfernt wie für uns, auch wenn ihre Märchen oft mit einem *erte burunggu bir schagda*, »in einer frühen früheren Zeit«, oder einer ähnlichen, in längst vergangene Zeiten verweisenden Einleitungsformel beginnen. Wovon das Märchen erzählt, wird von den Zuhörern mit Anteilnahme verfolgt und zu ihrem eigenen Leben in Beziehung gesetzt – gegebenenfalls mit entsprechenden Einwürfen wie zum Beispiel: »Pha, wenn ich denke, mein Ältester Galkagan hätte das mit meinem Dshuruk uvā so gemacht!« Die Adressaten des Erzählers sind ja noch in erster Linie die Erwachsenen; die Kinder – in einer Jurte immer dabei – hören mit zu, schlafen aber meist irgendwann ein. Denn es wird am Abend erzählt, nicht nur, weil die Arbeit getan ist und Störungen nicht zu erwarten sind, sondern auch, weil die Sonne schon untergegangen ist. Das ist die richtige Zeit für Zaubermärchen – eine Geschichte wie jene von den drei Brüdern Blasenkopf, Fadenhals und Röhrenbein[10] (eine Variante von Strohhalm, Kohle und Bohne) kann man auch am Tage den Kindern erzählen, wenn man eine eintönige Arbeit verrichtet wie Felle walken oder Lederriemen schneiden.

Es spricht vieles dafür, daß Zaubermärchen erzählt wurden, um die positiven Kräfte, die die Märchenhelden beim Überwinden von Schwierigkeiten und Hindernissen von gefährlichen und bösen Widersachern entfalten, wirksam werden zu lassen gegen die Gemeinschaft heimsuchende oder bedrohende Unbill, die man Dämonen zuschreibt, wie Krankheit bei Mensch und Vieh, Unwetter, überhaupt jegliche Störung im individuellen und gemeinschaftlichen Leben. Besonders geeignet scheinen dafür die Reckenmärchen zu sein. Da böse Geister zwischen Sonnenuntergang und -aufgang ihr Wesen treiben, war eben das auch die rechte Zeit, Märchen zu erzählen.[11]

Ihrem ganzen Wesen nach Zaubermärchen oder Wundermärchen – denn Übernatürliches und Zauber walten allenthalben –, nehmen die Reckenmärchen (oder Heldenmärchen) innerhalb der Märchen der einstigen Reitervölker Zentralasiens einen so prominenten Platz ein und sind so reich an Zahl, wenn auch nicht an Typen vertreten, daß man sie als eine besondere Gruppe innerhalb der Zaubermärchen betrachten muß. Auf Grund ihrer zentralen Figur, einem unerschrockenen und starken Recken, sind sie – den russischen Terminus *bogatyrskaja skazka* aufgreifend – mit dem Begriff Reckenmärchen am treffendsten bezeichnet.

Diese Märchen erzählen von den Abenteuern eines Recken, der eine Braut gewinnen oder entführte Angehörige, Volk und Vieh zurückholen will, die von dem Ungeheuer Manggys oder einem diesseitigen Gegner, einem feindlichen Recken oder Chaan, entführt worden sind – sie handeln also von Brautwerbung und/oder vom Kampf mit den Manggys. Diese beiden Grundtypen kommen häufiger kontaminiert als einzeln vor. Dabei wird das Geschehen, werden insbesondere die Heldentaten unter reichlicher Verwendung von Formeln beschrieben und ausgemalt. Der Held der Reckenmärchen zeichnet sich mehr durch körperliche Kraft und Unerschrockenheit denn durch geistige Fähigkeiten aus. Aber er hat stets sein seherisches und ratendes Pferd zur Seite, oft auch seine gleichermaßen begabte – weil meist einer anderen Welt entstammende – Frau, und er ist natürlich fähig, sich zu verwandeln – zum Beispiel in eine Zecke, damit er unbemerkt dicht an seinen Widersacher herankommt, oder in verschiedene Tiere, damit er diesen in dessen jeweiligen tierischen Verwandlungsformen auf die beste Weise verfolgen kann – ein Geschehen, wie es auch im altrussischen »Lied von der Heerfahrt Igors« beschrieben und aus der schamanistischen Praxis bekannt ist. Immer hat der Held Kämpfe zu bestehen: – die drei Freierproben – Bogenschießen, Pferderennen und Ringen – oder Zweikämpfe (mindestens aber einen

Ringkampf) mit einem oder drei Kontrahenten. Daß dann der dritte am schwersten zu besiegen ist, versteht sich – entsprechend dem epischen Gesetz des Achtergewichts – von selbst, ebenso wie das Fest, mit dem die glückliche Heimkehr und der Beginn oder die Wiederaufnahme des friedlichen Lebens gefeiert wird und bei dem »der Branntwein aus den Mundwinkeln (oder: aus dem Bart) lief und das Fett von den Fingern tropfte«. Die Vielfalt der Reckenmärchen beruht auf den Motiven und den Details und ihrer Verknüpfung, mit denen die relativ stereotypen Strukturen ausgestaltet und ausgemalt werden.

Während sich im Westen Zentralasiens auf der Grundlage von Märchen aus der Kategorie der novellenartigen oder romantischen Märchen – meist innerhalb oder unter dem Einfluß eines seßhaften Milieus – sogenannte romantische Epen mit Geschichten zweier Liebender herausbildeten, entwickelten sich auf der Grundlage der Reckenmärchen bei den nichtseßhaften, den nomadischen Reitervölkern Zentralasiens die ganz andersartigen Heldenepen, in denen trotz Gewinnung und Rückgewinnung einer Frau von »Liebe« eigentlich nichts erzählt wird. Die Übergänge zwischen Märchen und Heldenepos sind oft fließend und nicht recht dingfest zu machen, zumal auch Zaubermärchen gesungen werden können. Der Mongolist Walther Heissig, der 1963 mongolische Märchen herausgab und sich in den letzten Jahrzehnten mit den mongolischen Heldenepen beschäftigte, stellte fest: »Überhaupt verläuft der Übergang vom Märchen zum umfangreichen, viele tausend Strophen umfassenden Heldenepos ohne klare Scheidelinien. Vieles, was als gereimtes Heldenepos vom Rhapsoden gesungen wurde, gehört streng genommen den Motiven zufolge in den Bereich der Wunder- und Zaubermärchen.«[12] Diese Feststellung gilt auch für die Zaubermärchen türkischer Völker, vor allem im östlichen Zentralasien.

Zauber im Märchen... Jene Chaanstochter, von deren Heimführung am Anfang die Rede war, hatte mit der Hand gewinkt – und ein Teil der ihr Folgenden war zurückgeblieben. In einem anderen Märchen, wo die Braut nicht durch siegreich bestandene Brautwerbungskämpfe gewonnen wurde, sondern dem Märchenhelden als Dank dafür zuteil wird, daß dieser den Sohn des Chaans der Wasserwelt, der unteren Welt, gerettet hat, vollzieht sich die magische Abtrennung eines Teils des brautväterlichen Besitzes auf andere Weise: Der Held war zunächst durch einen Boten des Luzut-Chaan zu Gast geladen worden und hatte – von dem Boten im voraus beraten – ein goldenes oder rotes Kästchen gewählt, das man ihm auch hier wieder nur ungern gab. In seine ärmliche Jurte heimgekehrt, findet er in dem

Kästchen nichts als die Ohrenschnittzeichen von den »Fünf Arten«[13] Vieh sowie Nadel und Schere. Ärgerlich wirft er es beiseite und legt sich schlafen. Am Morgen hört er draußen viel Vieh lärmen und findet sich in einer prächtigen Jurte wieder, an deren Herd ein strahlend schönes Mädchen schon den Tee bereitet hat. Er steht auf, um hinauszugehen – da legen ihm Diener ein warmes Gewand um die Schultern und mit Ornamenten verzierte Stiefel an. Wie er nun draußen Wasser lassen will, ruft eine Stimme: »Ach, mein Junge, gib doch die Hälfte des Volkes ab!«, und als dann jenes schöne Mädchen die Bitte wiederholt, zieht sogleich ein Teil des Volkes davon.[14] – Daß er sich gewundert hat, kann man nur vermuten – jedenfalls trinkt er nun seinen Tee und zieht auf die Jagd, als wäre nichts Besonderes geschehen, und der Erzähler erspart sich hier sogar die sonst meist übliche Feststellung, daß die beiden von nun an miteinander leben. Diese Szenerie ist ein so beliebter Motivkomplex, daß die Zuhörer ohnehin im Bilde sind.

Für uns sind einige charakteristische Zaubermärchengestalten eingeführt – Luzut-Chaan samt Tochter, Sohn und Boten –, und es ist ein wichtiges Moment der Zaubermärchen anschaulich vorgeführt – der freie Umgang der Wesen verschiedener Welten miteinander. Die Zaubermärchen vermitteln uns ein dreigeteiltes Weltbild: In der unteren Welt, von der schon die Rede war, lebt Luzut-Chaan mit den Seinen nach Art der Menschen – manchmal in einem neunstöckigen gläsernen Palast, der vielleicht die (für die Märchen allerdings kaum relevante) Vorstellung von mehreren Schichten der unteren Welt spiegelt. Er zeigt sich zunächst oft in Schlangengestalt, aus der er sich jedoch in Menschengestalt verwandelt beim selbstgewollten Umgang mit Menschen – wie alle Luzut-Chaan-Leute das zu tun pflegen. Seinem Reich steht die obere Welt gegenüber, in der der Himmelsherr oder Gurmustu-Chaan mit seinen Leuten lebt, ebenfalls ganz und gar nach Menschenweise, in Jurten und sogar mit Vieh aller Art und mit Hirten.

Luzut-Chaan und Gurmustu-Chaan verlassen ihre Welt nie, ihre Kinder aber – vor allem die Töchter – spielen als manchmal goldener Fisch an der Oberfläche eines Sees, halten sich als Schlange auf der Erde auf, oder sie kommen als drei Schwäne aus der oberen Welt an den Rand eines goldenen Sees, der am Übergang zur irdischen Welt liegt, die sich in der Mitte befindet und in der die Menschen und die übrigen Lebewesen wohnen. An den Übergangsstellen kann man eine goldene Stützstange, eine silberne Leiter, einen See oder einen Brunnen vorfinden. In dieser mittleren Welt sind aber auch die verschiedenen dämonischen Wesen zugange, die in den Märchen als nichtmenschliche Negativgestalten in Erscheinung treten. Von diesen will ich hier vor allem drei nennen: Manggys, Dshelbege und Schulam.

Der Manggys[15] ist an Kraft und Größe dem Riesen vergleichbar, menschengestaltig, und lebt wie ein Mensch, ist aber – und das verbindet ihn mit dem Drachen unserer Märchen – oft mit einer variierenden Zahl von Köpfen versehen, vor allem, wenn der Held es nacheinander mit mehreren seiner Art zu tun hat. An magischen Mitteln stehen ihm mehr zu Gebote als dem Helden, der dafür auf übernatürliche Hilfe rechnen kann. Der Manggys ist eine Verschlingergestalt, ebenso wie die zusätzlich Blut saugende Dshelbege, eine alte weibliche Gestalt, die nur in manchen Zügen der Hexe ähnelt. Manchmal lebt sie in einem Erdloch und hütet das Feuer – vielleicht ein Hinweis darauf, daß die Dshelbege eine dämonisierte archaische Erd- und Feuermutter sein könnte. Dafür spricht eine gewisse Ambivalenz ihres Wesens: Sie gibt dem Mädchen, dessen Herd erloschen ist, Feuer – aber gleichzeitig durchlöchert sie des Mädchens Rockschoß und schafft sich so eine Aschespur zu dessen Jurte, um sein Blut saugen zu können. Sie verschlingt die Geschwächte und erbricht sie in voller Schönheit. Nach diesem Beispiel läßt man sie Krüppel verschlingen und als Geheilte wieder erbrechen.[16] Ihr Äußeres ist immer bestimmt von überlangen Ohren, auf deren eines sie sich bettet, während sie sich mit dem anderen zudeckt, oder durch überlange Brüste, deren eine sie an die Asche legt, während sie sich die andere über die Schulter wirft.[17] Ihr Attribut ist ein eiserner Walkstock, manchmal reitet sie auf einer gefleckten Hündin. Unter ähnlichem Namen ist diese Gestalt in den Märchen aller zentralasiatischen Türkvölker anzutreffen und immer mit einer Formel verbunden, die sie zur Täuschung gebraucht, wenn sie einen Jungen nahe zu sich heranlocken will, damit sie ihn leicht packen und verschlingen kann:

> »Wenn ich liege, kann ich nicht aufstehen,
> wenn ich stehe, kann ich mich nicht hinlegen.«

Und da der Junge, von seinem Pferd gewarnt und unterstützt, aus dem Sattel das Ding greift, um dessentwillen er dorthin gekommen ist – seine auf dem alten Lagerplatz zurückgelassenen Spielknöchel oder seine Feile zum Spitzen der Pfeile –, zeigt sich, daß die Dshelbege schnell wie ein Pferd rennen und dabei noch dem Pferd des Jungen mit ihrem eisernen Walkstock die Beine abschlagen kann. Name und Formel der Dshelbege sprechen dafür, daß diese Gestalt und mit ihr das Märchen, das bei den Tuwinern im Altai unter dem Titel »Das

Bübchen mit den tausend falben Pferden«[18] bekannt ist, mindestens etwa 1200 Jahre alt sein dürften.[19]

Eine dritte Negativgestalt ist das Schulam-Weib – ein häßliches einäugiges Wesen, das sich Männern auf der Jagd gern als schöne Frau zeigt und sie durch Zauber ihre Frau und Familie vergessen macht: Wenn sie sich nachts – in einen blauen Wolf verwandelt – aus der Jurte entfernt, dann bleibt ihr Körper in seiner wahren häßlichen Gestalt zurück, in der sie der Mann eines Tages heimlich erblickt, weil er vor der Zeit von der Jagd zurückkehrt. Die Hilfe eines Ratgebers und verschiedene, zum Teil magische Mittel – unter anderem ein Wacholderfeuer statt des geforderten Hundekotfeuers – sind nötig, dieses gefährliche Schulam-Weib zu vernichten.[20]

Der Held, der – vor allem in den Reckenmärchen – manchmal in Tagen soviel wächst wie andere Jungen in Jahren, siegt immer, denn ihm stehen im Zaubermärchen vielerlei Helfer bei – außer Gurmustu Chaan ein weißer Alter (die Personifikation einer über ganz Zentralasien hin bis nach China bekannten Naturgottheit, im tuwinischen Märchen gelegentlich direkt als (*Aldaj ēzi;* »Herr des Altai«) bezeichnet, und Altai steht hier beinahe für die Menschenwelt). Als Helfer erweisen sich ferner unter anderem ein Baum[21], der den noch in der Wiege liegenden und an einer Birkenwurzel saugenden Märchenhelden behütet, oder ein Fels, der sich auf eine Beschwörungsformel der Schwester hin öffnet und schließt, damit sie ihren getöteten Bruder darin verwahren kann,[22] bis sie zu seiner Wiederbelebung die ihm bestimmte Braut geholt hat. Und nie zieht ein Recke aus, ohne zuvor seinen schutzbietenden Berg aufgesucht zu haben.

Der mythische Vogel Chan(g) Chereti/Chan Gärdi, dessen Junge der Held vor einer Schlange rettete, die sein Nest im Weltenbaum heimsucht, trägt ihn aus der unteren Welt heraus[23] oder schenkt ihm für den Notfall eine Feder. Hilfreiche (zugleich meist dankbare) Tiere sind Hund, Katze, Mäuse,[24] Fuchs (unter anderem als Pendant des Gestiefelten Katers, AaTh 545B[25]), Vogel. Einmal machen die Leittiere der verschiedenen Viehherden – Kamelhengst, Hengst, Schafbock und Jakbulle – auf eine Untat aufmerksam, die die falsche Frau verübt (Motiv von der falschen Braut), und bewirken so deren Untergang und die Rückkehr der rechten Frau.[26] Manchmal entpuppt sich ein mehrfach ratender Fremder auf dem Weg des ausziehenden Helden später als Vater seiner künftigen Braut, und auch die ältere Schwester des Helden – mit dem Sohn des Herrn der oberen Welt verheiratet und dort lebend – wirkt als Helfer, herbeigeholt vom Pferd des Märchenhelden, der ersten unter den Helfergestalten.[27] Es kann sich in der Luft fliegend »unter dem wolkigen Himmel, über den zweigigen Bäumen«, aber gelegentlich auch unter Wasser fortbewegen, es spricht, rät, warnt, holt lebensrettende Hilfe. Ist der Held sehr jung oder wird das Pferd vom kleinen Sohn des Helden zu dessen Rettung geritten, so schützt es ihn mit seiner Mähne oder stützt ihm den Rücken mit seinem Schweifansatz, läßt zu seiner Kühlung einen feinen Regen fallen,[28] oder es legt sich gar ein Stück Grassoden auf den Sattel, damit das Kind während des Rittes mit den Blumen spielen kann.[29] Das Pferd sieht Gefahren und Ungemach voraus – kurz: das Pferd ist gescheiter und weitsichtiger als der Held, daher für ihn unentbehrlich und von ihm untrennbar. Sein Name ist mit dem des Helden meist durch Alliteration verbunden – *Pavyldaj* und *Par schōkar*, »Leopardenscheckiger«, *Scharaldaj* und *Saryg schōkar,* »Gelbscheckiger«. Das Pferd trägt seinen Reiter in die obere Welt und über ein brennendes Giftmeer,[30] spendet dem Getöteten Schatten, während sein Hund, den Schwanz in Wasser tauchend und ihn damit kühlend, den Leichnam frisch erhält, bis Wiederbelebung möglich wird,[31] bis nämlich die künftige Frau des Helden herbeigeholt ist. Denn die Wiederbelebung kann im allgemeinen nur durch sie, den dem Märchenhelden vom Schicksal bestimmten oder sein Schicksal bedeutenden Menschen (*dshajān gishi*) geschehen,[32] indem sie ihn dreimal mit der Hand schlägt, indem sie dreimal nach links, dreimal nach rechts über ihn hinwegsteigt oder dreimal auf dem Pferd über ihn hinwegspringt. Seltener belebt ihn die ältere Schwester mit Lebenswasser oder Nadelstich.

Die Wiederbelebung ist nur eine der zauberischen Handlungen, auf die sich die Frau des Märchenhelden (oder manchmal seine ältere Schwester) versteht, die ja oft nicht irdischer Herkunft ist. Sie ist fähig, im voraus zu wissen, was sich über die Entfernung eines Monatsrittes hinweg zuträgt, sie kann in einem Frosch oder in der angenommenen elenden Gestalt den Helden in seiner wahren Kraft und Stattlichkeit erkennen[33] und statt seines ärmlichen Stangenzeltes eine prächtige sechswändige Jurte erblicken, kann – um ihre Rückgewinnung zu ermöglichen – vor ihrer Entführung das Fleisch von 70 Schafen zur Menge nur eines Schafs und sieben Lederflaschen Branntwein zur Menge einer Flasche machen, die sie unter der Feuerstelle verbirgt als Proviant für den ihrem Manne bevorstehenden beschwerlichen Heldenzug gegen den Entführer, und sie kann auf magische Weise Dinge aus ihren Ärmeln herabfallen lassen und manches mehr.

In Märchen vom Typ AaTh 465 »Der wegen seiner schönen Frau verfolgte Mann« hilft sie ihrem Mann, gegen den lüsternen Chaan zu bestehen, manchmal dadurch, daß sie ihm – in einem Versteckwettkampf – die Verwandlungsgestalt des Chaans nennt und ihn seinerseits in unscheinbare Gebrauchsgegenstände verwandelt, mit denen sie hantiert, wenn der Chaan ihn sucht.[34]

Verwandlungszauber spielt im Märchen eine große Rolle. Der Held bläst über sein Pferd und verwandelt es so zumindest in ein räudiges Fohlen mit Fetzen vom vorjährigen Fell, wenn nicht gar in einen Feuerstein, den er in sein Feuerzeug legt, wenn er nicht gleich erkannt werden will. Beblasen ist dabei ein wichtiges magisches Mittel – auch hierzulande bebläst mancher ja noch die Würfel beim Spiel. Magische Wirkung hat auch das formelhafte Wort, und durch Wälzen (auf Asche) können das Pferd und dämonische Wesen sich selbst verwandeln. Solche Selbstverwandlung kommt viel häufiger vor als Verzauberung eines anderen. Der Held selbst verwandelt sich in einen ärmlichen rotznäsigen Jungen, in verschiedene Tiere, in ein Pferdehaar. Von seinen Verwandlungsmöglichkeiten hängen seine Erfolge ab. Er kann auch zunächst in Tiergestalt auftreten – als Fröschlein, das zu einem alten kinderlosen Paar kommt, sich als Kind anbietet und sogleich spricht und arbeitet wie ein richtiger Junge[35] – und kann sich später nach Bedarf hin- und zurückverwandeln. Das geschieht generell so oft und selbstverständlich, daß man an eine Überzeugung der Eskimo denken muß, die Knud Rasmussen mitgeteilt hat: daß es nämlich einst eine Zeit gab, da man bald Mensch, bald Tier war.[36] So kann auch im tuwinischen Märchen eigentlich jeder sich verwandeln, nicht nur Gestalten mit übernatürlicher Herkunft, und manchmal erfolgt die Rückverwandlung des Helden in seine wahre Gestalt – gleichsam von selbst – in dem Augenblick, in dem er nach dreitägigem Spannen des Bogens den tödlichen Pfeil auf seinen bösen Gegner losläßt.[37] Dessen Tod ist endgültig. Der Tod des Helden und anderer positiver Helden ist es nicht.

Tod und Wiederbelebung sind wichtige Ereignisse im Zaubermärchen. Daß Verschlungene – auch ganze Völkerstämme und Herden – heil wieder zum Vorschein kommen, erwähnte ich schon. Ebenso natürlich ist es, daß der Märchenheld oder eine von zwei zentralen Brüdergestalten wiederbelebt wird – selten durch Worte, Gebete, und im allgemeinen ist dafür, wie oben beschrieben, die künftige Frau oder auch die ältere Schwester vonnöten. Voraussetzung ist, daß kein Knochen des Leichnams verlorenging oder daß der Körper noch unversehrt ist.[38] Man denkt an Zusammenhänge mit Initiationsriten, denn nach diesem Tod ist die Braut da, der Held hat seine *anima*, ist nun ein Mann und kann eine Familie gründen.[39]

Der Tod positiver Gestalten steht im tuwinischen Märchen oft dort, wo in europäischen Märchen ein todesähnlicher Zustand herbeigeführt wird, wie die Versteinerung durch eine Hexe – ein im tuwinischen Märchen unbekanntes Motiv. Wohlbekannt ist dagegen das Motiv von einer oder mehreren Außenseelen – ähnlich wie es in Grimms Märchen »Die Kristallkugel« (KHM 197) vorkommt. Aber nicht nur der Manggys oder der Sohn der Dshelbege, sondern auch der Märchenheld kann eine außerhalb seines Körpers verborgene Seele haben, deren Beschaffenheit und Aufenthaltsort streng geheimgehalten sind. Dieses Geheimnis muß abgelistet werden, was zum Beispiel dadurch geschieht, daß die entführte Frau den Widersacher dazu bringt, seinem vermeintlichen Kind in der Wiege dieses Geheimnis zu offenbaren, so daß es der Held, sein wahrer Vater, ablauschen kann.[40] – Die Außenseele des Helden ist meist in Gestalt eines kleinen Vogels in einem Kästchen in den Nüstern seines Pferdes verwahrt oder in einem gelbgriffigen Messerchen, das zwischen den Schichten der Stiefelsohle liegt – und mit dem allein er tödlich verletzbar ist. Die Zahl der Seelenvögelchen des Manggys hingegen entspricht der Zahl seiner Köpfe, was seine Vernichtung erschwert.

Die Parallelen zu europäischen Märchenmotiven liegen auf der Hand, trotz der etwas anderen Gestaltung im tuwinischen Märchen: die drei schwierigen, auf natürliche Weise nicht lösbaren Aufgaben, die drei Freierproben, drei Hindernisse, der Kampf mit dem Ungeheuer (Riesen – Drachen), die hilfreichen Tiere, hilfreiche Alte, zu denen noch viele andere kommen: Zaubergegenstände wie Stab oder Tarnkappe, der vertrocknete Fluß,[41] die vorgetäuschte Krankheit,[42] die als Wasservogel zu ihrem Kind zurückkehrende Mutter,[43] Liebesverlangen auf Grund eines Bildes,[44] das durch ein Tier gezeigte Heilmittel[45] und andere, die natürlich hier nicht alle aufzählbar sind.

Auch die Märchen selbst vertreten zum Teil Märchentypen, die von Aarne-Thompson erfaßt sind. Als Beispiele möchte ich nur »Der Mann auf der Suche nach seiner verlorenen Frau« (AaTh 460), »Der wegen der Schönheit seiner Frau verfolgte Mann« (AaTh 465) und »Die Zwillinge oder Blutsbrüder« (AaTh 303, KHM 60) nennen. Häufiger sind jedoch Verbindungen von Motivkomplexen aus verschiedenen Märchen wie zum Beispiel eine Kontamination aus Motiven von KHM 10 (»Das Lumpengesindel«) und KHM 11 (»Brüderchen und Schwesterchen«)[46] oder von AaTh 502 »Der Eisenhans« (KHM 136) und KHM 21 »Aschenputtel«, allerdings mit einer männlichen Hauptfigur.[47] Manche der tuwinischen Märchen haben unter den europäischen Märchen Parallelen allenfalls im ostslawischen und kaukasischen Märchengut,[48] was sich durch historisches Geschehen und Wanderungen türkisch-mongolischer Stämme nach Westen erklären läßt. Aber immer zeigen Parallelen deutliche Eigenheiten, die sich aus dem andersartigen natürlichen und alltäglichen Milieu und den traditionellen Glaubensvorstellungen bei einem Nomadenvolk Zentralasiens ergeben. So stattet in der tuwinischen Kontamination von »Aschenputtel«- und »Eisenhans«-Motiven[49] kein Wilder Mann den Jüngling mit Kleidung und Pferd von dreierlei Farbe und mit Kriegsvolk aus, sondern der Vater, der zum Sterben in eine menschenleere Steppe hinausgegangen war und bei dem nur der jüngste seiner drei Söhne drei Nächte lang bis zu des Vaters Tod gewacht hat, versieht diesen jüngsten Sohn außer mit Herden auch mit Kleidung, Sattel- und Zaumzeug, Waffen und Pferd von dreierlei Farben, damit er an drei Wettspielen des Chaans teilnehmen kann.

Betrachtet man die tuwinischen Märchen im Kontext der anderen türkischen und der mongolischen Völker Zentralasiens einschließlich Südsibiriens, so erweisen sie sich im wesentlichen als Varianten von spezifisch zentralasiatischen Versionen internationaler Motivkomplexe und Märchentypen. Einige Märchen jedoch, wie zum Beispiel »Die Tochter des Luzut Chaan«[50] oder »Warum sich der Erzähler nicht lange bitten lassen darf«[51], sind bei Aarne-Thompson nicht belegt.

Die Zauber- oder Wundermärchen haben unter den tuwinischen Märchen den bedeutendsten Anteil. Zauberer kommen in ihnen allerdings nicht vor. Der Zauber oder besser: das Wunder äußert sich vor allem als übernatürliches Wirken und Geschehen – oft deutlich als Reflex einer noch nicht verloschenen Glaubenswelt erkennbar. Das Wunder ist – wie mir vorkommt – viel weniger das Außergewöhnliche, gar Unheimliche, das für uns Phantastische, sondern eher das durchaus noch im Bereich des Möglichen Liegende – möglich nicht gerade im Jetzt und Hier, aber doch im Rahmen einer weit gefaßten, vor allem geistigen Realität früherer Zeiten, deren Widerschein und Nachklang wir im Märchengeschehen noch erkennen können.[52]

Heinz-Albert Heindrichs spricht zu Beginn dieses Buches von Märchen als Erinnerungsdichtung. 1985 sagte mir nachdenklich ein alter Gewährsmann, der 71jährige Gakaj, Sohn des Dshylbak, es müsse einst wohl sehr kleine Menschen gegeben haben (und hier ist wohl zu ergänzen: die das alles miterlebten und weitergaben), denn – so fuhr er fort – woher wüßten wir sonst all diese Geschichten?

Anmerkungen

Abkürzungen:
LPS: siehe Anm. 20;
SPAT: siehe Anm. 1;
TVM: siehe Anm. 1.

1 Aus dem Reckenmärchen »Chan Tögüsvek«, Tonbandaufzeichnung des Erzählers M. Chojtüvek (damals 45 Jahre alt) am 6. und 7. August 1967 im Cengel-sum des Bajan-Ölgij Aimak, Westmongolei. Es ist leicht gekürzt erschienen in *Heldensagen aus aller Welt*, hrsg. von Regina Hänsel, Berlin 1988 und Stuttgart 1988, S. 224–257; russisch in *Skazki i predanija altajskich tuvincev, Moskva* 1994 (im folgenden: SPAT), S. 155–184, Kommentar S. 320–322. – Zum Zustandekommen der Sammlung altaituwinischer Märchen und den Feldforschungsbedingungen siehe E. Taube: »Über das Sammeln von Volksdichtung unter den Tuwinern des Cengel-sum im Bajan-Ölgij-Aimak der Mongolischen Volksrepublik«. In: *Abhandlungen und Berichte des Staatlichen Museums für Völkerkunde Dresden*, Bd. 37 (= In memoriam Gerhard Kahlo), Berlin 1979, S. 201–222, sowie dies.: *Tuwinische Volksmärchen*, Berlin 1978 (im folgenden: TVM), S. 328–335 und S. 8; SPAT S. 19–28, 48f.

2 Es handelt sich um den roten Regenumhang ihres Vaters, des Chaans, und um ihrer Mutter Peitsche mit dem Tamariskengriff.

3 Zu Tuwa und den Tuwinern siehe *TVM*, Nachwort, und die dort angeführte Literatur, insbesondere Mänchen-Helffen, Otto: *Reise ins asiatische Tuwa*, Berlin 1931, aber auch Richter, Egon: *Im Land der weißen Kamele*, Rostock 1986; ferner E. Taube: »Zur gegenwärtigen Situation der Tuwiner im westmongolischen Altai«. In: Á. Berta, B. Brendemoen, C. Schönig [Hrsg.]: *Symbolae Turcologicae* (= Festschrift für Lars Johanson; = Swedish Research Institute in Istanbul, Transactions, Vol. 6), Uppsala 1996, S. 213–225.

4 Um ein Beispiel zu nennen: In einer Gemeinschaft, wo es traditionell üblich war, dem anderen, dem Gast, selbstverständlich von allem zu geben, was man hatte und wessen er bedurfte – Trank, Speise und Nachtlager, weil man es selbst in seiner Lage ebenso empfing, kann es nicht ohne Folgen bleiben, wenn dies alles plötzlich an Geld geknüpft wird, an fremdes zumal. Zu den Auswirkungen des Tourismus auf traditionelle Gemeinschaften siehe Waldvogel, William: »Von der Notwendigkeit der Oekologie am Beispiel Ladakhs«. In: *Wissenschaftsgeschichte und gegenwärtige Forschungen in Nordwest-Indien*, Dresden: Staatl. Museum für Völkerkunde 1990 (= Dresdner Tagungsberichte 2), S. 182–184.

5 Näheres dazu zum Beispiel in E. Taube: »Die Widerspiegelung religiöser Vorstellungen im Alltagsbrauchtum der Tuwiner der Westmongolei«. In: *Traditions religieuses et para-religieuses des peuples altaïques*, Strasbourg 1972 (= Bibliothèque des Centres d'Études Supérieures Spécialisés), S. 119–138; dies.: »Mutter und Kind im Brauchtum der Tuwiner der Westmongolei«. In: *Jahrbuch des Museums für Völkerkunde zu Leipzig*, Bd. 27 (1970), 75–89; dies.: »Naturschutzmärchen in Zentralasien«. In: *Mitteilungen des Museums für Völkerkunde zu Leipzig 53* (1989), S. 51–54; dies.: »Zum Problem der Ersatzwörter im Tuwinischen des Cengel-sum«. In: *Sprache, Geschichte und*

Kultur der altaischen Völker, Berlin 1974 (= Schriften zur Geschichte und Kultur des Alten Orients), S. 589–607.

6 Nach den publizierten Märchen zu urteilen sieht die Lage bei den Tuwinern in Tuwa, die schon seit 1930 eine eigene Schrift, ein eigenes Schrifttum haben, etwas anders aus. Das kann aber damit zusammenhängen, daß Märchenausgaben sich lange an solchen in europäischen Sprachen, am nächsten liegend an russischen, orientierten und zeitweise auch besonderer Wert auf solche Märchen gelegt wurde, in denen sich Sozialkritik äußert – die sich am ehesten in den Alltags- und schwankartigen Märchen findet, so daß diese Sammlungen die tatsächliche Relation vielleicht nicht vermitteln. Nach neueren Ausgaben – inzwischen gibt es mehrere Editionen aus dem Repertoire eines Erzählers und mit zu den Zaubermärchen gehörenden Reckenmärchen (siehe unten) – sieht es so aus, als wären die Unterschiede in den Relationen der einzelnen Kategorien von Märchen in den verschiedenen tuwinischen Gruppen nicht so groß, wie es zunächst scheinen mochte. – Siehe dazu auch E. Taube: »Zum Stand der Erforschung tuwinischer Volksmärchen«. In: *25. Deutscher Orientalistentag. Vorträge*, München 8.–13.4.1991, hrsg. von Cornelia Wunsch, Stuttgart 1994 (= Zeitschrift der Deutschen Morgenländischen Gesellschaft, Supplementband 10), S. 215–227.

7 Zum Beispiel R. P. Matveeva: *Russkie narodnye skazki Sibiri o bogatyrjach* [Russische Volksmärchen Sibiriens von Recken], Novosibirsk 1979; dies.: *Russkie narodnye skazki Sibiri o čudesnom kone* [Russ. Volksmärchen Sibiriens vom wunderbaren Pferd], Novosibirsk 1984.

8 Siehe dazu E. Taube: »Der *tōl*-Begriff und die epische Dichtung der Tuwiner im Altai«. In: Heissig, Walther [Hrsg.]: *Fragen der mongolischen Heldendichtung*. Teil V. Vorträge des 6. Epensymposiums des Sonderforschungsbereichs 12, Bonn 1988. Wiesbaden 1992, S. 214–230.

9 Dies: »Formen und Funktionen mündlicher Traditionen bei den Tuwinern im Altai«. In: Heissig, Walther [Hrsg.]: *Formen und Funktion mündlicher Tradition. Materialien eines Symposiums der Rheinisch-Westfälischen Akademie der Wissenschaften*, Bonn, 2.–3. Juli 1993. Leverkusen 1995, S. 145–155.

10 TVM Nr. 47; SPAT Nr. 45.

11 E. Taube: »Zur ursprünglich magischen Funktion von Volksdichtung«. In: *Ural-Altaische Jahrbücher NF 11*, Wiesbaden 1992, S. 112–124; dies.: »Warum sich der Erzähler nicht lange bitten lassen darf und warum ein Erzähler manchmal dennoch nicht erzählt. Aspekte des Märchens und des Märchenerzählens bei Völkern Zentralasiens«. In: *Märchenspiegel. Zeitschrift für internationale Märchenforschung und Märchenkunde*, Nr. 4 [Freiburg] 1996, S. 55–59.

12 Heissig, Walter: *Mongolische Volksmärchen*. Aus dem Mongol. übersetzt und mit einem Nachwort versehen. Düsseldorf-Köln 1963 (= Märchen der Weltliteratur), 241f. – Der altaische Folklorist S. S. Surazakov ordnet in seinem Werk *Das altaische Heldenepos (Altajskij geroičeskij ėpos*, Moskva 1985) die altaischen Heldenepen drei verschiedenen historisch bestimmten typologischen Stadien zu. Die Reckenmärchen entsprechen dem vermutlich ältesten, das Surazakov als »archaisches Heldenepos« bezeichnet, sofern es sich bei einzelnen Texten nicht nachweisbar (etwa durch Hinweise der Gewährsper-

son) um zeitgenössische Nacherzählungen von schon früher erfaßten oder fixierten Heldenepen handelt.

13 Zu den »Fünf Arten Vieh« zählen Pferde, Jaks, Schafe, Ziegen und Kamele (bei den Mongolen, die den Begriff ebenso kennen, alternieren Rind und Jak). Zur Kennzeichnung des Viehs waren neben Brandzeichen auch Ausschnitte verschiedener Form aus einem der Ohren üblich.

14 TVM Nr. 25; SPAT Nr. 3.

15 Siehe »Mangus« in EM 9, S. 133 ff.

16 Siehe TVM Nr. 27; SPAT Nrn. 5f.

17 Einer meiner Studenten machte darauf aufmerksam, daß bei uns im Jugendjargon der Ausdruck »große Ohren« für »große Brüste« steht.

18 Siehe TVM Nr. 54; SPAT Nrn. 22f.

19 Beide gehören offenbar zum Grundbestand der Märchenmotive der Türkvölker in einer Zeit, bevor sie sich ethnisch differenzierten und räumlich voneinander sonderten.

20 Zum Beispiel E. Taube (Hrsg. u. Übers.): *Das leopardenscheckige Pferd und andere tuwinische Märchen aus der Mongolischen Volksrepublik*, Berlin 1977 (im folgenden: LPS), S. 35; SPAT Nr. 35; E. und Jakob Taube: »Märchen im Dienste von Macht«. In: B. Kellner-Heinkele [Hrsg.]: *Altaica Berolinensia. The Concept of Sovereignty in the Altaic World*. Permanent International Altaistic Conference, 34th Meeting, Berlin 21–26 July, 1991. Wiesbaden 1993, S. 259 – 264.

21 TVM Nr. 27; SPAT Nr. 5.

22 TVM Nr. 28; SPAT Nr. 11.

23 TVM Nr. 37; SPAT Nr. 14.

24 Zum Beispiel TVM Nr. 34; SPAT Nr. 24.

25 TVM Nr. 39.

26 TVM Nr. 64; SPAT Nr. 29.

27 TVM Nr. 24; LPS S. 7; SPAT Nrn. 8–10.

28 LPS S. 93; SPAT Nr. 13.

29 LPS S. 64; SPAT Nr. 12.

30 TVM Nr. 26; SPAT Nr. 7.

31 *Heldensagen aus aller Welt*, 224–257; SPAT Nr. 17.

32 Unter anderem TVM Nr. 28; LPS S. 115–122; SPAT Nr. 11.

33 Zum Beispiel TVM Nr. 33; SPAT Nr. 20.

34 TVM Nr. 26; SPAT Nr. 3.

35 Siehe Anm. 31.

36 Knud Rasmussen: *Die Gabe des Adlers*, Frankfurt a. Main 1937, S. 142.

37 TVM Nr. 24; SPAT Nr. 10.

38 Zum Beispiel TVM S. 60.

39 Auch auf schamanistische Initiationsriten muß verwiesen werden, zumal vor allem die Reckenmärchen eine Vielzahl von parallelen Motiven aufweisen, von denen ich einige in dem Artikel »South Siberian and Central Asian Hero Tales and Shamanistic Rituals« gegenübergestellt habe (in: M. Hoppál [Hrsg.]: *Shamanism in Eurasia*, Part II, Göttingen 1984, S. 344–352).

40 TVM Nr. 37; SPAT Nr. 14.

41 TVM Nr. 55, LSP S. 152; SPAT Nr. 28.

42 TVM Nr. 24; LSP S. 7; SPAT Nrn. 8–10.
43 TVM Nr. 64; SPAT Nr. 29.
44 LPS S. 145; SPAT Nr. 26.
45 TVM Nr. 27; SPAT Nr. 5.
46 Vgl. Anm. 41.
47 TVM Nr. 29; SPAT Nr. 19.
48 Eines (TVM Nr. 40, SPAT Nr. 18) liegt meinem Beitrag »Warum sich der Erzähler nicht lange bitten lassen darf...« im *Märchenspiegel* 4/1996 zugrunde (siehe Anm. 11; siehe auch den zugehörigen Kommentar in SPAT); dieser Typ hat die Nr. 516* in L. Barag et al.: *Vostočno-slavjanskaja skazka. Sravnitel'nyi ukazatel' sjužetov* (Das ostslawische Märchen. Vergleichendes Verzeichnis der Märchenstoffe/-typen), Leningrad 1979.
49 Siehe Anm. 47.
50 LPS S. 145–151; SPAT Nr. 26; siehe dazu E. Taube: »Eine frühe kalmückische Märchenaufzeichnung und ihre mongolischen und altaituwinischen Parallelen«. In: *Ural-Altaische Jahrbücher* (im Druck).
51 TVM Nr. 40; SPAT Nr. 18; vgl. Anm. 11.
52 Vom Glauben der sibirischen Nanaier daran, daß die Geschichten ihrer Märchen einst tatsächlich geschehen seien, teilen V. A. Avrorin und E. P. Lebedeva mit; Näheres dazu S. 358f. in E. Taube: »Warum erzählen Erzähler manchmal nicht? Vom Erzählen und seiner Beziehung zum Numinosen«. In: Árpád Berta [Hrsg.]: *Historical and Linguistic Interaction between Inner-Asia and Europe.* Szeged 1997 (= Studia Uralo-Altaica 39), S. 351–363.

Nelly Naumann

Gibt es japanische Zaubermärchen?

Gibt es japanische Zaubermärchen? Bevor wir uns dieser Frage widmen können, ist zu klären, was unter einem Zaubermärchen zu verstehen ist. An Definitionen fehlt es nicht.

Vladimir Propp[1] faßt das Zaubermärchen schematisch; er sieht es als ein Genre, »an dessen Anfang die Zufügung irgendeines Verlustes, eines Schadens (...) oder der Wunsch, eine Sache zu besitzen, (...) steht und das sich über die Stationen Abreise des Helden und Begegnung mit dem Schenker, der ihm ein Zaubermittel schenkt, mit dessen Hilfe der gesuchte Gegenstand gefunden wird, entwickelt. Im weiteren Verlauf bietet das Märchen den Zweikampf mit einem Gegner (wichtigste Form hiervon ist der Drachenkampf), die Rückkehr und die Verfolgung. Oft ergeben sich in dieser Komposition zusätzliche Verwicklungen. Der Held ist schon im Begriff, nach Hause zurückzukehren, da wird er von seinen Brüdern in einen Abgrund geworfen. Er trifft dann erneut ein, muß sich einer Prüfung unterziehen, die in schwierigen Aufgaben besteht, besteigt den Thron und verheiratet sich entweder in seinem eigenen Zarenreich oder in dem seines Schwiegervaters.«

Nach Lutz Röhrich[2] schildert das Zaubermärchen »Wege der Emanzipation: Die Helden machen sich selbständig; sie verlassen das Elternhaus. Die Gründe hierfür wechseln, aber der Aufbruch, das Hinausgehen in die Welt des Abenteuers ist immer das gleiche. Es geht dem Märchen darum, die Bewährung des Menschen in einer anderen als der heimischen Umwelt zu schildern.« Und es geht ihm, wie Röhrich weiterhin bemerkt[3], »um Glück und immer wieder um das Thema der Erlösung. Glück im Zaubermärchen besteht in der Erlösung. Erlösung ist das märchentypischste und märchencharakteristischste Motiv... Die Erlösung des Guten aus der Gewalt des Bösen, die Notwendigkeit der erlösenden Liebe sind häufigste Begriffe des Zaubermärchens und gleichzeitig Grundbegriffe der Hochreligionen. Da gibt es Erlösung aus der Armut, aus der Niedrigkeit, aus besonderer Häßlichkeit, Erlösung aus der Tiergestalt, Erlösung durch Liebe und Heirat, Erlösung zu einem himmlischen Dasein oder zu einem höchstirdischen in Glück, Wohlstand und ohne Tod.« Und er fährt fort: »Erlösung meint ein Grundbedürfnis des Menschen; sie meint eine Befreiung im weitesten Sinn. Erlösung ist im allgemeinen Sinne eine positive Veränderung der Existenzform.«

Röhrich weist in diesem Zusammenhang darauf hin, daß alles kollektiv Gültige, alles Typische, also auch das Märchentypische, »auch eine allgemeine psychologische Notwendigkeit und Verbindlichkeit haben« muß. Es ist nun gerade der psychologische Aspekt, den Walter Scherf[4] in den Mittelpunkt seiner Märchenbetrachtung stellt. Für ihn sind Zaubermärchen »im wesentlichen zweigliedrige Erzählungen, in deren erstem Teil sich die Hauptgestalten als Heranwachsende von ihren Eltern lösen, um ihren eigenen Weg zu gehen. Die erste Partner-Bindung, die sie auf ihrem Weg zu sich selbst erleben, zerbricht jedoch wieder an ihrer Unreife. Es bedarf eines außerordentlichen Einsatzes, Thema des zweiten Teils, um sich endlich doch als verläßlicher Partner zu erweisen und die Bindung für ein Leben tragfähig zu machen.« Als Zaubermärchen verbinden die Geschichten »wie in einem Traum oder Tagtraum zauberisch Irreales mit Realem«, und »[i]n der Tat verlagern sie sich nach einer in abstrahierter äußerer Wirklichkeit beheimateten Exposition mit deutlich auszumachender Grenzüberschreitung in eine phantasmatisch gespiegelte *innere* Wirklichkeit, um am Ende, ebenfalls mit der Überschreitung einer Grenze (Gewässer, Waldrand), zurück in der alten äußeren Wirklichkeit zu enden – wobei allerdings die Hauptfiguren einen entscheidenden Zuwachs erfahren haben, reife Menschen geworden sind.«

Die drei aufgrund verschiedener Standpunkte gewonnenen Definitionen ergänzen sich. Sie sollen bei dem Versuch, die eingangs gestellte Frage zu beantworten, zu Rate gezogen werden – und bei einem Versuch muß es bei der Kürze der Zeit und dem Umfang der Aufgabe bleiben.

Man könnte sich die Aufgabe leicht machen, indem man auf den von Hiroko Ikeda[5] verfaßten Typenkatalog japanischer Märchen zurückgreift. Er orientiert sich am AaTh-Typenkatalog und führt somit unter den Nummern 300–749 die entsprechenden Zaubermärchen auf. Damit wäre unsere Frage bereits positiv beantwortet. Betrachtet man jedoch die Einordnung der Märchen in Ikedas Verzeichnis im einzelnen, erheben sich viele Zweifel – ganz zu schweigen von den mehrfach geäußerten Bedenken hinsichtlich des Aarne-Thompson-Verzeichnisses selbst, wonach zahlreiche in der Rubrik ›Zaubermärchen‹ aufgenommene Märchen dort ausgeschieden werden müßten.[6] Vor allem aber fällt auf, daß so typische Zaubermärchen wie »Die zertanzten Schuhe«, »Rapunzel«, »Jorinde und

Joringel«, »Dornröschen«, »Schneeweißchen und Rosenrot«, »Froschkönig«, »Brüderchen und Schwesterchen«, »Der Teufel mit den drei goldenen Haaren«, »Rumpelstilzchen«, »Die Gänsemagd«, »Schneewittchen« und viele andere mehr auch bei Ikeda keinerlei Entsprechung innerhalb der japanischen Märchen aufweisen.

Ganz allgemein gesprochen, *können* Märchen wie die eben erwähnten im Grunde kein japanisches Gegenstück haben; zu verschieden sind die historischen und kulturellen Voraussetzungen. Das Königtum in all seiner Symbolhaftigkeit, wie es im europäischen Märchen in Erscheinung tritt, ist dem japanischen Denken und damit auch dem japanischen Märchen völlig fremd.[7] An die Stelle des Königs tritt, als Obrigkeit, der *tono-sama*, ein adliger Herr. Die Bezeichnung entspricht durchaus dem lateinischen *dominus*, der Herr als Besitzer eines Hauses, eines Adelshauses versteht sich, ein Grundherr, unter Umständen ein Landesherr, ein Fürst – das Wort gibt keine Auskunft über Rang oder Stellung. Ein solcher Herr kann Befehle erteilen und Belohnungen verleihen, er kann die Gattin eines Untertanen für sich anfordern und sich am Ende als lächerlicher Dummkopf erweisen. Ein Märchenkönig ist er nicht.

Da es keinen König gibt, gibt es auch keine Königin: Die Gattin eines *tono-sama* ist ohne jegliche Bedeutung. In Übersetzungen kann man gelegentlich von Prinzessinnen lesen, doch das betreffende japanische Wort wird im Märchen ganz allgemein für Töchter höheren Standes verwendet. Wiederum sucht man, da der König fehlt, vergeblich nach einem Prinzen, der ihm auf dem Thron folgen könnte, und weder verwunschene Prinzen noch verwunschene Prinzessinnen warten auf Erlösung.

Zwar ist uns schon aus dem japanischen Altertum Schadenzauber, ja Todeszauber ganz konkret überliefert, doch im Märchen kommt der Mensch als böser Zauberer oder als böse Hexe nicht vor. Die zaubermächtigen Gegenstände sind im Besitz von Dämonen, und deren Sinnen und Trachten ist ausschließlich auf das Fressen ausgerichtet, sei es, daß sie dies in ihrer wahren Gestalt vermögen, wie die Bergfrau oder die Teufel, sei es, daß sie als Gespenster ihre Gestalt verwandeln, um die Beute zu verschlingen. Bergfrau wie Teufel sind ihrem ursprünglichen Wesen nach Totendämonen.[8] In der Sage blieb die dämonische Bergfrau zumindest bis in das vorige Jahrhundert geglaubte Realität, während die Vorstellung des *oni*, des Teufels, im Laufe einer langen Geschichte stark unter buddhistischen Einfluß geriet. Märchenillustrationen zeigen ihn so, wie er schon auf mittelalterlichen buddhistischen Höllenbildern erscheint: gehörnt, in Menschengestalt, rot oder blau, und nackt bis auf einen Schurz aus Tigerfell. Dem Pfiffigen gelingt es, die eher dummen Dämonen zu betrügen, der Tapfere vermag sie allesamt zu töten.[9] Doch was ihre Verwandlungskünste angeht, da finden sie ihren Meister im zauberkundigen buddhistischen Priester – womit wir mit einer weiteren, wenn auch im Märchen reichlich übersteigerten Realität konfrontiert werden. Der esoterische Buddhismus wie auch synkretistische mittelalterliche Lehren wissen nämlich um vielerlei magische Praktiken.

Von ganz wenigen Ausnahmen abgesehen, verwandelt der Dämon ausschließlich sich selbst, so auch der Priester beim Verwandlungswettstreit, und dasselbe gilt wiederum für das verwandelte Tier. Nicht der Mensch wird, aus welchen Gründen auch immer, von einem anderen in ein Tier verwandelt, das nunmehr der Erlösung zum Menschen bedarf, nein, das Tier selbst verwandelt sich in einen Menschen und wieder zurück zum Tier, falls seine Identität entdeckt wird. Wenn indessen die einem kinderlosen Paar auf einen unbedachten Wunsch hin von einer Gottheit als Kind verliehene Schnecke in einen Menschen verwandelt werden soll, greift wiederum dieselbe Gottheit ein.[10] Hier handelt es sich demnach um ein Legendenmärchen und nicht um ein Zaubermärchen.

Mancher grundlegende Unterschied wäre noch im einzelnen anzuführen; anderes ergibt sich logisch aus dem bereits Gesagten. Doch wie verhält es sich, wenn man die jeweiligen Märchen als Ganzes betrachtet?

Auch japanische Märchenhelden brechen auf, verlassen das Elternhaus, um Abenteuer zu bestehen. So etwa Momotarō, der Pfirsichjunge, der Held des wohl am besten bekannten japanischen Märchens. Aus dem Pfirsich, den die alte Frau gefunden hat, kommt ein Junge heraus, wächst unter der Pflege des bis dahin kinderlosen Ehepaars ganz rasch heran und erklärt, er wolle zur Teufelsinsel, um die Teufel zu besiegen. Er erhält Hirseklöße als Reiseproviant, gewinnt damit Hund, Fasan und Affen als Reisegefährten, gelangt zur Teufelsinsel. Die Tiere verschaffen ihm Einlaß, er besiegt die Teufel, die gerade bei einem Saufgelage sind. Der Oberteufel verspricht unter Tränen, nie mehr Böses zu tun, gibt alle Schätze heraus, und Momotarō fährt wieder nach Hause und lebt reich und glücklich mit den Eltern.[11] Auch in den beiden Varianten, in denen Momotarō von den Teufeln geraubte Mädchen befreit, steht am Ende nur die Rückkehr zu den Eltern, mit Reichtum beladen.[12] Wohl ist die Teufelsinsel eine andere Welt, dennoch wird kein Überschreiten einer Grenze zu einer *inneren* Wirklichkeit fühlbar; der Kampf mit den Teufeln ist zwar Bewährung, eine Entwicklung der Person ist trotzdem nicht zu erkennen. Sieht man von den beiden Varianten ab, sind es die Eltern, die aus Armut zu Reichtum ›erlöst‹ werden.

Ähnlich das Märchen von Rikitarō, dem ›Kraftburschen‹, der sich zwei Gefährten erwirbt, die ebenfalls fast so stark sind wie er. Sie kommen in eine Stadt, die von einem Gespenst heimgesucht wird, das monatlich ein Opfer möchte, und besiegen es. Uneigennützig verlangen sie keine Belohnung, doch man veranlaßt sie zu bleiben und als Adoptiv-Schwiegersöhne in reiche Familien einzuheiraten. Rikitarō holt seine alten Eltern nach.[13] Auch hier die Bewährung im Kampf, ›erlöst‹ von der Bedrohung durch das Gespenst werden die Bewohner der Stadt. Doch die Grenzüberschreitung in eine ›andere Welt‹ fehlt gänzlich – die Stadt ist Teil des normalen Diesseits, in dem Dämonen und Gespenster nach Belieben kommen und gehen.

Wie die vorigen ist auch der Däumling meist das auf seltsame Weise entstandene Wunschkind eines kinderlosen alten Paares. Auch er zieht aus in die weite Welt, wenn auch nicht immer freiwillig. Manchmal wird er vom Wind auf einem Blatt übers Meer getrieben und gelangt so zur Teufelsinsel, manchmal auch nur über einen Fluß ans andere Ufer. Immer aber trifft er auf Teufel oder Gespenster. Manchmal macht er sich über sie lustig, wenn sie beim Sumō-Ringen sind, oder er trifft auf eine ähnliche Situation wie Rikitarō und dessen Gefährten. Wie dem nun sei, er wird von seinem Gegner entweder verschluckt oder eingeatmet. Mit seinem Schwert, einer Nähnadel, weiß er diesen von innen so zu quälen, daß der ihn nicht nur wieder ausspuckt oder herausbläst, sondern auch seine Schätze hergibt, Gold und Silber, vor allem aber das Hämmerchen, mit dem man sich erschwingen kann, was immer man will. Selbstverständlich kehrt der Däumling nach Hause zurück, schwingt das Hämmerchen und wünscht sich, ein ordentlich großer Mann zu werden. In einer anderen Version tritt der Däumling zunächst in einem reichen Haus in Dienst. Als Gefolgsmann begleitet er die Tochter des Hauses auf einer Wallfahrt, sie treffen auf Teufel, die er in der gewohnten Weise besiegt, und, mit dem Hämmerchen groß gemacht, wird er der Gatte des Mädchens und damit Erbe des reichen Hauses.[14]

So steht der Däumling seinen Mann, doch ob er nun eine Grenze überschreitet oder nicht – die Erlösung zum normalen Menschen wird ihm durch den selbst erworbenen Zaubergegenstand zuteil. Endstation sind entweder wiederum die eigenen Eltern oder die reichen Schwiegereltern, in deren Haus er als Adoptiv-Schwiegersohn einzieht.

Der kleine Junge wiederum, der seinen Traum in der Neujahrsnacht nicht verraten will, wird im Meer ausgesetzt. Er kommt zur Teufelsinsel; statt gefressen zu werden, überlistet er die Teufel und erlangt ihre Schätze: Mit dem Tausendmeilen-Stab wünscht er sich in seine Heimat zurück, mit dem Hör-Stab versteht er die Sprache der Krähen, die ihn zur Eile antreiben, um die eben verstorbene Tochter des reichen Mannes im Westen mit dem Lebensstab wieder lebendig zu machen. Er wird Adoptiv-Schwiegersohn des Reichen. In den meisten Versionen geschieht nun dasselbe auch mit der Tochter des reichen Mannes im Osten, und er wird auch dort Schwiegersohn. Man baut eine goldene Brücke über den Fluß, den halben Monat bleibt er bei der Gattin im Westen, den anderen halben verbringt er bei der Gattin im Osten. Im Traum hatte er sich auf der Mitte der Brücke mit den beiden Frauen zur Linken und zur Rechten gesehen.[15] Vielleicht liegt dem Märchen ursprünglich eine astronomisch-kalendarische Bedeutung zugrunde, die jetzt nicht mehr zu rekonstruieren ist. Doch das Schema bleibt so einfach wie bei den vorigen Märchen. Das Wiederbeleben der beiden Mädchen, ihre ›Erlösung‹ vom Tod zum Leben, erfolgt fast beiläufig, wichtig ist, daß der junge Mann zum Adoptiv-Schwiegersohn gleich zweier reicher Häuser wird.

Von zu Hause vertrieben wird auch Mamichigane, von der Stiefmutter verleumdet. Sein Pferd kann fliegen, und es fliegt über Fluß und Berg. Vor dem Haus eines Reichen sieht er einen Alten, den er um Hilfe bittet: Er möchte Diener bei dem Reichen werden. Der Alte gibt ihm schäbige Kleider, verwahrt die guten. Das Pferd bleibt frei in der Nähe. Mamichigane wird Herdbesorger. Man will ihn zum Fest des Lokalgottes mitnehmen, er lehnt ab. Doch heimlich kommt er in seinen schönen Kleidern auf dem Pferd herbeigeflogen, und alle halten ihn für einen Gott. Er fliegt rechtzeitig zurück, doch die Tochter hat ihn an einem Schmutzfleck erkannt. Beim nächsten Fest kehrt sie gleich wieder um, bevor er auf und davon ist, und er muß sie auf seinem Pferd mitnehmen. Sie wird liebeskrank, ein Wahrsager gibt guten Rat, Mamichigane wird als der Richtige erfunden, und so folgt die Hochzeit.[16]

Die in »Japanische Volksmärchen« übersetzte Version[17] bietet als einzige von mehr als sechzig Varianten, die Seki Keigo in seinem »Großen Kompendium der japanischen Märchen« anführt, ein Nachspiel: Nach der Hochzeit will Mamichigane seine Eltern besuchen, die Gattin verbietet ihm, zu essen, was ihm unterwegs in den Schoß fällt. Er tut es trotzdem, stirbt. Das Pferd bringt die Leiche zu den Eltern. Da er am nächsten Tag nicht zurückkommt, vermutet die Gattin, daß er tot ist, kauft Lebenswasser, macht den Weg zu den Schwiegereltern und erweckt ihn. Man kann sich kaum des Eindrucks erwehren, daß der betreffende Erzähler sich eines halb-erinnerten Grimmschen Märchens bedient hat.

Mehrere Versionen vermischen dieses Märchen mit demjenigen, »Von der Schwester, die ein Dämon war«.[18] Hier wird der Junge von zu Hause verjagt, weil er behauptet, seine Schwester sei ein Dämon. Er gewinnt einen Bären oder Tiger als Reittier. Und am Ende, nach der Hochzeit, will er seine Eltern besuchen und bittet, dieses Tier freizulassen, falls es unruhig werden sollte. Das Tier rettet ihn, wenn ihn seine dämonische Schwester verfolgt, die inzwischen die Eltern gefressen hat.

Hiroko Ikeda[19] bringt das Märchen von Mamichigane, dem Herdbesorger, mit AaTh 314 zusammen, dem »Goldener« Märchen, oder dem Märchen vom Eisenhans. Doch was stimmt hier überein?[20] Wo bleiben der Dienst bei einem Dämon, der Tabu-Bruch und die goldenen Haare, wo die magische Flucht, Turnier, Kampf und Entzauberung?

Das Märchen vom Herdbesorger läßt indessen sofort an ein wirkliches Gegenstück denken, das Märchen von der Stieftochter, die verjagt wird, im Wald auf die Bergfrau trifft und von ihr eine Altweiberhaut erhält. So dient sie als Badbesorgerin in einem reichen Haus, wird vom jüngsten Sohn des Hauses jedoch in ihrer wahren Gestalt gesehen. Er wird liebeskrank, der Wahrsager gibt seinen Rat, das Mädchen muß sich offenbaren. Beim anschließenden Wettstreit der Bräute des Hauses ist sie die Schönste und Tüchtigste in den Künsten, die man von einer Frau aus gutem Hause erwartet.[21]

Es kann als Bewährungsprobe und Entwicklung zu innerer Reife gelten, wenn der Märchenheld oder die Märchenheldin unerkannt niedrigste Dienste verrichten, als ›Erlösung‹, wenn sie wieder in ihrer eigentlichen Gestalt erscheinen. Und in diesen Märchen zumindest spielt die Liebe, das Finden des Partners oder der Partnerin eine wesentliche Rolle. Die letzte Probe, der Wettstreit mit den Gattinnen der anderen Söhne des Hauses, nimmt gelegentlich den Charakter einer wirklichen Prüfung an: Aus dem Garten soll ein blühender Pflaumenzweig ins Haus gebracht werden, ohne daß die auf ihm sitzende Nachtigall entfliegt, oder man soll mit Strohsandalen über Seidenfäden gehen, ohne sie zu verwirren. Doch damit wird nur *im nachhinein* bestätigt, daß die Badbesorgerin als Braut im Hause des Reichen annehmbar ist.

Die eben erwähnten Stiefkindgeschichten sind von der literarischen Tradition des frühneuzeitlichen städtischen Milieus geprägt;[22] bäuerliches Leben spiegelt sich dagegen in den verschiedenen Märchentypen, die von drei Brüdern erzählen.

Das Märchen von den Wildbirnensammlern handelt von einer kranken Mutter oder einem kranken Vater, die zur Genesung Wildbirnen oder eine andere Frucht essen sollen, die tief in den Bergen wächst. Der älteste Sohn macht sich auf den Weg, trifft auf ein altes Männlein oder Weiblein und wird belehrt umzukehren, falls an einer bestimmten Wegstelle der Bambus »Geh nicht, geh nicht!« rauschen sollte, desgleichen ihm ein Rabe und dann ein Kürbis das gleiche Zeichen gäben. Er geht trotzdem, steigt auf den Baum mit den Früchten, spiegelt sich im Teich daneben und wird vom Herrn des Teichs gefressen. Ebenso ergeht es dem zweiten Sohn. Der Jüngste ist »klug und verständig«, und zusätzlich zum guten Rat gibt ihm der oder die Alte noch ein Schwert. Bambus, Rabe und Kürbis heißen ihn gehen, auch hebt er eine alte Holzschale auf, die im Wasser schwimmt. Er erklettert den Baum, wird aber doch vom Herrn des Teiches gesehen. Den erschlägt er mit dem Schwert, befreit seine Brüder aus dem Bauch des Unholds und schöpft mit der Schale Wasser, um sie zu stärken. Vereint kehren sie mit den Früchten nach Hause zurück. Mutter oder Vater genesen.[23] Seki Keigo listet über 30 Versionen auf, doch nur wenige sind auch nur annähernd so vollständig wie die eben erwähnte. Dabei bleibt die Bevorzugung des Jüngsten stets ganz unbegründet, abgesehen von einer einzigen, auch sonst etwas abweichenden Variante (Amami-Ōshima). Dort bittet der Alte, den die Brüder unterwegs treffen, um etwas Speise, und nur der Jüngste gibt ihm etwas ab. In anderen Varianten fehlt selbst die Begegnung, und der Jüngste ist von alleine so klug, eine Waffe mitzunehmen, um den Dämon zu besiegen. Einer macht gar eine Strohpuppe, an der sich der Dämon verschluckt, und nicht immer ist es möglich, die Brüder zu retten.[24]

Ganz ähnlich wird von drei Brüdern berichtet, die einer nach dem anderen ausziehen, um ein Gespenst zu erledigen oder die von Räubern entführte Tochter des Dorfvorstehers zurückzuholen.[25] Sowohl Seki wie Ikeda[26] bringen beide Märchentypen mit AaTh 550 bzw. 551 in Zusammenhang, den Märchen, die von der Suche nach dem goldenen Vogel oder nach dem Wasser des Lebens handeln. Diesen europäischen Märchen gegenüber erscheinen jedoch selbst die voll ausgearbeiteten japanischen Versionen auf ein Minimum an Handlung zusammengeschrumpft.

Nun gibt es auch drei Brüder, von denen einer ein Dummling ist; im japanischen Märchen ist das allerdings meist der älteste. Sie sind alle längst über das Jünglingsalter hinaus, doch alle drei vertun sie ihre Zeit mit Spielerei statt mit Arbeit. Also gibt der Vater jedem eine Summe Geldes und schickt sie in die Welt, um etwas zu lernen. Der Tüchtigste soll ihn dann beerben. Der mittlere Sohn wird nun ein Zimmermann, der jüngste ein Kaufmann. Der älteste, ein Tölpel, weiß nicht, was er tun soll. Er läuft einfach, wohin ihn die Füße tragen, ißt und trinkt, wo man ihm etwas gibt, übernachtet in Götter-Schreinchen am Wegrand. Einmal kommt er zu einem halbverfallenen Schreinchen, bedauert den armen Gott und hinterläßt ein Viertel seines Geldes, um das Schreinchen zu reparieren. Dasselbe wiederholt sich noch drei Male, und nun ist sein Geld dahin. Die vorgegebenen drei Jahre sind verstrichen, und er hat nichts gelernt. Wie er sich nun auf den Heimweg macht, kommt er zu dem Schreinchen, dem er sein letztes Geld gegeben – es erstrahlt in frischer Pracht. Er legt sich voll Freude zum Schlafen nieder. Im Traum erscheint ihm ein alter Mann und überreicht ihm ein kleines Fläschchen, aus dem er unerschöpflich Sake gießen kann. Tatsächlich findet er am Morgen ein Fläschchen neben sich. Entsprechend erhält er von den Gottheiten der weiteren drei Schreine einen Topf, der kocht, was immer er sich wünscht, ein Stück Stoff, das kein Ende nimmt, er mag abschneiden, soviel er will, und ein Mörserchen, das Geld hervorbringt. Inzwischen hat der mittlere Bruder zu Hause in wenigen Tagen einen ganzen Tempel errichtet, der jüngste hat tausend Goldstücke mitgebracht. Die Frau des ältesten – alle drei waren nämlich längst verheiratet – ist ganz enttäuscht, als ihr Mann völlig zerlumpt ankommt. Doch mit seinen Zauberdingen bereitet er nicht nur für die ganze Nachbarschaft ein Festmahl, jeder bekommt noch Stoff zu einem Kleid und ein Geldgeschenk. Natürlich wird er zum Erben erkoren.[27]

Ein Dummling – er hat zwar nichts gelernt, doch das war auch nicht nötig, denn er besitzt von Anfang an das einzig Notwendige: Er ist einfältig und ohne Berechnung, mitleidig und fromm. Dies sind zumindest einige der Eigenschaften, die den wahren Dummling ausmachen, wie Franz Vonessen ihn charakterisiert,[28] und dies lohnen ihm die Götter. Kein Abenteuer, kein Kampf, und auch keine Entwicklung. Doch erstmals wird sein wahrer Wert erkannt, und wenn er sein Erbe antritt, ist dies wohl auch eine »positive Veränderung der Existenzform«.

Es gibt aber auch noch einen anderen Typus des Märchens von den drei Brüdern, die der Vater in die Welt schickt. Unter ihnen findet sich zwar kein Dummling, doch einer wird ein Dieb, ein Meisterdieb, der sein Handwerk so gut versteht, daß er alle überlistet und so zu reicher Beute oder Belohnung kommt. Nur eine Variante (Koshikishima) erzählt, wie die drei Brüder, die sich auf dem Heimweg zum Vater treffen, eine Bekanntmachung des *tono-sama* sehen, der dem eine Belohnung verspricht, der seine von einem Teufel entführte Tochter zurückbringt. Sie machen sich auf, finden das Mädchen beim Lausen des Teufels, der gerade seinen Mittagsschlaf hält. Der eine Bruder, ein Tischler, fertigt eine Puppe, der Dieb tauscht sie gegen das Mädchen aus. Wie sie schon auf einem Boot entfliehen wollen, erwacht der Teufel und zieht dieses mit einem langen Haken heran, da erschießt ihn der dritte Bruder, ein Bogenschütze. Das Mädchen ist gerettet, die drei erhalten die Belohnung.[29]

Man denkt natürlich an »Die vier kunstreichen Brüder«, doch bei diesen kann auch Scherf nur ein »witzig absurdes Gedankenspiel« und gewiß keinen Reifungsprozeß entdecken.[30]

Daß wir von keinem Wettbewerb um eine Rätselprinzessin, keiner Erlösung eines Tiergemahls vernehmen, liegt an den bereits eingangs erwähnten Vorbedingungen. So ist es auch nicht ein Liebespaar, das versucht, durch magische Mittel einem bösartigen Verfolger zu entkommen, sondern der kleine Novize aus einem buddhistischen Tempel, der sich beim Blumenpflücken im Wald verspätet hat. Wenn ihm dann die Bergfrau nachjagt, wirft er nacheinander die drei Amulettzettel hinter sich, die ihm der Priester mitgegeben hatte. Sie werden zu den üblichen magischen Hindernissen, Berg, Wald, Wasser, und die Bergfrau kommt am Ende um, oder sie erreicht den Tempel, nachdem der Novize gerade noch vom Priester versteckt werden konnte. Nun folgt der Verwandlungswettstreit, bei dem der Priester am Ende die zur Bohne verwandelte Bergfrau verschluckt.[31]

Die ›magische Flucht‹, die in diesem Märchen eher sinnentleert erscheint, ist ursprünglich Teil eines Mythos. Doch das schreckliche Totenreich, dem in der mythischen Erzählung einst der Urvater entfloh, hat jegliche Bedeutung verloren, seit für die Guten das buddhistische Paradies, für die Bösen die Hölle bereitsteht.

Nun gibt es noch andere uns wohlvertraute Märchenthemen, die wir zwar nicht im japanischen Märchen finden, wohl aber im Mythos. Dazu gehört der Drachenkampf.[32] Die Märchen nämlich, die Ikeda analog zu AaTh 300, der »Drachentöter«, anführt, handeln von einem Menschenopfer fordernden Gott, der sich als Affe, als ein Betrüger, entpuppt. Sie gehen auf mittelalterliche literarische Vorbilder zurück und haben letztlich mit dem Drachenkampf nichts gemein.[33] Im Mythos geht es um die Bewahrung der Schöpfung;[34] das gerettete Mädchen gebiert dem Gott, der den Schlangendrachen erschlug, den künftigen Herrscher über das Erdreich. Im Schwanz des Ungeheuers steckt ein Schwert. Dieses treffen wir dann erneut in der anschließenden Erzählung, die exakt dem Schema gerade jener Zaubermärchen entspricht, die wir in Japan vermissen.

Der junge Gott, der Sohn des Drachentöters und des geretteten Mädchens – nennen wir ihn der Einfachheit halber Dummling –, muß seinen Halbbrüdern, die um eine Prinzessin freien wollen, den Sack nachtragen. Sie treffen einen nackten Hasen, geben perfiden Rat. Der Dummling jedoch verhilft ihm zu einem neuen Fell, und dafür soll er auch die Prinzessin bekommen! Die Brüder aber stellen ihm nach, töten den Arglosen zweimal, seine Mutter erweckt ihn zu neuem Leben. Dann schickt sie ihn zu seinem Vater, dem Großen Gott, der über das Wurzelland herrscht, um Rat zu holen. Er trifft dessen Tochter (seine Halbschwester), es ist Liebe auf den ersten Blick. Dreimal stellt ihn der Große Gott auf die Probe, er besteht sie mit Hilfe der Geliebten. Nun darf er den Großen Gott lausen. Die Läuse sind giftiges Gewürm, doch wieder weiß die Geliebte Rat. Jetzt binden sie die Haare des Gottes an die Dachsparren und entfliehen mit dem Schwert des Lebens, Bogen und Pfeilen und der himmlischen sprechenden Zither. Die allerdings schlägt gegen einen Baum, vom Laut erwacht der Große Gott. Die beiden sind schon weit weg, da ruft er ihnen nach, er solle seine Brüder mit dem Schwert vernichten, die Geliebte zu seiner Hauptgattin machen und zum Gott »Herr des Großen Landes« werden.

Ein Mythos, der vieles darüber sagt, wer zum Herrscher bestimmt ist und was Herrschaft bedeutet, worauf wir hier nicht eingehen können.[35] Warum aber ist dieser Mythos, den ich äußerst vereinfacht wiedergegeben habe, in Japan nicht zum Märchen geworden?

Ein Grund mag sein, daß beide Götter bis heute in den ältesten und bedeutendsten Schreinen verehrt werden, daß der Mythos immer noch in bestimmten Grenzen Gegenstand des Glaubens ist.

Einen weiteren Grund verrät ein späteres Lied der Hauptgattin des Gottes: »Da du ein Mann bist, wirst du wohl auf allen Inseln, die du umfährst, an allen Küsten, die du umfährst, eine Gattin haben wie junges Gras. Ich aber, da ich eine Frau bin, habe keinen Mann außer dir, habe keinen Gatten außer dir«[36] – ein Sittenbild des alten Japan, zumindest was die Oberschicht betrifft, in der die Besuchsehe üblich war, die dem Mann alle Freiheiten gab. Wenn dann selbst bis in die neueste Zeit – abgesehen von regional verschiedenen Eheformen bei der bäuerlichen Bevölkerung – die Vermittlerehe die Regel war, bei der das Paar sich unter Umständen erst bei der Hochzeit zu Gesicht bekam, dann ist es nur zu verständlich, daß das vollkommene Glück im japanischen Märchen nicht die Glückseligkeit der Liebenden ist, nicht die vollkommene Liebe, die außer im Märchen nur im Paradies zu finden ist.[37] Man strebt nach Handfesterem, nach Reichtum, nach Versorgung. Das Beste, was der arme Junge sich wünschen kann, ist, Adoptiv-Schwiegersohn in einem reichen Haus mit einziger Tochter zu werden. Genau das nehmen sich zwei Brüder vor, die von der Stiefmutter vertrieben werden, wobei der eine im Osten, der andere im Westen auf die Suche geht.[38] Die Tochter, wenn sie hübsch ist, bildet eine angenehme Zugabe. Nicht der verläßliche Partner für ein Leben wird gesucht, sondern der Erbe oder die Erbin eines Hauses. So zählt letztlich nicht das Individuum, sondern die Familie.

Versuchen wir, Bilanz zu ziehen. Bei den angeführten Märchen fanden sich zwar immer Teile der von Propp für das Zaubermärchen geforderten Abfolge, aber eben nur Teile, und diese schließen sich nicht zu dem vorgegebenen Gesamtbild; die Erzählung verläuft eingliedrig. Das Glück der Erlösung, laut Röhrich das märchentypischste Motiv, erscheint auf wenige Möglichkeiten eingeschränkt. Was bleibt, ist ein Zaubermärchen in stark reduzierter Form.

Anmerkungen

1 Vladimir Propp: *Die historischen Wurzeln des Zaubermärchens*, München 1987, S. 14.
2 Lutz Röhrich: *Sage und Märchen. Erzählforschung heute*, Freiburg etc. 1976, S. 23.
3 Röhrich, S. 19f.
4 Walter Scherf: *Das Märchenlexikon*, Bd. 1 A-K; Bd. 2 L-Z, München 1995, S. XXVIIIf.
5 Hiroko Ikeda: *A Type and Motif Index of Japanese Folk-Literature*, Helsinki 1971, (FF Communications No. 209).
6 Lutz Röhrich: *Märchen und Wirklichkeit*. Wiesbaden, 2. erweiterte Aufl. 1964, S. 54; Scherf 1995, S. XXVIII.
7 Siehe hierzu Franz Vonessen: »Der wahre König. Die Idee des Menschen im Spiegel des Märchens«. In: *Vom Menschenbild im Märchen*. Hrsg. von J. Janning, H. Gehrts und H. Ossowski, Kassel 2. Aufl. 1981, S. 9–38.
8 Hierzu Nelly Naumann: »Verschlinger Tod und Menschenfresser. Zur

Wandlung eines mythischen Bildes im japanischen Märchen«. In: *Saeculum* XXII, Heft 1, 1971, S. 59–70.

9 Zum *oni* s. Nelly Naumann: »Einige volkskundliche Bemerkungen zu Yokoi Yayū's ›Oni no den‹ (Biographie des Teufels)«. In: *Asien. Tradition und Fortschritt. Festschrift für Horst Hammitzsch zu seinem 60. Geburtstag*. Hrsg. von L. Brüll und U. Kemper, Wiesbaden 1971, S. 432–445, bes. S. 438–445.

10 Eine ausführliche Version des Märchens »Der Schneckenmann« ist zu finden in: *Japanische Volksmärchen*. Hrsg. von H. Hammitzsch (Die Märchen der Weltliteratur), Düsseldorf-Köln 1964, Nr. 28, S. 120–129. Für eine weniger empfehlenswerte Übersetzung desselben Märchens nach derselben Quelle siehe Toschio Ozawa: *Japanische Märchen* (Fischer Taschenbuch), Frankfurt a. M. 1974, S. 56–62 unter dem Titel »Der Reiche aus der Schnecke«.

11 Vgl. *Japanische Volksmärchen* Nr. 4, »Momotarō, das Kind aus dem Pfirsich«, S. 23–26.

12 So in zwei Versionen aus der Präfektur Iwate. Siehe Seki Keigo: *Nihon mukashibanashi taisei*, Bde. 1–12, Tokyo 1978. Hier Bd. 3, S. 83 und 84.

13 Ein gutes Beispiel dieses Märchens in: *Japanische Volksmärchen* Nr. 78, S. 243–249, »Die drei Starken«. – Der Name des Helden ist falsch gelesen, er heißt *Rikitarō*, nicht Chikaratarō.

14 Ein Beispiel, »Gobudschiroh« (=Gobujirō), in Ozawa 1974 S. 62–64. Vgl. hierzu Seki 1978 Bd. 3, S. 26–44, Typ 136: »Issunbōshi« sowie Typ 137: »Oyayubitarō«.

15 Vgl. Nr. 5 »Vom Knaben, der träumte«. In: *Japanische Volksmärchen* S. 27–30.

16 Vgl. Seki 1978, Bd. 5, S. 191–210, Typ 211: »Haibō«.

17 Nr. 23 »Der Herdbesorger«. In: *Japanische Volksmärchen*, S. 93–101.

18 Vgl. Nr. 62 in: *Japanische Volksmärchen*, S. 199–203.

19 Ikeda 1971, S. 79f.

20 Vgl. das Schema in: AaTh S. 108–110, Type 314 »The Youth Transformed to a Horse«.

21 Vgl. Seki 1978 Bd. 5, S. 173–178, Typ 209 »Ubakawa«. Eine etwas abweichende Version in: *Japanische Volksmärchen*, S. 90–93, Nr. 23 »Der Zaubermantel der Hexe«. – Dieses Märchen schließt manchmal an dasjenige vom Schlangenbräutigam an. Die Alte ist dann der vor dem Zugriff der Schlange gerettete Frosch, das Mädchen irrt durch den Wald, nachdem der unerwünschte Schlangenbräutigam sein Ende gefunden hat.

22 Hierzu Nelly Naumann: »Volksmärchen, Kunstmärchen, Kunst im Märchen. Das japanische Beispiel«. In: *Das Märchen und die Künste*. Hrsg. von U. Heindrichs und H.-A. Heindrichs, Wolfsegg 1996, S. 121–133; zur hilfreichen Bergfrau bes. S. 126 f.

23 Vgl. »Die Wildbirnensammler«, Nr. 34 in *Japanische Volksmärchen*, S. 144–146.

24 Vgl. Seki 1978 Bd. 4, S. 35–44, Typ 176 »Naranashi-tori«.

25 Vgl. Seki 1978 Bd. 4, S. 44–50, Typ 177 »Sannin kyōdai, bakemono konji«.

26 Vgl. Ikeda 1971, S. 144–147.

27 Vgl. Seki 1978, Bd. 4, S. 22–32, Typ 174 »Sannin kyōdai, takaramono«.

28 Zu den Eigenschaften des Dummlings siehe Franz Vonessen: »Der Dummling als Liebhaber«. In: *Liebe und Eros im Märchen*. Hrsg. von J. Janning und

L. Gobyn (Veröffentlichungen der Europäischen Märchengesellschaft Bd. 11), Kassel 1988, S. 131–157, hier S. 137–143.

29 Vgl. Seki 1978, Bd. 4, S. 8–21, Typ 173 »Sannin kyōdai, nusubito«. Hier S. 13f.

30 Scherf 1995, S. 1274.

31 Hierzu Naumann 1971, S. 63–65.

32 Die zwei Märchenbeispiele vom Drachenkampf, die Seki 1978, Bd. 7, S. 218f., anführt, kann man nur als modifizierte Nacherzählung des Mythos ansehen.

33 Ikeda 1971, S. 68–70.

34 Vgl. hierzu Nelly Naumann: »Die bedrohte Schöpfung und ihre Errettung«. In: *Märchen und Schöpfung*. Hrsg. von U. Heindrichs und H.-A. Heindrichs, Regensburg 1993, S. 125–136, hier bes. S. 134.

35 Hierzu Nelly Naumann: *Die Mythen des alten Japan*, München 1996, S. 103–120.

36 Kojiki, Ausg. Nihon koten bungaku taikei 1, 104/105. Vgl. Karl Florenz: *Die historischen Quellen der Shinto-Religion*, Göttingen 1919, S. 54.

37 Zur Liebe im Märchen siehe Franz Vonessen: »Variationen über das Flügelschlagen. Von der ›Jagd nach dem Glück‹ im Märchen«. In: *Festgabe für Nelly Naumann*, Hamburg 1993 (MOAG 119), S. 377–393, bes. S. 378–382.

38 Seki 1978, Bd. 4, S. 50–52, Typ 178 A »Futari kyōdai«. Der jüngere Bruder lernt bei einem Schmied, erhält als Lohn ein Schwert, das von alleine tötet. Besiegt damit Teufel in den Bergen, erhält einen Lebens-Stab. Da die Sehne seines Bogens reißt, weiß er, daß sein Bruder gestorben, eilt zu ihm und erweckt ihn. Nun verwirklichen beide ihre Absicht, doch wird nicht erzählt, wie. Seki sieht in diesem Märchen eine verderbte Form von AaTh 303, »The Twins or Blood-Brothers«.

Zu den Autorinnen und Autoren

Betz, Prof. Dr. Otto (* 1927)
1964–85 Prof. für Allgemeine Erziehungswissenschaft und Religionspädagogik an der Universität Hamburg; zahlreiche Veröffentlichungen zur Märchenthematik, zuletzt *Märchen als Weggeleit* (Würzburg 1998); Märchenpreisträger 1987.

Campagna, Dr. Nino (* 1940)
Sizilianer; wiss. Assistent in Göttingen; Promotion über Kafka; Hochschullehrer in Florenz; Bauer in der Toscana; Präsident der Associazione Culturale Italo-Tedesca in Pescia / Pistoia.

Diederichs, Ulf (* 1937)
Freier Autor und Herausgeber: z. b. *Der Märchenpalast* (3 Bde.), *Who's who im Märchen* (dtv); früher Verleger des Eugen Diederichs Verlages, betreute u. a. die Reihe »Märchen der Weltliteratur«.

Gehrts, Dr. Heino (* 1913)
Märchenforscher; zahlreiche Untersuchungen zu Zaubermärchen und Schamanentum; wichtige Publikation: *Von der Wirklichkeit der Märchen*; Ausrichter des Kongresses »Schamanentum und Zaubermärchen« (1984); rege Herausgebertätigkeit.

Gobrecht, Dr. Barbara (* 1953)
Philologin und Erzählforscherin (Mitarbeit bei *Enzyklopädie des Märchens* und *Fabula*); zahlreiche Publikationen zum Zaubermärchen und zu Frauengestalten im europäischen Volksmärchen, u. a. *Märchenfrauen. Von starken und schwachen Frauen im Märchen;* Mitglied des wissenschaftlichen Beirats der EMG.

Halbfas, Prof. Dr. Hubertus (* 1932)
Prof. für Religionspädagogik an der PH Reutlingen; grundlegende Veröffentlichungen zur Reform von Religionspädagogik und Kirche sowie zur Interpretation der Bibel.

Heindrichs, Prof. Heinz-Albert (* 1930)
Prof. für Musik und ihre Komposition an der Universität und an der Folkwanghochschule Essen; wissenschaftliche Schwerpunkte: Interpretation und Analyse; künstlerische Schwerpunkte: Kompositionen, Bilder, Gedichte.

Heindrichs, Dr. Ursula (* 1928)
1982–89 Vizepräsidentin, seit 1989 Präsidentin der EMG; Forschungsschwerpunkt: Märchen und neuere Dichtung; Ausrichtung von vier Gelsenkirchener

Kongressen sowie Herausgabe von fünf EMG-Bänden (mit H.-A. Heindrichs): *Tod und Wandel im Märchen – Die Zeit im Märchen – Märchen und Schöpfung – Das Märchen und die Künste – Zauber Märchen.*

HORN, KATALIN (* 1934)
Bibliothekarin, Erzählforscherin und Autorin; gebürtige Ungarin, in Basel lebend, seit 1972 Schweizer Bürgerin; Mitarbeiterin bei deutschen, französischen, österreichischen und schweizerischen Verlagen, Zeitschriften, Institutionen (u.a. *Fabula* und *Enzyklopädie des Märchens*); Märchenpreisträgerin 1998.

JUST, DR. GISELA (* 1924)
Erzählforscherin und Musikwissenschaftlerin in Freiburg; Promotion in Volkskunde bei Lutz Röhrich; Autorin des Forschungsbandes *Magische Musik im Märchen.*

MÖHLENKAMP, DR. ANDREAS (* 1967)
Studienstipendiat der Konrad-Adenauer-Stiftung; z.Z. Rechtsreferendar am Landgericht Bochum; Arbeiten zu »Märchen und Recht«.

NAUMANN, PROF. DR. NELLY (* 1922)
Prof. für Japanologie an der Universität Freiburg, entpflichtet seit Ende 1985; grundlegende Veröffentlichungen über die Märchen Ostasiens, zu Volkskunde, Mythologie und Religion Japans.

RÖHRICH, PROF. DR. LUTZ (* 1922)
Direktor des Instituts für Volkskunde an der Universität Freiburg und des Deutschen Volksliedarchivs; Mitherausgeber der *Enzyklopädie des Märchens*; berühmte Buchveröffentlichungen: *Märchen und Wirklichkeit – Lexikon der sprichwörtlichen Redensarten* (6 Bd.) – *Sage und Märchen. Erzählforschung heute – Der Witz. Figuren, Formen, Funktionen* (2 Bd.) – *Wage es, den Frosch zu küssen.* Märchenpreisträger 1991.

RÖLLEKE, PROF. DR. HEINZ (* 1936)
Prof. für Germanistik und Volkskunde an der Universität Wuppertal; seine vielfachen kritischen Editionen Grimmscher Märchenausgaben, herausgegeben bei Reclam, sind zu Grundlagen der gesamten Märchenforschung geworden; Preise und Auszeichnungen (u.a. Hessischer Staatspreis 1985).

SCHIMMEL, PROF. DR. ANNEMARIE (* 1922)
Prof. für Indo-Muslim Culture an der Harvard Universität Cambridge, zuvor in Bonn; zahlreiche Ehrungen und Preise für ihre umfassenden Arbeiten zu Dichtung, Kunst und Religion des Islam; Übersetzungen islamischer Kulturzeugnisse aus vielen orientalischen Sprachen.

SOLMS, PROF. DR. WILHELM (* 1937)
Prof. für neuere deutsche Literatur und Mediendidaktik an der Universität Marburg, Forschungsschwerpunkte: Goethe – Märchen der Brüder Grimm – deut-

sche Gegenwartsliteratur – dazu Buchveröffentlichungen, auch im Auftrag der EMG; Ausrichter des Kongresses »Phantastische Welten« (1991) in Wetzlar; 1989–93 Vizepräsident der EMG.

TAUBE, DR. ERIKA (* 1933)
Mongolistin/Turkologin an der Universität Leipzig (Zentralasienwissenschaften); Spezialgebiet: Sprache, Kultur (Volksdichtung/Ethnographie) der Tuwiner und Mongolen; mehrere größere Feldforschungsreisen, Sammlungen von Märchen u. a.; Übersetzung und Edition tuwinischer und mongolischer Märchen; grundlegende Veröffentlichungen zu Märchen und Märchenüberlieferung in Zentralasien.

UTHER, DR. HANS-JÖRG (* 1944)
Erzählforscher; tätig an der *Enzyklopädie des Märchens,* Arbeitsstelle der Akademie der Wissenschaften, Göttingen; Privatdozent für Germanistik/Literaturwissenschaft an der Universität Essen; Herausgeber der Reihe »Märchen der Weltliteratur« sowie der *Kinder- und Hausmärchen* von Grimm bei Diederichs; Mitherausgeber der Zeitschrift *Fabula.*

VOLKMANN, HELGA (* 1930)
Schriftstellerin; Autorin von Aufsätzen und Rundfunkbeiträgen zu Garten- und Märchenthemen; seit 1992 Schriftführerin und Präsidiumsmitglied der EMG; Mitausrichterin des Kongresses »Spiel, Tanz und Märchen« (1993) in Erlangen.

VONESSEN, PROF. DR. FRANZ (* 1923)
Philosoph und Mythenforscher; Professor an der Universität Freiburg; umfangreiches Lebenswerk, das Probleme einer künftigen Menschheit mit der Vergangenheit und so auch mit Märchen und Mythen konfrontiert; Märchenpreisträger 1992; Vizepräsident der EMG von 1993–95.

ZELGER, DR. PHIL. DR. JUR. RENATE (* 1923)
Freiberufl. Autorin und Rechtshistorikerin; wissenschaftliche Mitarbeit am Institut für Rechtsgeschichte der Universität München; Publikationen: *Vom Teufel, dem die Lust zum Heiraten verging* (Hrsg.) – *Teufelsverträge. Märchen, Sage, Schwank, Legende im Spiegel der Rechtsgeschichte.*

Durchgängige Abkürzungen von Literaturangaben

AaTh Aarne, Antti/Thompson, Stith: *The Types of the Folktale. A Classification and Bibliography*, Helsinki 1928, 2. Aufl. 1961.

BP Bolte, Johannes/Polivka, Georg: *Anmerkungen zu den Kinder- und Hausmärchen der Brüder Grimm* Bd. 1–5, Leipzig 1913–1932, Nachdruck Hildesheim 1963.

EM *Enzyklopädie des Märchens. Handwörterbuch zur historischen und vergleichenden Erzählforschung.* Hrsg. von Kurt Ranke u.a. Berlin, New York 1977 ff.

HDA Hoffmann-Krayer, E. und Bächtold-Stäubli, H.: *Handwörterbuch des deutschen Aberglaubens Bd. 1–10*, Berlin/Leipzig 1927–1942, Nachdruck Berlin 1986.

HDM *Handwörterbuch des deutschen Märchens* Bd. 1–2. Hrsg. von Lutz Mackensen, Berlin/Leipzig 1930–40.

KHM Brüder Grimm: *Kinder- und Hausmärchen.* Zitiert nach der Großen Ausgabe von 1857; verschiedene Ausgaben sind genannt.